JN144326

豊後国下岐部村
庄屋億太郎日記
上

前田義隆 監修
森　猛 解読

花乱社

豊後国国東郡下岐部村とその庄屋

解題に代えて

森《もり》　猛《たけし》

文化六年《一八〇九》十二月二十七日未明、長府は小雪であったが、のち曇天となった。六つ半（午前七時）頃、伊能忠敬らの測量隊は、赤間関《あかまがせき》を出立して、四つ後（午前十時過ぎ）、豊前国企救《きく》郡の小倉城下に到着し、宮崎良助*（要助）宅に止宿した。翌二十八日は、朝雪また霰《あられ》で、のち曇りとなり、さらに翌二十九日（大晦日）も、朝曇天で、七つ（午後四時）頃より小雪、それより雨となった。かくして、忠敬一行は小倉城下で越年した。

*佐久間達夫校訂の『伊能忠敬測量日記』には「要助」とあるが、文化七年一月十二日条同書下文には「宿宮崎良助」とあり、伊東尾四郎編『小倉市誌』にも「橋本、大阪屋、宮崎良助、久留米侯定宿にて長崎奉行も泊る。門構あり。門構なき家は、定客たる大名を宿泊せしめず。大阪屋の座敷を借りて宿泊せしむ」とあり、「宮崎良助」が正しいのであろう。原田種純ほか編『測量日記』にも「止宿宮崎良助」とある。

文化七年は、庚午、西暦一八一〇年、光格天皇朝、徳川十一代将軍家斉の治世であった。

文化七年正月朔日、忠敬一行は小倉城下の宮崎良助宅で新年を迎えた。この日は朝から晴天で、忠敬は新年の試毫を終えて、江戸への年首状を認めた。

その同じ文化七年正月元日から、同年の大晦日に至る丁度一年分の、豊後国国東郡下岐部村庄屋有永億太郎義房（宝暦十三《一七六三》〜天保八《一八三七》）の日記が地元の国見町に伝存している。

下岐部村は、国東半島の北部、岐部川河口の周防灘に面する村で、東に住吉崎、西は両崎《りょうざき》（龍崎《りょうざき》）が突出して、その間の狭い湾奥部に位置している。住吉崎の東は伊予灘、両崎の西は周防灘で、岐部浦のほぼ真北の海上約一キロのところに姫島が横たわっている。両崎の西は櫛来港、住吉崎を廻って東に進むと、長瀬・咊《なぎ》ノ浦・小江《おえ》と続き、熊毛港に至る。一方、南に向かって岐部川を遡ると、中岐部・上岐部村と続き、さらに遡ると、岐部川の水源地・千灯岳《せんとうだけ》（標高六〇六メートル）に至る。

古く律令制の時代には、豊後国国東郡伊美郷に属し、その後、岐部・小熊毛・大熊毛・向田《むかた》一帯は岐部庄となった。

寛徳二年《一〇四五》十月、後冷泉朝の関白藤原頼通の意見によって、前司任中以後の新立の荘園停止令が出された（寛徳の荘園整理令）。実は、当時最大の荘園領主は藤原氏であり、その藤原氏が主唱して行われたこの荘園整理令の効果は期待できなかった。

その後、天皇親政を実現した後三条天皇は、治暦五年《一〇六九》二月、寛徳二年以降の新立の荘園およびそれ以前の券契《けんけい》（証拠書類）不明で国務に妨げがある荘園の停止を令せられ（延久の荘園整理令）、さらに閏十月には、記録荘園券契所が太政官庁朝所《あいたんどころ》に設置された。この記録所は、荘園領主から荘園の書類を提出させ、一定の基準によって審査し、その基準に合わない荘園は廃止しようというものであった。

後三条天皇は、諸国の荘園が朝廷の許可もなく公田を掠め取るのは天下の大害であると考えていた。後三条天皇は、関白頼通の時、摂関家の御領と称する荘園が諸国に充満し、そのために受領が「公務を果たすことが出来ない」とこぼすのを耳にされたので、ただ口頭で荘園の記録所を置かれたのだという（『愚管抄』）。このような、後三条天皇の強い決意のもとに行われた荘園整理は、かなり大きな成果を上げたと思われる。後三条天皇は院政を開始しようとする意図を持っていたが、実現しないうちに崩じ、その意思は白河天皇に継承され、その白河法皇によって院政が実現した。

白河法皇の実子・堀河天皇は賢明な方であったが、政務の実権を父の法皇に握られたまま、二十九歳の若さで崩じ、白河法皇の孫にあたる鳥羽天皇が即位した（引き続き白河院政であった）。

天仁一年《一一〇八》十一月、鳥羽天皇は新立の荘園を停止せられた。

この頃、豊後国浦部十五ケ荘は、宇佐弥勒寺の勅免の庄園として、その所当地利は恒例の仏神事・寺家修理の用途に宛てられていた。岐部庄はその浦部十五ケ荘の一つであった。

八幡大菩薩は、朝家の崇重も殊勝であり、大宰府の欽仰も無双であった。大宰府御領の田園を増加せらるることがあっても、この浦部十五ケ荘が停廃されることはなかったという。

白河法皇は、権大納言藤原公実《きんざね》の女璋子《しょうし》を猶子（養女）として育てられ、璋子は鳥羽天皇の女御とされ、元永一年《一一一八》、皇后に宣下されて中宮と称し、翌年、顕仁《あきひと》親王（崇徳天皇）が誕生した。しかし実は、顕仁親王は白河法皇が密通せられて出来た子で、そのことを鳥羽天皇もご存じであったという（『古事談』）。

天治一年《一一二四》十一月、璋子は院号を宣下せられ待賢門院《たいけんもんいん》となった。

保安三年《一一二二》一月、顕仁親王、立太子。次いで即位。しかし、まだ白河院政は続いていた。

大治二年《一一二七》、待賢門院璋子に第四皇子（後白河天皇）が誕生した。

大治四年《一一二九》七月、白河法皇（七十七歳）が崩じ、鳥羽院政が開始された。

この頃、大宰府吏のなかには、浦部十五ケ荘が由緒ある勅免の庄園であることを知らずに、庄務の妨げをする者があった。

永治一年《一一四一》十二月、鳥羽上皇は崇徳天皇に譲位を迫り、鳥羽上皇の寵妃美福門院の子体仁《なりひと》親王（近衛天皇、当時三歳）を即位させた。

久寿二年《一一五四》七月、近衛天皇はわずか十七歳にして崩御。鳥羽法皇は弟の後白河天皇を立てたため、崇徳上皇の不満が重なった。

こうした鳥羽院政の時代に、一両の宰吏が事情を知らずに、豊後国浦部十五ケ荘の妨げを為した時は、奏聞を経て、その妨げを停止すべきの由の庁御下文を賜った。

文治年中、岐部庄は、豊後一国役が課せられた宇佐宮仮殿造営で、宇佐宮若宮西生江垣十七間のうち二間を分担していた（宇佐宮仮殿地判指図）。

嘉貞三年《一二三七》八月六日、岐部庄は、東大寺講堂勧進所から材木引人夫を課せられていたが、寺家（弥勒寺）の抑留により、所課を緩怠していたため、幕府は岐部太郎に対して地頭としての役を課すよう命じた（「岐部太郎宛関東御教書」中村雅真文書）。岐部氏の出自は未詳ではあるが、姓は紀であろう。戦国時代の岐部氏は、紀姓を称している。

弘安八年《一二八五》の豊後国田代注進状案には、「岐部拾五町同寺領地頭御家人岐部三郎成末法師法名円妙」とある。

永仁五年《一二九七》六月、石清水八幡宮善法寺尚清は、岐部庄などを宮一若（入江通清）に譲った。

明応十年《一五〇一》三月二十八日、岐部（紀姓）弥太郎は、大友親元《ちかもと》（のち義長）から加冠偏諱《へんき》を授けられ、元泰と号した。ここに署名のある親元は、大友親治《ちかはる》の嫡子で、はじめ諱を親匡《ちかただ》と称していたが、ここには親元とあり、この年の閏六月には義親と改名し、のち更に義長と改名した。この頃すでに岐部氏は大友氏に臣従するようになっていたのであろう。

文亀二年《一五〇二》九月二十八日、大友親治は富来《とみく》彦三郎の詫言を許し、姫嶋を宛行《あてが》った（万弘寺所蔵富来文書）。

永正三年《一五〇六》七月十九日、富来彦三郎・岐部弥太郎・櫛来藤九郎は、大友義長から、日州外浦《とのうら》（宮崎県日南市南郷町）に出船し、ここに留め置かれている渡唐二号船を警固するように命じられた。

十月二十八日、岐部弥太郎は、大友義長から肥・筑両国征伐の成功を報ぜられ、残党の動静を警戒するようにとの命を受けた。

天文二年《一五三三》、この頃、大友・少弐氏と大内氏は、対立・抗争をくり返していた。十二月、大内義隆は、筑前武蔵城を陥した。『国見町史』によると、天文二年に、了閑《りょうかん》上人が岐部寺迫に所在する天地山胎蔵寺《たいぞうじ》（はじめ天台宗）を中興し、浄土宗に改宗したとあるが、天文二年という年代は、少し早すぎるのではあるまいか（後述）。

天正《一五八七》十五年、豊臣秀吉による九州征伐後、黒田孝高《よしたか》（如水）は豊前中津に入封。十二万三千石（一説に十六万石）を領有した。

文禄《一五九三》二年五月、豊臣秀吉は、文禄の役（朝鮮出兵）における大友義統《よしむね》の不手際を咎め、豊後国を没収して、直轄地（太閤蔵入地）とし、因幡国鳥取城主宮部善祥坊法印継潤《けいじゅん》（桂俊）と越前国大聖寺（石川県加賀市）城主山口玄蕃頭宗永（正弘）を派遣して、検地を行った。

文禄三年、豊臣秀吉は豊後国を諸将に分与した。国東郡は、竹中重利（重隆）の高田城（一万三千石、一説に一万五千石）、垣見《かきみ》（筧）直正の富来城（二万石）、熊谷直陳《くまがいなおつら》の安岐城（一万五千石）で、残りは秀吉の蔵入地となった。岐部村は、垣見（筧）氏の富来領となったのであろう。

慶長《一五九八》三年八月、豊臣秀吉病没（六十三歳）。

慶長五年二月（一説に慶長四年九月）、細川丹後宮津城主忠興は、徳川家康から豊後国速見・国東郡の中で六万石の加増を受け、家老松井康之・有吉立行を城代として豊後木付城に派遣した。しかし、竹中（高田城）・垣見（富来城）・熊谷（安岐城）の所領との関係がどのようになっていたのかは、よく解っていない。

九月、関ケ原の合戦。東軍が、美濃関ケ原に西軍を破った。

垣見氏・熊谷氏は、この関ケ原の合戦で西軍に属し、美濃大垣城で戦死した。その後、黒田孝高（如水）は、垣見・熊谷両氏の部将が守る富来城・安岐城を攻めた。

天地山胎蔵寺（国東市国見町岐部寺迫）

垣見・熊谷両氏の部将らは両主君の戦死を知り、開城した。黒田氏は国東郡を制圧した。

黒田長政（孝高の嗣子）は筑前一国五十二万三千百余石を与えられ、豊前中津より筑前名島城（福岡市東区）に入った。その後には細川氏が入り、豊前一国と豊後国国東郡全部・速見郡の一部を合わせて三十九万六千石を領有することとなり、中津（のち小倉）城を居城とし、豊後木付城には松井・有吉が引き続き城代として残った。

寛永《一六三二》九年、細川忠利は肥後熊本に転じた。細川氏は、豊前一国および豊後国のうち、国東郡全部と速見郡の一部を、三十二年間にわたって領有していた。その後は、小笠原忠真《ただざね》が豊前小倉、小笠原長次が中津、松平（能見）重直（小笠原忠真の弟）が豊前龍王（宇佐市安心院）、小笠原忠知が豊後木付と、小笠原四兄弟が分割支配することとなった。

十二月、小笠原忠知は、豊後木付に新封四万石（一説に六万石）で入部した（正保二年まで十三年間）。忠知の弟の重直は、能見松平家の養子となり、摂津三田から豊前龍王城に三万七千石で入り、国東郡内にも領地を有していた。

寛永《一六三九》十六年、松平重直は、豊前龍王城から自領内の豊後高田に築城して移り、龍王は廃城となった。この年、日田は代官支配地となり、日田代官が設置された。

寛永十九年、松平重直は、領地高三万七千石のうち、二男重長（十五歳）に三千石、三男直政（十二歳）に二千石を分知した。ただし、幼年のため知行地は付けなかった。

十一月、松平豊後高田初代藩主重直が死去した。

寛永二十年一月、松平重直の長男英親《ひでちか》が家督を継承した。二月七日、天地山胎蔵寺の中興、了閑上人が死去した。胎蔵寺記録に、「中興了閑上人傳公和尚　寛永二十年二月七日　文政八酉迠百八十二年ニ成」とある。

正保《一六四五》二年七月、小笠原豊後木付藩主忠知は三河吉田城（愛知県豊橋市）に転封となり、その後には、忠知の甥にあたる松平英親が、豊後高田から、国東・速見郡のうち分知領を合わせて三万七千石で入封した。なおこの時、旧領地のうち「（国東郡）高田領見目、香々地、都甲、田染」の一万七千八百十七石五斗の幕府領を預かることとなった。

天和《一六八二》二年、松平英親は、父重直が決定していた二男重長三千石・三男直政二千石の分知を実行し、岐部村高五百三十二石六斗は直政分知領となった。

元禄《一七〇二》十五年七月、有永勘介の子・受哲童子が死去した（「胎蔵寺記録」）。すでに、有永氏は胎蔵寺の檀家になっていた。

享保《一七三四》十九年、岡田庄太夫俊惟《としただ》（初代四日市代官岡田庄太夫俊陳の長男）は、西国（日田）代官となった（宝暦三年まで）。

元文《一七三七》二年、松平直政の孫武郷は、駿府在番中の不行跡により、その分知領二千石（実高三千三百十九石一斗三升二合二勺）浦部十ケ村（鬼籠・新涯・西中・東中・下岐部・中岐部・上岐部・岩戸寺・深江・堅来）が没収されて、幕府領となり、日田代官所（郡代役所）の四日市出張陣屋管轄となった。下岐部村も四日市出張陣屋の支配下に入った。

寛保《一七四二》二年、代官岡田庄太夫支配地のうち、豊後国玖珠・速見・国東三郡三万二百石が小倉藩預所となった。当時の小倉藩主は、小笠原忠基であった。

この年、有永伴吉、誕生。

寛保三年八月十三日、出雲・石見地方を襲った暴風で、減収二万一千三百石、家屋損壊千四百七十七戸を記録した。

延享《一七四四》一年、代官岡田庄太夫は、去年の石見国凶荒の時の賑救《しんきゅう》の様よしとして、褒詞を加えられた（『徳川実紀』）。

延享三年二月の『下岐部村銘細帳 扣』が、有永家文書にある。この頃、すでに有永氏は、下岐部村の村政に与っていた。

延享四年、小倉藩預所分が岡田代官に還付された。

宝暦《一七五四》四年、岡田庄太夫は勘定吟味役に抜擢され、嫡子九郎左衛門俊博《としひろ》が日田代官となった。

宝暦七年、岡田俊博は勘定吟味役に昇進した。岡田庄太夫俊惟の二男で俊博の弟にあたる政俊は、揖斐《いび》家の養子となった。

宝暦八年、揖斐《いび》十太夫政俊が日田代官に就任した（『寛政重修諸家譜』）。

宝暦《一七六三》十三年、有永（下岐部）億太郎、誕生。

明和《一七六五》二年、礒屋弥五七、誕生。

明和四年五月、羽倉権九郎秘救《やすひら》が代官に抜擢された。最初の任地は、越後の出雲崎であった。この年、揖斐政俊は、西国筋郡代に昇格した。

明和七年一月、有永宗右衛門の母（蓮光妙生信女）が死去した。

安永《一七七八》七年、仙瑞（安永七～弘化五）、長州信雪西光寺に誕生。母は某女。父は釋氏随天。二男であった。

天明《一七八五》五年五月、有永勘兵衛が死去した。法名・瑚峯流珊信士。

天明六年、仙瑞（九歳）は信空上人の弟子となった。この年、揖斐造酒助敬正は、西国筋郡代となった。

寛政《一七九三》五年、揖斐敬正は、郡代を改易となった。九月、揖斐氏の改易にともなって、その支配地が日田・高松両所に引き分けられた。同十五日、羽倉権九郎秘救が日田代官となった。

寛政八年、有永億太郎に女が誕生した。

寛政十一年七月、高松代官所は廃止となり、玖珠郡・直入郡は、日田代官所の支配下に移された。

享和《一八〇三》三年八月二十七日、胎蔵寺第十二代信空上人僊翁和尚示寂《じじゃく》（四十五歳）。信空上人は中津犬丸寶輪寺の二男で、胎蔵寺の本寺である中津合元寺仙旭上人の弟子であった。ここに、信空の弟子仙瑞（二十六歳）が、胎蔵寺第十三代住職となったのであろう。

この頃、有永億太郎息男・喜三郎、誕生。

文化《一八〇六》三年、羽倉代官の支配地が十二万石余に達したので、羽倉権九郎は布衣を許され、西国筋郡代に昇進した。

文化四年一月、有永億太郎の女（十二歳）が亡くなった。法名は彩空紅守童女。

文化四年二～三月頃、羽倉権九郎および左門父子は、東都（江戸）より帰国した。

文化五年六月四日、羽倉権九郎秘救、死去。しかし、暫くは、その死は秘されて、喪を発しなかった。

文化六年三月、前年の年貢皆済状が作成された。この皆済目録は羽倉権九郎の名で出された。

文化七年一月八日、伊能忠敬の測量隊は、まだ小倉に留まっていた。この日の夕方、下岐部《(有永)》億太郎のもとに、伊美より測量の先触れが到来し、すぐに、小熊毛に順達した。

十日は、組合の初寄があり、測量の儀の聞合わせのため、近々のうちに、下岐部の庄屋が四日市年番所へ罷り出る筈に申し合わせた。

十二日朝、伊能忠敬一行は、小雨で出立を見合わせていたところ、四つ頃に雨が止んだので、それから小倉城下船頭町を出立した。この日、四日市年番所は、二人の者を、小倉へ、測量方御触書と何方まで御廻浦なされているか、聞合わせのため出したところ、小倉の方はすでに引き取られたということであった。

十四日、下岐部億太郎と堅来善助に、測量御役人御廻浦の儀につき、仰せ渡さるる御用があるので、この状が着き次第、早々に出勤するように、との差紙が到来した。億太郎は、堅来善助に、昨日より以ての外の大風邪にて打伏しており、深江氏を召連れて出勤してくれるように依頼した。ここで、億太郎は、さらに加庄屋衆を二、三人ほど御願いしてくれ、そうでなければ、万端、帳面仕立などに至るまでできない旨の文言を付け加えた。

二十日、豊前国下毛郡小祝あたりまで御廻浦の旨の情報が入った。また、当正月二十五日頃、四日市あたりを御廻浦になる、との情報も入ってきた。さらに、測量方御役人上下十八人は、なるたけ同宿にという先触も入ってきた。

億太郎は、もし下岐部に御止宿される時は、胎蔵寺に御宿致し候様仕りたい、左なくば、同宿できるような家は下岐部には無いと日記に記している。さらに、「床飾りの次第ならびに御取賄の趣書ほか御聞合わせ下されたき事、湯槽風呂などの儀、御本陣ばかり新規にて、余は大体にて相済ますべく候哉。湯殿雪隠何ケ所ほど用意致すべき哉。藁・菰ならでは外に蔀《しとみ》・天井ともにこれ無く、如何仕るべき哉」と心配していた。

また、「間竿の儀これ迄取扱来たり候通り、六尺にて宜しき哉」、庄屋御案内の節、「脇差・羽織・股引にて苦しからざる哉」ともある。

さらに、南北見晴らしの場所十坪ばかり用意致し置き候様との先触れもあり、これについても、「是は南北見晴らしの場所（畳）廿枚敷一ケ所用意致し候儀に御座候哉、左候はば、如何取繕ひ置き然るべき哉」と心配している。

一月二十九日・二月一日、伊能忠敬一行は竹田津に止宿していた。同二月一～二日条　伊能忠敬『測量日記』に、「朔日《ついたち》（竹田津村）同所逗留測、朝より晴天、七ツ半頃、下河辺・永井・梁田・上田・平介・長蔵、乗船、姫島に渡海、昨昼御料所羽倉元支配、上岐部村庄屋俊右衛門・鬼籠村庄屋仲右衛門・深江村庄屋国介・堅来村庄屋善助来る……同二日……先手、坂部・永井・上田・梁田・平助、櫛来村枝古江より初め、同村字猟倚、御料所羽倉下岐部村、同字イサゴ（家三軒）、同字川尻（酒造屋一軒）、同字磯（人家二十八軒岐部浦と云）、同字ヒラバヘ・同住吉岬《ハナ》・同字小岐部・同字荅ノ岬《ハナ》、同字長瀬（家十軒ばかり）・同枝小江、啝《ナギ》ノ浦二ケ所にて家二十軒、ここにて中食、字楠戸、松平政之助知行所小熊毛村まで測る」とある。

文化七年五月、前年の年貢皆済目録が作成された。このたびの皆済目録は、「羽倉権九郎元御代官所」として、子息羽倉左門（外記秘道《やすみち》）の名で出された。

文化七年六月十九日、三河口太忠輝昌《てるまさ》が西国筋郡代に抜擢され、九月十一日、日田陣屋に着任した。

文化《一八一六》十三年八月四日、有永伴吉（七十五歳）、死去。

文政《一八二六》九年六月、礒屋弥五七、死去（六十二歳）。法名・慎空宗餘士。息・礒屋八十助が喪主を務めた。

天保《一八三七》八年十月六日、有永（下岐部）億太郎、死去（七十五歳）。法名は、敬徳院秀空器文居士。息・有永喜三郎が喪主を務めた。

天保九年正月二十六日、有永億太郎の室・龍女が死去した。法名・敬徳院旭譽貞照善女。

幕末期の日田代官所（郡代役所）四日市出張陣屋支配下の惣代庄屋は、億太郎の息・下岐部村の有永喜三郎であった。

＊＊＊

有永家の「丸に桔梗」の家紋

胎蔵寺にある億太郎の墓

昭和三十九年《一九六四》以前、有永家文書の一部が、古書業界に流出した。この有永家文書は、近世文書が多数を占めるが、近代文書もかなり含まれていた（有永家文書（第二部））。

昭和三十九年、有永家は、大分県立大分図書館に、家蔵の古文書を寄贈した（有永家文書（第一部））。当時の県立図書館郷土資料課長赤峯重信氏によると、有永家の意向を受けて、その時点で同家にあった史料すべてが受贈の対象だったという。この史料群は、近世文書も若干含まれていたが、明治以降の近代文書が大部分であった。この史料群は、内容分類法によって整理され、有永家文書として目録が作成された（昭和五十八年、大分県立図書館編『大分県立大分図書館蔵書目録　第二巻　郷土資料』大分県立大分図書館）。

昭和五十四年、大分県立大分図書館郷土資料課の探索により、先に古書業界に流出していた有永家文書（第二部）が発見され、大分県内の古書業者からの購入によって、県立大分図書館によって、内容分類法により整理されたが、目録を出すまでには至らなかった。

平成七年《一九九五》、大分県立図書館の建物内に、先哲史料館が設立され、有永家文書（第一部・第二部）は、先哲史料館に移管された。同館の平井義人氏らは、有永家文書（第二部）の目録も作成した（平成十四年三月『収蔵史料目録1』大分県立先哲史料館）。

平成九年、石本堅一郎氏は、国見町から有永旧庄屋の家屋を、ふるさと展示館に改造することになったので工事前に屋敷の中を調べてもらいたいとの町文化財調査委員会への依頼を受けて調査した際、文化七年の下岐部億太郎『諸御用品々日記』を発見した。石本氏によると、「家屋中の書棚には、有永家が職業としていた医学の本が残されていたが、二階の屋根裏の小部屋の雑多な品々の中に紛れて、この冊子が出てきた。表題を見ると、文化七年諸御用品々日記と書かれて、中に「午正月天気良し目出度く諸祝儀相済ます……」に始まり、一年中の生活の様子が書き留められていた」という。

平成十五年六月、平井義人氏は、「遺産相続をめぐる村の事件を追う―有永家文書―」（『史料館研究紀要』第8号、大分県立先哲史料館）を著し、有永家文書（第二部）の文書四十点あまりを翻刻された。

平成十六年以降、筆者らは、国見町公民大学楽習館古文書教室において、先に石本堅一郎氏らが発見した有永家文書（第三部）の解読に取り組んだ。

平成二十一年六月、川野洋一氏は、「『明治十四歳七月浦証文』―有永家文書―」と題して、有永家文書（第一部）に含まれる、村―一一五の番号を付された「明治一四歳七月浦証文入第四拾二号内国船難破及漂流物取扱規則第一大区一二小区用務所」と表書された封筒と一括されて区分されたものを、翻刻して紹介された（『史料館研究紀要』第14号、大分県立先哲史料館）。

平成二十四年十二月、筆者は、有永家文書（第三部）のうち、延享三年二月豊後国國東郡下岐部村銘細帳扣、宝暦五年四月豊後國国東郡下岐部村銘細帳、宝暦五年四月豊後國国東郡下岐部村銘細帳扣の三点を影印とともに釈文を添えて紹介した（『豊後国国東郡新涯村 下岐部村 小原村庄屋文書』海鳥社）。

◈目　次

凡例

一、本書は、文化七年正月元日起筆、同年十二月晦日擱筆の下岐部億太郎「諸御用品々日記」を解読し、注解を施したものである。

一、上段に日記の影印を掲げ、その下に釈文を施し、さらに末尾に訓文篇と注解篇を付した。

一、解読にあたっては、できるだけ原文に忠実な釈文の作成に努めたが、一部の異体字・旧字体などは、当用の活字体に改めた。

一、欠損などにより解読不能の文字は□で示し、墨抹で原字不明のものは■、抹消の文字でも判読可能なものはできるかぎり解読に努め、左側に——または〰〰〰を付した。

一、原文の判読に疑問のある文字は、右傍に（カ）を付し、原文にやや疑問があるもののそのまま採用した文字の右傍には（ママ）を付した。

一、解読者の案や傍注には（）を付した。

一、訓文は、できるだけ原文の表記を損なわないように、かつ分かり易くするために、異体字・旧字体・当て字などは当用の活字体に改め、句読点などを補い、難読の漢字や用語、特殊な地名などにはルビを付した。

一、訓文のルビは歴史的仮名遣いを基本としたが、現今の日本史用語辞典等の利用の便を考え、一般に通用している仮名遣いを採用したところもある。

一、注解を施した語句には訓文中に＊を付した。

一、注解の作成にあたっては、数多くの先学諸氏の文献を参考にさせていただいたが、逐一、出典を明記することができなかった。巻末・参考文献にその主なものを掲げて、非礼をお詫び申し上げる。

釈文篇

［表紙表裏］

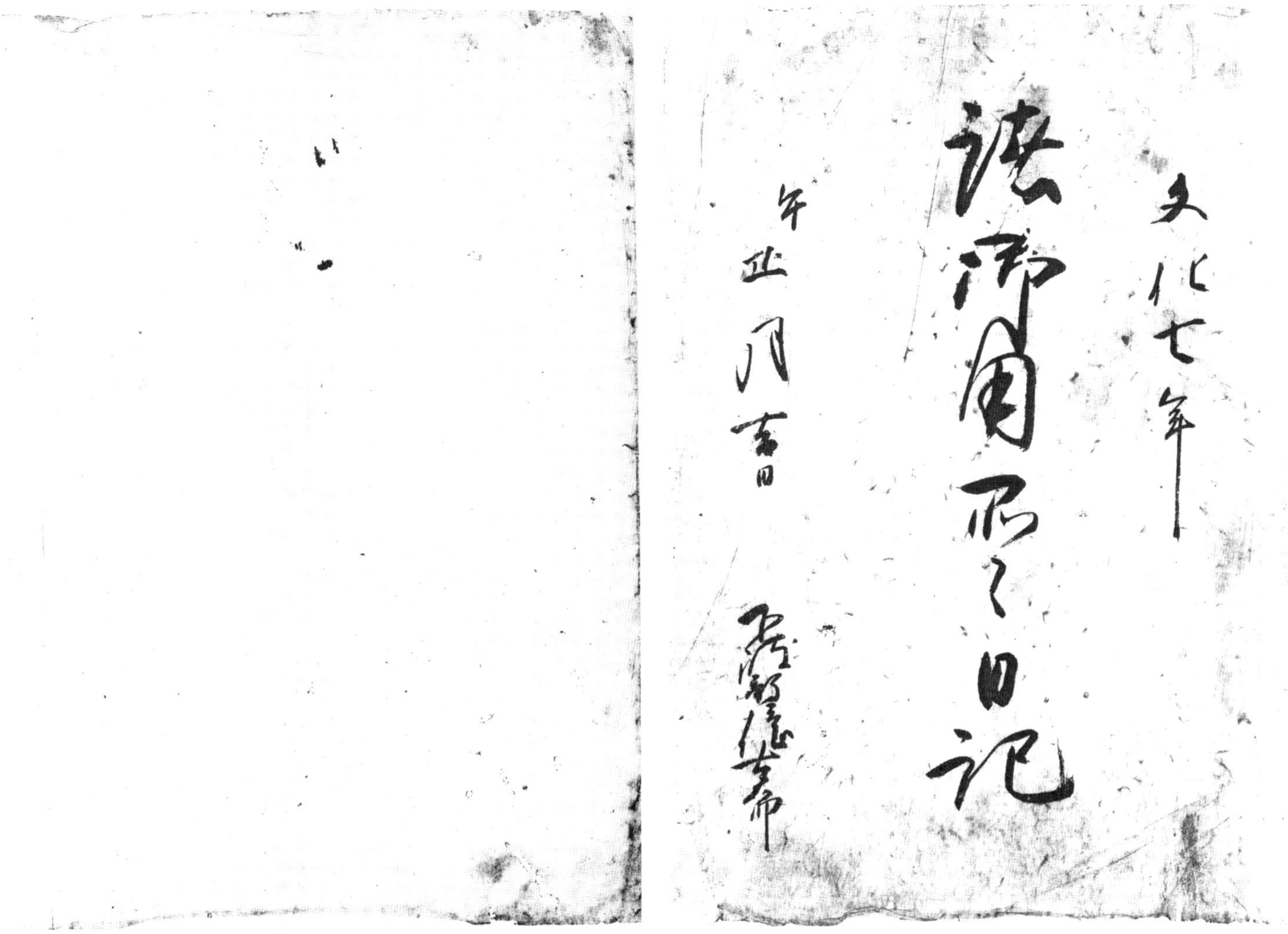

（表紙袋綴、縦二十五・二糎、横十九・〇糎）

文化七年

諸御用品〻日記

午正月吉日　下岐部億太郎

（表紙裏、空白）

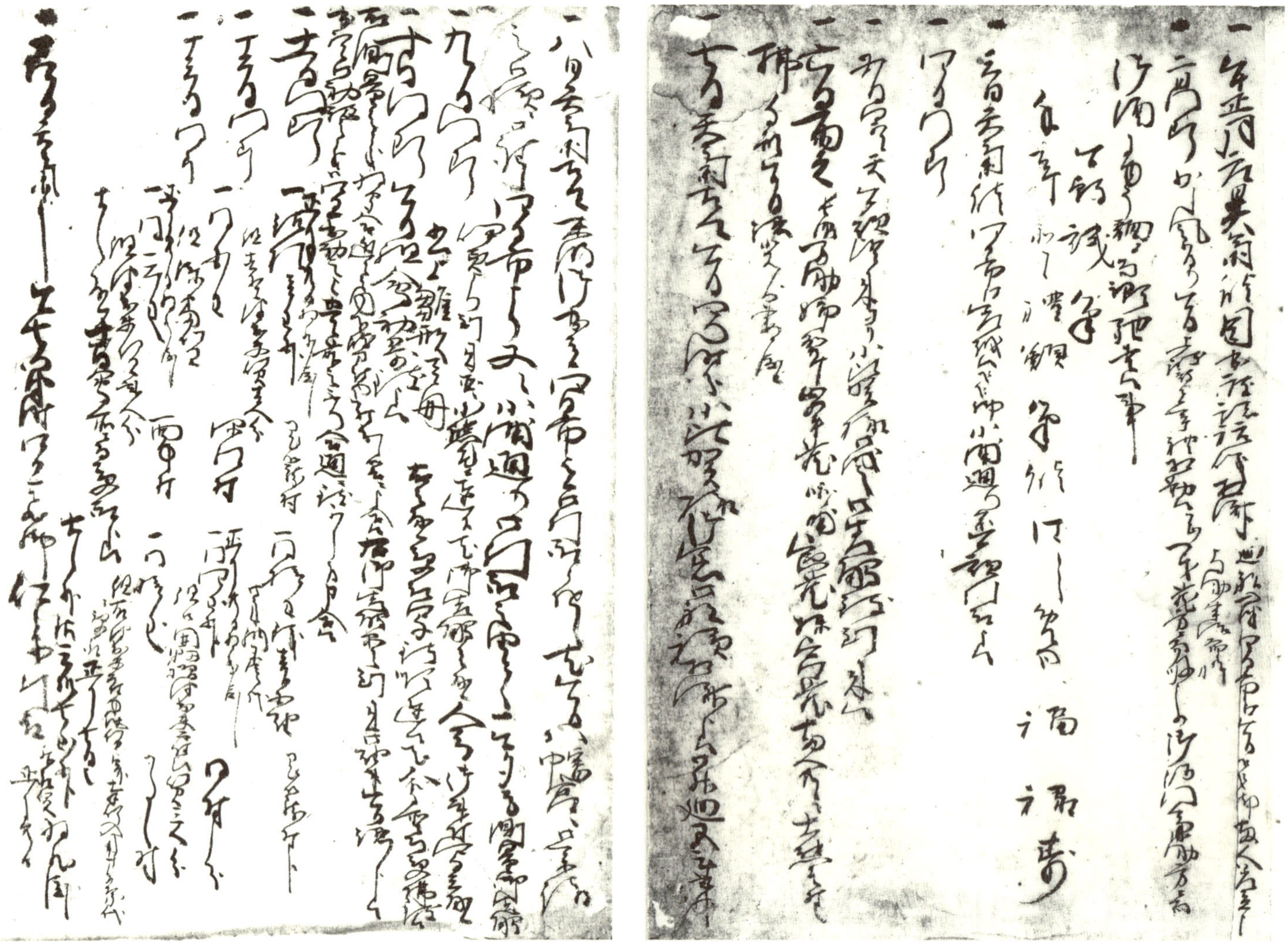

［第一丁表裏］

一午正月元日天氣能目出度諸祝儀相済
巡船入津四日市江今日飛脚両人差立申候
与助半治郎悴
一二日同断少し風有り今日上岐部迄年禮相勤候岡茂蔵方ニ而吸もの御酒同兼助方ニ而
御酒尓ゆう麺尓而預馳走候事
今朝試筆
年 年 登 禮 類 筆 能 はし免や 福 禄 寿
一三日天氣能四日市江差越候飛脚小浦通り参今夜引取申候
一四日同断
一五日曇天今夜堅來ヨリ小比賀様御越之御先觸致到來候
一六日雨天長瀬万助姉聟峯藏唎ノ浦寅藏孫富藏両人共ニ大熊毛村へ
拂手形今日認光右衛門妻ニ渡ス
一七日天氣克今日四つ時分小比賀様御着御船積相済申候御升廻五斗弐升

一八日天氣克未明御出立四日市迄御引取被遊候尤今日八幡宮へ御参詣
之御積ニ御座候四日市より又〻小浦通り御引取之由ニ候 一今夕方測量御先觸
伊美より到来直ニ小熊毛ニ達ス尤御先觸壱通人馬御書付写壱通
一九日同断
書上雛形壱冊 右之通受取写致順達候尤會所ニ而受拂致候
一十日同断 今日組會初寄致申候
右測量之義為聞合近〻之内下岐ß庄や罷出候筈ニ申合候右御先觸品〻到来御觸書今日認申し候
出雲御初穂之義ハ四日一出勤之上豊前之ふり合通ニ致可申旨申合候
一十一日同断 正月廿日為蔵渡し
一銀札壱匁五卜(分) 鬼籠村
但去冬津出夫賃壱人分
一同拾匁銭壱卜五厘 鬼籠村卜
御米納不足代
一十二日同断
一同五匁 深江村
但 添番賃
正月廿日為蔵渡し
一同四匁五卜 同村分
但御囲籾摺津出夫雇ひ賃三人分
一十三日同断
正月廿日為蔵渡し
一同三匁 西中村
但津出夫賃弐人分
一同拾匁 可多く村
但右津出夫雇中使賃并奉行入用方并茶代
ニ受取 正月七日也
右之通十一日會所ニ而受取申候
右之外銀三拾七匁五卜
升取賃 為蔵渡し
一十四日天氣よし今七つ半時四日一飛脚仁兵衛引取 正月廿日

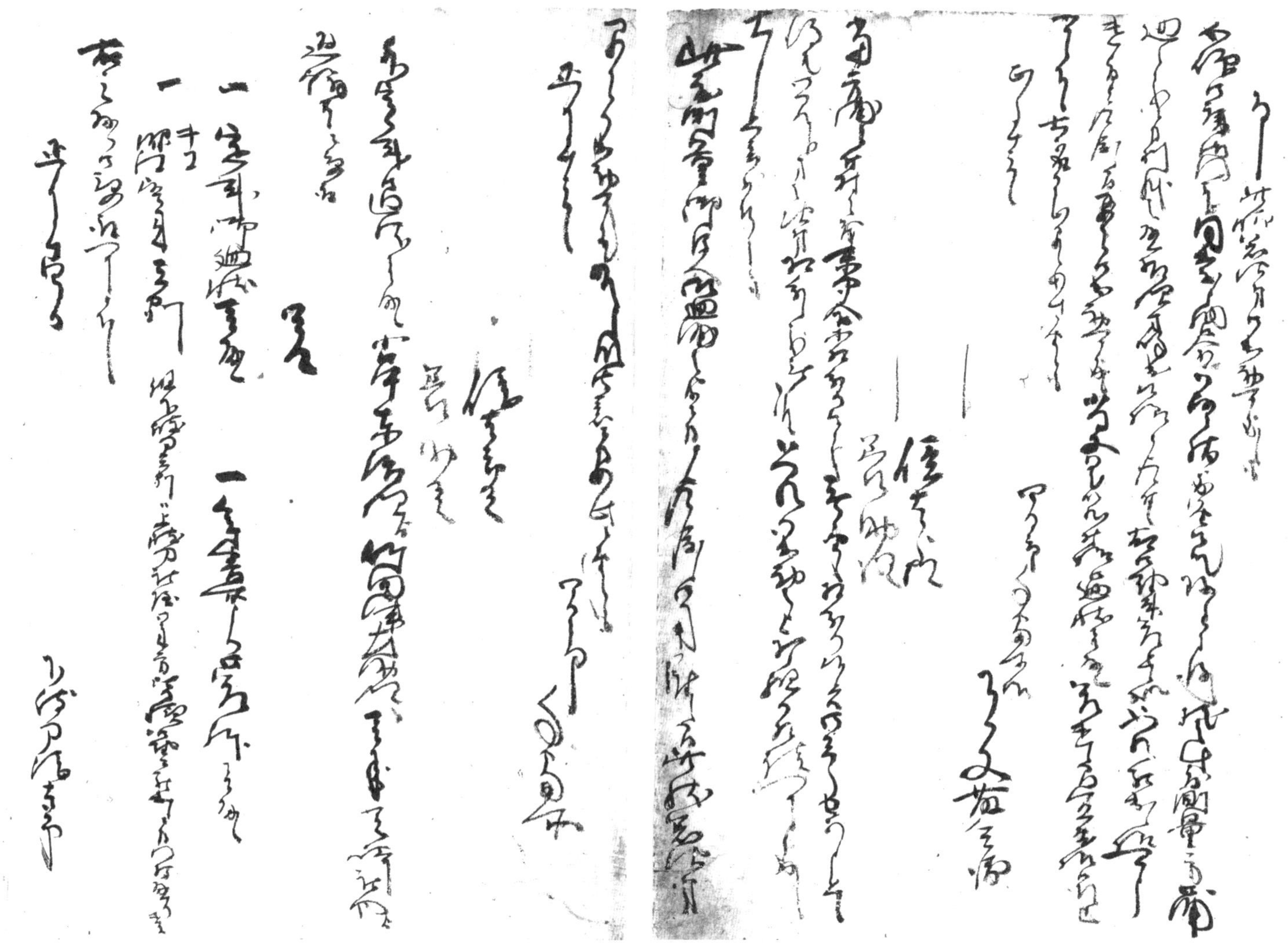

尚―此状着次第御出勤可被成候以上

如仰御請御同意目出度申納候兪御堅勝被成御座候段珎重ニ奉存候然者此度測量方御浦廻之義ニ付別紙之通相分(カ)次第呼出候様被仰付候右御觸書差上候処ふれ罷出候様可申し遣旨被仰渡候間早〻御出勤可被成候尚又鬼籠村始御廻状壱通差遣し候間宜敷様御順達可被下候右可得御意早〻如此御座候以上

正月十三日　　四日市年番所詰

有又藤兵衛

―億太郎様

―善　助様

當方浦ニ付村ニ茂可吊合否分り候義無御座候相分り候上ハ御志らセ可申上候得共御見分方之次第相分候義無御座候いつれ御出勤之上打組御相談可被成候

右上意如斯候以上

此度測量御役人御廻浦之義ニ付被仰渡候御用御座候間此状着次第早〻御出勤可被成候右之段御意ニ付如此ニ御座候以上

正月十三日　　四日市
年番所

―億太郎殿

―善　助殿

外定式御廻状壱通　小串東治様ゟ竹田津左助様へ壱封芝崎庄やゟ返翰共ニ受取

覚

一定式御廻状壱通　一年番所より御差紙　壱通

一深江《キコ》堅來三判　但下岐ㇷ三判ハ上岐ㇷ庄屋御米方皆様御觸ニ罷出候ニ付同村通り遣ス

右之通り御受取可被下候

正月十四日　　下岐ㇷ億太郎

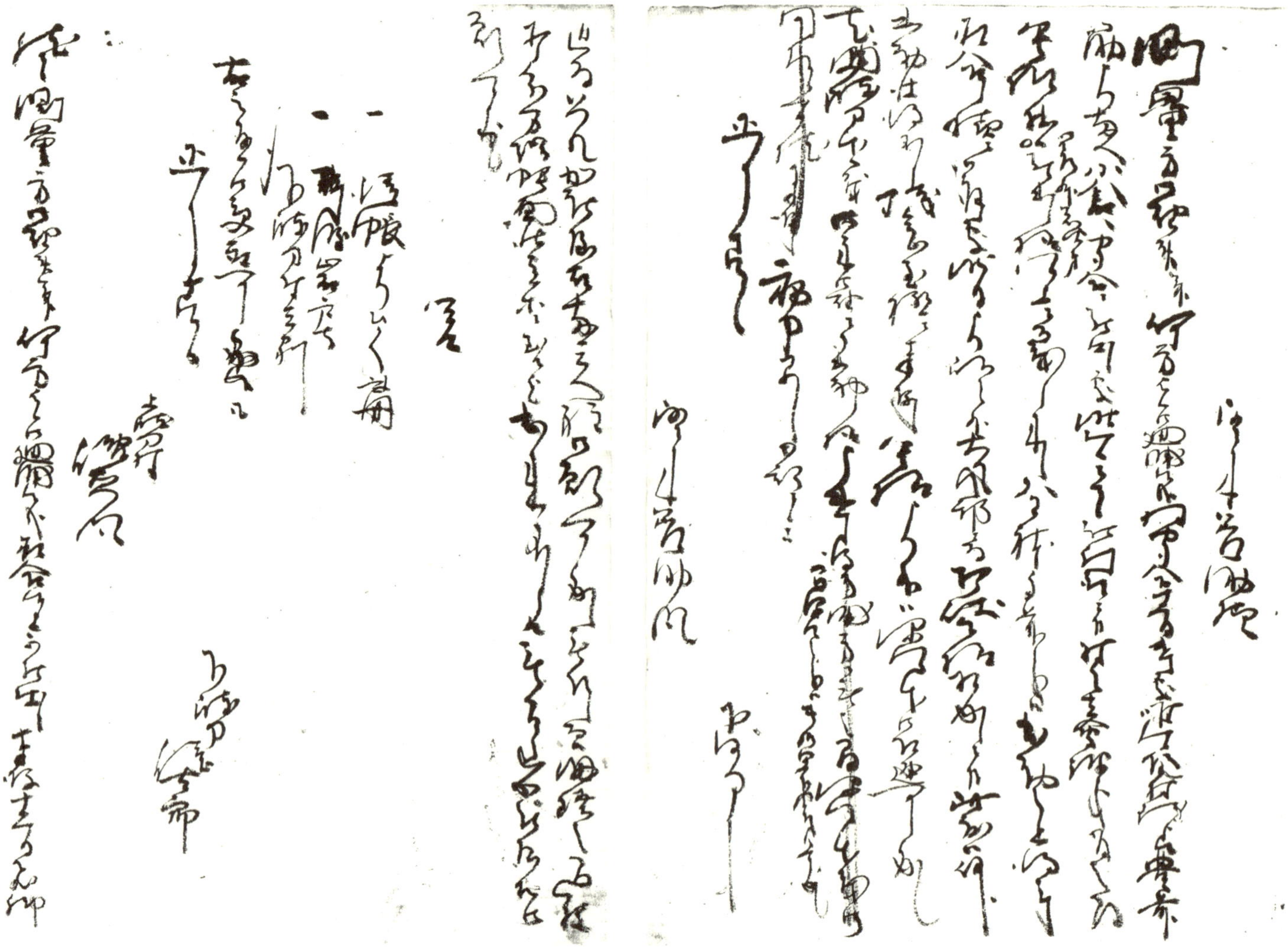

堅來善助様

測量方御觸書幷何方迄御廻浦候哉為聞合十二日遣候處唯今帰村致申候豊前
筋より両人小倉へ聞合ニ罷出候處昨今ニ者被引取ニ付村〻立會評義有之間
貴様拙（著）ハ○（御差紙着次第）罷出候様口上ニ而茂申來候全躰手前之義ハ出勤之上得斗
承合候積ニ御座候處昨日より以之外大風邪ニ而打伏候様相成候ニ付此度ハ何ト
出勤仕得不申残念至極ニ奉存候貴様より外ハ深江氏御召連可（被）、成候
尤浦岐卩氏へ茂御米御觸ニ御出勤候様申遣し候得共浦方ニ無之間深江氏茂御
即深江之分ハ貴様受取觸方ハ可被成候
同道ニ可然可奉存候病中早〻如斯ニ候以上

正月十四日

下岐卩ー

堅來善助様

追而いつれ加庄屋衆両三人程御願可被成候無左候而ハ海陸之御行（カ）程
打分万端帳面仕立抔ニ至ル迄出來不申候無間違加庄屋衆御
願可被成候

覚

一　請帳よりひ可へ弐冊
一　新涯　岩戸寺
下岐卩村三判

〆

右之通御受取可被成候以上

正月十四日

下岐卩
億太郎

上岐卩村
俊右衛門様

然者測量方御觸書幷何方迄御廻浦候哉承合候上可罷出と奉存十二日飛脚

［第四丁表裏］

差立候處唯今致帰村候然ル處豊前より茂庄や両人小倉へ聞合罷越候處昨今
ハ引取候ニ付村〻打寄評義有之間○差紙着次第拙(カ)ハ堅来へ出勤候様御差紙ニ御座候折節拙(者)ハ
昨日より大熱風邪ニ而何分出勤相成不申様罷成候ニ付只今堅来へ飛脚
差立申候貴様之義乍御苦労一刻茂早く御出勤可被下候然奉願上候
病中早〻申残候　万〻可

正月十四日　下岐阝村　億太郎

上岐阝村　俊右衛門様

右之通使深蔵(信)ニ而十四日夕方中村ニ達ス

口上

深江受取書四日一へ差出候様此間小比賀様被仰候間銀帳一冊御上り
可被下候万〻可然奉願上候
一上〻三百紙七帖是ハ下岐阝岩戸寺分御願申上候

一こめ奉加銀下有之三(十脱カ)匁御渡し可被下候
内銀札十匁
右之通差上候間可然奉願上候由ニ而御座候可然も折節将
出勤相ならす残念ニ奉存候外中村通り書状印判抔差押
候處右早〻もらし候ニ付阿らく〳〵如此御座候以上

正月十四日　同人

俊右衛門様

右書状飛脚ヲ以上岐阝ニ達ス
一今夜堅來飛脚帰り候節善助殿明十五日昼立ニ而罷出候筈ニ申來候
一十五日天氣克今日長瀬五郎左衛門聟さこ村吉兵衛参り土産さけ
さ可な受納拂手形渡ス
一十六日曇天
一十七日同断

[第五丁表裏]

[付箋]

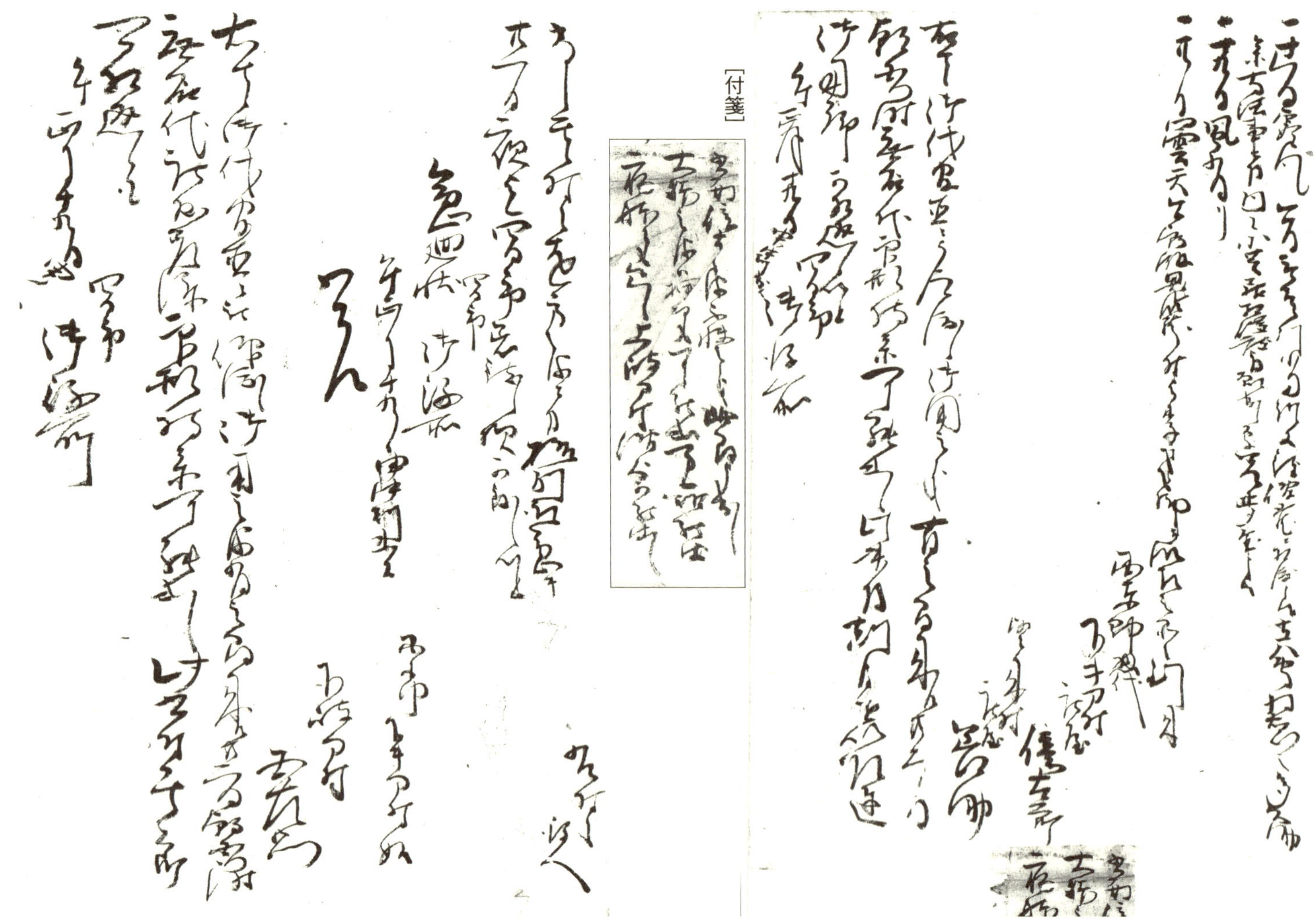

一十八日寒風今日庄屋引当證文致俊藏ニ相渡申候立會為右衛門也多久助
参寺法事ニ付内〻小芝居相催度旨願出候處差止メ置申候
一十九日風有り
一廿日曇天今朝飯鬼籠村与り木子飛脚ヲ以左之品〻到來
国東郡惣代
下キ卩(岐部)村
庄屋
億太郎
堅來村
庄屋
善　助

[付箋：縦十二・八糎、横四・四糎。五～十行目の下部に貼付けあり]

書面億太郎儀ふ快之義此間申出候 右躰之儀ハ押而も可罷出万一難罷出 病躰ニも候ハヽ上岐卩村俊右衛門可罷出候

右者御代官直〻被仰渡候御用之義有之間來ル廿二日
朝五つ時無名代印形持参可罷出候此書付刻付を以順達
御用序可相返候以上
午
正月十九日　四日市　御役所
申ノ中刻出ス
右村〻
役人

尚—其村〻遠方之儀ニ付格別取急キ
廿一日夜迄四日市着致し候様可致候以上
急廻状　四日市　御役所
午正月十九日申中刻出ス
国東郡
下キ卩村始

覚

下岐卩村
五左衛門

右者御代官直〻被仰渡候御用之儀有之間來ル廿二日朝五つ時
無名代庄屋差添印形持参可罷出候此書付其節
可相返候以上
午
正月十九日　四日市　御役所
申ノ

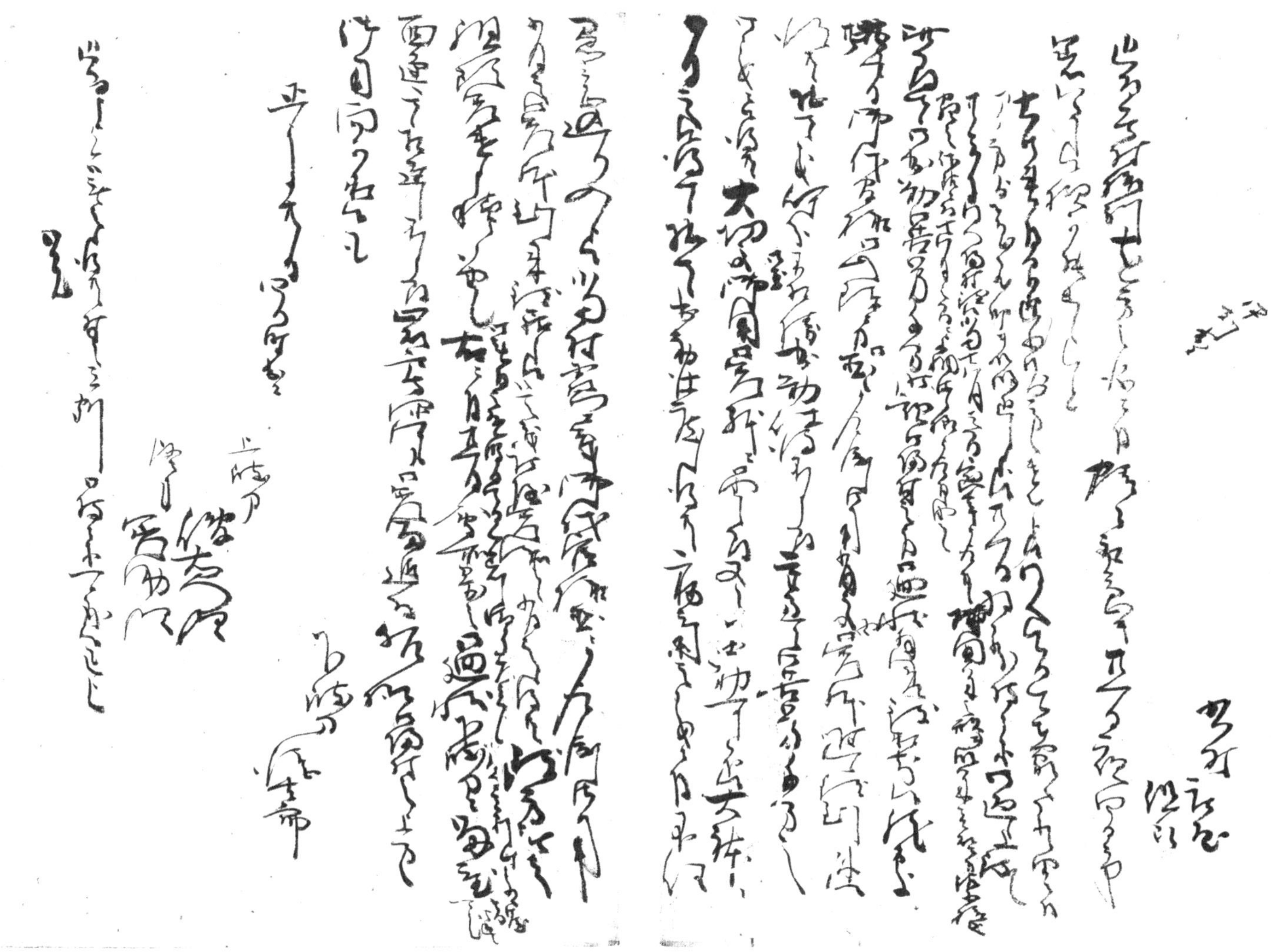

右村　庄屋
　　　組頭

中刻出ス

追而其村格別遠方之儀ニ付精〻取急キ廿一日夜四日市
着い多し候様可罷出候以上
右御書付早速五左衛門方へ遣し申候同人今日今在家へ参候由ニ付
アノ方ゟ急飛脚ヲ以呼返し申候廿一日為蔵持参御返上致し候
廿三日同人帰村致候當七八日之間寅平被仰付候増囲米之形ヲ以米壱石ニ付銀五拾匁
宛之代銀ニ而七八日之間ニ上納仕候様被仰付候由ニ付候
此間者御出勤御苦労千万昨夜御帰村之旨御廻状拝見致承知候然処
廿十（廿）日御代官様御入陳ニ付御直〻被仰渡候御用有之〇（由）御差紙唯今致到来候
得共拙者義何分不相勝出勤仕得不申候間重畳御苦労千万之
御義ニ候得共大切之〇（御直）御用御差紙ニ御座候間又〻御出勤可被下候大躰（右）ニ
有之候得者拙者出勤仕度候得共病氣之義ニ付不任

愚意込り入申候當村五左ヱ門ニ茂御代官様直ニ被仰渡候御用
有之御差紙到來致居申し候是茂庄屋差添と有之候得共致方無之
御書付之通明日四日一着次第差立申し候尚又三判此毛のへ御渡
候而御返し
可申候
組頭差遣し申候積ニ御座候　右ニ付廿一日會所寄之御廻状下岐阝ニ留置
西邊へ者相達し不申候間岩戸寺深江も御差留追而右様御帰村之上万〻
御用向可承候以上
正月廿日　四つ時出ス
　　　　下岐阝
　　　　　億太郎
上岐阝
　俊右衛門様
堅來
　善助様

追而申迄ハ無之候得共村〻三判御持参可被成候已上

覚

一　御書付壱通　　一　年番所切紙壱枚
一　キコ送書壱通
右之通御受取可被成候以上
御代官様當御陣屋へ廿一日御入之筈ニ
　　　御座候以上
　　十九日　　　四日(市)一年番
先達而得御急置候加庄屋之義ハ御願被成候哉
無左候而ハ拙(者)八共ハ中ゝ万端行届不申義ニ御座候㝡早
宜敷
小祝ひ邊迄茂御廻浦之旨承候處一向仕向ハ致不申義ニ御座候
　　正月廿日　　　　　　　　　　億太郎
　　　　　　善助様
右書状午正月廿日飛脚要助ニ而上岐阝より堅來通り遣し候尤明日寄會相止候ニ付肝煎
理左衛門ヲ以聞合ニ上岐阝ニ遣し申し候

一當正月廿五日頃四日市邊御廻浦之由之事一他領之境ヨリ潮満際ヲ間ヲ打
其場所へのほりヲ立候由事猶又一町〱ニ印ヲ建候事
　又ゝ村継ニ而上岐阝へ左之通申遣候
　断書
一測量方御役人様御上下十八人成丈御㊀宿之御先觸ニ付下岐阝御止宿ニ（同）
相成候ハヽ胎蔵寺ニ御宿致候様仕度事 此段御一任可被下候無左候而ハ御同宿之家無之候
　附床餝り之次第幷御取賄之趣書外御聞合被下度事
　湯罇風呂抔之義御本陣斗新規ニ而餘ハ大躰ニ而可相済

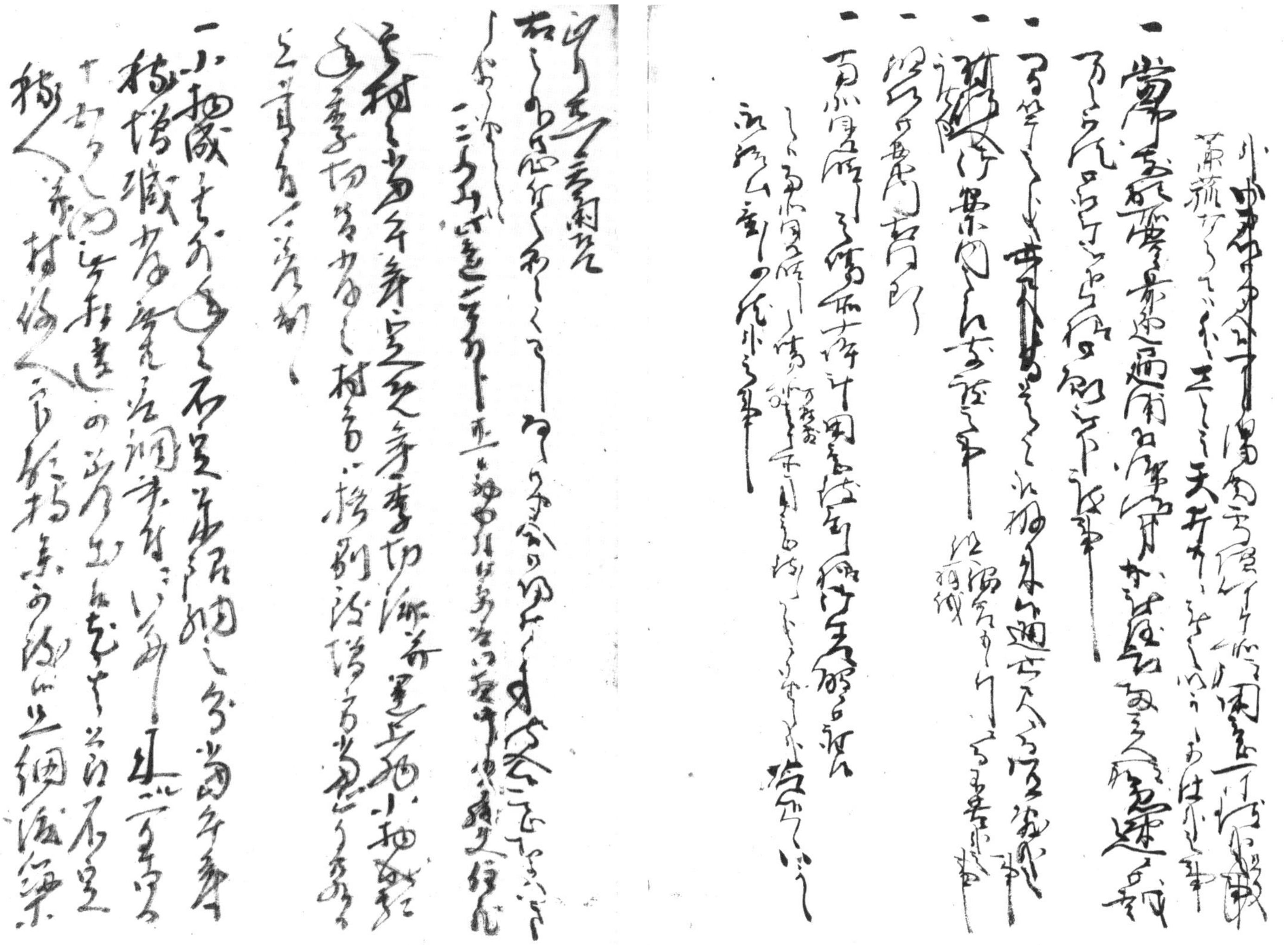

［第八丁表裏］

哉同方ヲ以御聞合可被下候湯殿雪隠何ヶ所程用意可致哉之事 且又
藁菰ならてハ外ニ志とミ天井共ニ無之以可、可仕哉之事
一當御支配所豊前邊御廻浦相済次第加庄屋衆両三人程急速ニ御越
万ゝ可然御取斗被下候様御願被下度事
一間竿之義六尺ニ而是迄取扱來候通六尺ニ而宜敷哉之事
一村役人（庄や）御案内之節支度之事　但（脇差も、引ニ而不苦哉之事 / 羽織）
一組頭御案内右同断
一南北見晴し之場所十坪斗用意致置候様御先觸ニ御座候
是ハ南北見晴し之場所○（廿枚敷）壱ヶ所用意致候義ニ御座候哉左候ハヽい可、
取繕ひ置可然哉之事

〔一〕正月廿一日天氣克
右之外御心付之品ゝく王しなく御聞合御帰村旁待入候甚む可つき
申義ニ御座候以上
　一こよみ此邊六ヶ村ト（分）廿一日西中村ゟ受取同夜中木卩継使信（カ）蔵
其村ゝ當午年定免年季切済幷運上物小物成類
年季切替有之村方ハ格別致増方當正月廿九日
迄書付可差出候
一小物成其外年ゝ不定米限納之分當午年
稼増減有無共取調書付ニい多し來ル二月十四日
十五日之内無相違可差出候尤其節不定
稼人幷村役人印形持参可致候且網渡簗

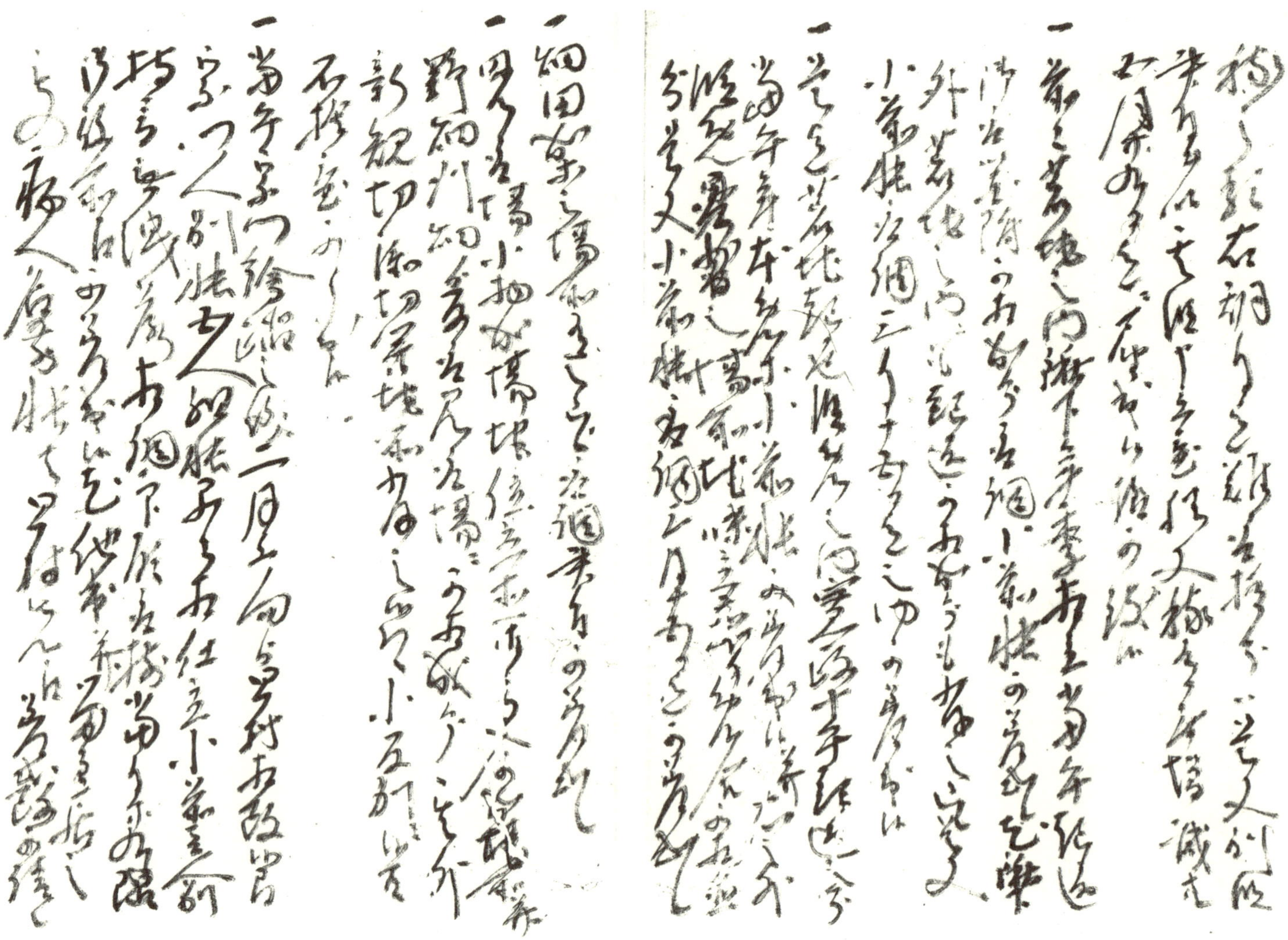

稼之類右期日迄難取揃分ハ是又別段
書付ヲ以其段申立置猶又稼有無増減共
五月廿九日迄ニ届出候様可致候
一前〻荒地之内鍬下年季相立當午起返
御取箇附可相成分取調小前帳可差出候尤鍬下
外荒地之内ニも起返可相成分も有之候ハヽ是又
小前帳取調三月十五日迄之内可差出候
一是迄荒地起返段免之内寛政十午起返之分
當午年本免抔小前帳可差出候幷右之外
段免取〔見〕有之場所地味立戻（カ）り免合可相直
分是又小前帳取調三月十五日迄可差出候

一畑田成抔之場所有之候ハヽ取調書付可差出候
一見取場小物成場地位立直御高入可成地所幷
野畑刈畑ゟ反取見取場ニ可相成分其外
新規切添切開地所有之候ハヽ小反別ニ候共
不捨置可申出候
一當午宗門繪踏之儀二月上旬ゟ廻村相改候間
宗門人別帳五人組帳早〻相仕立小前壱人別
持高無洩落相調印形取揃當月廿九日限
御役所江可差出候尤他出幷留主居之
毛の病人名前帳者廻村先江差出改可請候

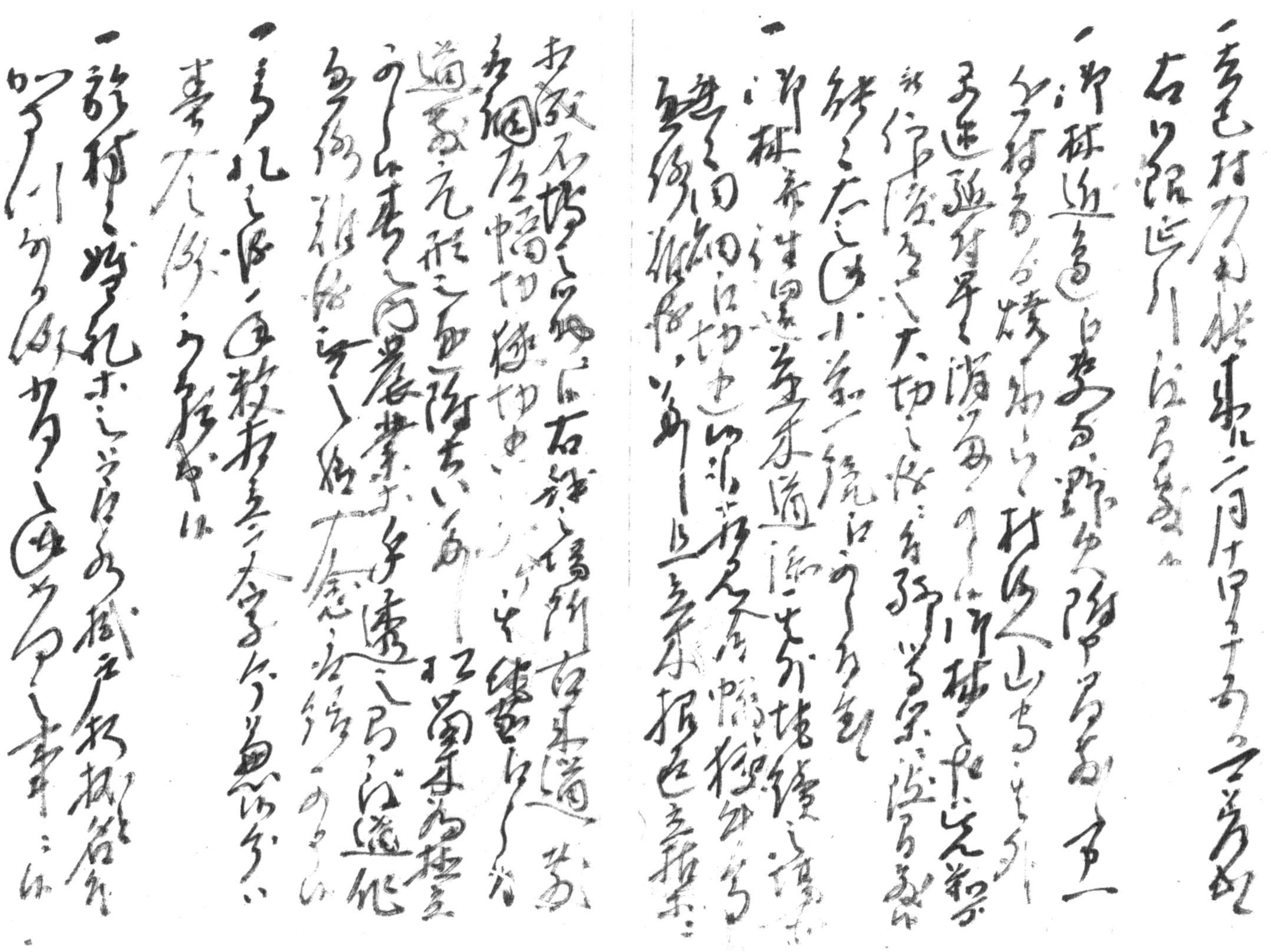

一去己(巳)村入用帳來ル二月十四日十五日可差出候
右日限延引致間敷候
一御林近邊江決而野火附申間敷候万一
近村方ゟ焼來候ハヽ村役人山守其外
早速駈付早〻消留可申候御林之儀ハ先前ゟ
被仰渡有之大切之儀ニ付聊等閑ニ致間敷候
能〻右之趣小前一統江可申付置候
一御林幷往還並木道添其外地續之場所
連〻田畑江切込候も相見へ道幅狭牛馬
通路難儀い多し且立木根返立枯抔ニ
相成不埒之筋ニ候右躰之場所古來道敷
取調道幅切狭切込候丈ケ其地主(所)江申付
道敷元形之通附土い多し松苗木為植立
可申候春之内農業抔手透之間致道作
通路難儀無之様入念取繕可申候
一高札之儀年数相立文字分兼候分ハ
墨入之儀可願出候
一於村〻婚礼抔之節水掛戸打抔(と)名付
加さ(つ)川なる儀有之趣如何之事ニ候

[第一二丁表裏]

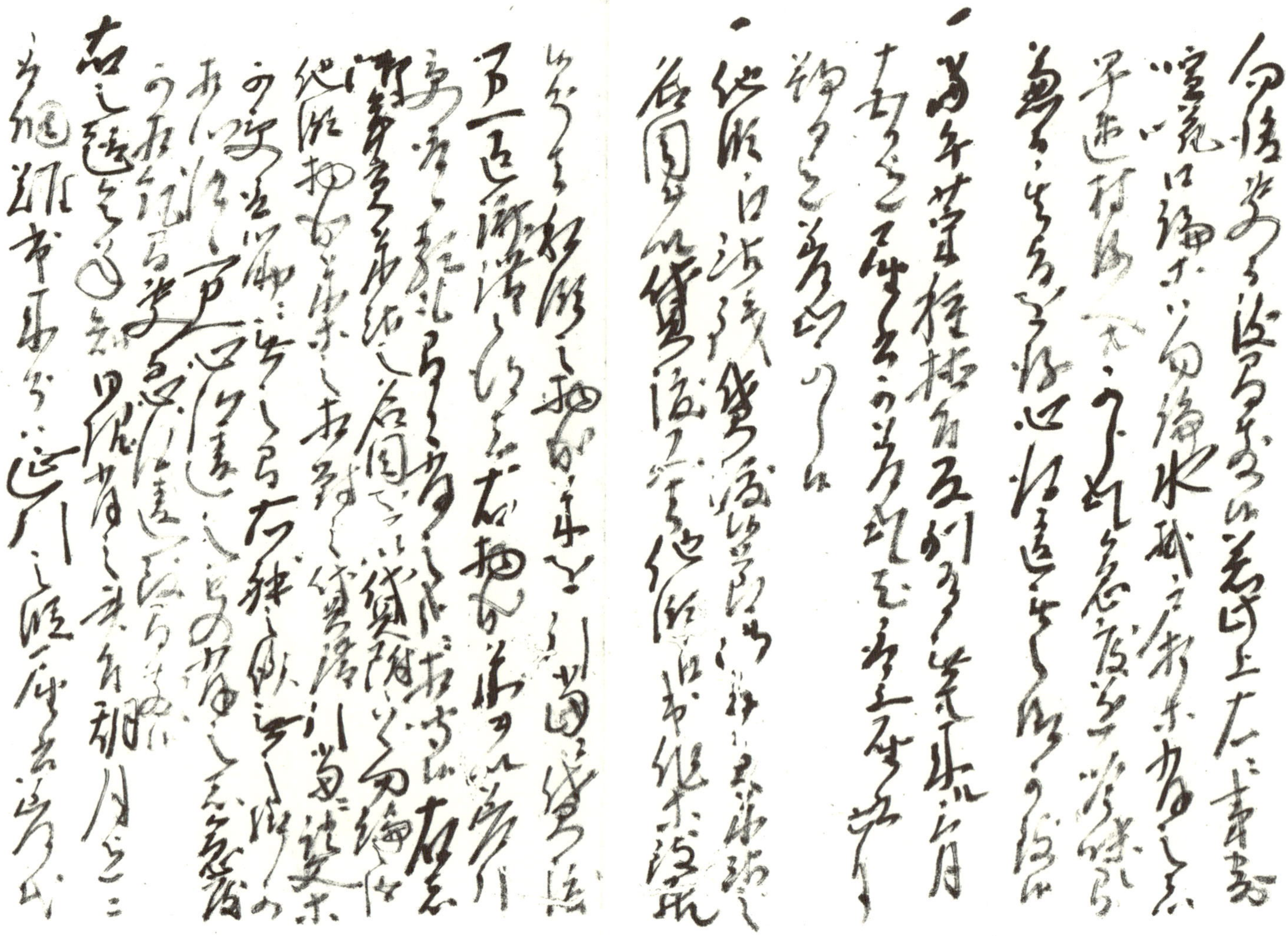

向後決而致間敷候若此上右ニ事寄
喧嘩口論抔ハ勿論水掛戸打抔有之者
早速村役人共可申出候急度遂吟味候間
兼而其旨を存心得違無之様可致候
一當午菜種植付反別有無共來ル三月
十五日迄届書可差出候尤取上届書六月
朔日迄差出可申候
一他領江銀銭貸渡候節御年貢米銀之
名目ヲ以貸渡又者他領江出作抔致居
候分者私領之物成米を引當ニ貸渡
万一返済滞候得者右物成米ヲ以差引
受取候類も間〻有之哉ニ相聞候右者
御年貢米銀之名目を以貸附候ハヽ勿論之儀
他領物成米抔之相對之貸借引當ニ證文抔
可受取筋ニ無之間右躰之儀無之様可
相心得候万一心得違之毛の有之者急度
可相糺間決而心得違致間敷候
右之趣令承知日限有之書付期月迄ニ
取調難出來分ハ延引之段届書差出

[第一二丁表裏]

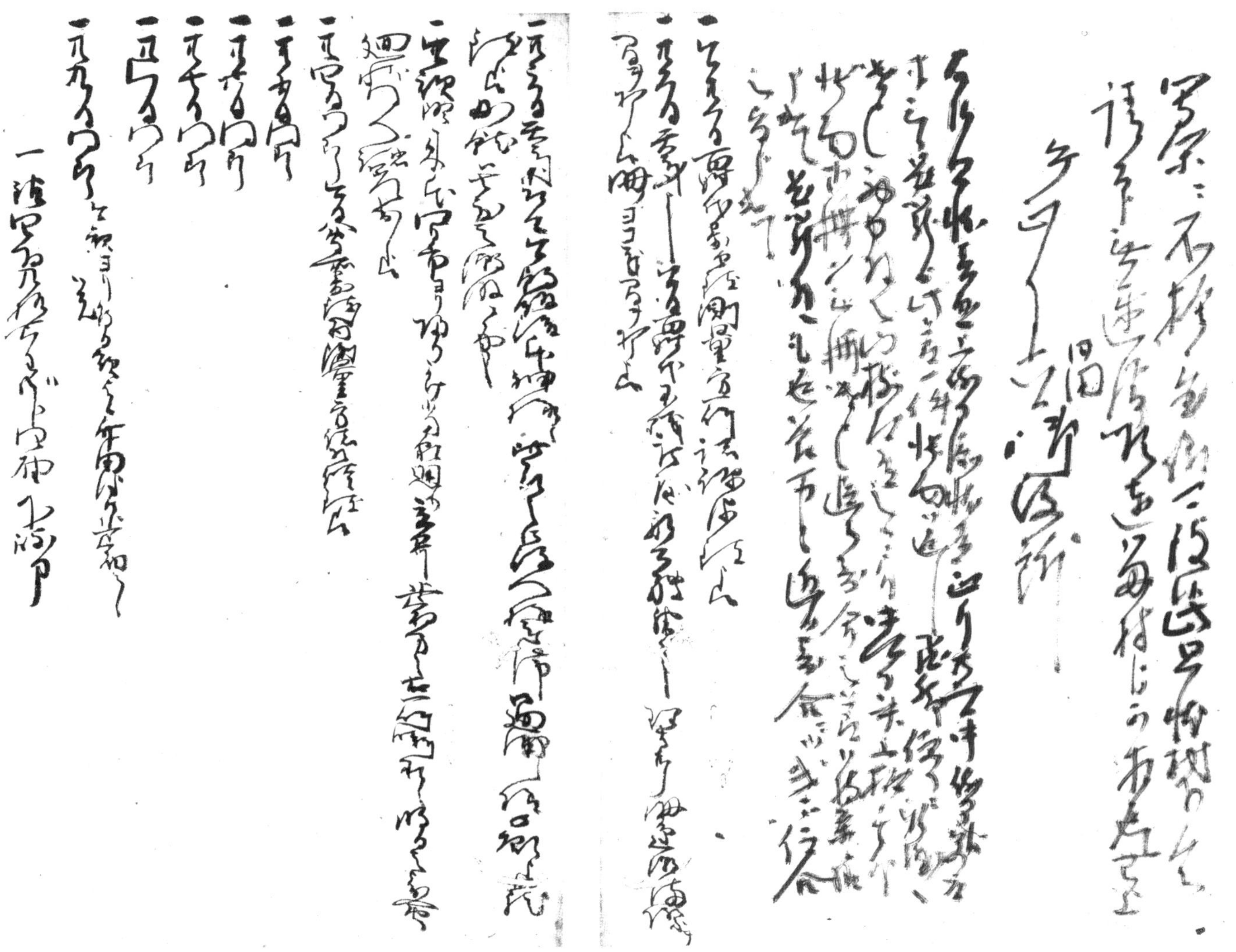

等閑ニ不捨置様可致候此廻状村下令
請印無遅滞順達留村ゟ可相返候已上
午正月六日　日田
御役所
右御廻状壱通上岐卩添状有正月廿二日中岐卩ゟ受取
廿三日鬼籠ゟ此度一件帳面御返し飛脚便りニ新涯へ
遣申候西中村之内枝郷有之候ニ付中岐卩書上扣其外
帳面弐冊〆三冊遣申候追而寄合之節御持参候様
申遣候鬼籠村へも返答可申候近日寄合ニ御出(カ)可被(カ)仰合
之旨申遣候
一今廿一日百姓代寄合致測量方一件諸評儀致申候
一廿二日天気よし今日百姓代不残庄屋舩二艘漕出(カ)し理太郎海邊潮満際ヲ
間ヲ打申候海ノヨコ茂間ヲ打申候
一廿三日天氣克今朝飯後氏神様へ此節之御役人様無滞御廻浦候様御願申籠
致申候成就ハ七度之潮汲ニ御座候
一今夜堅来氏四日市ヨリ帰り可け當家通利立寄止宿方ゝ右一件噺承候明日之寄會
廻状同人認差出し申候
一廿四日同断今日會所寄致候而測量方諸相談致申候
一廿五日同断
一廿六日同断
一廿七日同断
一廿八日同断
一廿九日同断今夜ヨリ朔日夜迄竹田津御止宿ニ候
覚
一銀四百九拾六匁弐卜四厘　下岐卩

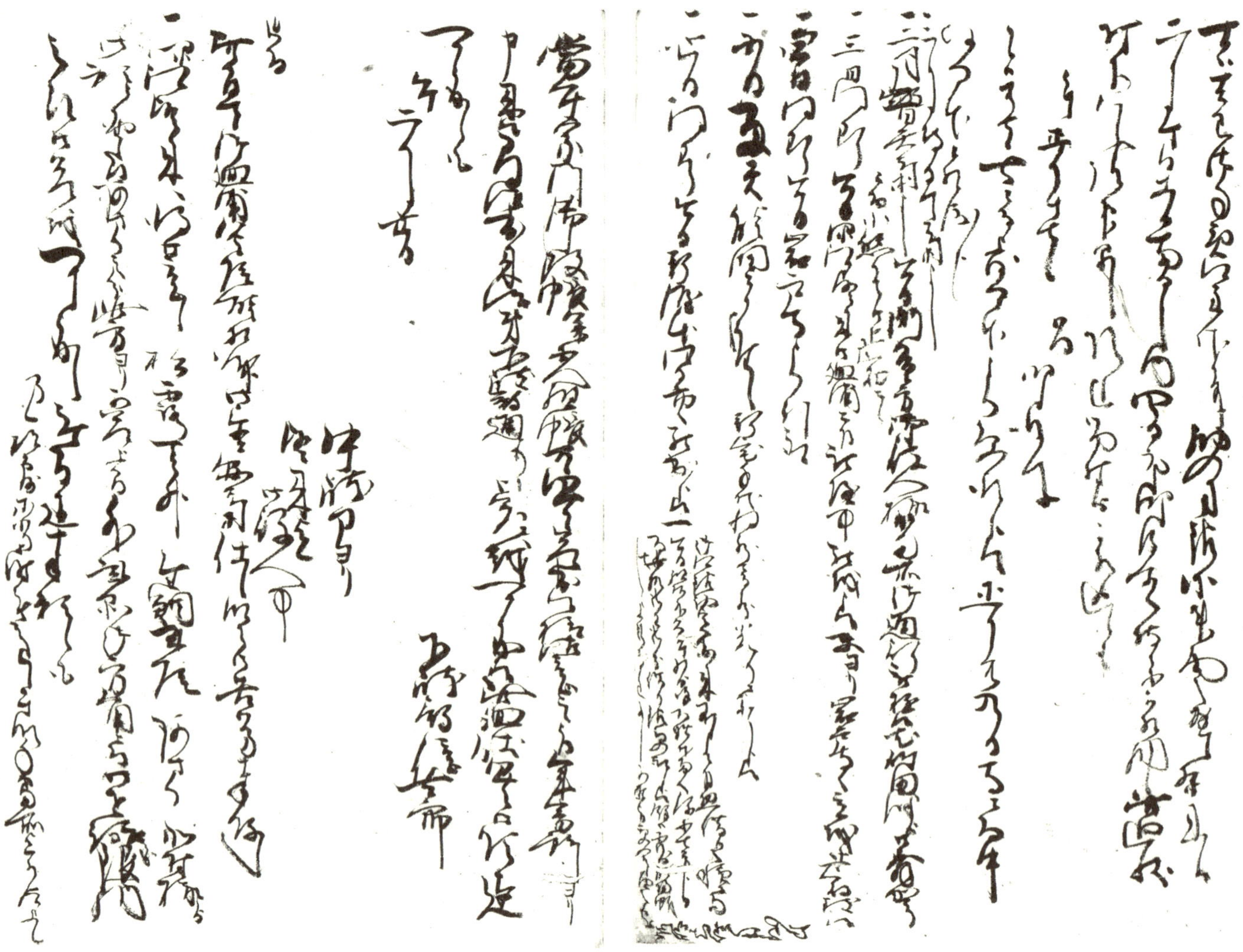

右ハ去巳御年貢口米代幷助入用銀小書面之通候条來ル（合）（ママ）
二月十日十一日両日之内四日市御役所へ持参可相納候此廻状
村下令請印早々順達留村ゟ可相返候以上
　午
　正月十七日　　　日田
　　　　　　　　　御役所
是ハ廿七日寺ニ而上岐卩氏より受取申候正月廿九日寺ニ而中
岐卩氏ニ相渡し申候
一二月朔日天氣よし
一二月朔日天氣よし今日測量方御役人様當所御通行被遊候尤竹田津ゟ御發駕
　　　　ニ而小熊毛御止宿ニ候
一三日同断今日深江堅来御廻浦ニ付庄屋中罷越申候夫ヨリ岩戸寺へ立越止宿致候
一四日同断今日岩戸寺より引取
一五日雨天能潤ニ御座候新宅手代為蔵音蔵光りニ参申候
一六日同断今日新涯氏四日市へ罷出申候
御口銀勘定出來不申ニ付惣借り之積ニ而
一今日組頭外久平為右衛門呼百姓代両人弥五七方より
百六拾弐匁弐分借り銀受取申候餘ハ五左衛門相場銀（カ）
七
之上御志らセ可申候可然旨受合候由之處
姫嶋ニ而借用致申候

當午宗門御改帳幷五人組帳共早々差出候様御急之旨年番所ヨリ
申來候間御出來次第下岐部通り差越可被成候此廻状早々御順達
可被成候以上
　午
　二月六日　　　　　下岐部億太郎
　　　中岐卩ヨリ
　　　堅來迄
　　　　御役人中
追而
此間者御廻浦早々順能相済御互ニ安氣仕候段々御苦労奉存候
一深江堅來へ得御意候　松露其外　生鯛弐尾　阿さり　北村様ゟ
御頼ニ御座候間阿さり之分此方ヨリ可差上間外弐品御方御用ニ而御世話○銀納（被成）
之節御差越可被成候無間違奉願候以上
　　万一跡番抔當時無之候ハヽ其段年番所迠可被仰上候

［第一四丁表裏］

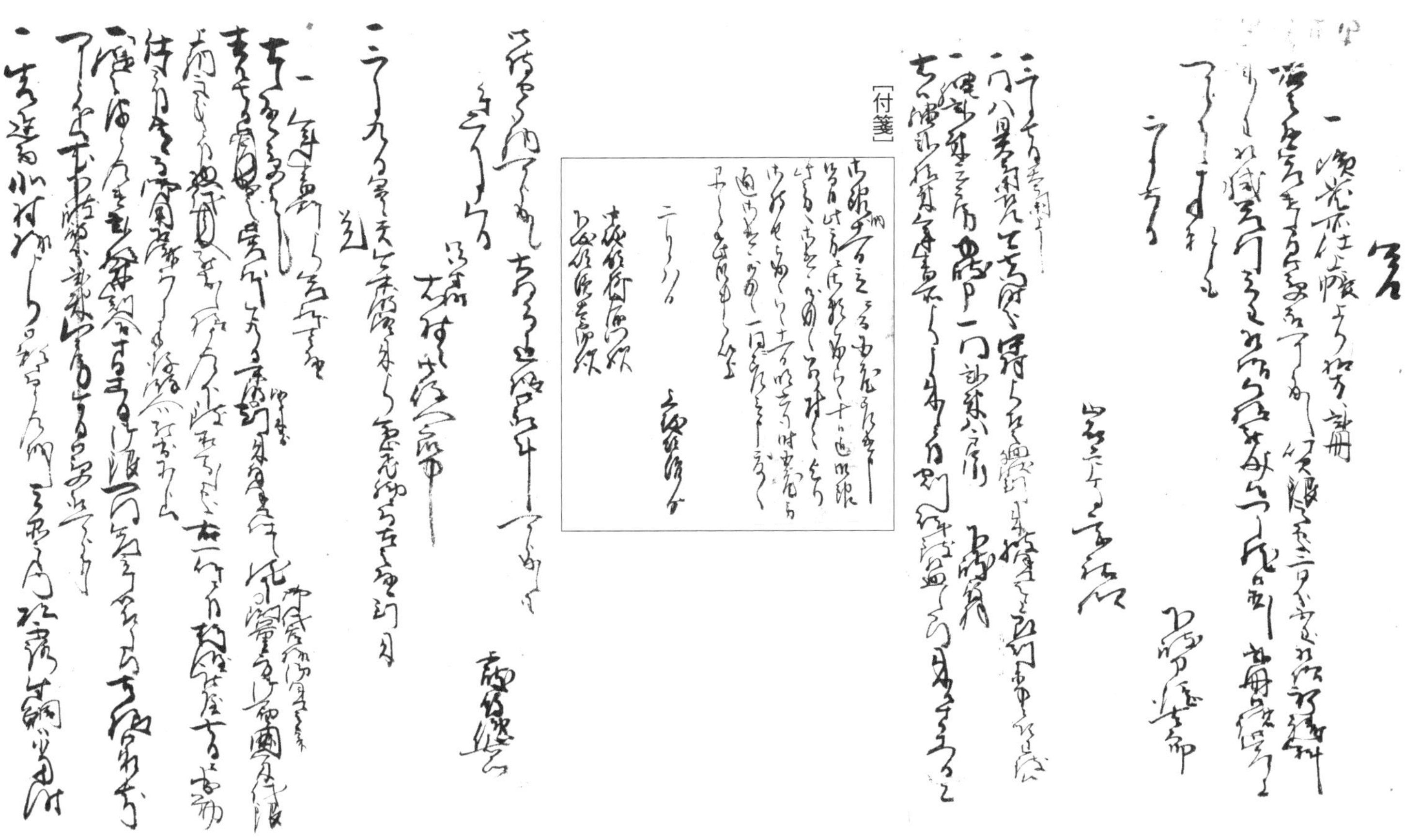

覚

一、濱藏所仕上帳上り扣共ニ弐冊

右之通差遣候間御受取可被成候賃銀高處二日分五匁相増祈禱料
弐匁相減差引三匁相増候様罷成候可然御直し弐冊御認御差上
可被下候奉願候以上

二月六日

下岐卩億太郎

岩戸寺甚祐様

一、二月七日天氣よし

一、同八日天氣克今七ッ時分中村より左之廻状到來披見之上即刻東中ニ順達致候

一、縄弐束三房中岐卩　一同弐束八房　下岐部村

右ハ縄弐拾束年番所より申來候ニ付割賦致相廻候間來ル十日十一日ニ

［付箋：縦十五・一糎、横十五・二糎。一〜十行目上部にあり］

> 御銀納十一日立ニ而国蔵差遣申し
> 候間此方ニ御頼被成候ハヽ十日迠御銀
> 此方へ御遣可被成候若村〻与り
> 御持セ被成候ハヽ十一日明六ッ時国蔵方
> 通御遣可被成候一同ニ差立申し度候
> 早〻如此御斗候以上
>
> 二月八日
>
> 上岐部俊右衛門
>
> 中岐部柳右衛門様
> 下岐部億太郎様

御持セ御納可被成候　右（無カ）為間違様御取斗可被成候以上

午二月八日

四ッ半時

上岐部俊右衛門

右村〻御役人衆中

一二月九日曇天今未明堅来より急飛脚ニ而左之通到来

覚

一　年番所より差紙壱通

右之通受取申し候

去ル七日~~差出~~之御差紙今九日未明○〔堅来ゟ〕到来拝見仕候然者○〔御代官様御見立幷〕測量方御届囲米代銀
上納之義ニ付惣代~~壱人~~罷出候様被仰下致承知候處右一件ニ付新涯庄屋七日ニ出勤
仕候ニ付定而御用相済可申奉存餘人ハ罷出不申候

一縄之儀被仰遣弐拾束割合十日十一日御銀一同差立候筈之間左様御承知
可被下候~~尤下岐部分弐束八房今日御受取可被下候~~

一先達而北村様より御頼ニ而被仰越候三品之内松露生鯛ハ当時

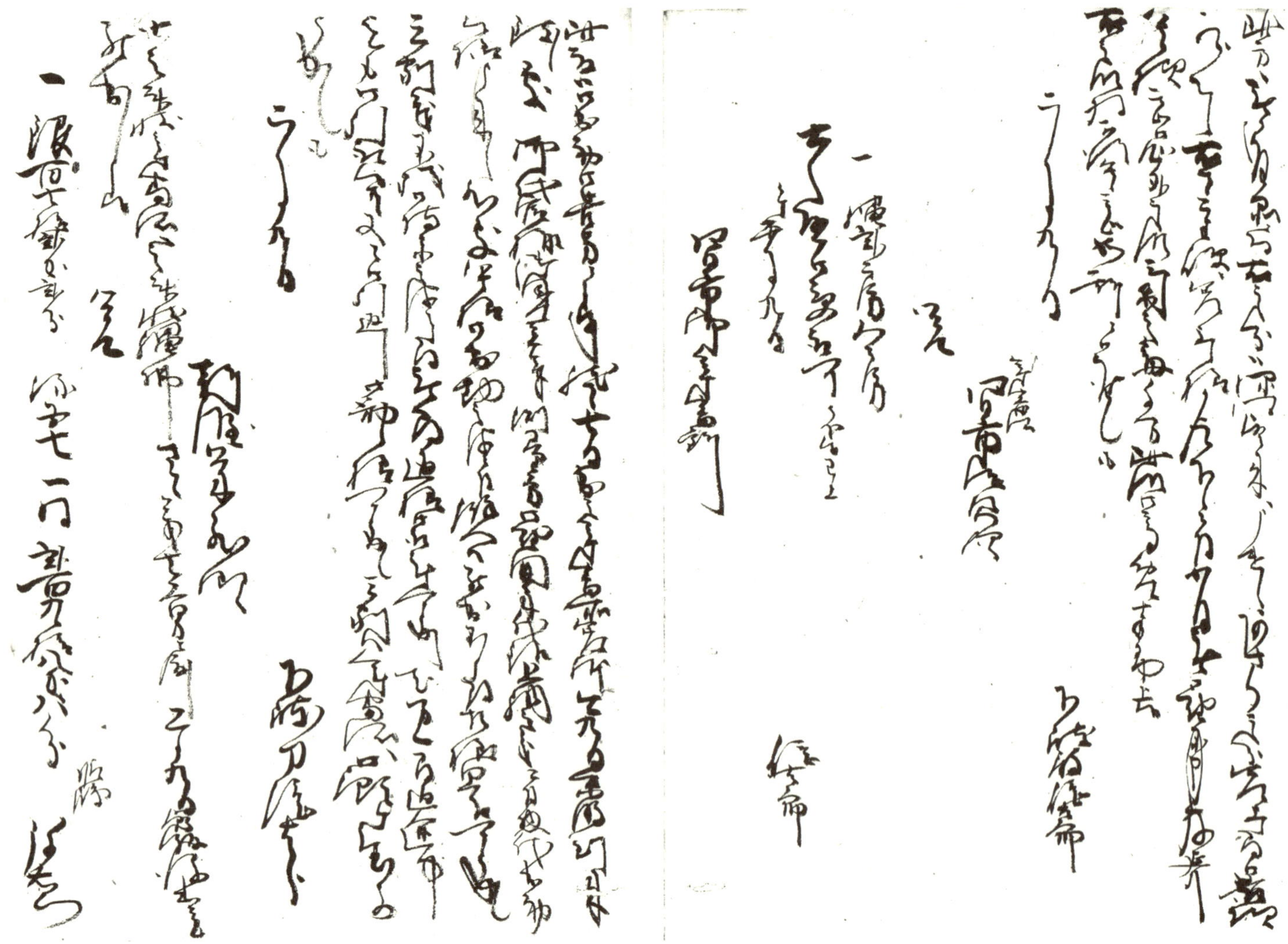

此方ヘ無御座品ニ而右之分ハ深江堅来ヘ申遣し候阿さり之分差上候間御取次
可被下候右重便ニ差上候様被仰下候ニ付有無御届不申及延引
貴様甚御心外之段氣之毒千万此段御高免奉希上候
右之段為可得貴意如斯ニ御座候以上

二月九日　下岐部億太郎

年番所
四日市治左衛門様

覚

一　縄弐(東カ)房八房

右之通御受取可被下候已上

午二月九日　億太郎

四日市御年番所

此度ハ御出勤御苦労ニ奉存候然者七日出之年番所差紙今九日未明到来
致候処　御代官様御見立旁測量方御届囲米代銀上納之義ニ付惣代出勤
候様申来候然処貴様御出勤之儀ニ付餘人ハ罷出不申間左様思召可被成候
三判茂不残御持参之儀ニ候間無間違様御取斗可被成候尤万一間違途中
迄も御引取候共又ゝ御引返し御勤候様可被成候三判ハ年番所ヘ御預ケ置可
被成候以上

二月九日　下岐卩億太郎

新涯栄蔵様

右之書状年番所ヘ之書状縄拂さこ義者二日共ニ渡し候二月九日朝飯後出立
罷出申候

覚

一　銀百七拾弐匁弐分　弥五七　一同　弐百九拾八匁八分　姫嶋弥右衛門

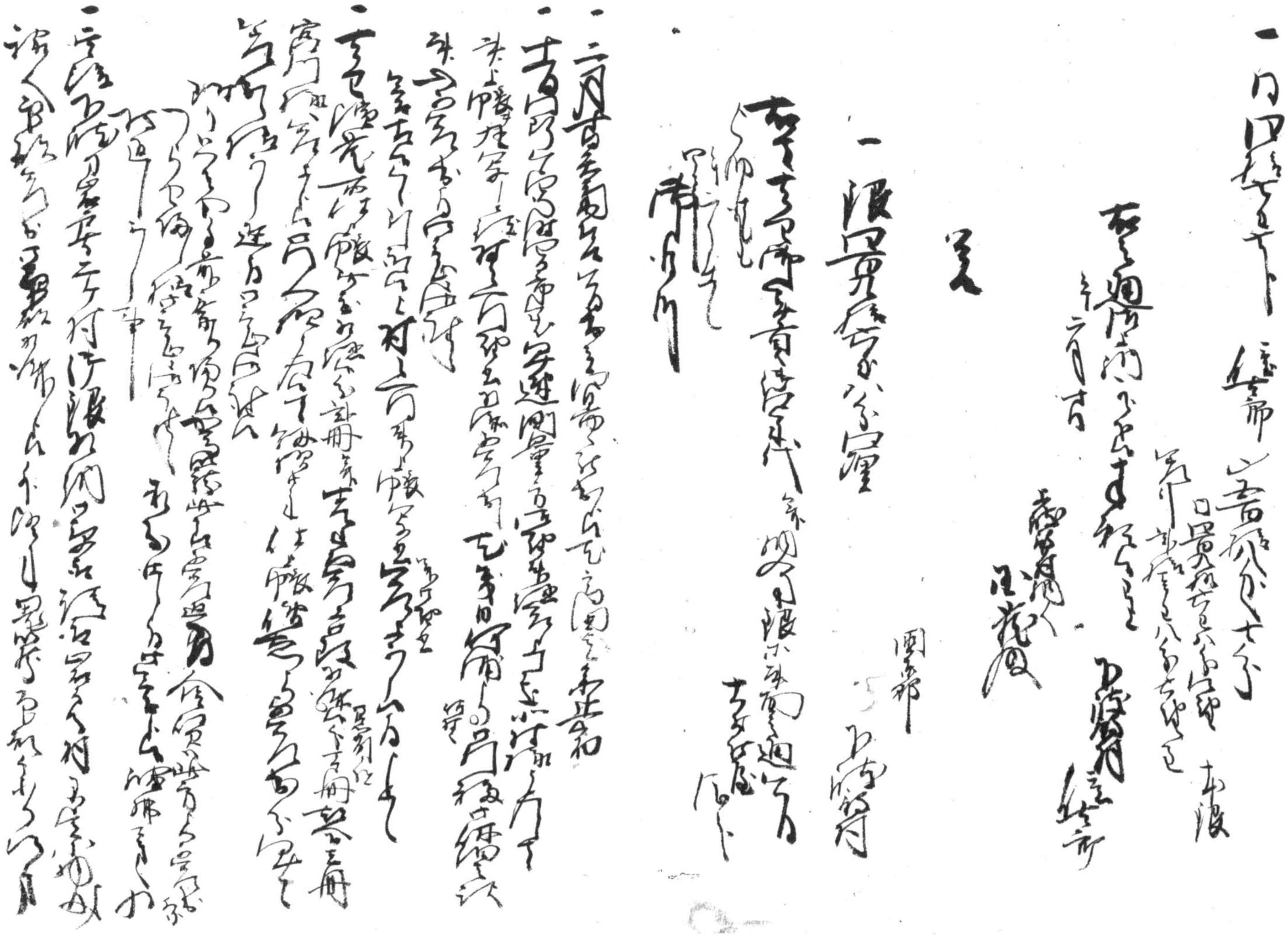

［第一六丁表裏］

一　同四拾七匁七卜　億太郎　〆五百拾八匁七分
内四百九拾六匁八分四厘　本銀
差引弐拾壱匁八分六厘　足
右之通御上納可被下候奉願候已上　下岐部村
午
二月十日　億太郎
上岐部村納人
国蔵殿

覚

一　銀四百九拾六匁八分四厘　国東郡
右者去巳御年貢御口米代幷納入用銀抔書面之通今日　下岐部村
上納仕候以上　右村庄屋
午
二月十一（日）　億太郎
四日市
御役所

一二月十日天氣克今日出立四日市へ罷出申候尤高田迄参止宿
一十一日同断今四ツ時四日市着早速測量方御届書認差上候處北村様被仰候者
書上帳ヲ丸写しニ致村々一同届書相添可差出候尤幾日何浦より何村へ〇御引移御休泊之訳
書入可差出旨御急ニ御座候
答左候ハヽ引取候上村々一同書上帳写書幷御届書差上可申候旨申上候
一去巳濱蔵所仕上帳此度相認候分弐冊幷先達而差上御改相済御着到被遊〇候分壱冊都合三冊
宮川様へ差上申候御同人様被仰候者籾摺御米仕上帳俊右衛門より可差出分早々
差出候様可申達旨御急ニ御座候
附り　いつそや手前乗り帰り候駕籠此節可差返間人足賃ハ此方より可差出条
つらせ帰し候様御急ニ御座候承知仕候旨御答申候縄拂旁々為
村返し可申事
一其後下岐阝岩戸寺二ヶ村御銀相納御受取請取岩戸寺村不定小物成
稼人印形差出御印形相済申候外堅来鬼籠印形参り次第

[第一七丁表裏]

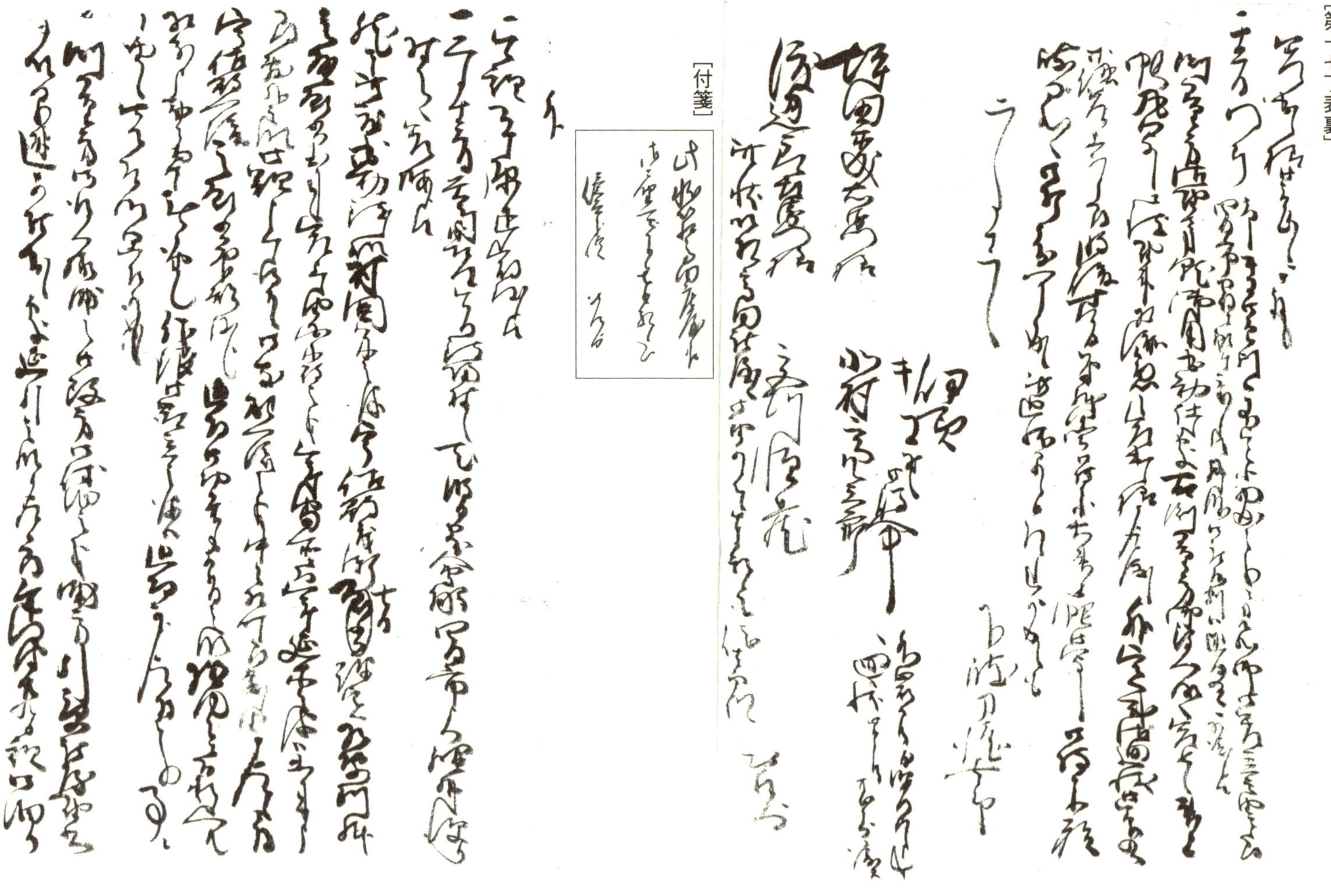

差出候様御急ニ御座候

一十二日同断

尚キコ御印判ハ不定(カ)小物成之義ニ付飛脚御差立之由ニ候間

四日市宿ニ預ヶ置申候新涯御庄屋判ハ速右衛門殿ヘ相渡申候

測量方御届旁就御用出勤仕候處右測量方御役人様ヘ差上候書上

帳丸写しニ致届書相添急ゝ差出候様被仰渡候外定式御廻状御差入

抔認差上可申候間明後十四日半紙墨御持参右書上帳御写し御持参程

岐鬼ヘ御打分可被成候此廻状早ゝ御順達可被成候　以上

二月十二日　　下岐阝億太郎

伊美

キコ村ヽ(々)

御役人中

外岩戸寺ゟ深江江達

ヽ(候)廻状岩戸寺甚右衛門ニ渡ス

坪田森右衛門様　北村亮三郎

渡辺良左衛門様　宮川惶蔵

次左衛門

此状箱高田庄屋ヘ御届可被下候奉願ヽ(候)以上　億太郎様

[付箋：縦十五・九糎、横十二・七糎。四～十行目上部にあり]

此状箱高田庄屋江
御届可被下候奉願候以上
億太郎様　　次左衛門

外

一今夜平兵衛下着致申候

一二月十三日天氣克今日致帰村候尤明日寄會觸四日市より縄拂便り

村ゝヘ差暇申候

然者此度出勤致候処村囲米之儀宇佐郡茂漸願《七日》書評定相決別紙

之通願書出來差上候由国東郡之義年番所ニ而年延抔之儀ハ出來申

間敷哉之段御歎申上候得共御支配一統之義中ゝ相叶間敷候由被仰候ニ付

宇佐郡一統之願書印形認申候追而御勘定も可有之段組内ゝニ而承候ヘ共

相分申勘ニ而者無御座候代銀御取立之儀ハ追而可被仰付との事ニ

御座候先左様思召可被成候

○測量方御役人様浦ゝ御改方御休泊之義浦方引受庄屋届書

ヲ以早速可罷出候處延引之段被仰候間竹田津廿九日夜御泊り

[第一八丁表裏]

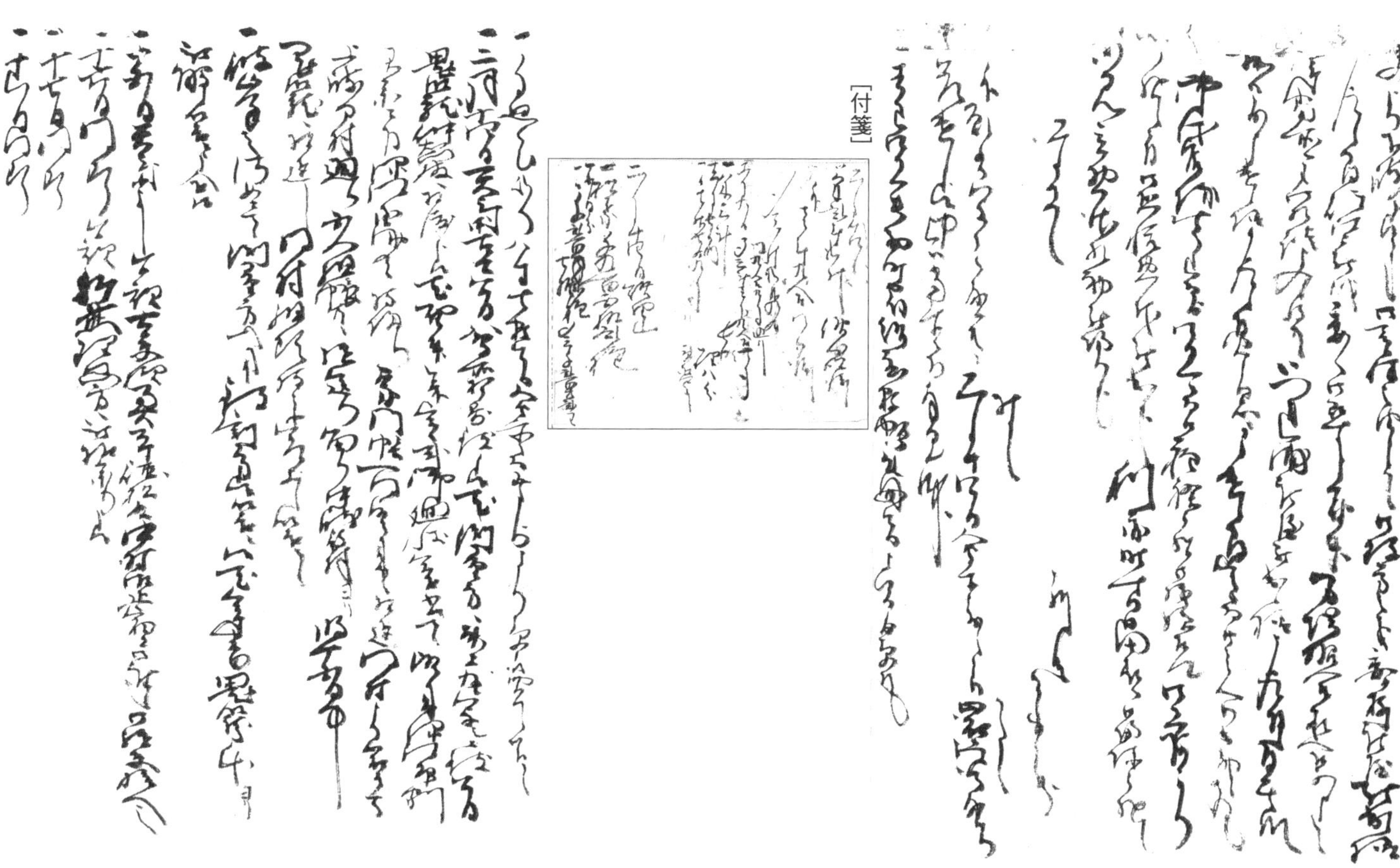

[付箋]

夫より下岐阝江(カ)も御昼休之由申候ハヽ御改方之義委ク存候庄屋罷出候様
被仰候間住江ニ罷越委く御尋申候届書万端昭(照)合承合可申と
年番所へも御相談申入候得共いつ連浦庄屋罷出候様被仰付候付其段
拙ハ(者)ゟ申遣候様被仰候ニ付火急申遣候間定而御壱人ワ出勤可被為候
　御代官様先達而ゟ四日一ニ而御病捨被遊御機嫌克御立阿可り
被遊候ニ付御恐悦惣代罷出申候猶亦昨十日日田表へ御帰陳被遊候
　御見立惣代相勤罷帰り申候
　　二月十一、(日)
　　　　　　　　　　　　　　　　　　　　　　　　新涯
　　　　　　　　　　　　　村―　　　　　　　　　　　栄蔵
　　　　　　　　　　　　　　　　　　　　　　可多く
外　願書写壱通共ニ二月十四日會所寄(カ)候ニ付岩戸寺通り
差遣し申候印(カ)ハ当所ニ而拝見済候
一去巳四日一長洲町宿賄置数帳弐冊今日申次ゟ受取候
[付箋：縦十三・〇糎、横十五・五糎。二～六行目上部にあり]

二月十四日
一米弐斗弐升　　俊右衛門様渡し
　外
　　壱斗九合　同御渡し
　〆三斗弐升九合
　　内九合九勺込引
十一月九日歹三斗壱升九合一夕
一米三斗　　　長瀬
十二月七日納　　　理八郎
一同七升七合九勺　受取写し
二月十四日焼野山
一松葉千九百五拾弐抱
十五日分
一同千弐百七｜弐抱
　　　　　七拾
　　　〆三千弐百廿弐王

一手廻くひ弐ツ八寸七枚今日會所ニ而幸右衛門より受取買候筈ニ候
一二月十四日天氣克今日會所打寄致申候尤測量方へ書上丸写シニ致今日
鬼籠仲右衛門殿へ相渡申候尤届書幷定(カ)式御廻状定書者堅来深江印判
不参ニ付深江国助殿持帰り宗門帳一同堅来へ相達同村より岩戸寺
上岐阝村通り五人組帳共ニ継送り留り中岐部村ヨリ明十五日中
鬼籠へ相達し同村組頭持参差上候筈ニ候
一彼岸之佐めニ者測量方入用致割方候筈ニ候尤年番鬼籠氏ヨリ
被觸候筈ニ申合候
一十五日天氣よし今夜太夫様奥平徳松殿中村御止宿ニ御座候御継夫拾人也
一十六日同断今夜肝煎理左衛門方へ被招参り申候
一十七日同断
一十八日同断

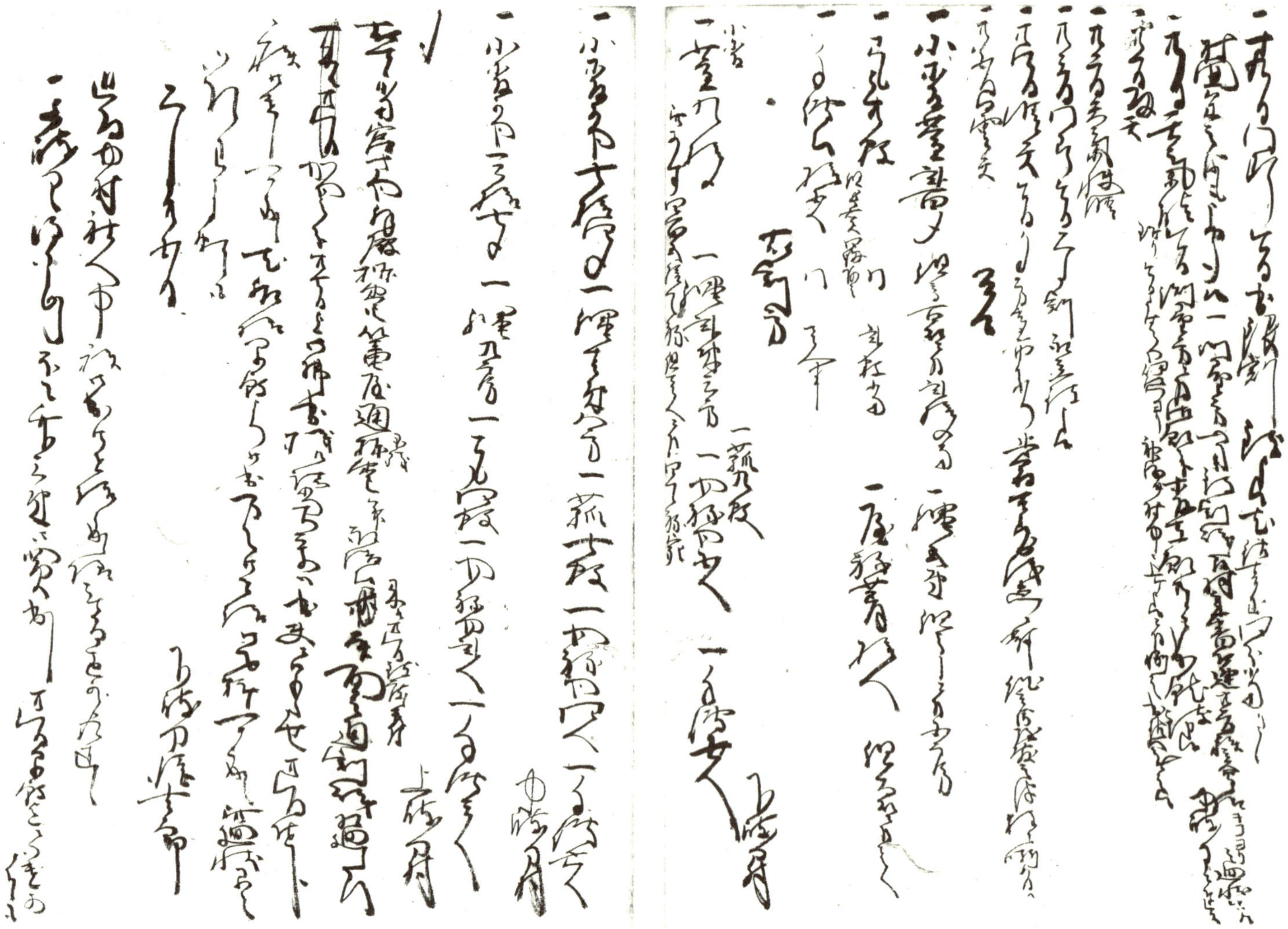

一十九日同断今日出銀割致申候尤銀壱匁四分當りニ候
村囲米之儀も申聞候　一測量方入用致割賦候間村年番召連廿二日程(致カ)立會候様キコヨリ之廻状今日中岐阝ニ達ス
一廿日天氣能今日測量方ニ付御願幷麦立願共ニ成就致申候
附り今日多はこや伊左衛門ヨリ神酒ヲ村中ニ上ケ申候ニ付例之出銀ハ無之候
一廿一日雨天
一廿二日天氣快晴
一廿三日同断今日二月割取立致申候
一廿四日晴天今日夕方定(カ)市参り止宿吉左衛門浅右衛門ニ對し作兵衛屋敷之儀猶〻噺有之
一廿五日曇天
覚
一小麦萱弐百〆　但高百石ニ付弐拾〆當　一縄弐束　但高―ニ付五房
一己も廿枚　同　弐枚當　一屋祢葺拾人　但百石ニ付壱人
但長六尺四婦阿ミ
一手傳ひ拾五人　同　壱人半
右割方
小麦
一萱九拾〆　一菰九枚　下岐阝村
一縄弐束三方(房)　一や祢や五人　一手傳五(七カ)人
此可ず四百五拾て祢　但壱人ニ付四て祢宛
一小麦可や七拾四〆　一縄壱束八方(房)　一菰七枚　一や祢や四人　一手傳六人　中岐阝村
一小麦可や三拾七〆　一縄九房　一こも四枚　一や祢や弐人　一手傳三人　上岐阝村
〆
右者當宮さや拜殿棟巻篭屋通(不残)棟巻幷取繕ひ并書面之通割賦相廻し候付
来ル廿八日致度候書付
来ル廿八日かや之分廿七日迄御拂出残ル諸當り毛のハ出夫ニ御も多せ廿八日随ト
疾御遣し可被成候尤右様早朝より御出万〻御世話御才料可被成候此廻状早〻
御順達奉願候以上
二月廿五日　下岐阝億太郎
追而中村社人中祝御出御世話被成候様無間違可被仰達候
一上岐阝へ得御急候不足竹三束御買出し廿八日早朝迄ニ御遣可
被下候以上

［第二〇丁表裏］

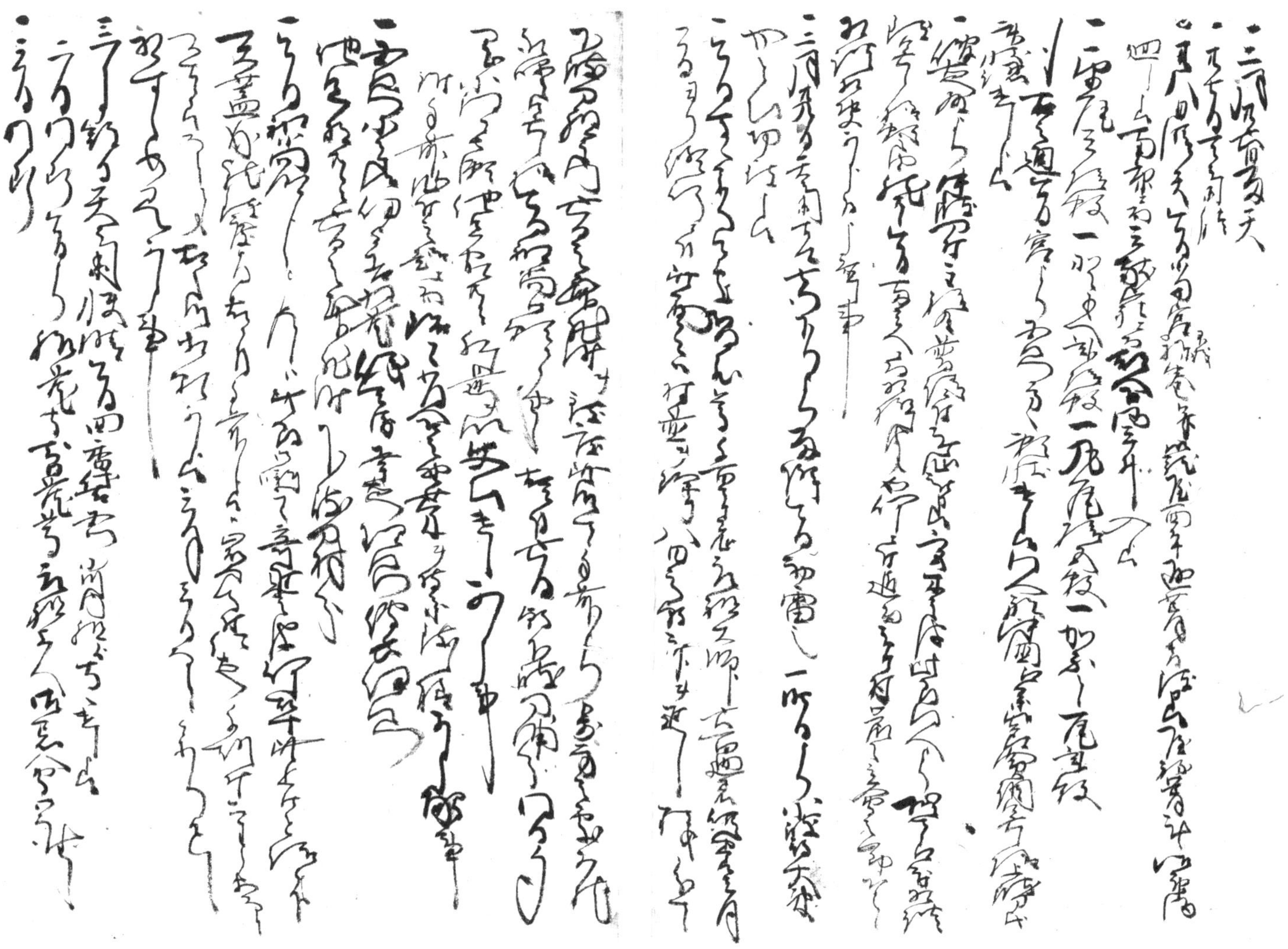

一二月廿六日雨天
一廿七日天氣能
一廿八日晴天今日當宮○〔不残〕棟巻幷籠屋西平通葺替致申候屋祢葺斗御神酒
廻し申候南原ニ而三献宛ニ而都合酒三升入申候
一平瓦三拾枚一登もへ弐拾枚一丸瓦拾五枚一加ふと瓦弐枚
〆右之通今日宮より五左衛門方へ願状遣し申候同人船中國江参候節買調呉候様上岐阝氏
書状認遣し申候
一俊右衛門殿より中岐阝村主祝殿普請ニ付無心被申候宮木之儀此間同人より拙者江茂相談
致呉候様頼之由然共今日両三人ニ而相極候義も如何ニ付追而三ヶ村御衆之立會之節など
相談相決可申旨申置候事
一二月廿九日天氣克七つ下り与り雨降今日初雷也一昨日より小岐部大束
やとひ切致申候
一今日寺へ参り候處智蔵尊千百年忌元祖大師六百廻忌供養三月
二日ヨリ修行ニ付此面々ハ村並ヲ除り八日之朝斎ヲ進候残分者
下岐阝組之内六日之斎非時ヲ致度此段者手前より寄方之處可然
取曖（カ）呉候様今日和尚御願ニ御座候右ニ付六日朝下岐阝浦分同日夕
岡小江ニ長瀬他旦家共者肝煎ヲ以使ひ遣し可申事
附手前非時之趣ニ而銘々有合之野菜ヲ持参致候様可申事
一五左衛門小平治伊与吉為蔵儀兵衛幸右衛門理左衛門傳六伊左衛門
他旦那共ニ六日之斎非時下岐阝村分
一今日和尚殿より被仰候ハ此間御噺（カ）之寄進之儀何卒此上御世話被下
天蓋成就致度旨右ニ付手前申候ハ岩戸寺村仁右衛門千燈村重兵衛なと
又太郎なとも右之段相願可申候三月三日なと参り候ハヽ
相すゝめ見可申事
一三月朔日天氣快晴今日回香袋五ツ小川内組ゟ寺へ遣し申候
〔一〕二日同断今日より胎蔵寺智蔵尊元祖上人御忌會御座候
一三日同断

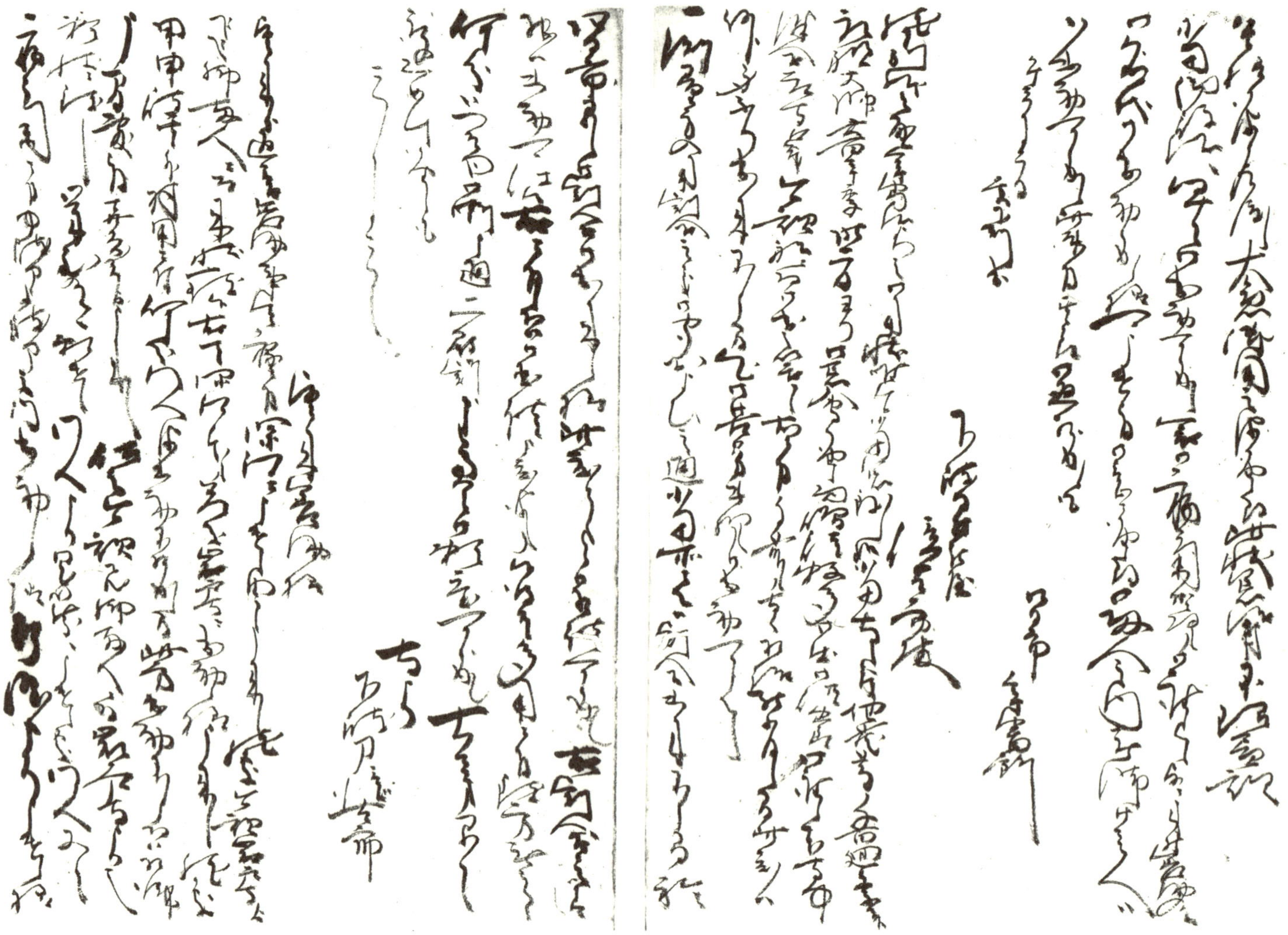

貴様御儀被仰渡候大急御用之儀御座候間此状着次第不限昼夜
當御役所へ早〻御出勤可被成候若御病氣抔ニ而も御座候ハヽ堅來村善助殿
御名代御出勤被成候様可申遣旨御意ニ御座候間御両人之内無滞御壱人ハ
御出勤可被成候此書付其節御返可被成候以上

午三月二日　亥下刻出　　四日市　年番所

下岐阝村庄屋
億太郎殿

然者別紙之通年番所より之御用状唯今當着(到)致候処當寺へ茂地蔵尊千百廻季幷
元祖大師六百年季昨二日ヨリ御忌會御座候而僧徒数多御出御供養御座候本寺中
津合元寺江茂今夜船ニ而御出之筈ニ候右ニ付手前も寺へ相詰罷有候間此度ハ
何ト身ふり出來不申間乍御苦労貴様も御出勤可被下候
一測量方入用割合之義御聞およひ之通當所ニてハ割合出來不申間於
四日市早〻御割合御出來候様此度とくと御相談可被成候右割合之節
拙(者)ハ出勤可仕候右ニ付候而ハ御直談申度儀も候得共多用ニ付致方無之
何分いつそや御噺申候通二郡割重疊御願置可被成候右旁早〻
取込如此御座候以上

三月三日　　寺より
下岐阝億太郎

堅來善助様

堅来ゟ返書善助事足痛ニ付深江ニ申遣候由ニ申來候然處今夜岩戸寺ゟ
飛脚両人ニ而來状一致候右者深江氏も差支岩戸寺ニ出勤候様申來候然處
甲(庚)申待其外村用ニ付何分同人儀出勤不相成候間此方出勤不申候而ハ相済
申間敷旨喜久右衛門殿ゟ申來候依之今夜飛脚両人ニ而岩戸寺より之
願状ニ致し栄蔵殿へ願遣し候同人より鬼籠へ申遣し候處同人又〻
病氣ニ付中岐阝上岐阝之内出勤候様新涯より申遣候様

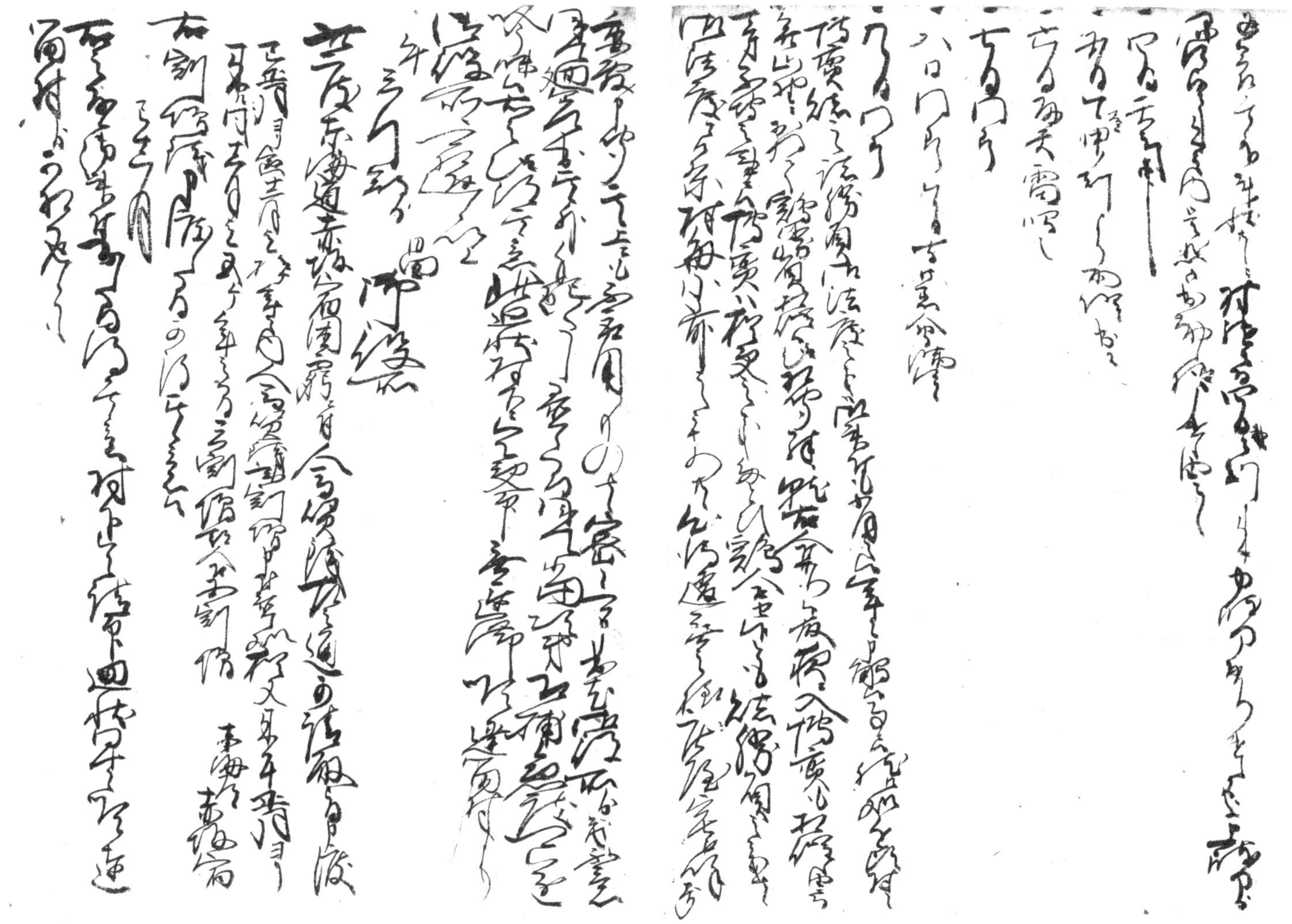

返答其外書状共ニ村継ニ而四日ニ｜市到来中岐阝通り遣し候処上岐阝ゟ
深江堅来之内是悲御出勤候様申し遣し候由ニ候
一四日天氣よし
一五日今申《昼》ノ刻より雨降出ス
一六日雨天雷鳴也
一七日同断
一八日同断　今日寺御忌會満足
一九日同断
博奕賭之諸勝負御法度之義ハ御書付も有之候年〻申觸候事ニ候然ル処近頃村〻
幷山野ニおゐて鶏勝負相催候趣相聞殊ニ就右人集り候故夜ニ入博奕も相催候由ニ而
旁不埒之事ニ候博奕ハ猶更之義多とひ鶏合セ候とも賭勝負之義者
御法度ニ候条村毎小前之毛の共心得違無之様庄屋宅江呼寄
委敷申聞其上ニも不取用もの者密〻可申出尤御役所ゟ茂ふ意
見廻差出其外手配い多し置候間見當次第召捕急度可遂
吟味候右之趣得其意此廻状村下ニ令受印無遅滞順達留村より
御役所ニ可相返候以上
午
三月朔日　日田
御役所
此度東海道赤坂宿困窮ニ付人馬賃銭左之通可請取旨申渡
巳正月ヨリ寅十二月迄拾ヶ年之内人馬賃銭弐割増申付置候処猶又来午正月ヨリ
来ル戌十二月迄五ヶ年之間三割増都合五割増　東海道赤坂宿
右割増銭申渡候間可得其意候
巳十二月
右之通御書付出候間得其意村下令請印廻状早〻順達
留村ゟ可相返候以上

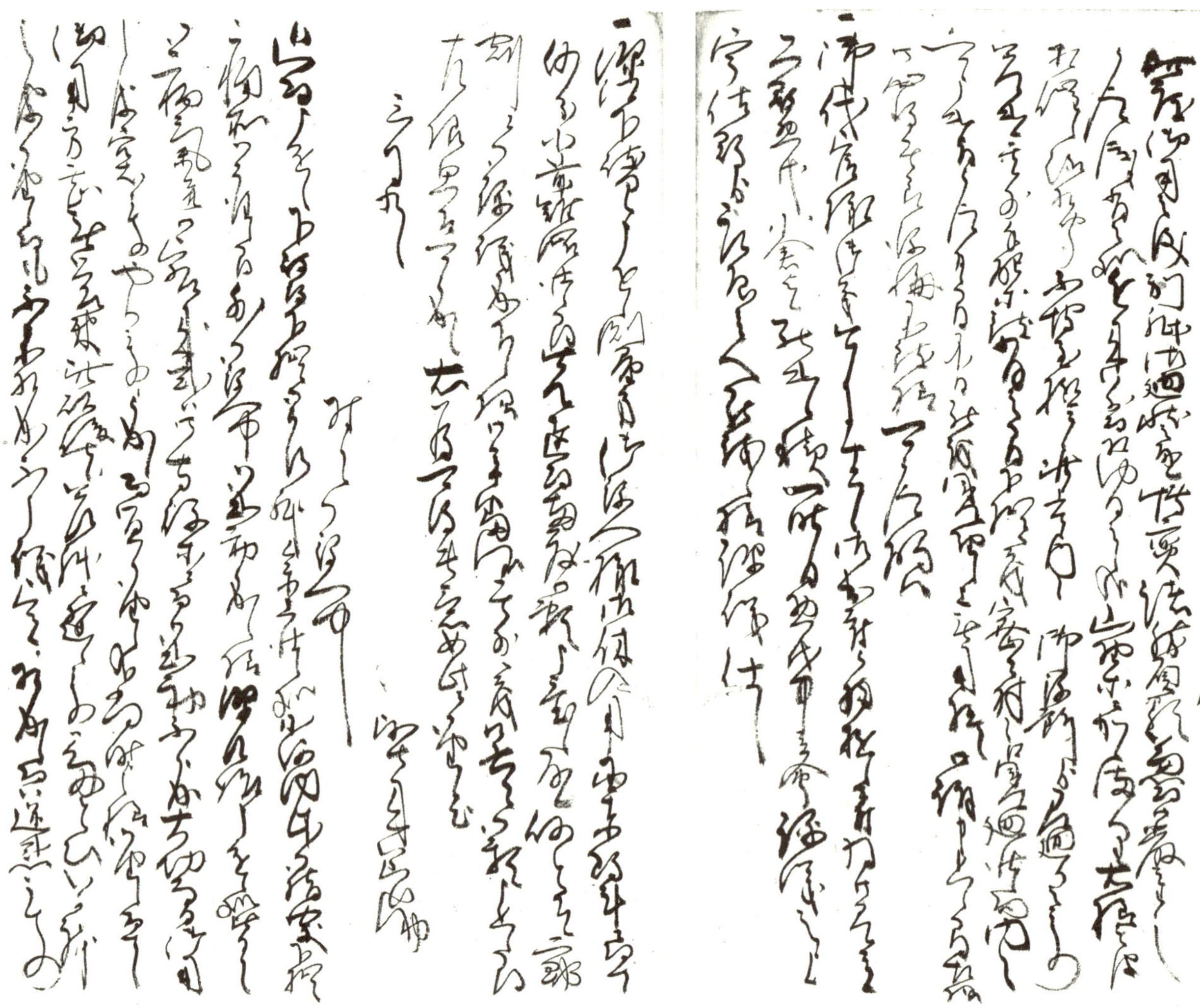

午
三月六日日田御役所　　国東郡村々
庄屋
組頭

外宗門帳御催促御廻状二月十四日出壱通尤返上廻状之受取
此度御用之儀別紙御廻状之通博奕諸勝負類兼而御厳重之
被仰渡も有之処近來別而相ゆるミ候哉山野抔ニ加ヽ満里右様之儀
相催候趣相聞ふ埒至極ニ候此上者内々　御役所ゟ見廻り之毛の
差出候其外手配抔致有之間下拙ニ茂密々村々江見廻仕候而内々
可申出旨被仰付候間不日罷越見届候上無用捨く御訴申上候間左様
御心得其節後悔不致様可被仰觸候
一御代官様御義今月十二日御出府被為遊候ニ付為御見立
二郡惣代小倉迄罷出候積一昨日惣代中立會評儀之上
宇佐郡ゟ庄屋壱人罷越候様評儀仕候

一深江下岐阝へ申進候測量方御役人様御休入用国東郡斗ニ而者
何分小前難渋仕候間先達而両度御願申置候通何とそ二郡
割ニ御評議被成下候様御年番所其外へ茂呉々御願申上候間
左様思召可被成候右為可得貴意如此ニ御座候以上
三月九日　　堅来善助
村々御役人中
追而申進候下岐部下拙御差紙参上仕候処小河内氏御指案下拙
痛所御座候間外御役人中御出勤被成候様深江始申進候処皆々
御病氣幷御客来或ハ御寺役抔ニ而御出勤ふ被成大切なる御用
之儀突毛のやり毛のニ被成候而宜御座候哉当時之様御座候而者
御用方甚無覚束此以後者差紙ニ逢候毛のハ多とひい可躰
之儀御座候而もふ参相成ふ申議定ニ相成候而ハ迷惑毛の

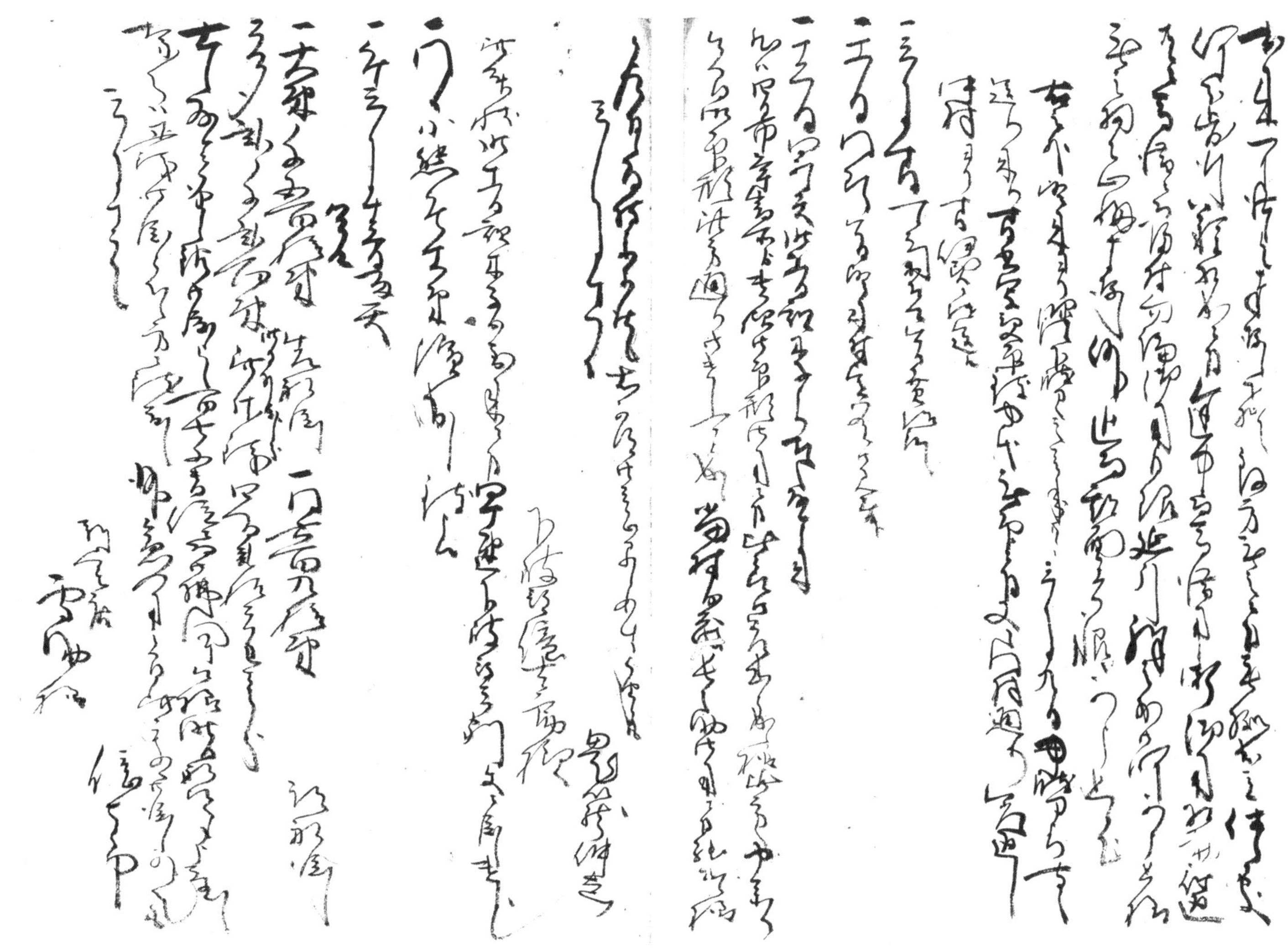

出来可仕与奉存候下拙致方無之ニ付無拠出立仕候處
何分歩行難相成ニ付途中ニ而馬借用漸御用相済(カ)往返
共ニ馬借ニ而帰村勿(分)論御用日限延引殊之外御呵可申上様
無之扨〻心悔奉存候何ト追而期面上御恨ニ可申上候以上
右之外堅来ヨリ深江下岐卩へ之壱封共ニ三月九日中岐卩より寺へ
送り来り十日書写受印致中氏無印ニ付又〻同村通り差返し
中村ヨリ十日伊美ニ継送候
一三月十日天氣克今日寛治(カ)仕候
一十一日同断今日堅来村定有之御見舞
一十二日曇天昨十一日夜木子より左之通申来
然ハ四日市年番所ゟ貴様御印形御用ニ付皆〻江御差出被成候様此方へ申参り
候間御印形此方通り御遣し可被成候當村ゟ茂長之助御用ニ付罷出候様
被仰付候間持参可仕候右可得御意早〻如此御座候以上
三月十一日　　　　鬼籠仲右衛門
下岐部億太郎様
此書状昨十一日夜木子ゟ到来ニ付早速下岐部三判使ニ渡し遣し申候
一同日小熊毛大束濱出し致申候
一午三月十三日雨天
覚
一大束千五百拾束　先舩渡し　　一同六百九拾束　跡舩渡し
昨日相渡申候分
一この〆弐千弐百束　此代銭四百弐拾三匁壱分
右之通ニ御座候銀御渡候ハヽ百七文替位ニ而御拂伺候様昨日船頭へも申置候
奈らハ正銭御渡被下候方ニ致度候何ト急入用候間此毛のへ御渡し可被下候以上
三月十三日
億太郎
新宅店
専助様

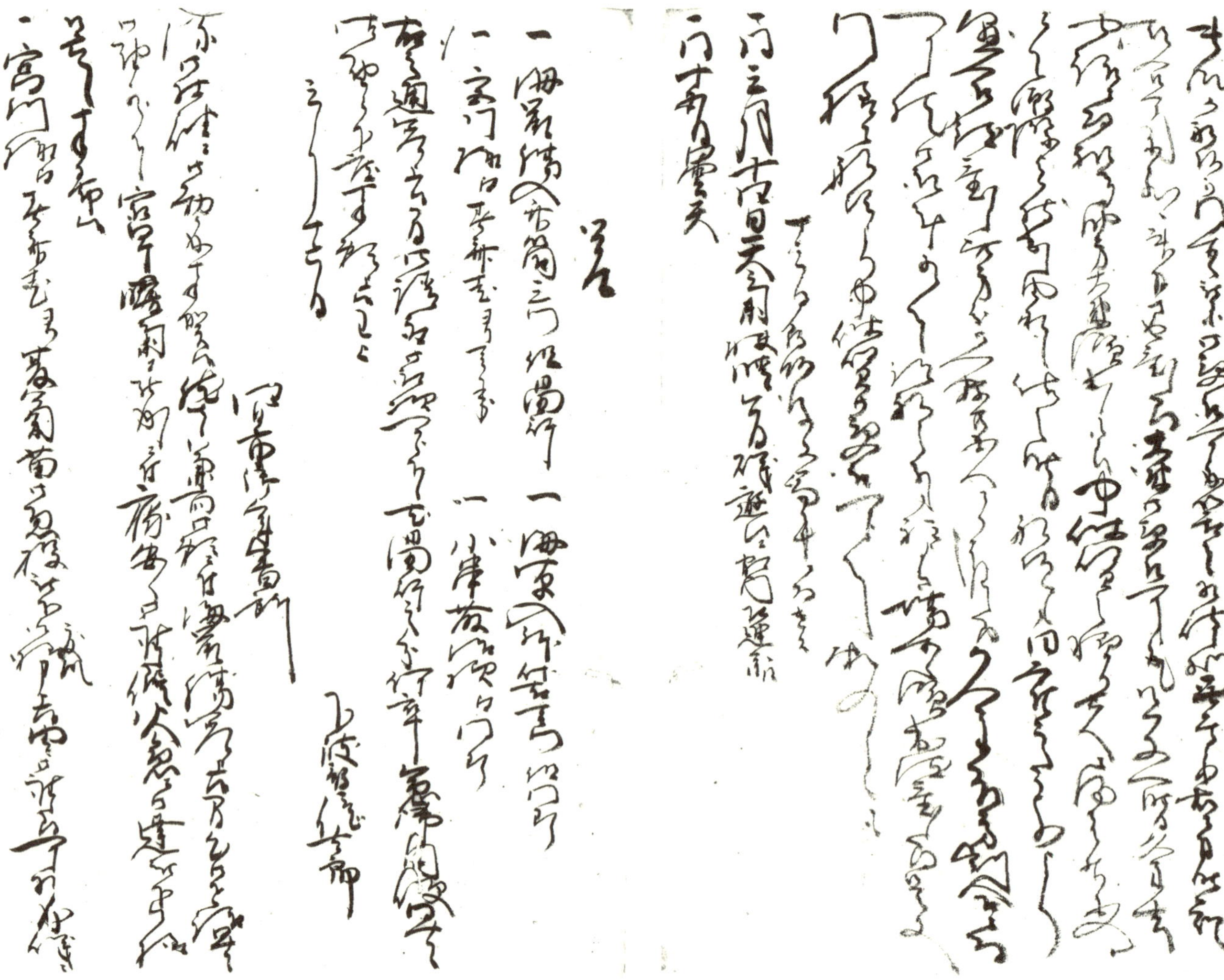

昨晩小岐阝より帰り可ケ見舞申候處御留主ニて不得御意候跡船へ相渡候分
貴様可舩頭可同所へ被参御受取可被成筈と相待候処無其義右ニ付昨夜
都合菊蔵ニ書付御返置候間大束御受取可被成候且又一昨日久米吉
セ話ニ而船之助方大束濱出し之節中使賃之積り六人ニ酒壱升五合
ニて潮際迄持出候由承候依之昨日舩頭へも日雇之乇のより
懸合致置候此方分ハ人数廿五人ニ御座候間久米吉方割合ニ而
可然御取斗可被下跡舩之分も程よき場所へ濱出致置候間是又
同様ニ舩頭より中使賃御受取可被下候願入申し候以上
十三日朝飯後又留主(カ)ニ而遣ス
一同三月十四日天氣快晴今日礒遊ひニ家内召連参候
一同十五日曇天

覚
一海鼠腸入竹筒三ツ　但日田行　一海草入紙袋壱ツ　但同断
一宮川様江春斎老ヨリ壱封　一小串藤治様江同断
〆
右之通差上候間御請取御取次可被下候尤日田行之分何卒急御同便早〻
御届被下度奉願上候已上
三月十六日　下岐部億太郎
四日市御年番所
弥御壮健ニ御勤被成奉賀候然者兼而御願ニ付海鼠腸差上候間乍御世話早〻
御届可被下候寂〔儀〕早暖氣ニ罷成候ニ付痛安く御座候間火急ニ御達被下候様
呉〻奉希候
一宮川様江春斎老ヨリ夏菊苗御恵投被下候様度段申上候出ニ御座候間可相成儀ニ

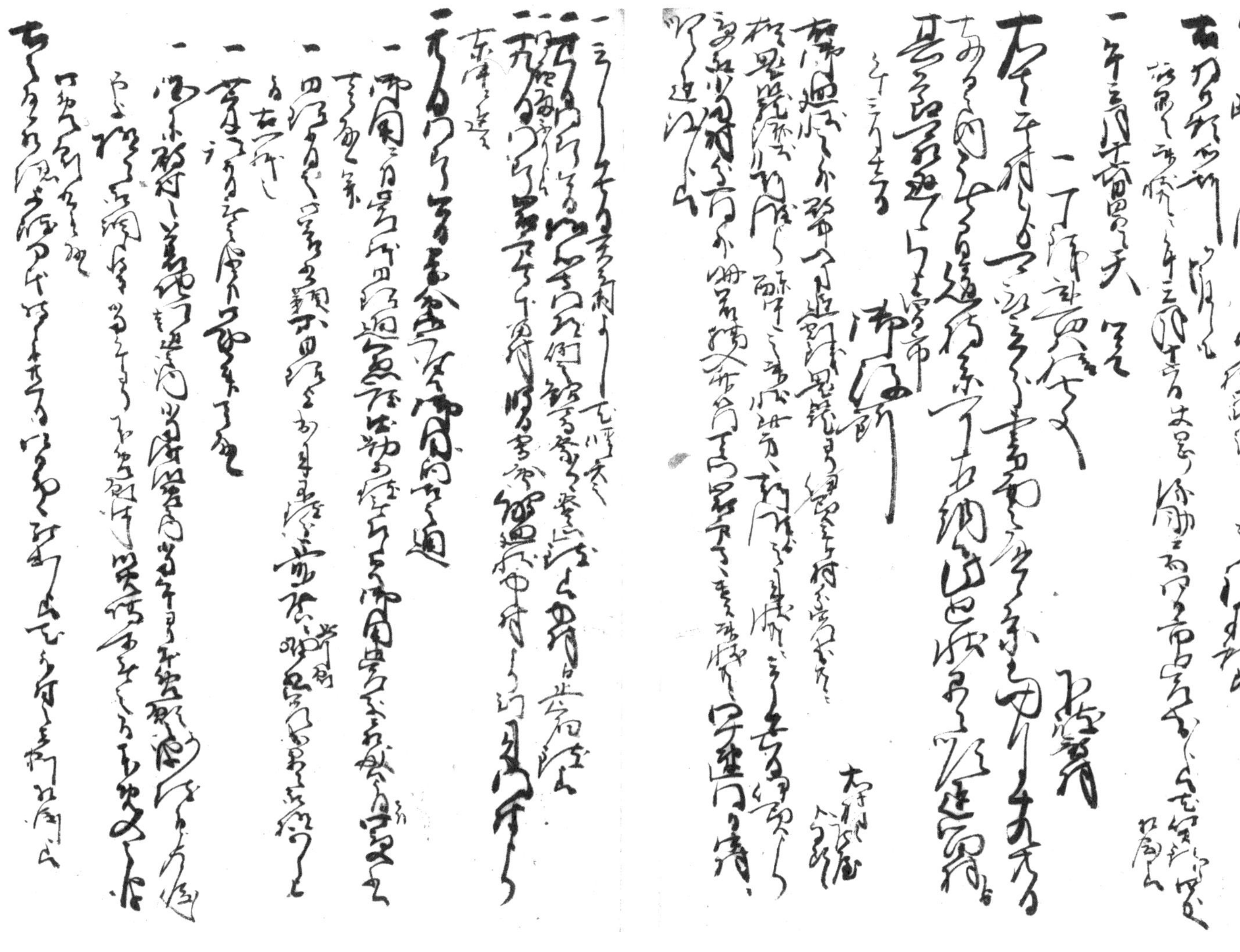

候ハヽ此毛のへ御渡し被下候様御取斗之程奉願上候
右為御願如斯御座候以上
右品〻書状共ニ午三月十六日使岡ノ弥助ニ而四日市江差出申候尤賃銭四匁
相渡申候
一午三月十六日曇天　覚
一　丁銭弐百八拾七文　　下岐部村
右者其村〻ゟ可取立分書面之通候条当月十九廿日
両日之内無間違持参可相納候此廻状早〻順達留村ゟ
其節可相返候以上　四日市
午三月十二日　御役所
右村〻
庄屋
与頭
右御廻状之外郡中入用追割銭鬼籠ヨリ伊美三ヶ村分差出共ニ
猶鬼籠添状新涯より東西中へ之書状此方へ新涯ゟ之来状共ニ三月十六日伊美より
受取当村分一同外海鼠腸入竹筒壱ツ岩戸寺へ遣ス書状共ニ早速同日中村ニ
順達致申候

一三月十七日天氣よし尤晴天也
一十八日同断今日胎蔵寺同道例之観音祭りへ登山致申候中村江止宿致申候
一同夜雨ふり申候
一十九日同断岩戸寺氏帰村明日寄會觸廻状中村より到来同村より
東中ニ達ス
一廿日同断今日寄會御座候御用向左之通
一御用ニ付御差紙日限通急度出勤可致無左候而ハ御用御差支ニ相成候ニ付御受書
壱通幷（以下、文字なし）
一日限有之御差書類抔日限迄出来不致分ハ前廣ニ〇延引願届書差出早〻取極可申上
旨右一紙也
一菜跡有無之儀ニ付御届書壱通
一国東郡村〻荒地起返之内当時段免之内当午ヨリ本免願之儀可致旨被仰渡候
處極〻取調候得共当午ヨリ本免願仕候段免場所無之間本免入之儀
御免願書壱通
右之通相認上岐ㇳ氏持参廿一日四日市へ罷出申候尤外村之三判相渡し申候

一出立了（カ）不致（カ）之由ニて今日別頭なと岩戸寺へ罷越申候
一廿一日天気よし今日胎藏寺花見ニ参り遊ひ申候
一廿二日同断仁兵衛殿参心切之相談致申候岡兵八参り申候ハ田尻（カ）右衛門方へ年
~~廿三日~~季ニ賣置候處（カ）八重三殿より彼岸ニ寺へ祠堂ニ差上申候由兵八方へ茂田地
ヲ作り不申候而者午（馬）茂飼方出来不仕間請返し候様致度旨種々噺有之跡略
一廿三日曇天風有り今朝飯後又々兵八参り右田之儀噺有之候同人寺へ参り受返度旨
御願申候筈ニ而罷出申候
一今朝飯後中岐阝ゟ左之通到来直ニ同村使東中ニ達ス
一郡中入用御請取書下岐阝ゟ鬼籠迄五ヶ村分外年番所ヨリ廻状右書面左之通ニ候
一御廻状壱通御受取可被成候
是ハ御尋毛の御廻状之由ニ候村々三判俊右衛門持参罷出候間帰村迄上岐部へ預り置追而順達可致旨
吉右衛門殿より申来候
一上納毛の御差出之砌ハ惣代壱人宛御出勤候様可被成候此度なと（カ）ハ印判も御遣
不被成甚以御呵ニ御座候当所より右之段申遣候様御意ニ御座候　年番
外堅来より廻状　一岩甚助殿ゟ此方へ壱封　一中村より此方へ壱封
右之通受取早速中村使到来ニ而東中ニ達ス
一三月廿四日雨天今日胎藏寺幸右衛門参り測量方帳面取調致申候
一廿五日天氣快晴致申候今日ヨリ飛以さこ山栄蔵方大束切懸申候三拾五把ニ而者相談
出来不申ニ付三拾壱把ニ而切候筈ニ申合候栄蔵立會ニ御座候
一廿六日天氣克
去ル夘年十一月女ヲ連御関所越除山越以堂し大坂ゟ中山道武州児玉郡
本庄宿江罷帰候後欠落以堂し候右旅篭屋渡世桑名屋喜兵衛
人相書
一年齢四拾四歳　一中せ以中肉　一顔丸く色黒き方
一目丸き方　一眉毛濃起方　一月代并髪薄く鬢厚き方
一歯並揃ひこ満可成方ニ而言舌静成方　一鼻高き方耳ハ常躰
一其節之衣類木綿紺浅黄横竪嶋草柄着し花色

［第二八丁表裏］

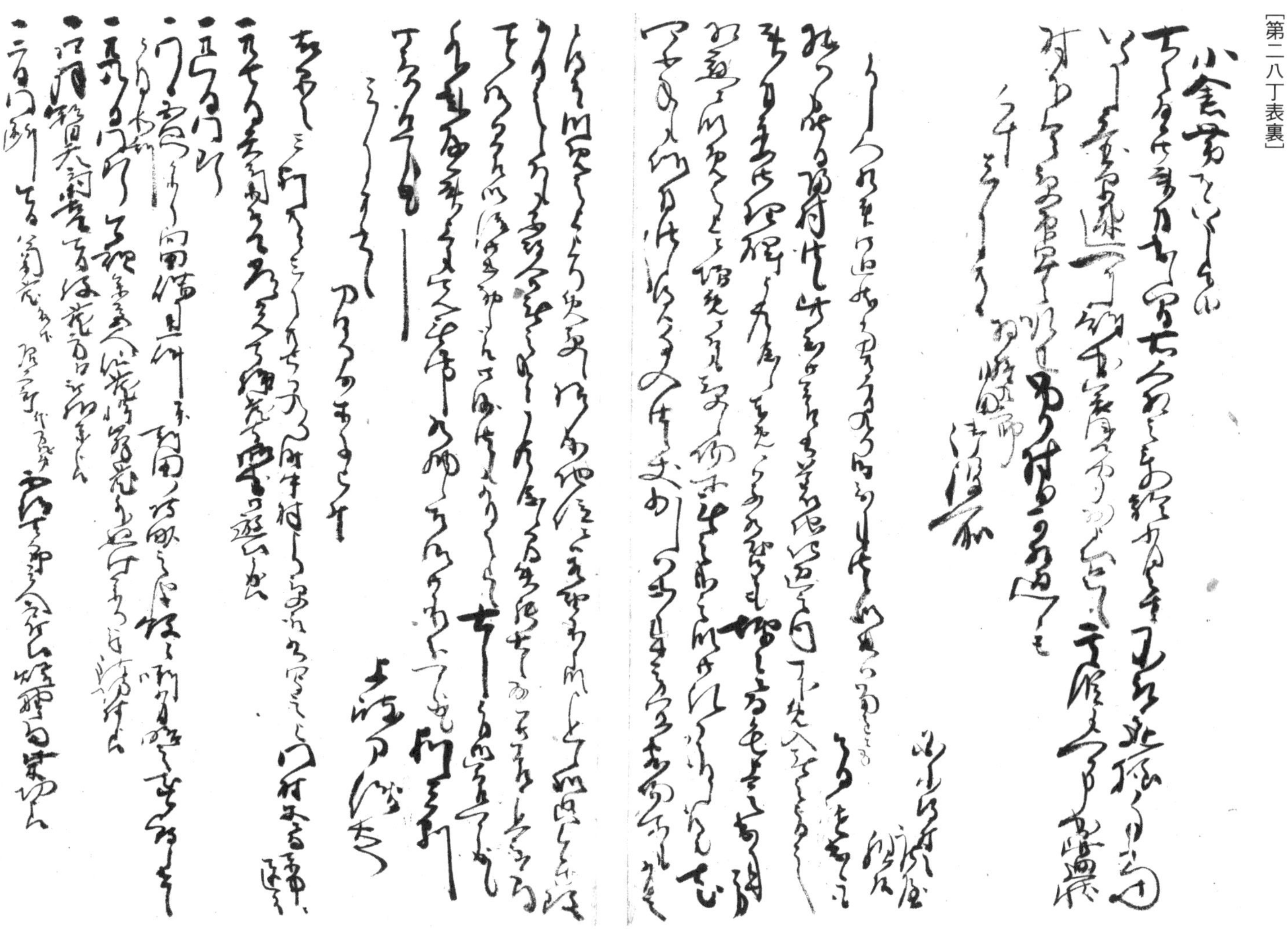

小倉帯をい多し候由
右之通御書付出候間右人相之毛の於有之ニ者不取逃様手当
い多し置早速可訴出若見聞およひ候ハヽ其段も可申出此廻状
村下令受印早〻順達留り村ゟ可相返候以上
午
三月廿日　羽権九郎
日田
御役所
国東郡村〻
庄屋
組頭

尚人相書御廻状當廿二日九つ時到来仕候処拙ハ(者)留主ニ而
今日左(ママ)出候以上
拙ハ(者)も昨日帰村仕候此度御差出荒地起返之内本免入無之旨之
書付案御理解被仰渡候本免ニハ不相届候とも増〻ニ而毛上之出來方
相應ニ段免之上ニ増免ニ而も受候場所無之哉之段御糺御座候得共尤
四五年も作付仕候得ハ手入仕候丈少しハ出來方宜敷場所も有之
候得者段免之上上り免受候様成地位ニハ相届不申段申上候処只今御改
有之候而も不都合無之哉と被仰渡候間矢張右之通御答申上致候間
左様思召以後御出勤之節御沙汰も有之候ハヽ右之旨御答可被成候
外弐通書上も先無滞相納候左様御承知可被成候猶三判
御受取可被成候――
三月廿六日　上岐卩俊右衛門
中岐卩ゟ木子迄村〻
右品〻三判共ニ三月廿六日九つ時中村より受取書写之上同村使ニ而東中ニ
達ス
一廿七日天氣克常光寺胎蔵寺御出御遊ひ被成候
一廿八日同断
一同日五左ヱ門参り向田借用一件幷新田ノ持畝之儀数〻噺有略之尤今朝申遣候
ニ付如斯
一廿九日同断今夜参宮人仙蔵悴峯蔵外怒け参り茂致帰村申候
一四月朔日天氣克今日紋蔵方江被招参申候
一二日同断今日菊蔵名代辰二郎代万作弟鶴吉郎三人雇ひ焼野ニ而柴切申候

一渋谷様より塩鯛弐尾代丁銭百五拾文今日春斎老より受取申候尤此間小串
藤治殿御帰りニ有之候
一同日朝池普請之儀ニ付上岐阝氏ヨリ中〔下〕岐阝へ当テ相談状到来致申候
一四月三日七ツ時分ヨリ雨降尤雷鳴申候今日竹ノさこ峯吉参宮講開キ致申候講銀八匁
之内銀札拾匁相渡し候残札壱匁八ト受取申候
一四日天氣克今日同家江被招参申候
一五日同断今暮〔夕〕方五左衛門参り弥五七と蔵ノ下空地之儀ニ付念願之趣内済不致ニ付御見分
之上御差圖被下候様願出申候種〻私噺略之
一今暮時上岐阝俊右衛門殿書状持参佐和助参り森右衛門小熊毛村小右衛門より借用一件
何分内済不致森右衛門小熊毛江参り庄屋本初百姓代方へ参り殊之外ろうせき致し候
趣ニ御座候小右衛門と申候ハ拙(者)ハ女房ノ兄ニ而御座候余り森右衛門阿者禮ヲなし済(カ)方出来不
申候間右筋不実差押俊右衛門様方へ證拠差出置候一件四日市
御役所へ御願申出候積りニ付庄屋殿へも右之段申達し候處先貴様へ
一應御相談可申候間罷下りいさ以御噺申上候様被仰候ニ付罷下り候由種〻私咄
御座候右ニ付左之通上岐阝へ返答申遣し候
御紙上拜見然ハ右一件去冬儀兵衛取扱懸り之義ニも有之趣ニ候間又〻寂(カ)一應
取斗申候様可申達間明日森右衛門殿へ儀兵衛方迄被罷下候様御申達御遣し
可被成候其上ニて不相済候得ハ拙(者)ハ迚(カ)も了簡ニ不及義ニ御座候
次助殿者訴之旨致候心底ニ而貴様御心根察入申し候何卒内済致候様
奉存候取込貴節荒〻如此候　以上
四月五日
頓(カ)首　　下岐阝奥(億)太郎
上岐阝俊右衛門様
覚
一四月六日天氣よし
鬼籠村
長之助

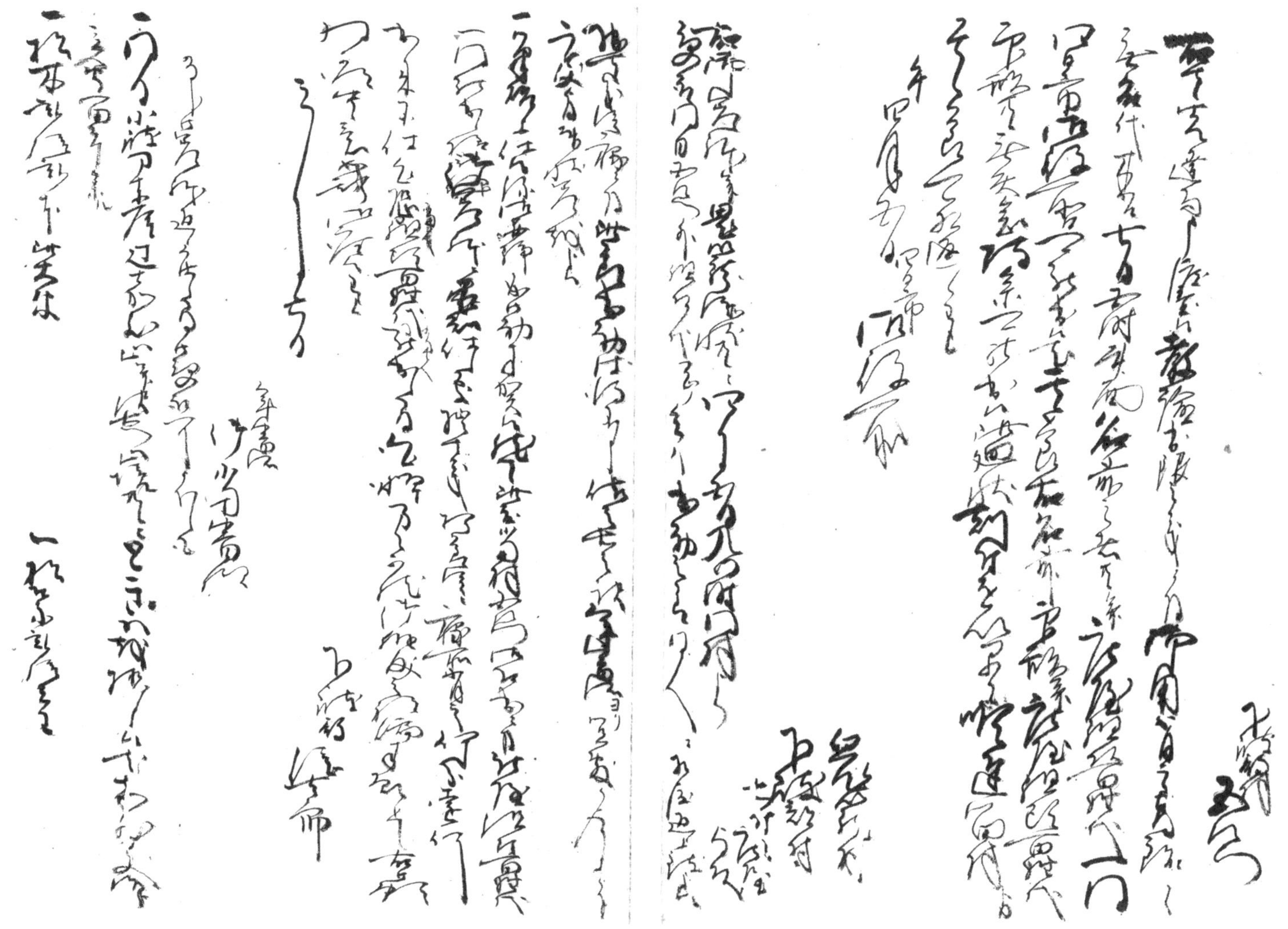

下岐部村
五左衛門

右者先達而申渡置候教諭出銀之義ニ付御用有之候(カ)間銘〻
無名代来ル七日五時書面名前之者共幷庄屋組頭百姓代一同
四日市御役所江可罷出候尤其節右名前印形幷庄屋組頭百姓代
印形共無失念持参可罷出候此廻状刻付を以早〻順達留村ゟ
その節可相返候已上

午
四月五日　四日市
御役所

鬼籠村
下岐部村
右村〻
庄屋
与頭

右御差紙幷鬼籠添状共ニ四月五日九つ時同村より
受取同日五左衛門外組頭代岡ノ兵八出勤之節同人ニ相渡返上致申候

拙者義足痛ニ付此節出勤仕得不申候依之右之訳年番所ヨリ宜敷被仰下
度旨書状差越申候

一筆啓上仕候弥御安静被成御勤奉賀候然者此度当村五左衛門御召出ニ付庄屋組頭百姓代
一同罷出候様御差紙被仰ニ承知仕候処拙者義折節足ニ痛所有之何分遠行
出来不仕乍恐○当人組頭百姓代○当人罷出候間乍憚万〻可然御取成之程偏奉願上候右御願
為可得貴意如斯御座候已上

三月六日　下岐部
億太郎

年番所
御当番様

尚〻御差紙返上仕候間御受取可被下候已上

一同日小岐ア東道辻嘉蔵山幷次右衛門山境共ニときハ越極申候尤嘉蔵又(カ)治郎
立會冨平参ル

一松木弐拾弐本此大束　一松葉弐拾三王

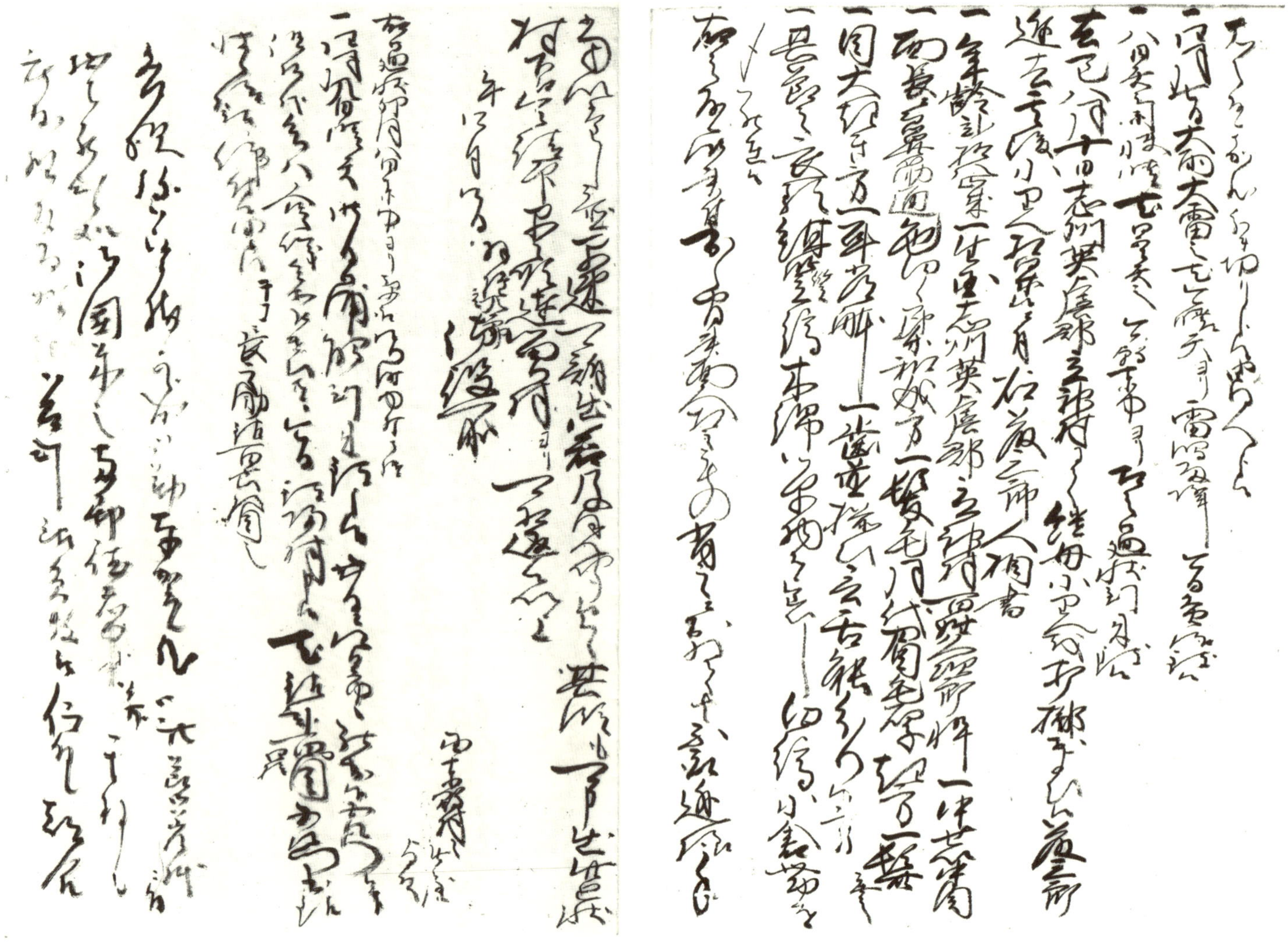

右之通嘉蔵分ヲ切り申候由同人申候
一四月七日大雨大雷也尤今暁天ヨリ雷鳴雨降候今日灸治致候
一八日天氣快晴尤曇天也今朝東中ヨリ左之御廻状到来致候
去巳八月十日志州英虞郡立神村ニて継母小里ん越打擲ニおよひ候藤三郎
逃去其後小里ん相果候ニ付右藤三郎人相書
一年齢弐拾八歳一生国志州英虞郡立神村百姓久次郎悴一中せ以中肉
一面長ニ而鼻筋通色白く柔和成方一髪毛月代眉毛厚起方一髭無之
一目大起き方一耳常躰一歯並揃ひ言舌能分り候方
一其節之衣類紺竪（堅）縞木綿単物を着し白縞小倉帯を
〆罷在候
右之通以書付出候間書面人相之毛の有之ニおゐ天者不取逃様手
當以堂し置早速可訴出若及見聞候ハヽ其段も可申出此廻状
村下江令請印早〻順達留り村ヨリ可相返候以上
午四月四日　羽権九郎
うさ　御役所
国東郡村〻
庄屋
与頭
右御廻状夘月八日東中ヨリ受取四つ時中村ニ継
一四月九日晴天昨日御浦觸到来致申候六（八）日ニ四日市へ罷出候五左衛門幷
組頭代兵八人足儀兵衛被遣候共ニ今日致帰村申候尤銀弐百〇（四拾）目五左衛門出銀
仕候様被仰付候由ニ候キコ長之助銀百六拾目也
各様弥御堅（カ）勝可被成御勤奉賀候然ハ此節御差紙ニ付
拙者罷出候処御囲米之両郡徳者中幷其村〻
庄屋組頭百姓代御召出し銀員数被仰付候都合

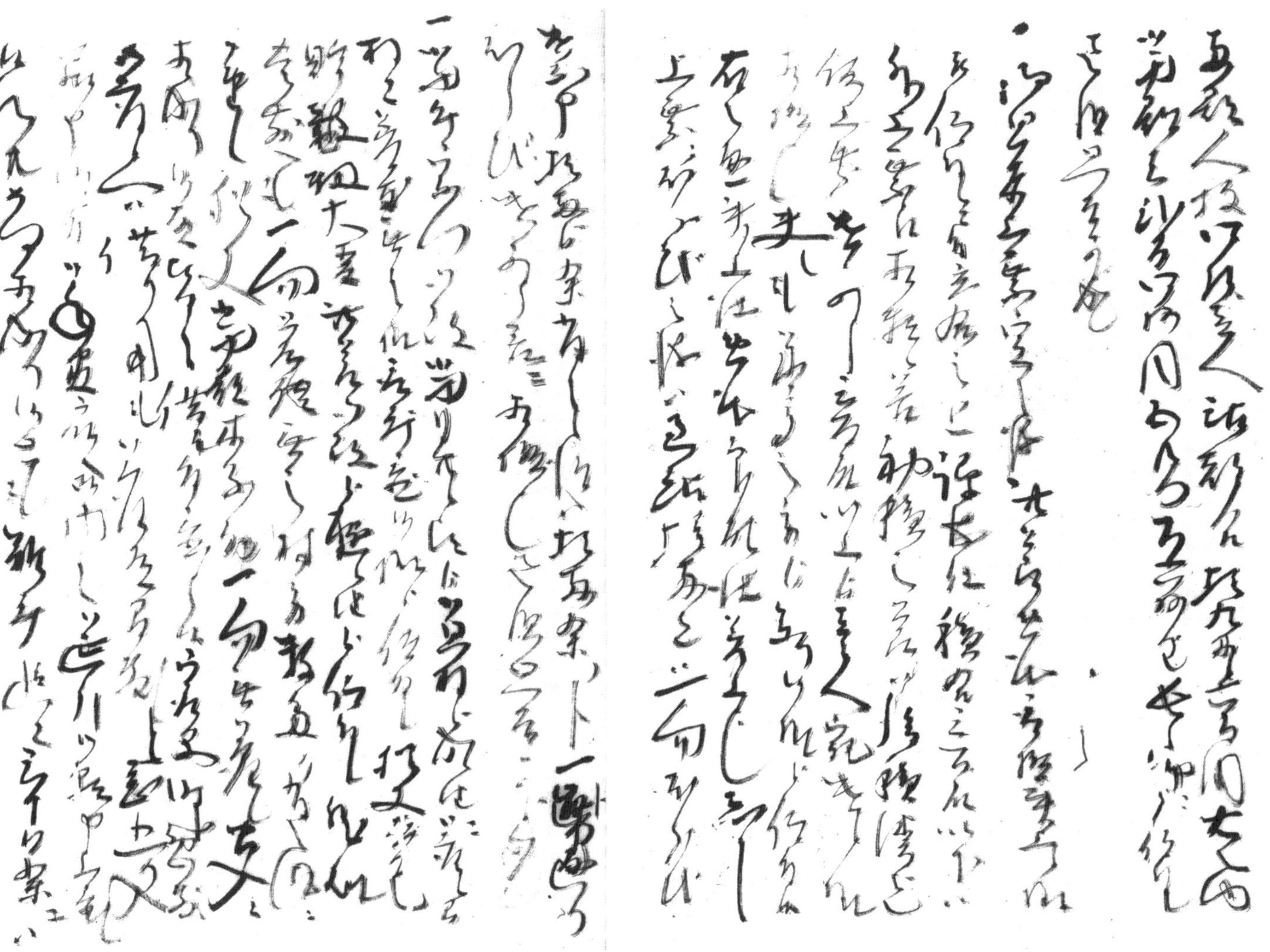

両郡人数四拾壱人銀都合拾九貫六百目右之内
当郡者弐百四拾目五左衛門百六拾匁長之助ニ被仰付候
左様思召可被成候
一御廻米上乗定之儀此節免比取極書上候様
被仰付候ニ付立合之上評儀仕積合三百石以下ハ
外上乗江相頼候筈初積之節ハ後積隙迄
仮上乗遣可申候三百石以上ゟ壱人宛遣候様
相極申し候夫レも米高之方ゟ（カ）参り候様被仰付候
右之通書上仕免比印形仕差上申候志可し
上乗ニ本ふび之儀ハ過銀拾両迄ハ一向本ふび

をふ申拾両ゟ余有之候儀ハ拾両余ノト一ト通り通り
本うび遣可申筈ニ相極申候左様思召可被成候
一當午宗門御改當月廿日頃ゟ御廻村被成候由ニ御座候間
村〻差支無之様取斗置候様被仰付候猶又□（預カ）り申候
貯穀籾大麦此節御改被遊候由被仰付候然処
豊前へも一向覚語無之村方数多ク有之趣ニ
御座候猶又當郡木子触一向無御座候虫入ニ
相成り候故皆〻借シ（カ）付置申候寂早時分悪敷
御座候へハ借り用も御座有間敷候と甚込り入
居申候ニ付御年番衆へ御内〻御延引御願申上置
候得共如何相成り候とも難斗追〻三十日余ニハ

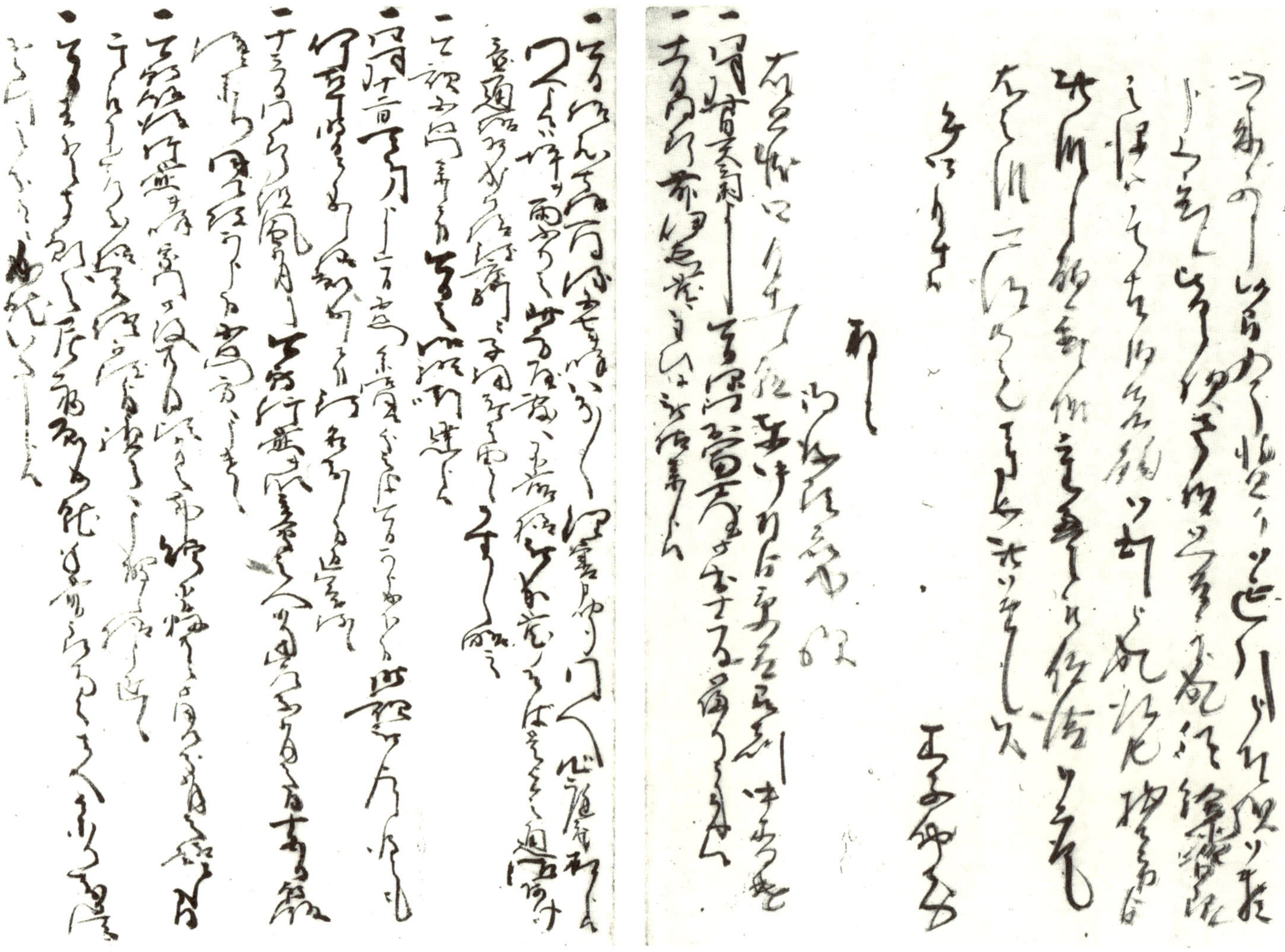

出來可申候間今暫ク御延引被下候様御願
申上置候皆〻様左様思召可被成候猶絵踏日限
之儀ハ其節御先觸御出し被成候得共拙者方ゟ
此段申觸置候様重畳被仰渡御座候
右之段可得御意旁如此御座候以上
午四月十日　　　　　　　　　　　木子仲右衛門
頓首
御役頭衆中様
右廻状四月十一日朝東中村ゟ受取即刻中木卩遣
一四月十日天氣よし今日深江お冨士殿御出十二日御帰り被成候
一十一日同断前伊右衛門藏(カ)い王ひ尓被御参申候

一今日胎蔵寺様一同弥五七ヲ呼いろ〳〵理害申聞同人心庭茂承申候
同人申候ハ坪(塀)ヲ雨ふり之此方屋敷へ不落様被成蔵ノそば是迄之通御阿け
置通路相成候様致度別ニ子細無之由ニて御座候略之
一今夜五左衛門参候ニ付今日之始終(カ)嘶達申候
一四月十二日天気よし今日五左衛門参御見分之儀今日可被成下旨昨夜被仰候得とも
何卒明日ニ被成候様願出候ニ付致承知候旨返答致候
一十三日同断但風有り今朝肝煎ヲ以立會之人当差支有之間十五日朝飯
後ニ参り見改可申旨五左衛門方へ申遣候
一今朝飯後肝煎ヲ呼宗門御改廿日頃有之節貯麦籾共ニ御見分有之趣ニ候間
其節不差支様覚語可致旨申次方へ申觸候様申達候
一今日去冬立願之厄病願成就手前う(カ)江(カ)寺へ壱人参り智行法
延引之分共ニ成就い多し申候

[第三四丁表裏]

一同十四日大風少〻雨降麦作痛候ニ付風除御願申入
願として嘉《曲》蔵参候ニ付風留申籠致申候成就ハ
七度之潮汲村中也
一同十五日曇天五左衛門弥五七屋敷境見分致呉候様此間五左衛門願出候ニ付今日為蔵久平
召連五左衛門方へ参り同人初法耳老人江茂右一件申承候然處双方立會愚意ヲ申合候而ハ
甚以面倒ニ付五左衛門蔵ノ下手へ少〻弥五七之畝高渡《ワタ》し残り有之由申處ヲ村役
人之囃ひ分ニして相済候様致度右ニ付垳ヲ仕切是迄之通路ヲふさき候五左衛門之
心庭ニ付是ハ何卒是迄之通通路出來候様致置度弥五七之存寄ニ候間
通路ハ出來候様致度此段弥五七之右通路出來候ヲ申立蔵ノ下ヲ囃ひ候而和熟
之取曖致度旨申候處
五左衛門申候ハ是迄之通り仕置候而ハ数度賊難ニ茂罷逢損失弥増候儀ニ付是悲く
此度ハ仕切申候立會論判申合候儀ハ御囃被成候ハヽ仕間敷候得共是ハ手前之
境内ニ候得ハ侭自由ニ不罷成候而ハ差支申候儀ニ付是悲く〱此度塀ヲ仕切申候
久平茂様〻申な多め候得共承知不致候右ニ付
又五左衛門申候ハはと之東弥五七前ニ荷積場ヲ先年拵置候處此方へ沙汰不仕
弥五七之勝手侭ニ積上当時ニてハ懸木之置場なく有之候此段ハ前方之ことく
仕候様被仰付被下置候旨申候
手前申候ハ是ハ貴様より御相對ニ可被仰聞随分御相對ニ出來可申旨
申置候
　五左衛門殿重〱嘶有双方略之夫より
弥五七方へ参り右蔵ノ下手少〻畝高残り有之由申候處囃ひ見申し候處
此段ハ同人不承知ニ而相談出来不申候
弥五七申候ハ五左衛門殿実ニ囃ひ候心庭ニ候得ハ御相談出来申間敷毛のニても
無御座候得共同人ハ囃ひ候心庭ニてハ無之やはり自身之土地と被心得
居候ニ付氣之毒奈可ら差上得不申旨段〻私嘶有之候
右ニ付空敷引取申候村役人アノ方へ参り双方取曖候訳ハ無之候得共一通り

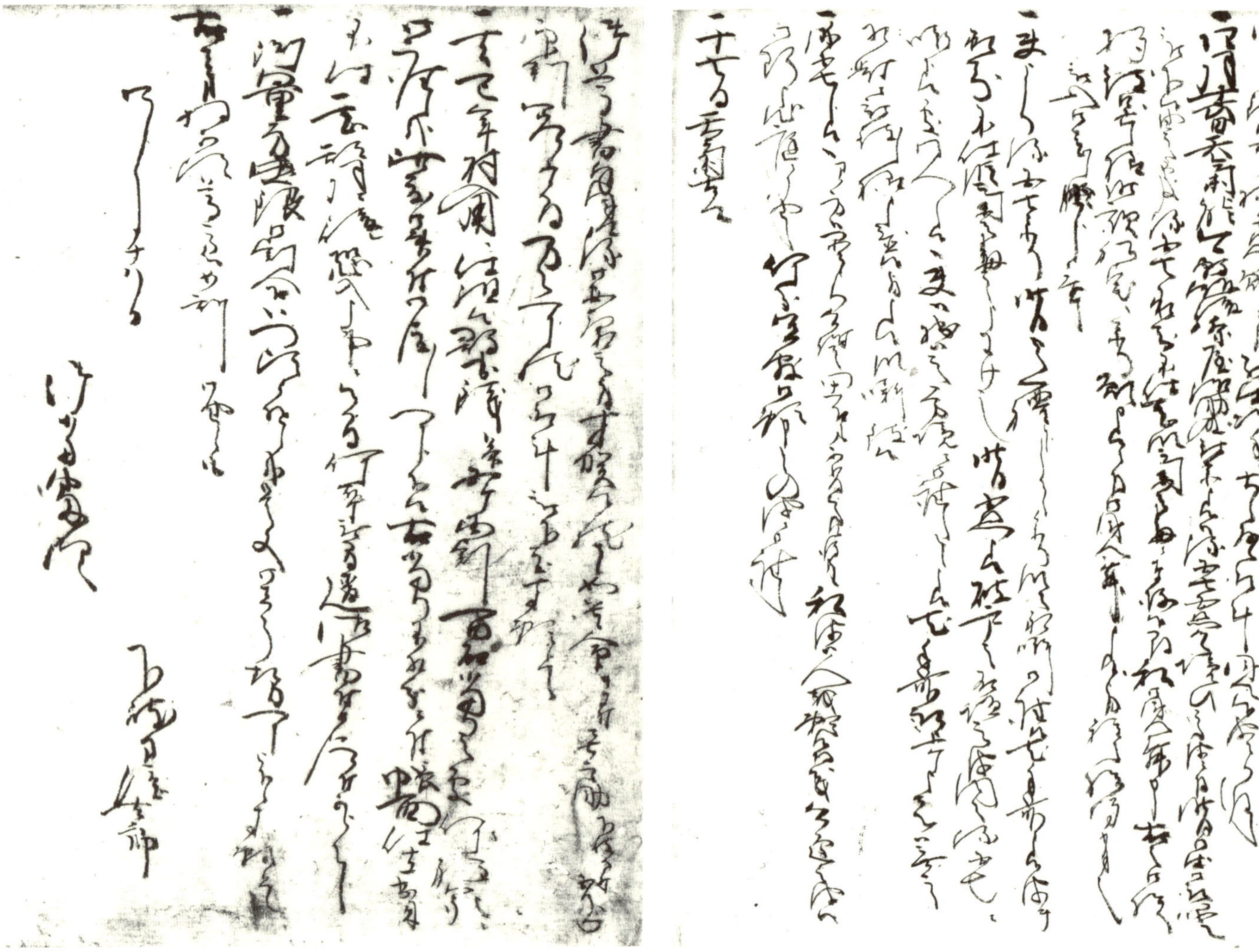

見分致呉候様五左衛門願候ニ付罷出次手ニ右之通取斗見候儀ニ御座候
一四月十六日天氣能今朝飯後条（茶）屋治助殿被参申候ハ弥五七五左衛門殿境ひ之儀ニ付昨日御出御取嗳被下候由之處弥五七承知不仕甚以氣之毒ニ奉存候間私御見舞申右之御挨拶致呉候様昨夜私宅へ参り願申候ニ付御見舞申候旨種々挨拶有之
被入御念―嗳由申置候
一夫より弥五七参り昨日之一禮として参り段々私噺御座候尤手前申候儀ヲ承知不仕段氣之毒之申王け也昨日五左衛門申候破戸之石垣之儀内々弥五七ニ噺申候處同人申候ハ夫ハ拙（者）ハ之方境ニ御座候と申候尤手前取上ヶ申ニてハ無之相對ニ被致候様申置候旨申候段噺致候
一弥五七申候ハアノ方ハ早々より公訴之思召も可有之候得共私儀ハ人越頼候而茂公邊之儀ハ御断申心庭ニ御座候何分宜敷御願申との儀ニ御座候
一十七日天氣克

御尊書拝見弥御安康之旨奉賀候然者如貴命キコ村長之助下岐阝村五左衛門印判差上候間万々可然御取斗被下度（カ）奉願上候
一去己（巳）年村入用ニ仕組候郡出銭幷五ヶ国割百石当り之處何程宛ニ御座候哉此度御書付御渡し可被下候右当り不相分ニ付帳面仕立出來不仕甚期月ニ後レ恐入申事ニ候間何卒無間違御書付被仰付可被下候
一測量方出銀御割合いつ頃被遊候哉是又御志ら勢可被下候奉願上候
右旁為可預尊慮如斯御座候以上
四月十八日　　　下岐阝億太郎
御當番様

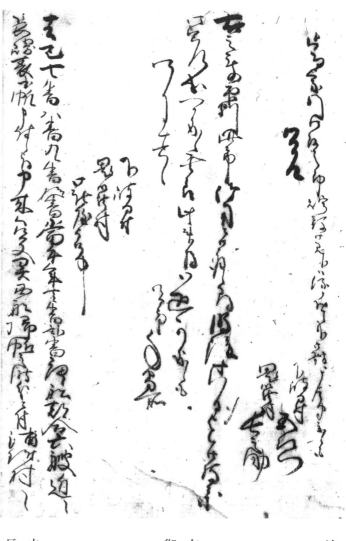

追而宗門御改之節貯穀御見トハ弥被遊候哉御報ニ被仰聞度候已上

下岐ア村　五左衛門

鬼籠村　長之助

〆

覚

右之毛の印判此節御用ニ御座候間明後十八日迄御持参

御差出可被成候其節此書付御返可被成候已上

四月十六日　　四日市　年番所

下岐ア村

鬼籠村

御庄屋与頭中

去己（巳）七番八番九番拾番當午年壱番弐番唐船都合六艘近〻

長崎表出帆申付候旨申來候且又呉（異）国船帰帆之時分ニ付浦附村〻

右躰之舩通舩致候ハヽ寂寄役所江可令注進候此廻状早〻順達庄屋

与頭令請書印形留村ゟ可相返候已上

午四月　羽左門

豊後國国東郡

浦付村〻

庄屋

与頭

右御扣書幷年番所書状共ニ四月十七日夜鬼籠村より到来

〔二〕十八日御浦觸ハ深江村ニ継立申候キコ長之助印判共ニ今日使俊足国蔵ニ而

四日市へ差出申候

一同日夕方五左衛門此間参りさ可以論之儀一禮として同人参り申候て

右一件様〻噺有尤公訴ニ相成候而茂來月ニ差延候由ニ候

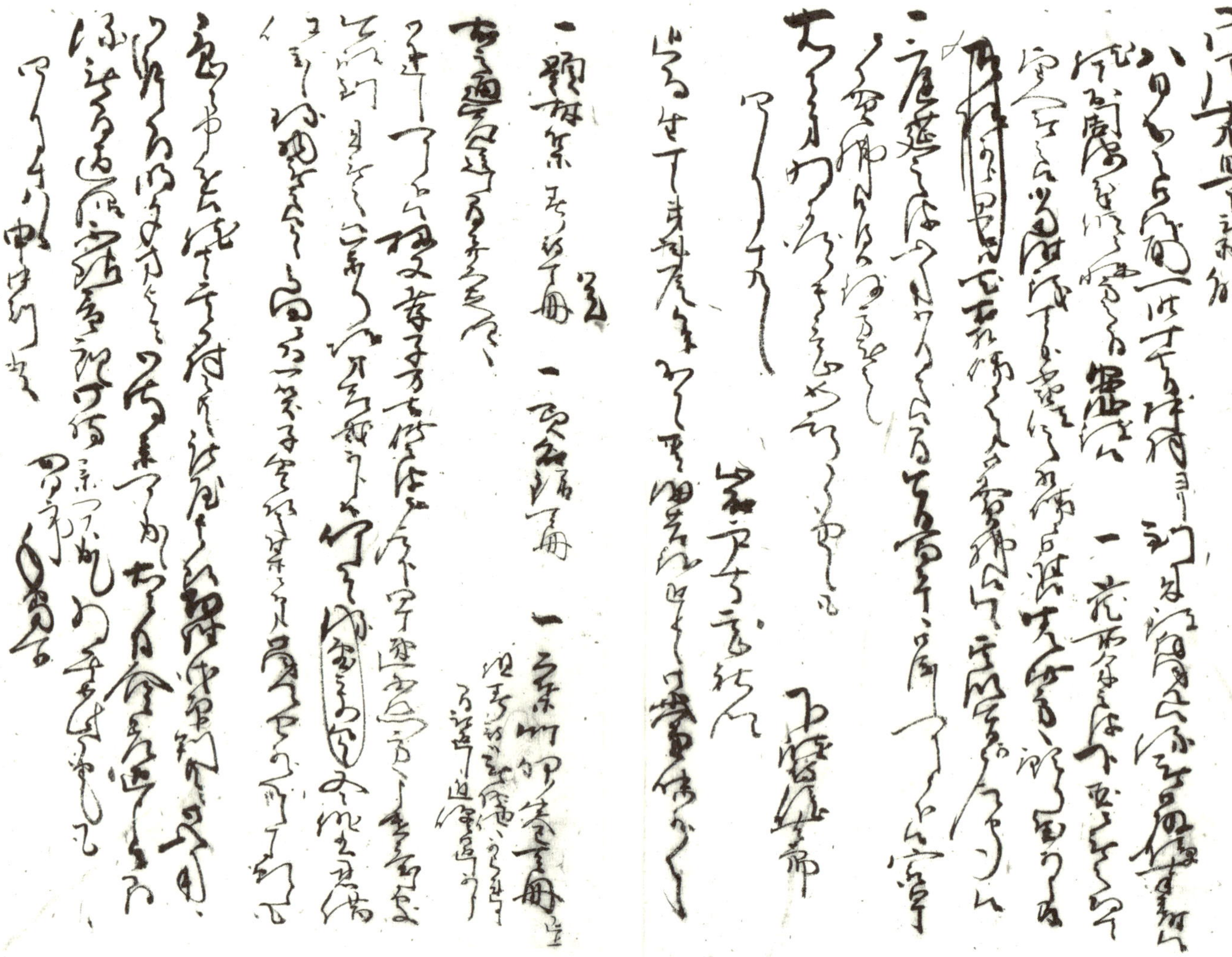

一四月十九日天氣能
八日出之御紙面一昨十七日中村ヨリ到来致拝見候弥無御故障奉壽候
然者お周儀茂段〻快方之旨安心致候　一蔵所米之儀下直ニ無之而者
望人無之候當時銭壱匁五厘位之相場ニ御座候先此方へ預り置可申候間
左様可被思召候尤右相場ニても御賣拂候ハヽ其段今日可被仰聞候
〆
一庭莚之儀入用有之候間今日冨平へ御渡し可被下候寂早
被賣拂候得ハ致方無之候
右旁為可得貴意如斯御座候以上
四月十九日　　下岐部億太郎
岩戸寺甚祐様
追而生す、幾弐尾弁お可し青海苔致進上候御賞味可被下候

覚
一題林集春ノ部壱冊　一美名録壱冊　一二集竹舛ノ巻壱冊返上
但春ノ部ハ無據他へ可ら連候
間被返候近便ニ御返し可申候
右之通差送候間喜久右衛門様へ
御返し可被下候扨又孝子万吉傳之儀被仰下早速五左衛門方へ申遣置候處
今以到来無之候参り次第差越可申候何そ珍敷毛の候ハヽ又〻俳書恩借
仕置候珍物無之候ハヽ高田ニ而一笑子巻頭之集ニ而も御見セ可被下奉願候以上
急〻申進候然者其御村〻共ニ庄屋与頭百姓代印判共ニ御入用ニ
御座候間明夕方迄ニ御持参可被成候右ニ付人足差返申し候間
弥無間違様ふ限昼夜御持参可被成候為其如此御座候以上
四月十八日　　四日市
年番所
申中刻出ス

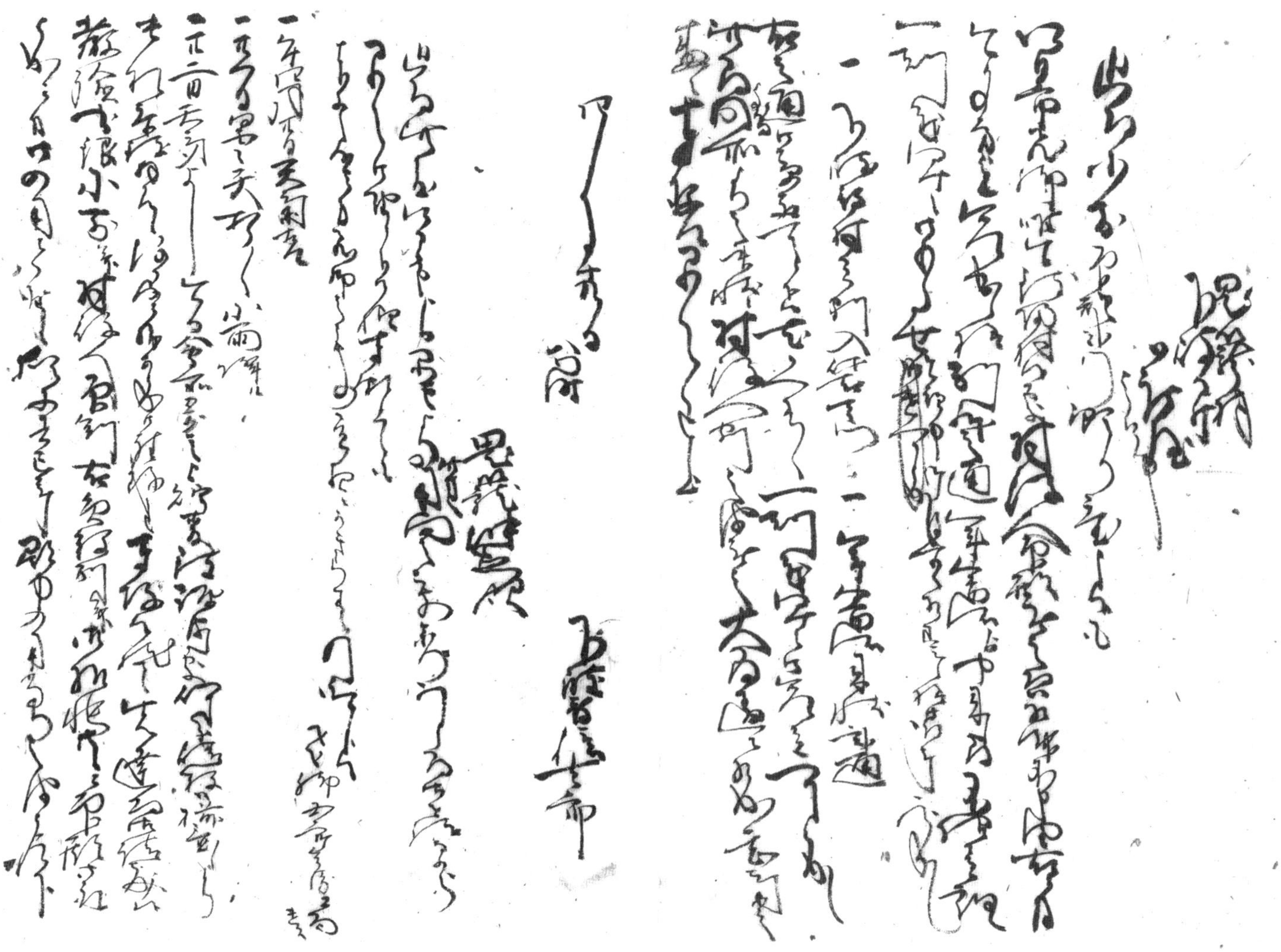

鬼籠村
下岐阝村
御庄屋
与頭中

追而小前印形弐ツ預り置申候以上

四日市飛脚唯今致帰村候處村役人印形無之而ハ相済不申由右ニ付
今夕方迄差出候様別紙之通年番所ゟ申來候間不限昼夜
一刻茂早く御も多せ ~~御遣可被成~~ 今夜中御役所へ相達之候様御取斗可被成候
一　下岐部村三判入袋壱ツ　一年番所來状弐通
右之通御受取可被下候尤可へ春一刻茂早ゞ御差立可被成候
此間同所（年番）ょり之書状ニ村役人判之儀無之大間違ニ相成甚氣之
毒ニ奉存候早ゞ已上

四月十九日　　下岐部億太郎
八つ時
鬼籠仲右衛門様

追而此度四日市ょり品ゞ多ょり〇（此方へ）用向之毛の参り可申候間御世話な可ら
早ゞ御届被下候様奉願上候以上

本文之通ニ付飛脚之毛の昼夜ニ可きら春引取申候
飛脚五郎兵衛ニ而
遣ス

一午四月廿日天氣克
一廿一日曇天折〳〵小雨降ル
一廿二日天気よし今日會所寄之上貯麦致評儀候處何分俵数ハ揃置申し候
貴札忝致拝見候弥御堅勝可被成御座珍重奉存候然者先達而御請被成候
教諭出銀小前幷村役人印判右員数別幷御扣帳共ニ印形御取
被成候ニ付御入用ニ御座候猶又去巳年郡中入用当り之儀被仰下

候得共諸帳日田表ゟ未夕御下ケ無之相決候處申上可多く御座候
追〻相分り次第可申上候
一宗門御改之儀者明廿一日當御陣屋御出立今成組原口組正覺寺組
御改之上四月廿四日真玉村御泊り二而廿五日下岐阝村御泊り廿六日
高田
御泊り之御先觸昨夕方出申候左様御心得可被成候猶又貯穀茂弥御見
分御座候間其段御承知可被成候右可得御意早〻如斯ニ御座候御村〻共ニ
此節御差出被成候御印判夫〻巾着ニ入此印判ニ而封印
い多し御互ヘ相渡申し候間御改御請取可被成候已上

四月廿日　　　四日市
　　　　　　　年番所

下岐阝村
鬼籠村　右村〻
　　　　御庄屋
　　　　　中
　　　　与頭

追而貯穀御見分方之儀外御村〻ヘ御両人様ゟ御沙汰
可被成候已上

七つ時
外キコ新涯状共ニ四月廿六日即刻中村ニ順達致候
致方無之ニ付村〻共ニ大麦ニ不拘籾小麦抔ニて茂俵数者揃置候筈ニ申合候尤御
糺之節ハ青縄ヨリ虫附ニ而微塵ニく多け候分籾ニ引替囲置追〻新穀出來之上一同
大麦ニ引替候積ニ候

一同日風除願成就致申候

覚

一人足四人　内　壱人　繪板持
　　　　　　　　弐人　山駕籠壱挺
　　　　　　　　壱人　分持壱荷

右者自分儀繪踏并貯石改御用ニ付明後廿一日明六つ時四日市
陣屋出立左之通廻村致し候条諸事例年之通相心得男女無
洩落寄置明六ツ時より踏繪無差支様可取斗尤泊村ヨリ

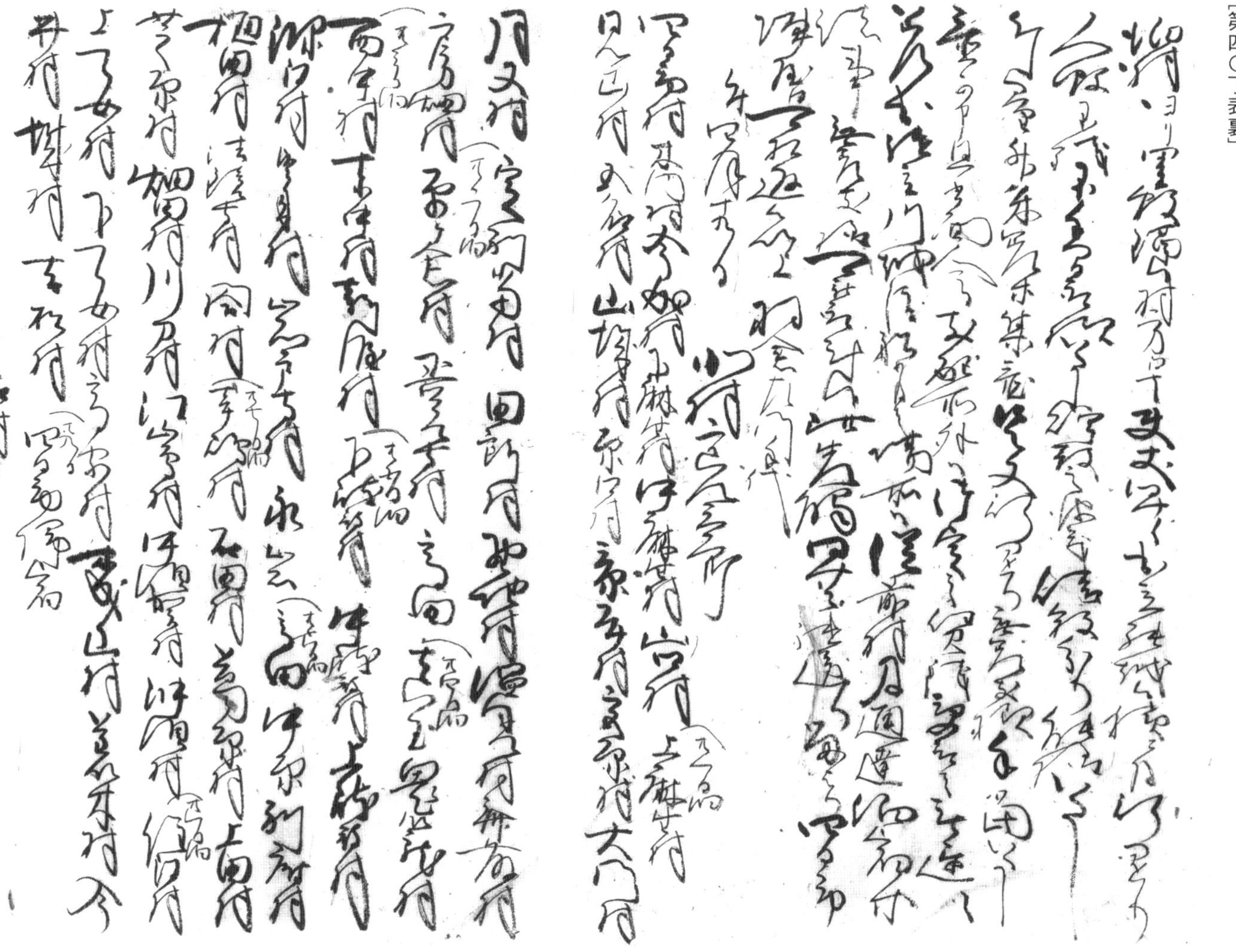

泊村（衍入カ）ヨリ里数隔候村方江者夫丈早く出立罷越候積ニ付行懸り
人数不残不手間取様い多し貯穀之儀茂俵数分り能様い多し
斤量升米差抔集置是又行懸り無差支様手當い多し
置可申且書面人馬支配所外ハ御定之賃銭受取者無遅〻
差出継立川越渡船有之場所ハ従前村及通達泊宿抔
諸事無差支様可被取斗候此先觸早〻継送り留与り四日市
陣屋江可相返候以上　羽倉左門手代
午四月十九日　北村亮三郎
四日市村木内村今成村下麻生村中麻生村山口村（廿一日泊）上麻生村
見山村五名村山城村原口村景平村宮原村大門村

月又村（廿二日泊）定別當村田所村野地村温見村齋藤村
（廿三日泊）房畑村平ヶ倉村正覚寺村高田（廿四日泊）真玉鬼籠村
西中村東中村新涯村（廿五日泊）下岐部村中岐部村上岐部村
深江村堅来村岩戸寺村永岩（廿六日泊）高田中原別府村
樋田村法鏡寺村閣村（廿七日泊）辛嶋村石田村葛原村上田村
芝原村畑田村川卩村江嶌村中須賀村沖須村（廿八日泊）住江村
上乙女村下乙女村高家村森山村荒木村今
井村城村吉松村（廿九日）四日市帰宿
右村〻
庄屋与頭中

［第四一丁表裏］

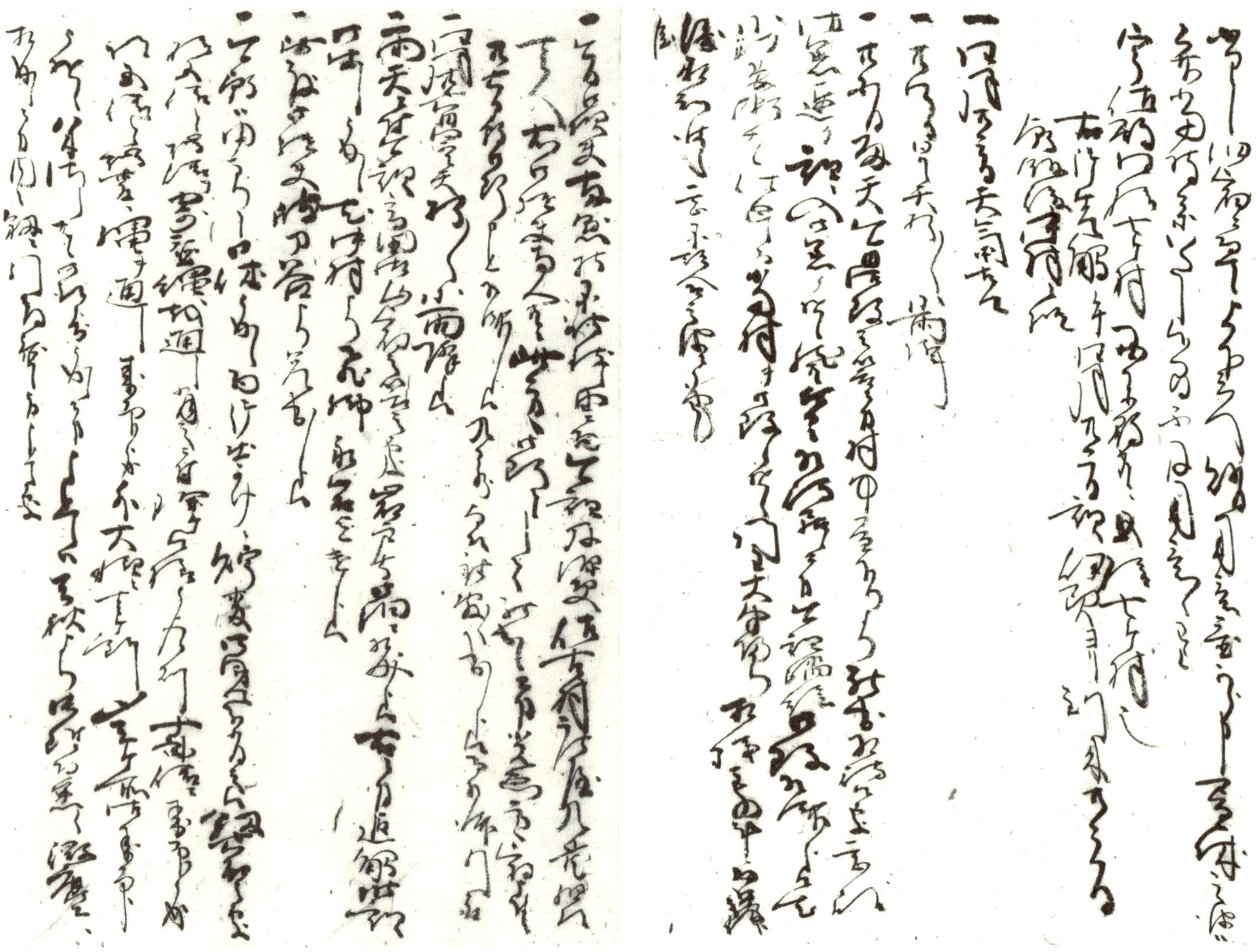

尚―泊宿ニ而者上下三人賄用意置可被申候昼休之儀ハ
弁當持参い多し候間ふ及用意候已上
宇佐郡四拾七ヶ村国東郡共ニ五拾七ヶ村也
　右御先觸午四月廿二日夜伊美ヨリ到来廿三日
　朝飯後中村ニ継
一四月廿三日天氣克
一廿四日曇天折〻小雨降
一廿五日雨天今日御改之筈ニ付村中昼下りより罷出相待候處甚以
御着遅ク夜ニ入御着被遊候然共皆〻相待居候ニ付今夜踏繪御改相済申候尤
小江長瀬者仕廻候而当村ヲ御改被遊候門主大半帰り相残毛の斗ニ而御仰（扱）
綺承知仕候甚不都合之儀ニ御座候
渡

一今日御次夫両懸持不埒致候由ニ而今夜及深更佐古村庄屋九蔵組頭
壱人右御継夫両人共ニ此方へ御断として罷出候ニ付光右衛門方へ宿申付候
廿六日朝御断申上相済申候九蔵与頭座敷へ出申候而相済引取
一四月廿六日曇天折〻小雨降申候
一雨天ニ付今夜高田御止宿之筈之處岩戸寺御泊ニ相成申候右ニ付追觸昨夜
御出し被成候尤中村より飛脚永岩迄遣申候
一此度御継夫岐阝谷より差出し申し候
一今朝ハゆるりと御休被成候而御出可けニ貯麦御見分有之候籾六石之處
拾五俵と残俵ヲ寄置繩越通し有之ニ付除ケ候様被仰則十弐俵ニ封印被成
拾五俵と残麦（カ）ニ繩ヲ通し封印被成外大積（カ）ニ壱ヶ所〆三ヶ所御封印
被遊候米御者し御取分被成候ニ付申上候ハ去秋より虫附ニ而悉く微塵ニ
相成候ニ付内〻籾ニ引替置候旨申上候處

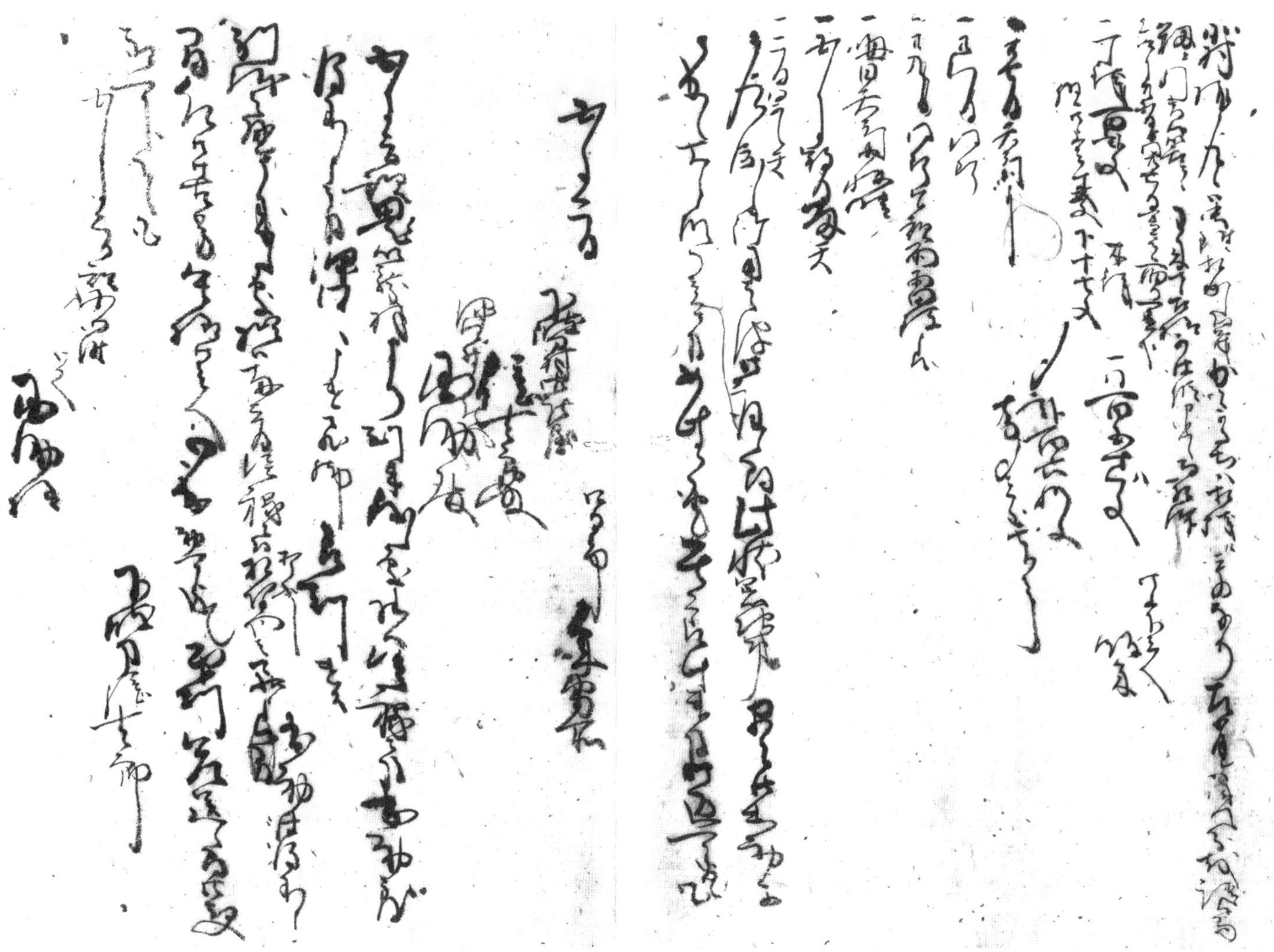

北村様被仰候ハ虫附ニ相成候而茂少〻可多ちハ相残ル毛のな利左有レハ見分越請候而
籾ニ引替候筈ニ候爾来者左様可仕段申上候而相済
上(カ)四月廿五日ゟ同廿六日昼迄一泊り一昼也
一丁銭百弐文　木銭　一同百五十一文(八)　御上下三人 飯米
但御上三十五文　下十七文
〆 弐百六拾文
右〆三匁七ト壱厂
一廿七日天氣よし
一廿八日同断
一廿九日同断今夜雨雷致申候
一晦日天氣快晴
一五月朔日雨天
一二日曇天
被仰渡候御用之儀御座候間此状着次第早〻御出勤可
被成候右之段御意ニ付如此御座候其節此書付御返可被成候
以上

五月二日　四日市 年番所

下岐部村御庄屋
億太郎殿

深江村庄や
国助殿

五月二日夜鬼籠村より到来致候処拙(者)ハ足痛ニ付出勤致
得不申ニ付深江へ申遣飛脚即刻遣ス
別紙之通申來候處拙ハ両三日足痛ニ而折ふし私なやミ居申候間出勤仕得不申候
間乍御苦労貴様御壱人御出勤可被成候印判差送候間御受
取可被下候以上

五月二日夜五ツ時　下岐卩億太郎

ふ可(カ)へ
国助様

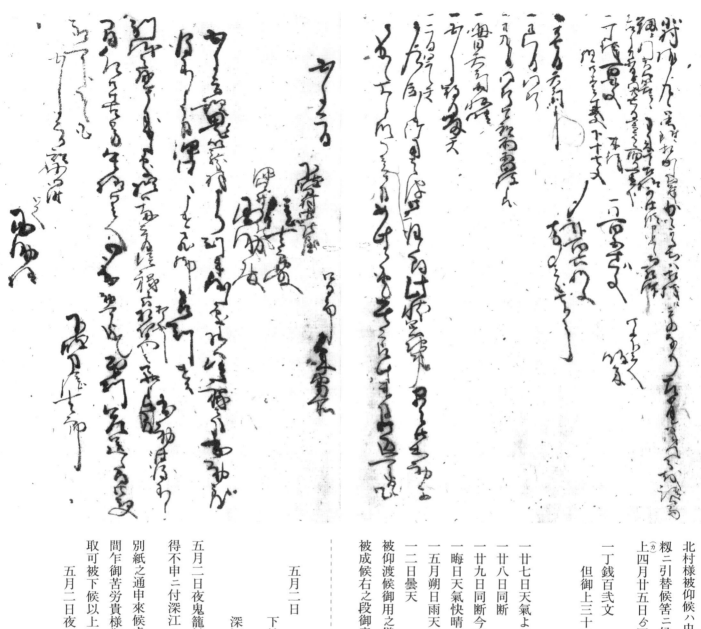

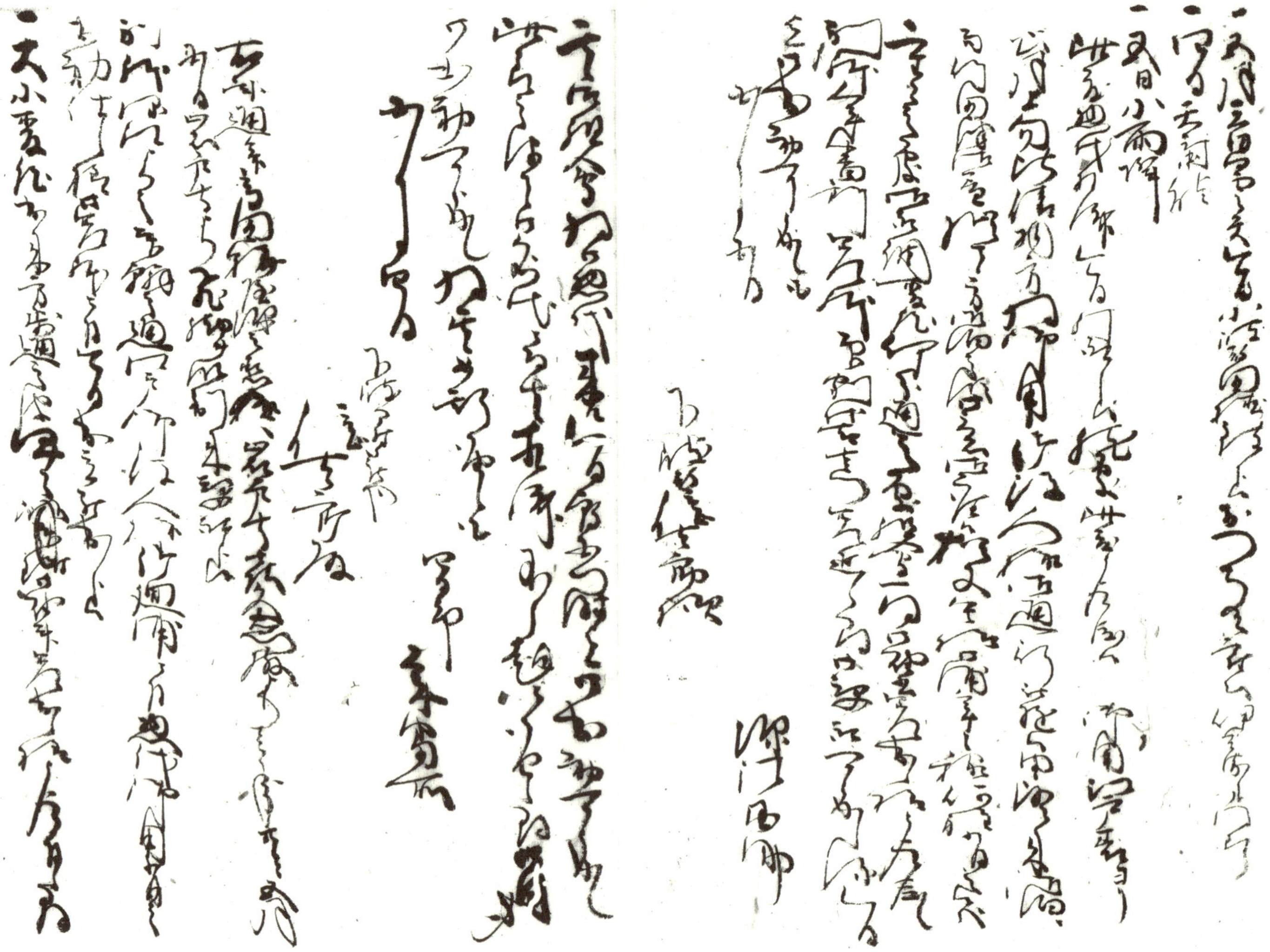

一五月三日曇天今日小岐部田植致申候おつる殿雇ひ伊兵衛も同断
一四日天氣能
一五日小雨降
此度惣代相済今日引取申候然處此度被仰渡候　御用江戸表ヨリ
六月上旬比俵納方為御用御役人様御通行被遊候由堅來御泊ニ
而竹田津御昼揖者方御泊之段御意御座候猶又貴様御浦年〻稼何程有之候哉
重〻之處御取調麦作何分通之處組會一同御届書差出候様被仰渡候
別紙年番所差紙印判袋壱つ差進候間御受取可被成候弥今日
迄御出勤可被成候以上
五月五日　深江国助
下岐部億太郎様

其御組會為御惣代來ル八日朝五つ時迄御出勤可被成候
此節之儀者御名代ニ而者相済不申趣ニ御座候間御自身
御出勤可被成候為其如斯御座候以上
五月四日　四日市
年番所
下岐ㇷ村庄や
億太郎殿
右弐通幷(カ)高田梅屋源之丞様へ岩戸寺喜久右衛門殿ょ利壱封共ニ五月
五日岩戸寺ょり飛脚ヲ以到來受取申候
別紙深江ょり之書翰壱通江戸御役人様御廻浦ニ付惣代御用有之
出勤仕候様御差紙ニ付今日出立罷出申候
一大小麦作出来方歩通之儀早〻以書附御届書差出候様被仰付候間

【第四四丁表裏】

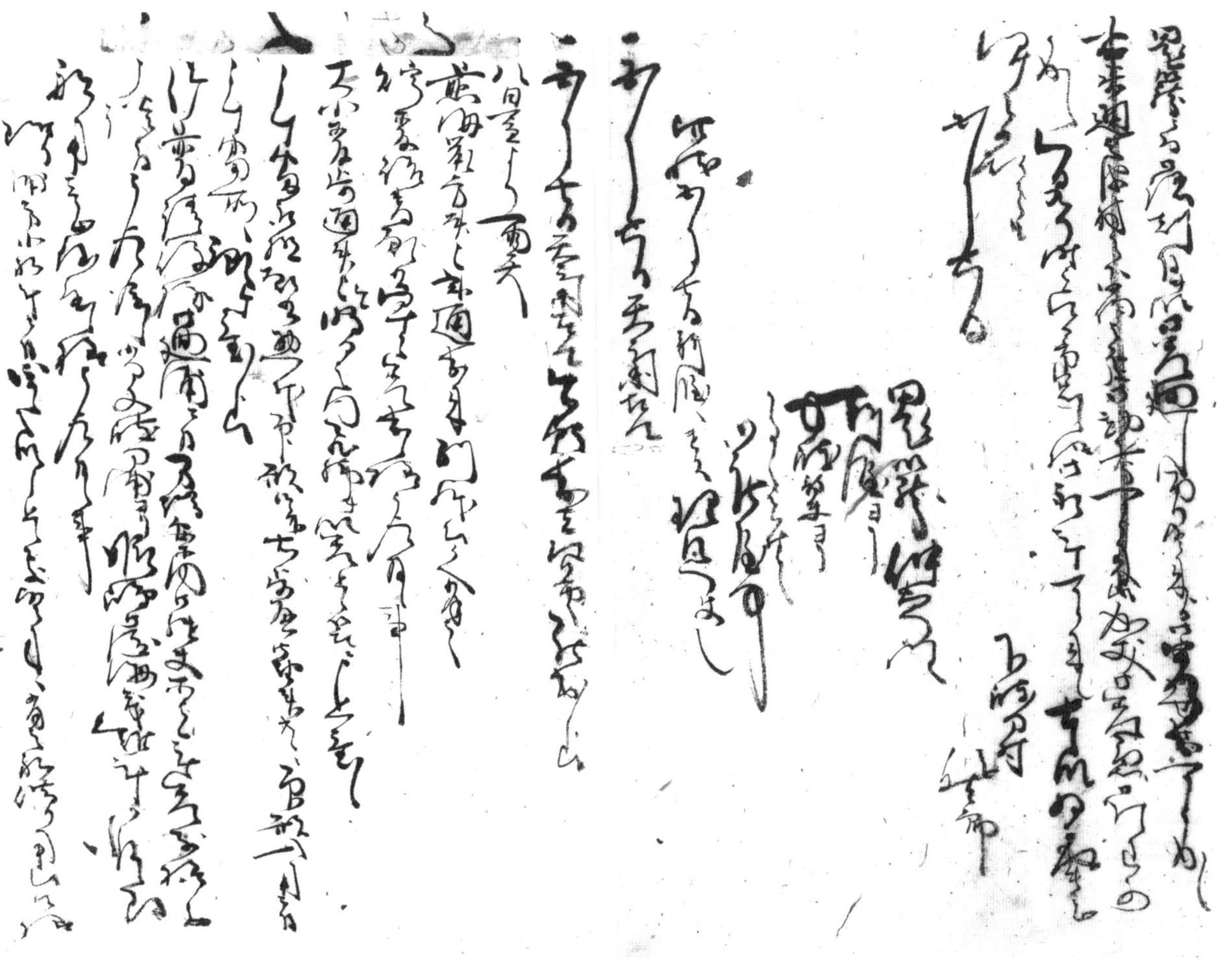

【付箋】

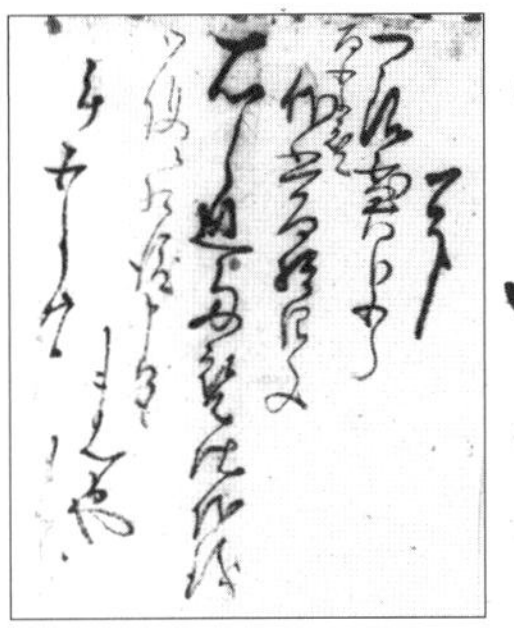

鬼籠ニ而御認刻付ヲ以御差廻し留り堅来ゟ御差出可被成候
~~右歩通之儀村〻不可拘之処御勘考可被成候~~も多世□成丈御差急御順達可
被成候今日九つ時迄四日市着候様御取斗可被成候右之段為可得貴意
早〻如斯候以上

五月六日

下岐ß村

億太郎

鬼籠仲右衛門様

新涯ヨリ

中岐部夫ヨリ

可多く迄村〻

御庄屋中

此状五月七日新涯へ遣ス　理左衛門使也

一五月六日　天氣克

一五月七日天氣克今朝出立四日市へ罷出申候

一八日昼より雨天

一煎海鼠方書上弐通出來別紙ひ可へ有之

【付箋：縦十五・五糎、横十一・五糎。二〜九行目上部にあり】

覚

一銀五五匁四ト五リ

百五文替

代六百拾四文

右之通両替仕代銭

御使ニ相渡申候以上

午五月八(カ)日

まんちや(カ)

メ(かカ)ん蔵

一貯麦詰替願書早〻差出候様被仰付候事

一大小麦歩通書上今明日之内飛脚ヲ以差上候筈ニ申上置候

一年番取組願書惣代印形幷右歩通御届書共ニ印形入用ニ付
年番所へ預ケ置申候

一御普請役様御廻浦ニ付万端案内御継夫抔迄無差支様可
申談旨被仰渡候尚又岐ß浦ヨリ姫嶋御渡海茂難計御座候間
船用意致置候様被仰付候事
附り浦方小舩斗ニ付困候之段申上候處堅来へ有之舩借り用ひ候様

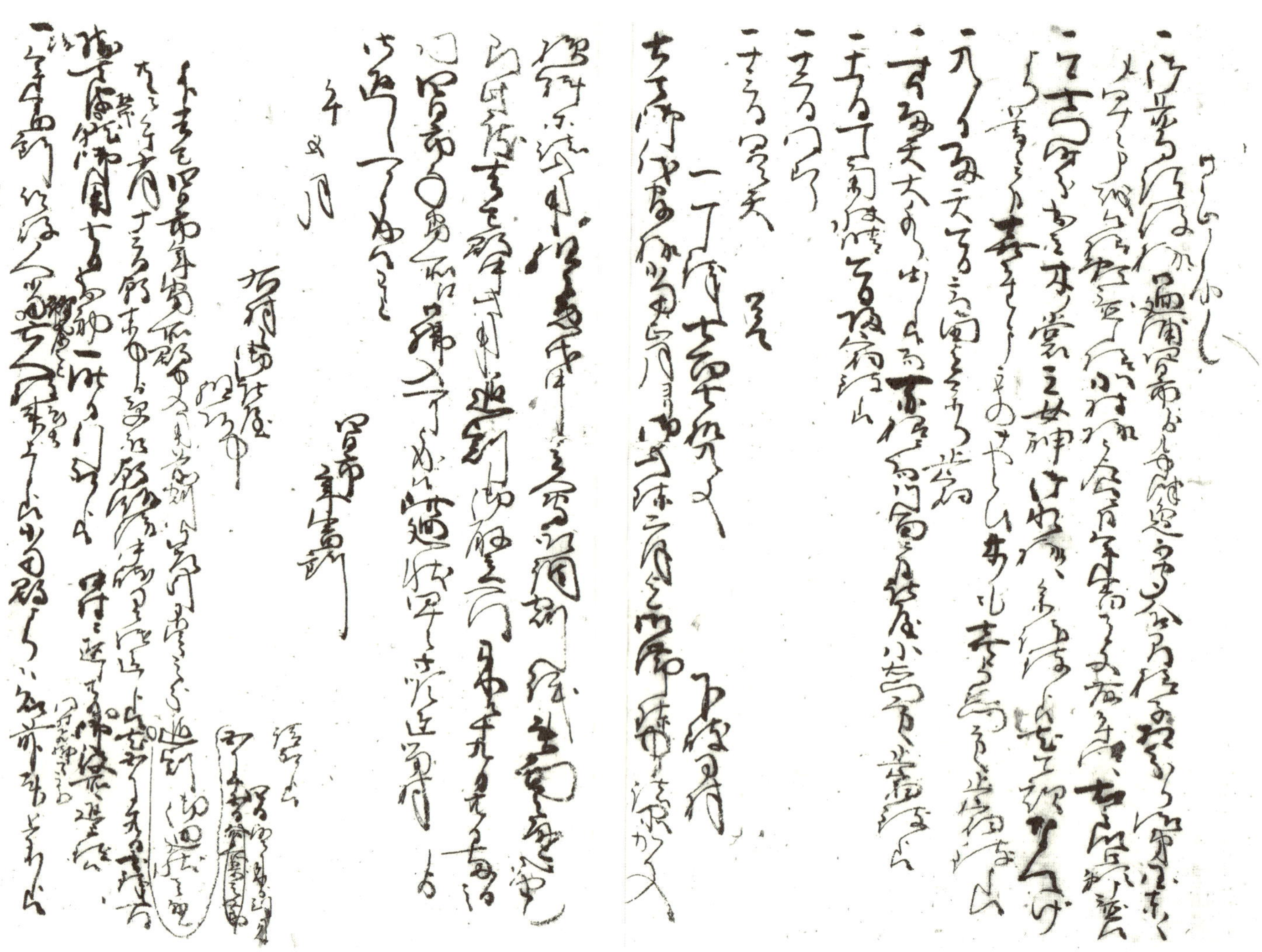

御意御座候

一御普請役様御廻浦四日市ゟも中津邊可間合間様子相分り次第国東へ
も早〻申越候様願置候様北村様被仰候ニ付年番有又藤平様へ右之段御願申置候
一今七つ時分出立木ノ裳三女神御水様へ参詣致申候尤今夜なんげ
より暮候ニ付喜平と申毛のヲやとひ木ノも喜右衛門方へ止宿致申候
一九日雨天今日高田迄参り止宿
一十日雨天大水出申候而赤根ニ而川留ニ付庄屋小右衛門方へ止宿致申候
一十一日天氣快晴今日帰宿致申候
一十二日同断
一十三日曇天　　覚

一丁銭七百七拾九文　　下岐ㇻ村

右者御代官様当正月ヨリ御入陳二月迄御滞陳中諸品加り入
請取申候

損料抔諸入用組〻惣代中立會取調割賦書面之通ニ御座候
間此度去己（巳）郡中入用追割御取立一同來ル十九日廿日両日之
内四日市年番所江御拂入可被成候此廻状早〻御順達留村ゟ
御返し可被成候已上

午五月　　四日市
　　　　年番所

右村〻御庄屋
　　組頭　中

四日堅来ゟ到来
五月十五日會所寄之節

外去己（巳）四日市年番所郡中入用前割り差引不足之分追割御廻状壱通
共ニ午五月十三日朝東中ゟ受取朝飯後中岐ㇻニ継送申候○尤五月十九日出銭一同
拙者儀○惣代就御用七日出勤一昨日引取申候　中村ニ達候廿日○同村飛脚之毛の御役所へ返上致候
後
一年番所跡役人当○評議之上願書六人程書上申候当郡よりハ名前書上不申候

[第四六丁表裏]

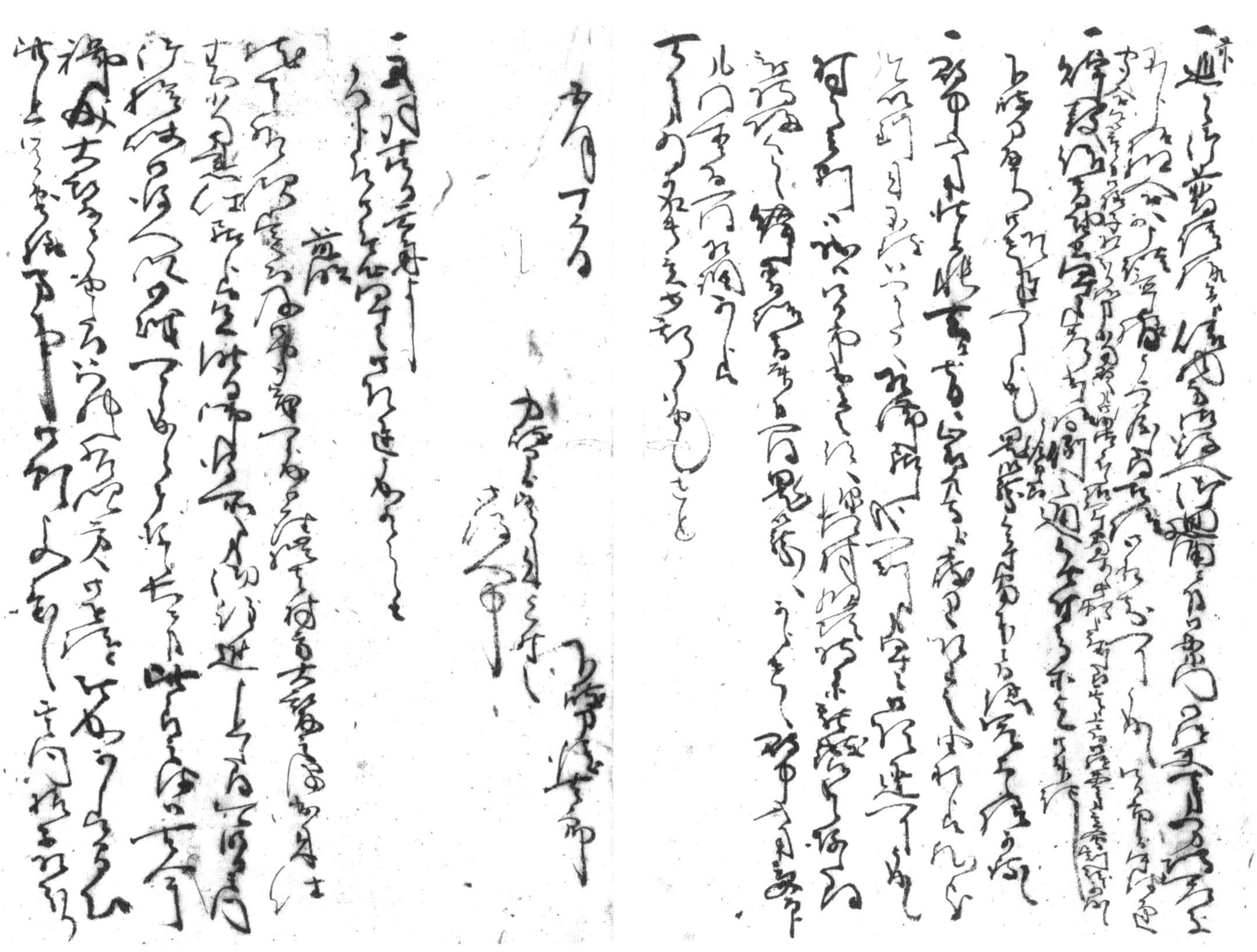

一追々（前）御普請様幷俵納方御役人御廻浦ニ付御案内御継夫旁万端差支
不申様組合へ可申談置候旨被仰渡候間左様御承知可被成候四日市ゟ中津邊
〔様〕
聞合候筈ニ付御様子相分り次第当郡へも御沙汰被下候様年番所へ御願申置候間其上ニ而御継夫旁立會割賦可致候
一貯穀詰替届書早々差出候様○例之通無村高抔迄御書記し
被仰付候間
下岐卩通り御遣し（順達）可被成候鬼籠年番本ニ而認差上候様可致候
一郡中入用仕上帳去ル七日ニ岩戸寺ゟ上岐卩へ順達之由承申候然處
今以到来不致いつ可多へ相滞居候哉一刻も早々御順達可被成候
村々三判ハ拙ハ四日市出立之跡へ深江村組頭持参被致候哉ニ存候間
被持帰候ハヽ（一同）貯麦詰替書付一同鬼籠へ可被遣候郡中入用受印
も同所ニ而一同相調可申候
右旁為可得貴意如斯御座候已上

五月十三日
下岐卩億太郎
中岐卩ゟ堅来迄村々
御役人中

一五月十四日天氣よし
尚ト乍御無心早々御順達被成可被下候以上
前略
然者右様定而及御聞茂可被成御座拙者村方大變之儀出来仕
甚当惑仕居申候且昨日御役所へも御注進申上候間今明日之内
御検使御役人様御越可被成と奉存候右ニ付此節之儀ハ古今
稀成大変ニ御座候間いつ禮右様方へ御世話ニ罷成可申候間乍
此上宜敷様万事御願申入置候其内様子相分り

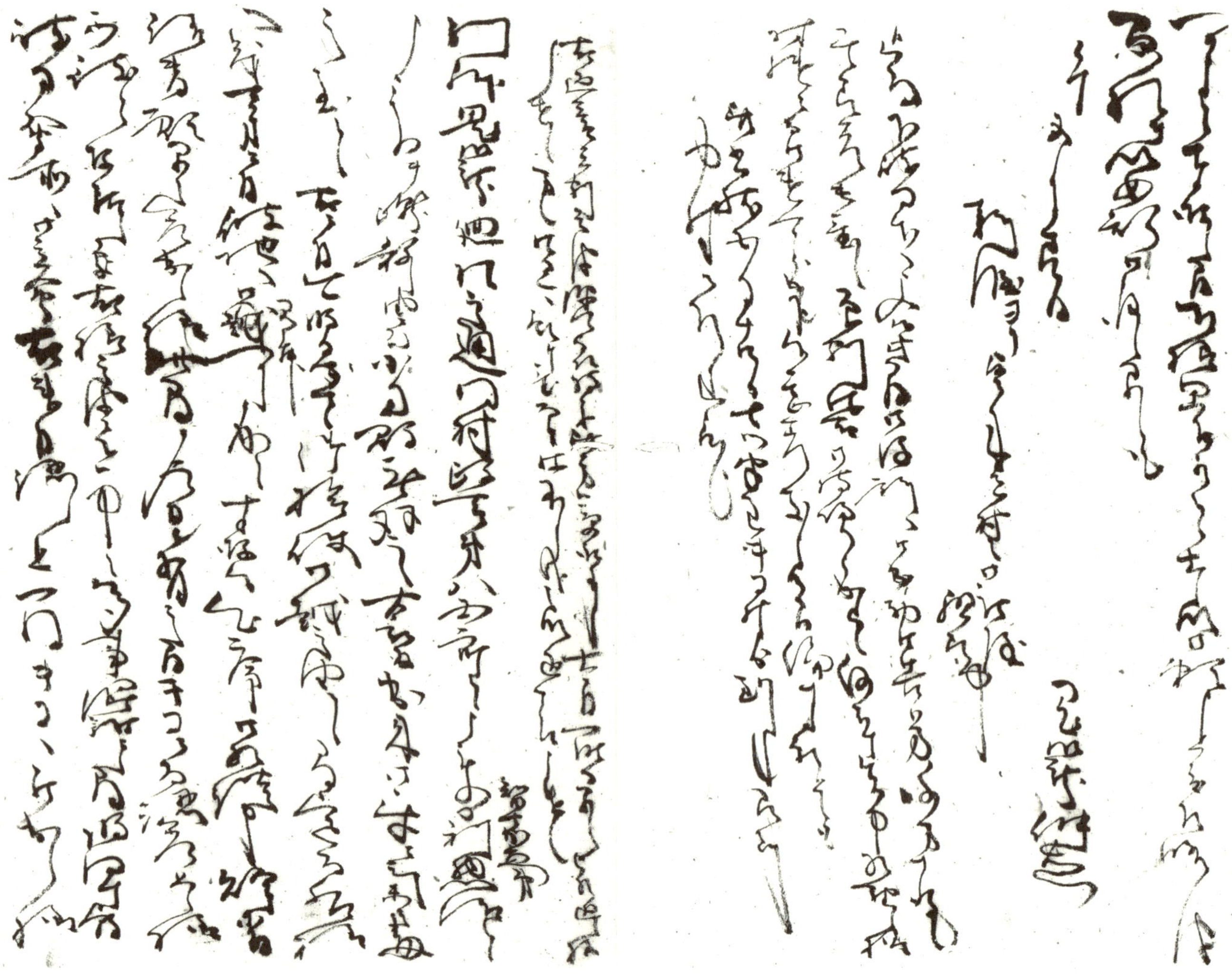

可申と奉存候間左様思召可被下候右之段御願申上度乍略儀
兼札ヲ以如斯御座候早〻以上
午五月十四日　　　　　鬼籠仲右衛門
新涯ヨリ堅来迄村〻御庄屋
組頭　中

追而下岐卩氏へ申入候此間御役所へ御出勤御苦労千万奉存候
其節差遣置候印判袋御持帰り被成候ハヽ何卒今日中相届候様
時継ニ而御遣可被成下候甚差支申候間偏奉願上候以上
此書状五月十四日七ツ半過キコ村ゟ到来即刻
中村ニ順達致候

右返答三判之儀深江与頭持参此方ハ受取不申候右ニ付一昨日早〻被相返候様
申遣候万丶（一）四日一へ預ケ置なと仕不申候哉之段返答申遣候
別紙鬼籠廻札之通同村政吉弟八五郎と申毛の○（智嘉右衛門弟）利惣治と
申毛のヲ蹴殺候由ニ而當郡無双之大変出來御互ニ氣之毒
之至ニ候右ニ付今明日（ニ）ニ者御検使御越之由ニ候間定而右様
へ茂旁ニ付彼地へ御越（見舞）可被成と奉存候乍序御相談申候貯麦
詰替願早〻差出候様此間被仰付レ有之間キコニ而認差上候様
可致と存居候處右様之儀ニてハ中〻多事混雑ニ候間明早朝
岐卩會所へ御立會右書付認候上一同キコへ罷出候様

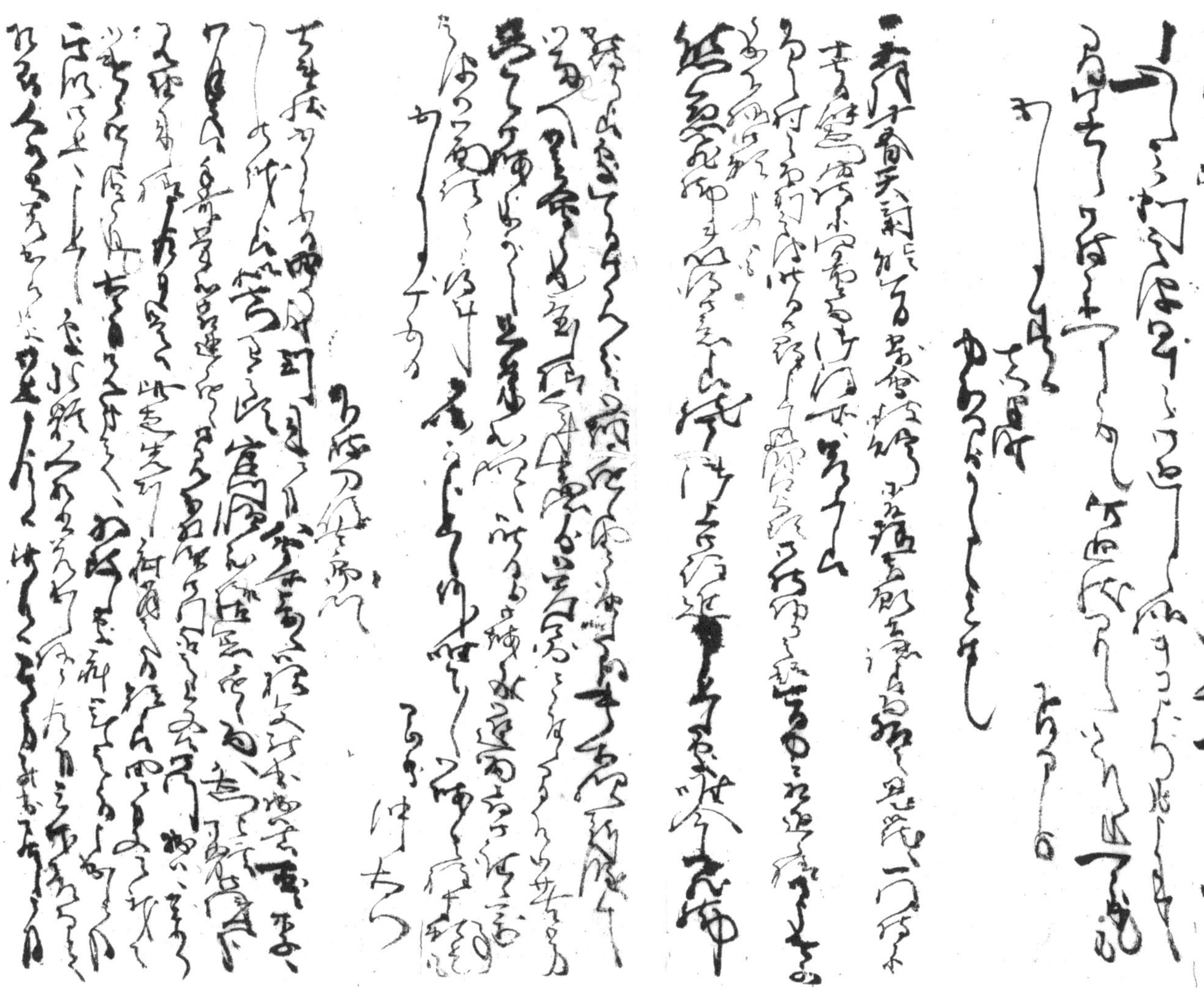

可致間此節ハ無御名代御自身御出可被成候昨日も
申入候三判之儀早〻御返し申候様キコよりも申来候
間呉〻御持参可被成候此廻状早〻御順達可被成候以上
五月十四日　下岐阝ゟ
七ツ半時
中岐阝ゟ可多く迄村〻
一五月十五日天氣能今日寄會致貯麦詰替願書認申候而各〻鬼籠へ一同持参
十七日仲右衛門殿持参四日市ニ而御役所へ差上申候
尚〻村〻印判之儀昨日御尋申上候処深江与頭御持帰り之趣今日中ニ相返候様御申遣可
被成下様御願申入候以上
態急飛脚ヲ以得御意申候然者御上御注進申上候處唯今飛脚

罷帰り申候處今日御見分ニ御越被遊候由ニ御座候間貴所様新涯氏
御両人御立會被成置候様年番所ゟ御差圖ニ御座候間乍御苦労
只今御越被成可被下候且栄蔵様へハ昨日ゟ御越被成御逗留ニ而御座候萬事
之儀ワ御面談之上得斗御咄可申上候何ト唯とく御越之程奉願上候
以上
五月十五日　鬼籠
仲右衛門
下岐阝億太郎様
右書状五月十五日四《九》つ時到来ニ付會所寄へハ夜(カ)更罷出拙ハ真直ニ木子へ
罷越申候処七ツ過之頃宮川惶蔵様御着被遊候而八右衛門死骸御見分
有之候手前栄蔵御召連被遊候御見分相済御引取之上又候御門(何カ)拙ハ(者)へハ参り
見届来候様被仰付候是ハ此右衛門先刻疵有之旨精申候由ニ付又〻我〻
御遣被遊候儀ニ御座候右ニ付兄弟三人へ為致候處疵ハ無之旨申出候ニ付
其段御上へ申上候處死骸人相書差出候様被仰付三代吉なとへ
相尋人相書差出し候處御上被仰候ハ此段ハ其方罷出居候ニ付

〔第四九丁表〕

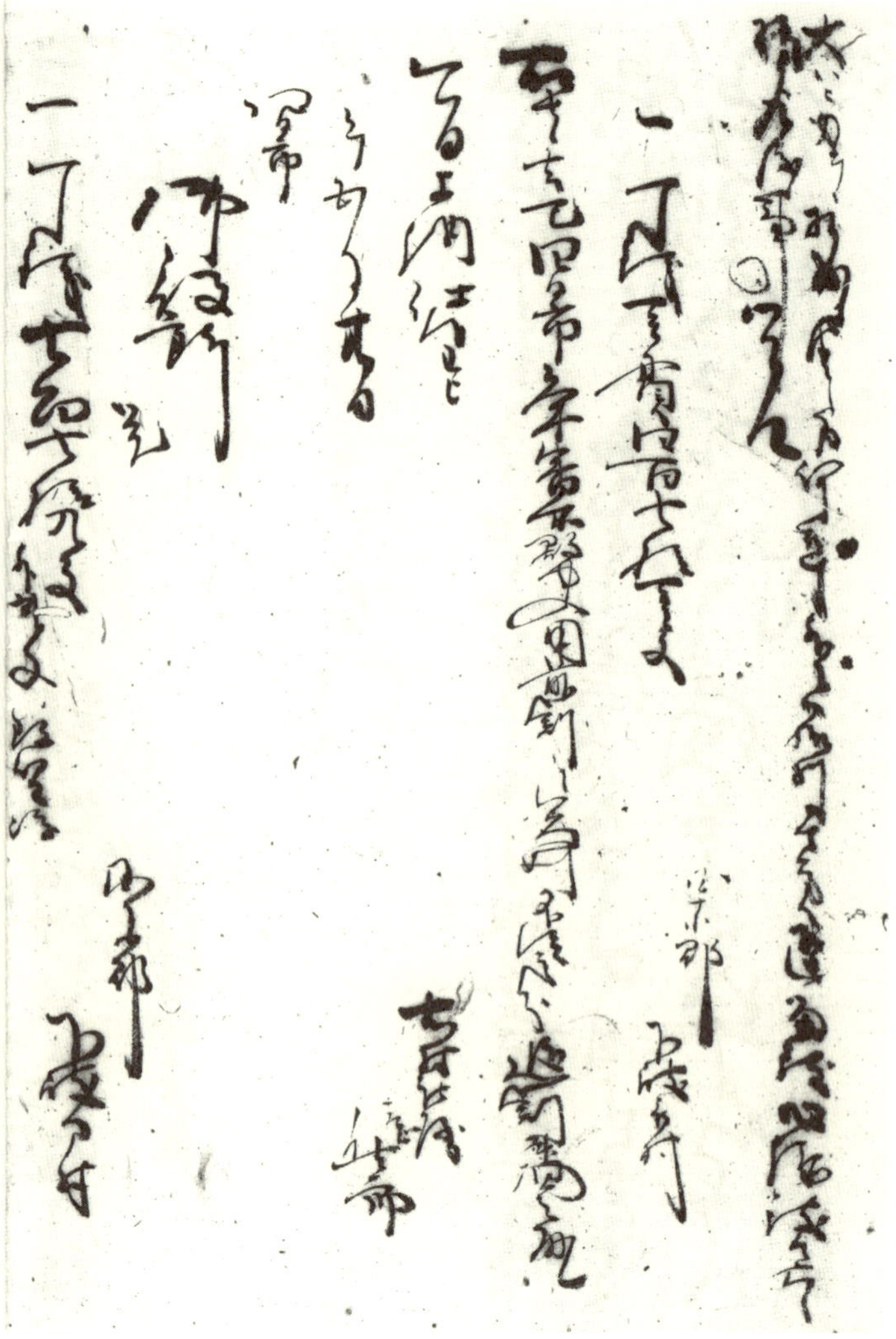

〔挿入紙表裏〕

大いニ力ラニ相成候儀ニ付何卒外ニてワ格別其方へ逗留致心添致呉候
様被仰渡候事
〔注〕○覚

（〔注〕コノ○印部分ニ挿入紙ガ入ルモノナルベシ）

一丁銭壱貫四百七拾壱文　国東郡 下岐部村
右者去巳四日市年番所郡中入用前割之差引不足之分追割書面之通
今日上納仕候已上
午五月廿日　右村庄屋 億太郎
四日市
御役所

覚
一丁銭七百七拾九文
外弐文　改賃後
国東郡 下岐卩村

〔挿入紙：縦二十四・八糎、横三十七・〇糎〕

○
一八右衛門死骸之躰相書致差出候様被仰付候ニ付三代吉へ尋書上申候
一右横死御届書ヲ不差上年番所へ仲右衛門ゟ書状ヲ以御上へ御訴可然候ハヽ御達
被下候様願遣候儀ニ而鬼籠村ニ而届書差出候様被仰付候ニ付其柑其段庄屋
仲右衛門へ相達候処下書致候又ゝ三代吉其考へ再案為致申候而其考ニ為書
仲右衛門持参入御覧ニ候処其後手前壱人御呼出右願書御見セヶ様ニ而ハ不宜敷
間語路能点削致書上候様被仰付候ニ付加筆仕下書入御覧ニ候処ヶ様
なれハ宜初ゟ宜敷段被仰候ニ付其後其考ニ為認十六日ニ差上申候
一今夕御調有之八五郎手錠被仰付候始末略之
一五月十六日雨天今朝飯後ヨリ初夜迄三拾度茂双方一同御調御座候速ニ口書御取
為御讀聞被遊候其後手前ニ印形致候様被仰付候ニ付双方村役人共ニ印形
取調差上申候
一十七日折〳〵雨降今朝御發駕被遊候十壱人四日市へ罷出申候尤無調ハ
手前御断申し悴ヲ同人ニ致差出申候

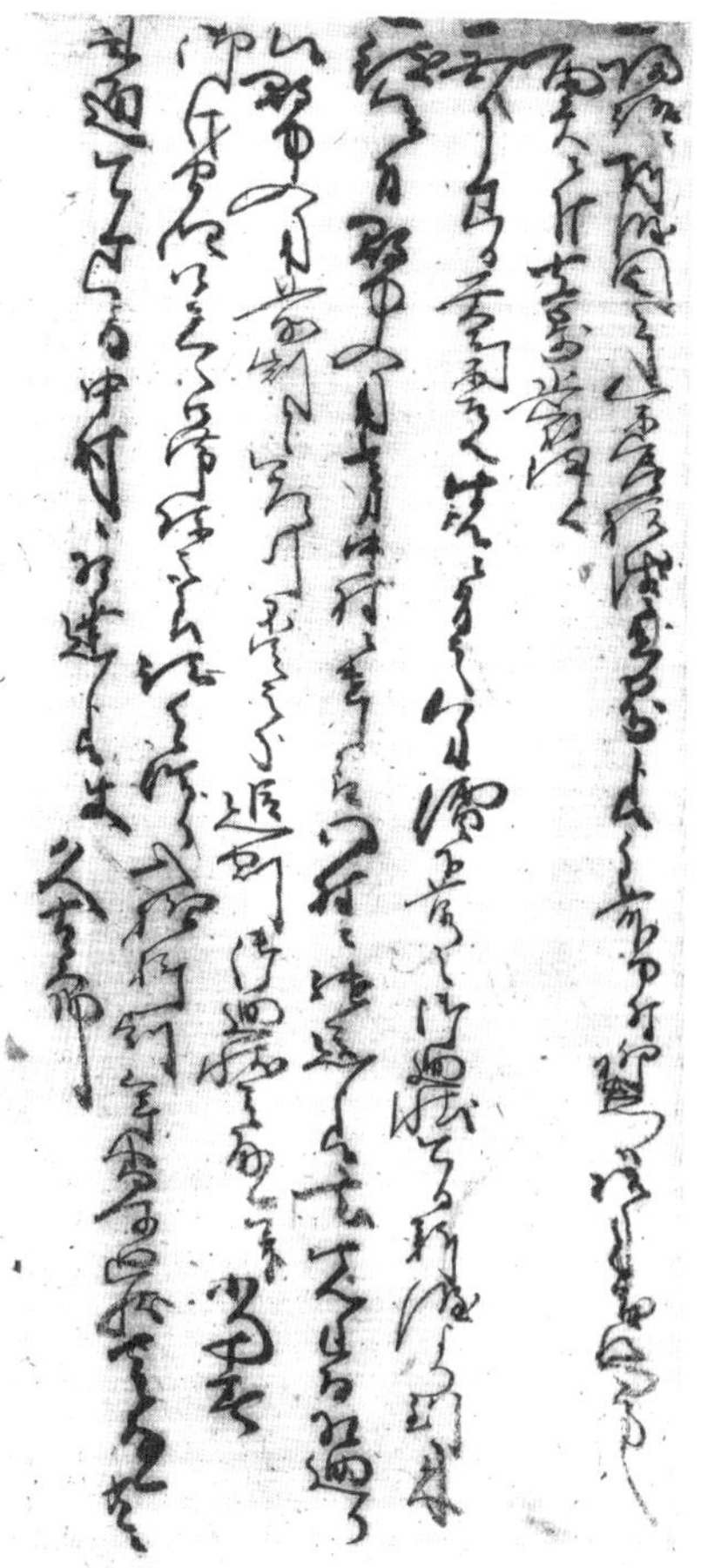

［第四九丁裏］

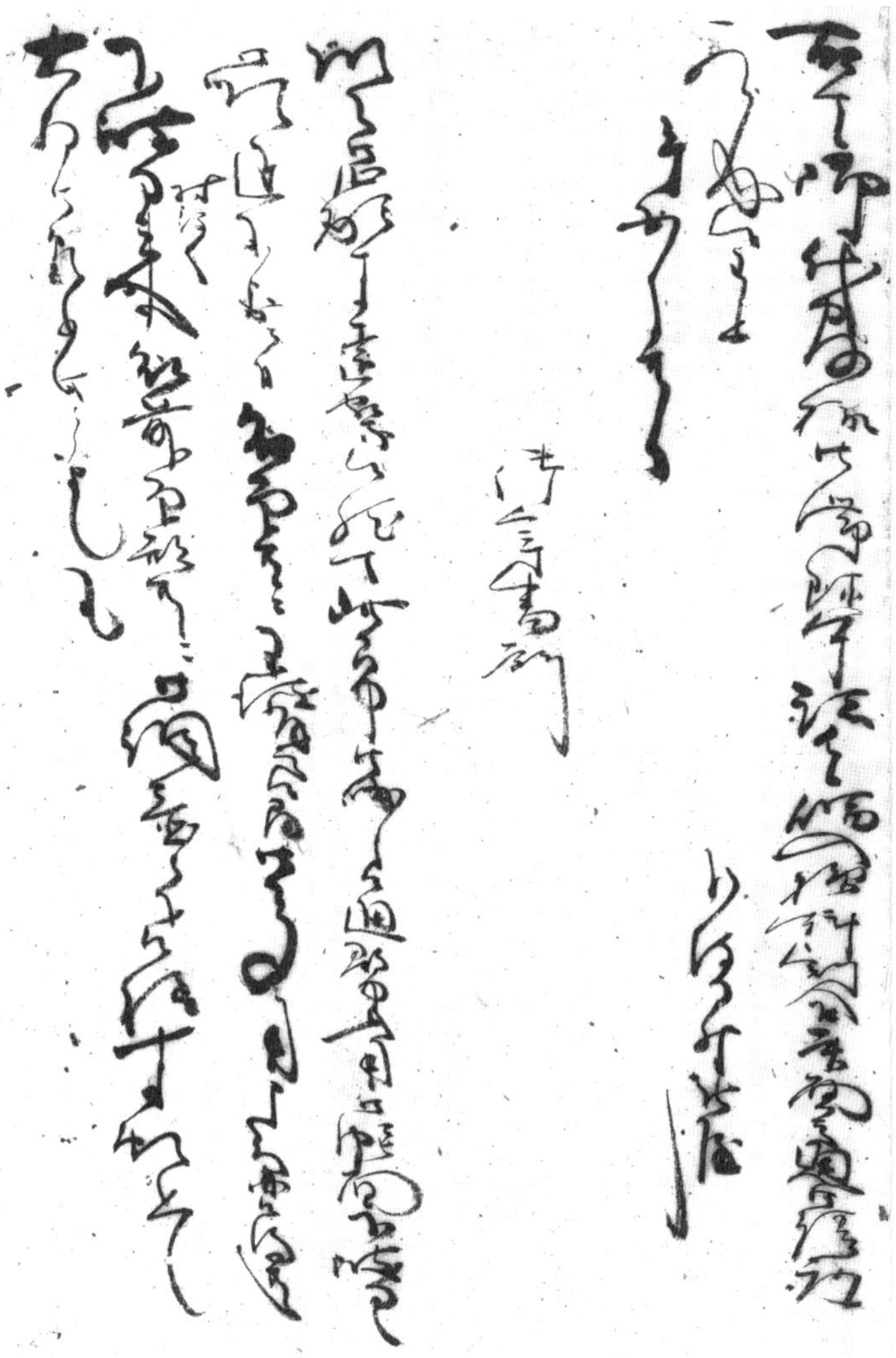

一帰路ニ新涯周平参宮祝儀ニ立寄申候手前中村柳右衛門ハ松來(カ)藤(カ)左衛門方へ
雨天ニ付立寄止宿致し候
一五月十八日天氣克先ニ有之米價下落之御廻状今日新涯より到来
一鎮候ニ付郡中入用旁中村ニ遣し候節同村ニ継送申候尤先達而相廻り
候郡中入用前割と差引不足之分追割御廻状壱通幷當春
御代官様四日一ヘ御滞陣之節諸金借り入損料割年番所廻状壱通共ニ
弐通今十八日中村ニ相達申候使久太郎

右者御代官様御滞陣中諸金借入損料割合書面之通御請取
可被成候已上
午五月廿日　　下岐阝村庄屋
――
御年番所
段ゝ御心配奉遠察候然者此間中御咄申候通郡中入用御帳面下岐阝へ
御順達不被成ニ付名印共ニ不致有之候間御多用中兼候得共
下岐阝并人《村役人》名前印形共ニ御調置被下候様奉願上候
右為御願如此ニ御座候以上

［第五〇丁表裏］

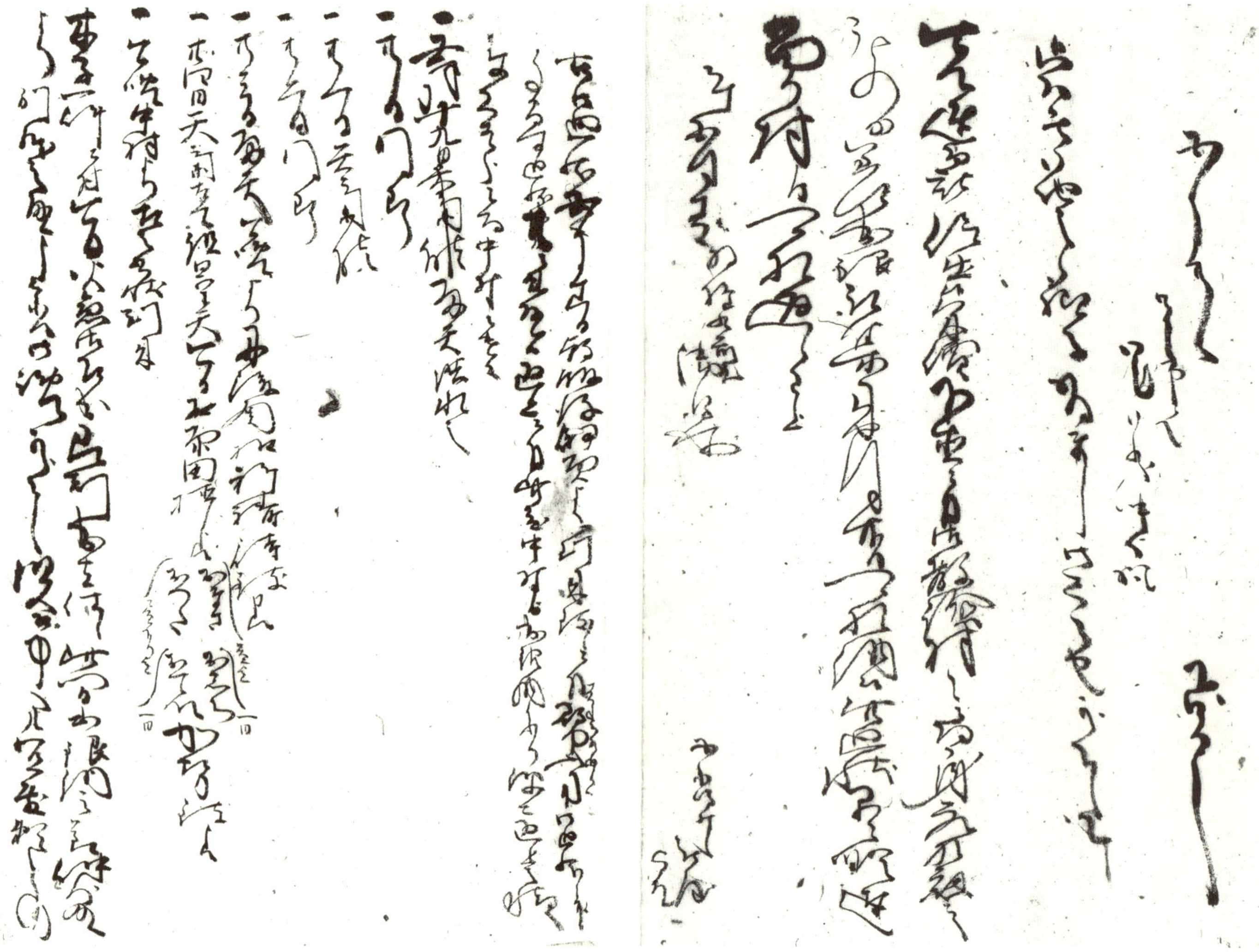

五月廿日　　　　　　　　　　下岐阝一

四日市ニて

鬼籠　仲右衛門様

追而其御地之御様子有まし御志らセ可被下候已上

先達而被　仰出候米價下直ニ付御教諭村〻ニ而身元相應之
毛のゟ差出銀取集來月廿日可相納候此廻状早〻順達
留り村ゟ可相返候已上

羽権九郎殿

午五月十一日　　　御役所

国東郡村〻

庄屋

与頭

右御廻状五月十八日朝飯後伊美より到来致し候ニ付郡中入用御廻状并（五つ迄ニ相廻し申候）
年番所廻状共ニ弐通ハ返上ニ付此度中村ゟ出銀納参り次ニ返上之積
使久太郎ニ而中村ニ遣ス

一五月十九日天氣能雨天晴れ也

一廿日同断

一廿一日天氣能

一廿二日同断

一廿三日雨天今晩より丹後殿様祈禱待致申候

一廿四日天氣克但曇天今日石（カ）原田植申候　おまさ・おつ多（昼迄一日）　お志ち・おて以（昼下り迄一日）　加勢致申候

一今晩中村より左之書状到来

木子一件ニ付今日火急御召出即刻出立仕候此間出銀納之節仲右衛門殿
より別紙之通申参候御覧可被下候組合中へも宜敷頼との

事ニ候間御工面之上可然様御取斗可被成候今日新涯拙者御召出
木子より此右衛門同人母柳蔵長之助三代吉五人御召出之由ニ御座候いつれ
ニも宜敷御願申上置候右申上度早〻已上
五月廿五日　上岐阝俊右衛門
五つ時
下岐部億太郎様
外仲右衛門殿ゟ之來状到来尤上岐阝へ之書状也
一今朝飯後和尚御出者以可為歌仙写可申間ミの紙有之哉ニ付十九枚有之御渡申候外福鹿筆壱本進し候
一五月廿五日曇天
一廿六日天氣能
一廿七日雨天今日小麦収納相仕舞申候

一廿八日
一廿九日
一晦日雨天
一六月朔日曇天
然者右一件去ル廿五日日田御元メ様御越被遊候處段〻御内意ヲ以仲次久右衛門殿四日一市郎右衛門殿
御立會之上少しニ而茂御吟味かろく相成り候様ニと彼是もよふヲ付内談仕居申候
然處今朝迄御召出茂無之一向御糺無御座候定而今日者皆〻御召出御糺可
有御座と奉存候右ニ付組合庄屋両三人茂罷出可申筈之處不傳之様子
仲次四日市被仰候得共御差圖無御座候故御沙汰茂仕不申左様思召可被下候
尤新涯上岐阝御両人者御召出ニ而廿五日より御出勤被成御詰被成候此上御下知
ニても御座候ハヽ御願可申上間乍（カ）御苦労御出座可被下候此上如何ニ
相成り候とも難斗奉存候右之段御左右申上候間一札ヲ以如此

御座候以上
五月晦日　　　　四日一宿ゟ
朝出　　　　仲右衛門
新涯より堅来迄庄屋連宛(カ)也
尚〳〵右様御村中江も宜敷様御願申入候甚大変ニ而心痛仕居申候間
御察可被下候已上
外新涯玄庄老添状有之六月朔日東中ゟ到(カ)来同日夕
方中村へ達ス
然者木子一件ニ付新涯拙者御召出當廿五日罷出申候いま多
何之御糺も無之候廿六日御元〆本間様御入陣御座候是者偏
木子始郡方迄御憐愍之筋奉存候猶此度ハ至而大変之趣一村ハ
ふ及申組合迄も退轉ニおよひ可申程も難斗ニ組合ゟ庄や壱人
も不罷出候趣四日市仲須(次カ)より被仰候義ニ付右御左右申上度
いつ連上木部抔掛合之村方ニ而可申上筋無之奉存候可然
御工面被下度奉存候何分取揚根付時卜ニ而迷惑千万御察
可被下候早〻如此御座候以上
五月晦日　　　　新涯周―
上岐阝俊右衛門
下岐阝ゟ可多く迄村〻
右書状五月晦日
夕方中村より到来ニ付添状致同村使ニ而中村へ返ス尤六月二日出立柳右衛門殿出勤致候
別紙之通申来候猶又御元〆様へ茂御入陣之儀ニ候間御機嫌窺旁郡惣代
として中岐阝氏明日御出勤可被成候万一御差支候ハヽ外方へ
可被仰遣候早〻已上
六月朔日　　　　下岐阝億太郎

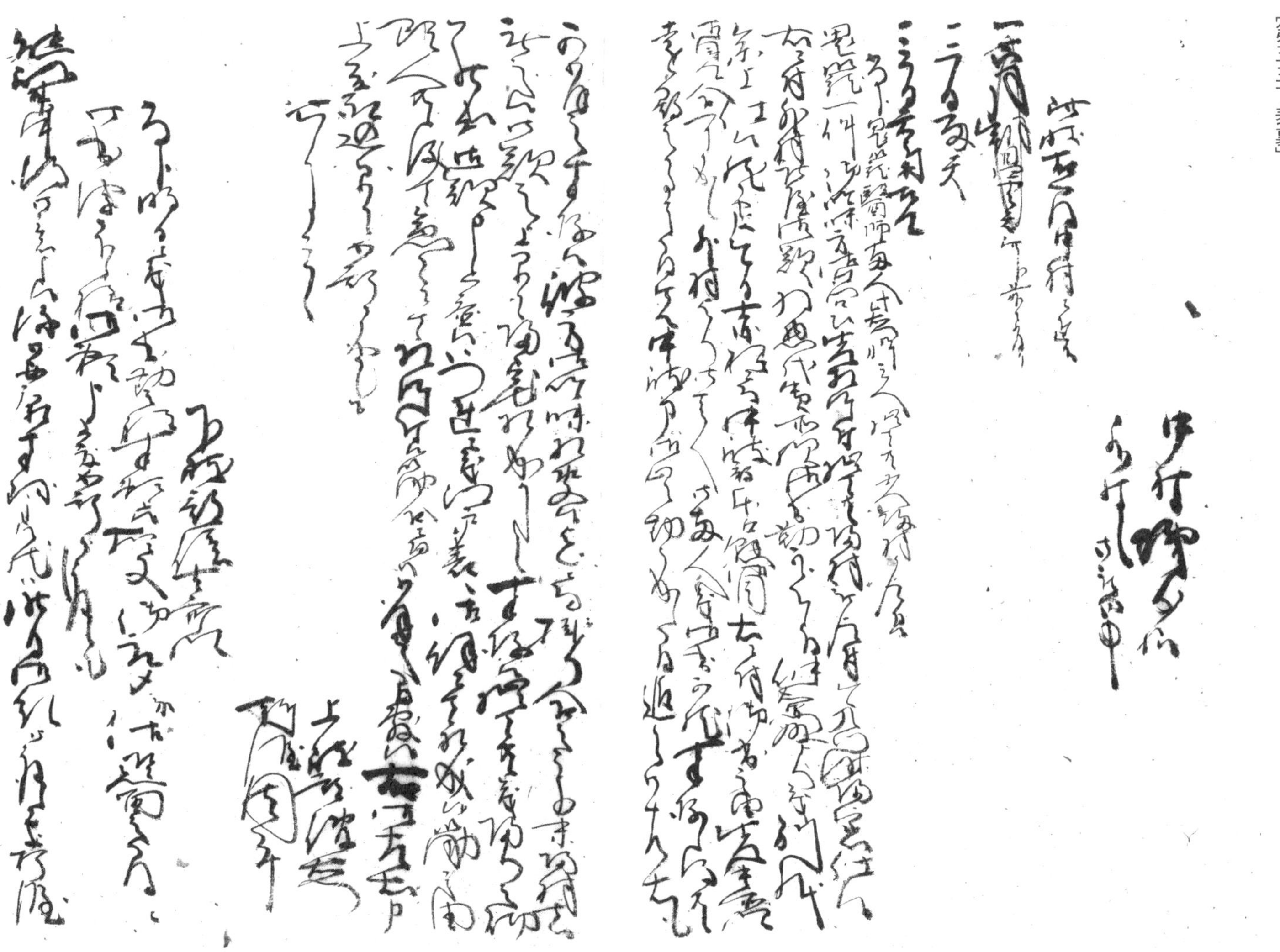

中村柳右衛門様
外村〻
御庄や中

此状右一同中村ニ達ス

一~~本月朔日曇天~~此分前ニ有り
一二日雨天
一三日天氣克

尚ト鬼籠醫師両人此右衛門伜三人拙者共五人帰村被仰付候
鬼籠一件御吟味方御口問ひ先相片付拙者共帰村被仰付今九つ時帰着仕候
右ニ付外村庄屋御歎為惣代貴所様御出勤可被下旨仲右衛門殿ょり茂別紙
参上仕候然處今日赤根ニ而中岐部氏江懸御目右ニ付御出之由先貴所様
御見合可被成候外村与り御壱人御両人茂御出可然奉存候得共
遠郡之事ニ候間先中岐ア御出勤被成候間追〻御左右も
可有之奉存候彼方御吟味相決候迄ニ而掛り合之毛の未帰村者
無之候御歎之上早〻帰宅相成可と奉存候拙者共茂帰り之砌
罷出御歎申上置候いつ連ニ茂江戸表へ御伺ニ者相成候筋之由
頭人共之儀者急〻ニ者相片付候筋合ニ而ハ有之間敷候右御左右申
上度取込早〻如斯御座候以上

六月三日

上岐部俊右衛門
新涯　周平

下岐部億太郎様

尚ト(々)明日ニ茂御出勤之程奉願上候猶又御元〆様御逗留之間ニ
御出座被下候様御願申上度如斯御座候以上

態以書中得御意申候弥御安康奉珍重候然ハ昨日御礼御座候處新涯

上岐卩鬼籠之内付添之もの取調柳蔵儀右衛門都合五人者帰村被仰付
候得共八五郎政吉長之助岩右衛門三代吉此右衛門同人母治喜右衛門近右衛門金兵衛喜
蔵仲右衛門此人数御差留御座候且此節之義至而大變之儀ニ御座候間
何卒貴君様と外ニ御壱人御同道御出勤御歎被成下候ハヽ咎人者格別
付添之毛の成りとも御捨免被下候様御取成御願被成下候様奉願上
度何分永〻之逗留取揚根付抔ニ差支甚難渋之毛の多く御座候間
御救と思召御出勤被下候様偏奉希上候右之段御願申上度間一札ヲ以如斯
御座候以上

四日一ら

六月朔日

木子仲右衛門

右二通六月六日岩戸寺幷卯之吉遣ス

下岐卩億太郎様

外

御庄屋衆中様

尚ト外者貴所様与里被仰達御願被成可被下候貴所様御出
勤被下候得者外ハ御若手衆ニ而も可然様奉存候以上
右上岐卩木子状六月三日夕方上岐卩村使岩助より蔵屋
敷ニ而請取申候
一午六月四日七つ時分より雨天今日隠居屋敷粟き飛根付蔵屋し幾
跡于蒔申候
一五日曇天今日大網理右衛門同忠兵衛下津井長治郎参り申候冷麦致御酒
出申候
一六日雨天大水也
一七日同断

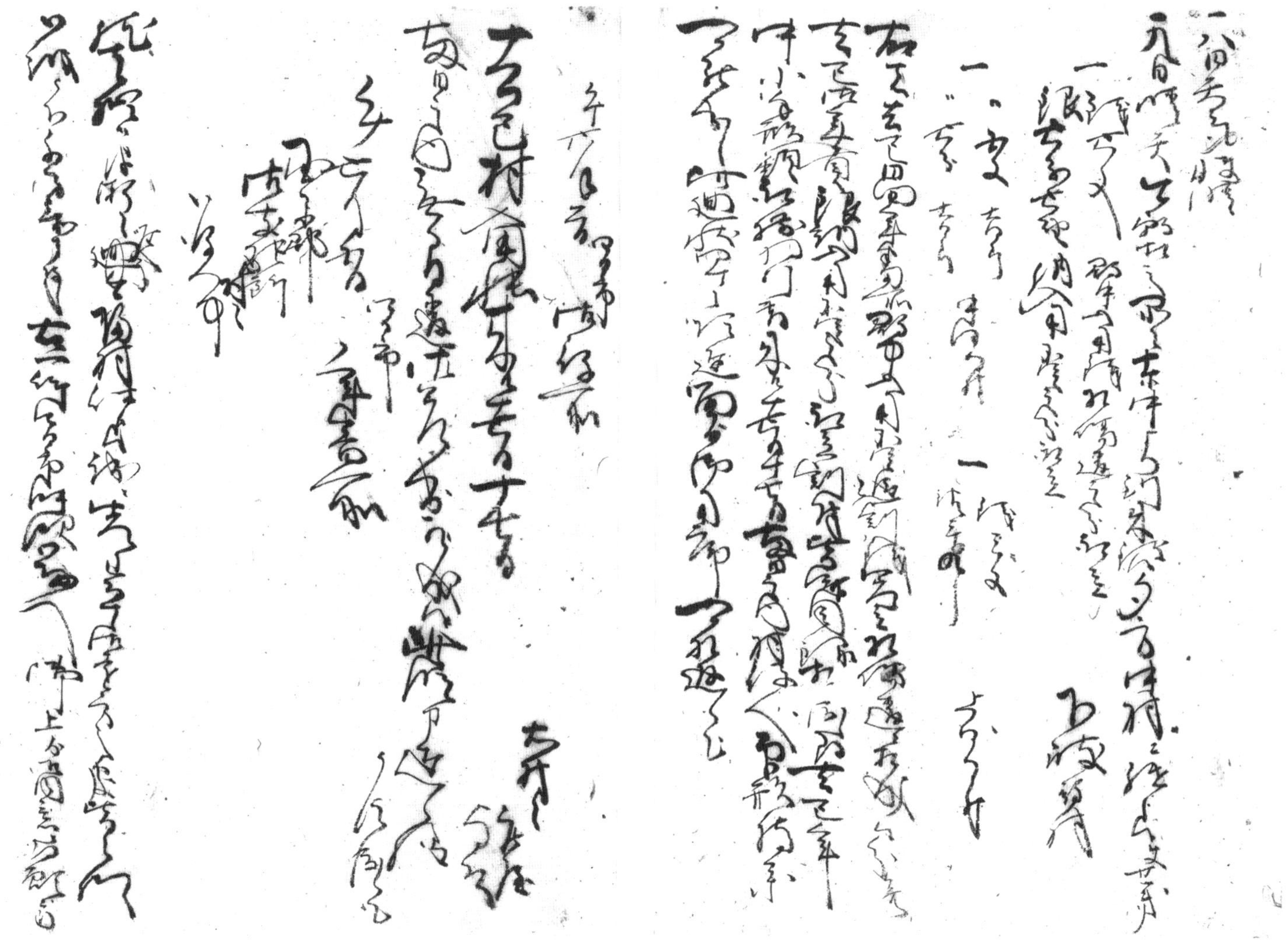

一八日天気快晴
一九日晴天今朝左之品〻東中より到来致候夕方中村ニ継申候使せ幾
一　銭六文　郡中入用銭相場違之分取立　下岐部村
一　銀六分六厘納入用不足之分取立
　　同五文　右同断　　銭三文
一　同六分　右同断　中岐𨛗村　一　銀三分九厂　上岐𨛗村
右者去巳日田年番所郡中入用不足追割銭差立相場違ニ相成候分并
去巳御年貢銀納入用不足之分取立割付皆済目録相渡候間去巳年
中小手形類取揃為引替来ル十六日十七日両日之内村役人印形持参
可罷出候此廻状早〻順達留ゟ御用序可相返候以上

午六月二日　四日市
　　　　　　御役所
去巳村入用帳来ル十六日十七日
両日之内無間違御差出可被成候此段申達候様
　　被仰渡候以上
　　　　　　右村〻
　　　　　　　庄屋
　　　　　　　与頭
午六月五日　四日市
　　　　　　年番所
国東郡
御支配所
村〻
御役人中
然者拙ハ（者）儀漸〻廻今（唯今）帰村仕申候誠ニ先達而者御遠方之處皆〻様
御越被下千万忝奉存候右一件四日市仲次御両人御上ゟ御同意ニ而願方

趣意書少ニ而茂手軽く相成候様御取斗ヲ以付添之毛の引取候様相成申候大慶
奉存候尤八五郎義ハ入牢政吉儀ハ手鎖ニ而村預ケ被仰付候間左様
思召可被下候早速以参御禮可申上筈ニ御座候得共殊之外つ可連
申候ニ付無其儀罷過申候此段真平御用捨可被下候
一此節郡中入用納不足幷去巳年納メ用不足分御廻状御渡被成候ニ付
継送申候御村〻御印形可被成候
一去巳村入用帳当月十六七日迄差出候様年番所ゟ御廻状御座候間御承
知可被成候
一貯石積替被仰付候間是又左様御承知可被成候

一右品〻ニ付御打寄不仕候而者難相分候間来ル十一日早朝岐阝會所へ
御自身御出座可被成候御立會之上得斗御相談仕可申候間無間違
御出座可被成候右（旁）可得貴意如此御座候
一新涯中岐阝上岐阝御方〻一様別而御苦労千万奉存候殊ニ大雨御引取
御評儀之程奉（願）原出候以上
六月八日　木子仲右衛門
八ツ時出ス
新涯ゟ堅来迄村〻
一六月十日天氣能
一十一日同断今日會所寄御座候

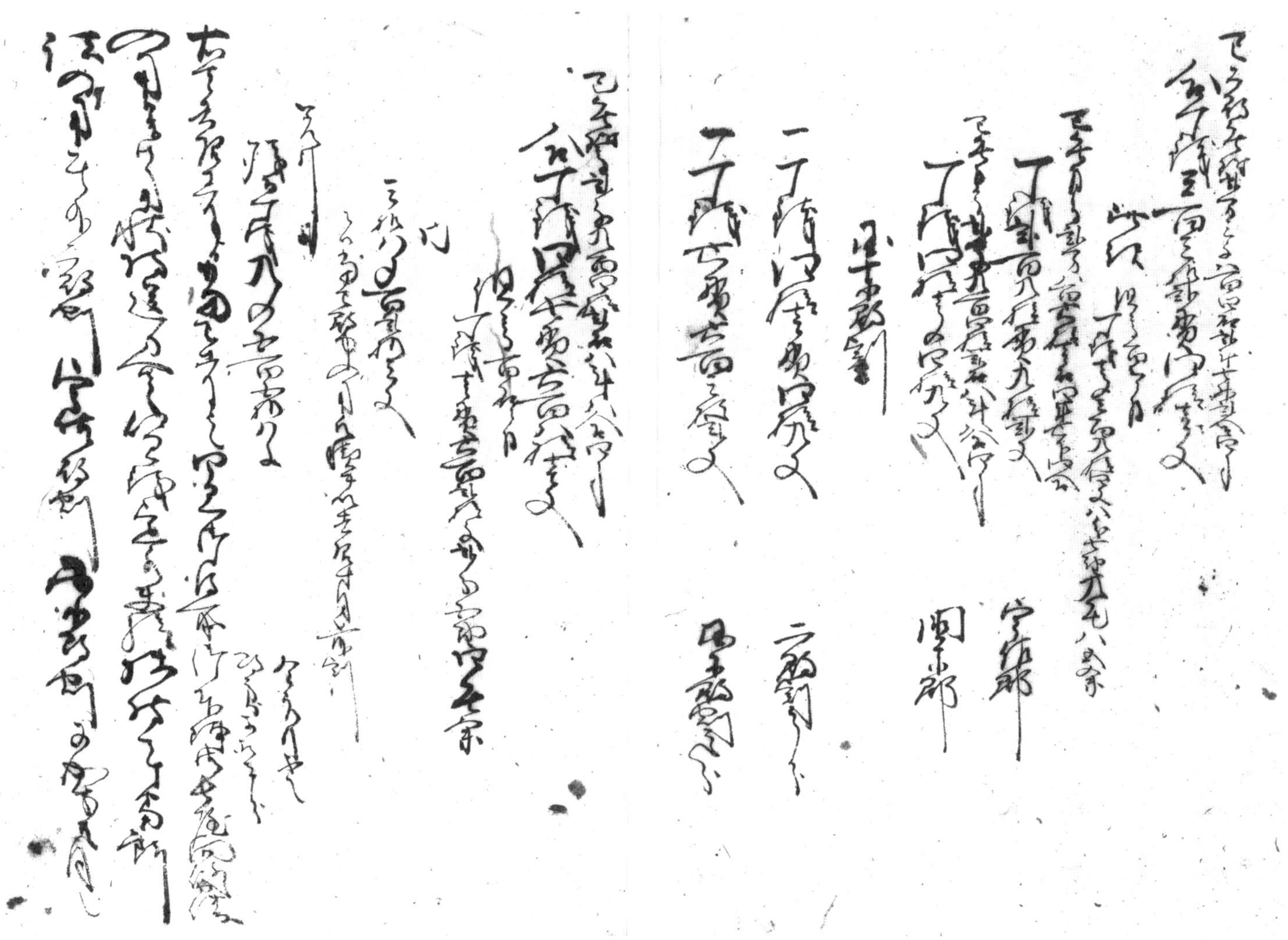

巳二郡毛附弐万三千八百四石弐斗七升弐合四勺
合丁銭三百三拾弐貫四拾壱文
此訳　但
高百石ニ付
丁銭壱〆三百九拾四文八分七厘九毛八五余
巳毛付高弐万八百六拾壱石四斗六升四合
丁銭弐百九拾貫九拾弐文　宇佐郡
巳毛付高弐千九百四拾弐石八斗八合四勺
丁銭四拾壱〆四拾九文　國東郡
国東郡割
一丁銭四拾壱貫四拾九文　二郡割之分
一丁銭六貫六百三拾弐文　国東郡割之分

巳毛附高弐千九百四拾弐石八斗八合四勺
合丁銭四拾七貫六百八拾壱文
但
高百石ニ付
丁銭壱貫六百弐拾文弐分五厘四毛余
内
三拾八〆百弐拾三文
是ハ当巳郡中入用凡積ヲ以去辰十月前割
差引
全差引不足
残而丁銭九〆五百五拾八文　改方ゟ可取立分
右者去辰十二月ゟ当巳十一月迄四日一御役所御本陣御長屋向修覆
入用幷御用状持送り人足賃銭定水夫給扶持年番所
諸入用其外二郡割宇佐郡割国東郡割可成前共同し

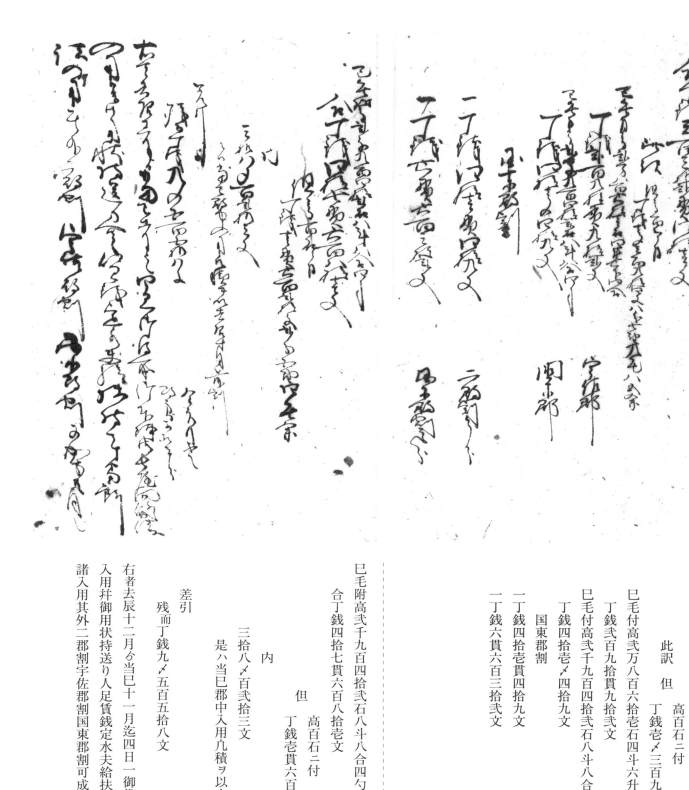

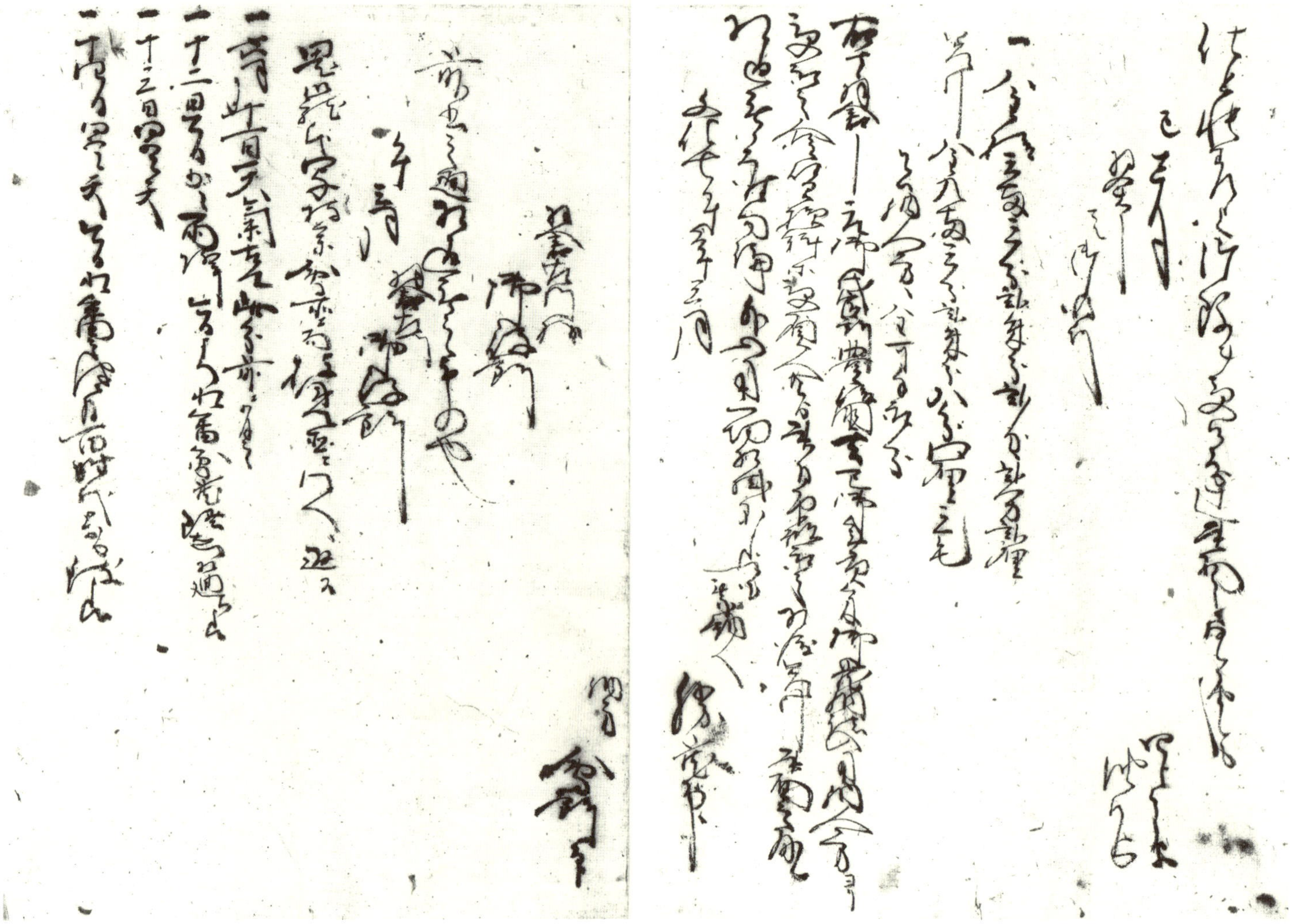

仕上帳差上御改ヲ受候分辻書面之通御座候以上

巳三月　　四郎兵衛

羽倉――　　聞左衛門

是

御役所

一金拾三両三分弐朱分弐匁弐分弐厘

差引金九両三分弐朱分八分四厘三毛

是ハ納人方へ全可手取分

右者羽倉――元御代官所豊後國去巳御年貢米御蔵納諸入用納人方ヨリ

受取之人足賃損料抔受負人共ゟ書付印形取之相渡差引書面之通

相違無御座勿論外入用一切相掛不申候以上

文化七午年三月　　乗納人

勝蔵印

羽倉左門様　　納方

御役所　　會所　印

前書之通相違無之毛の也

午三月

羽倉左門

御役所

鬼籠氏写持参會所ニ而披見直ニ同人へ返ス

一六月十一日天氣克此分前ニ有之

一十二日今日少〻雨降今日より水番圓蔵際右衛門相廻り申候

一十三日曇天

一十四日曇天今日水番之儀ニ付百姓代寄合（カ）致申候

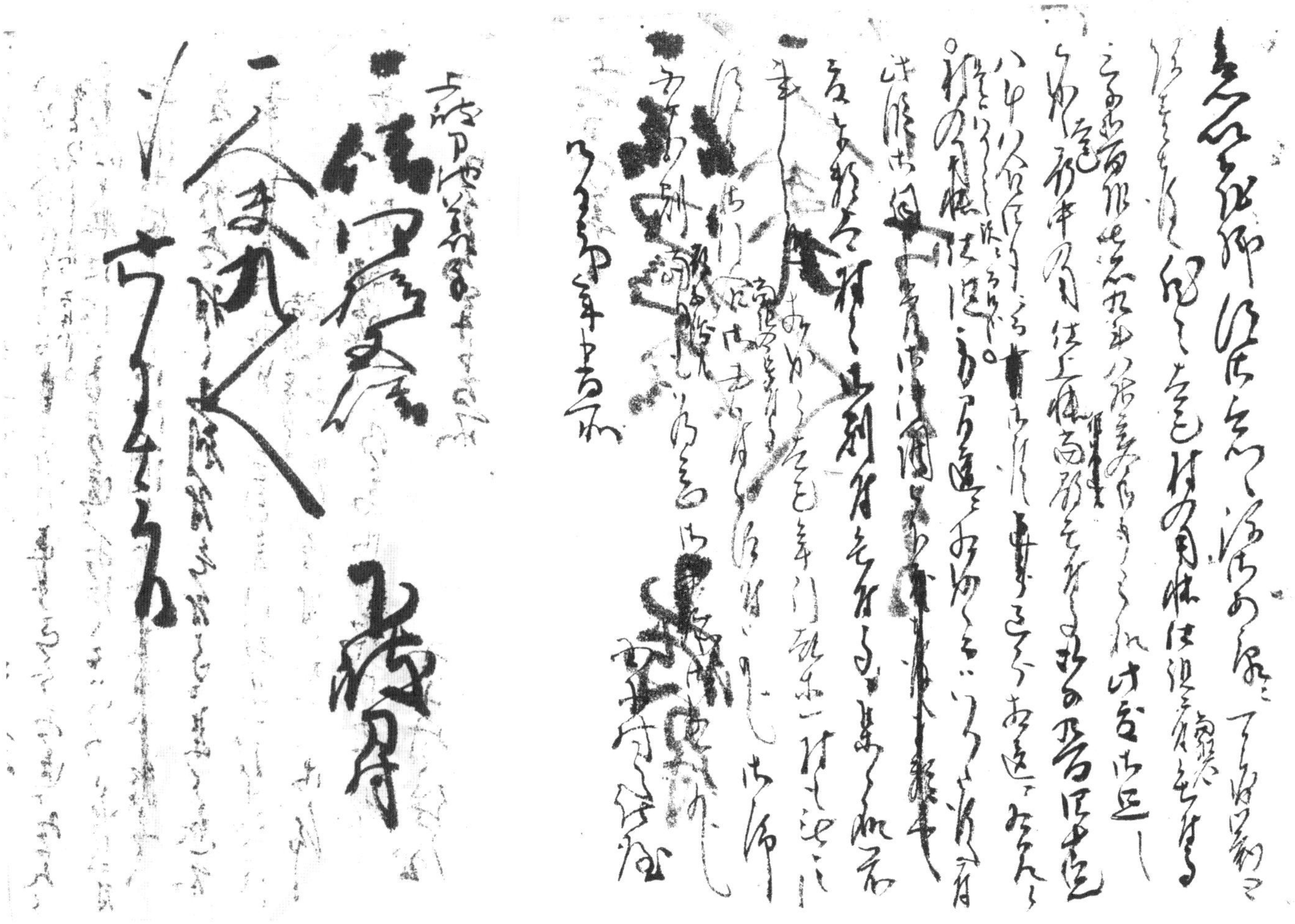

［別紙表：縦十五・五糎、横十二・九糎。袋部に挿入あり］

急以飛脚得御意候弥御安康ニ可被成御勤と

弥重奉存候然者去巳村入用帳仕組ニ付　當組合毛付高

三千弐百拾七石九斗八升壱合弐夕之高扣此度御廻し

被成候　去巳郡中入用仕上帳従先達而當郡毛付高弐千九百四十弐石

八斗八合四夕ニ而有之御座候過分過分相違（カ）ニ相見候

是ハい可ゝ之訳ニ而候哉○

○村入用帳仕組方間違ニ相成候而ハい可、之儀ニ付

此段御伺申候間御引調被下度奉存候奉頼上候

度奉頼上候村ゝ御割付毛付高ニ集候処前

書之通相成候去巳年引起抔一村も無之候

得者御引合御書付被仰付可被下候御序　當組合之毛付高

五ヶ国割當りも　郡當添共　為念御書添御遣（カ）可被下候

国東村ゝ庄屋

四日市年番所

［別紙裏］

上岐ß池荒手

一俵四拾五俵　　下岐ß村

一人夫九人

〆　六月十三日

［第五九丁表裏］

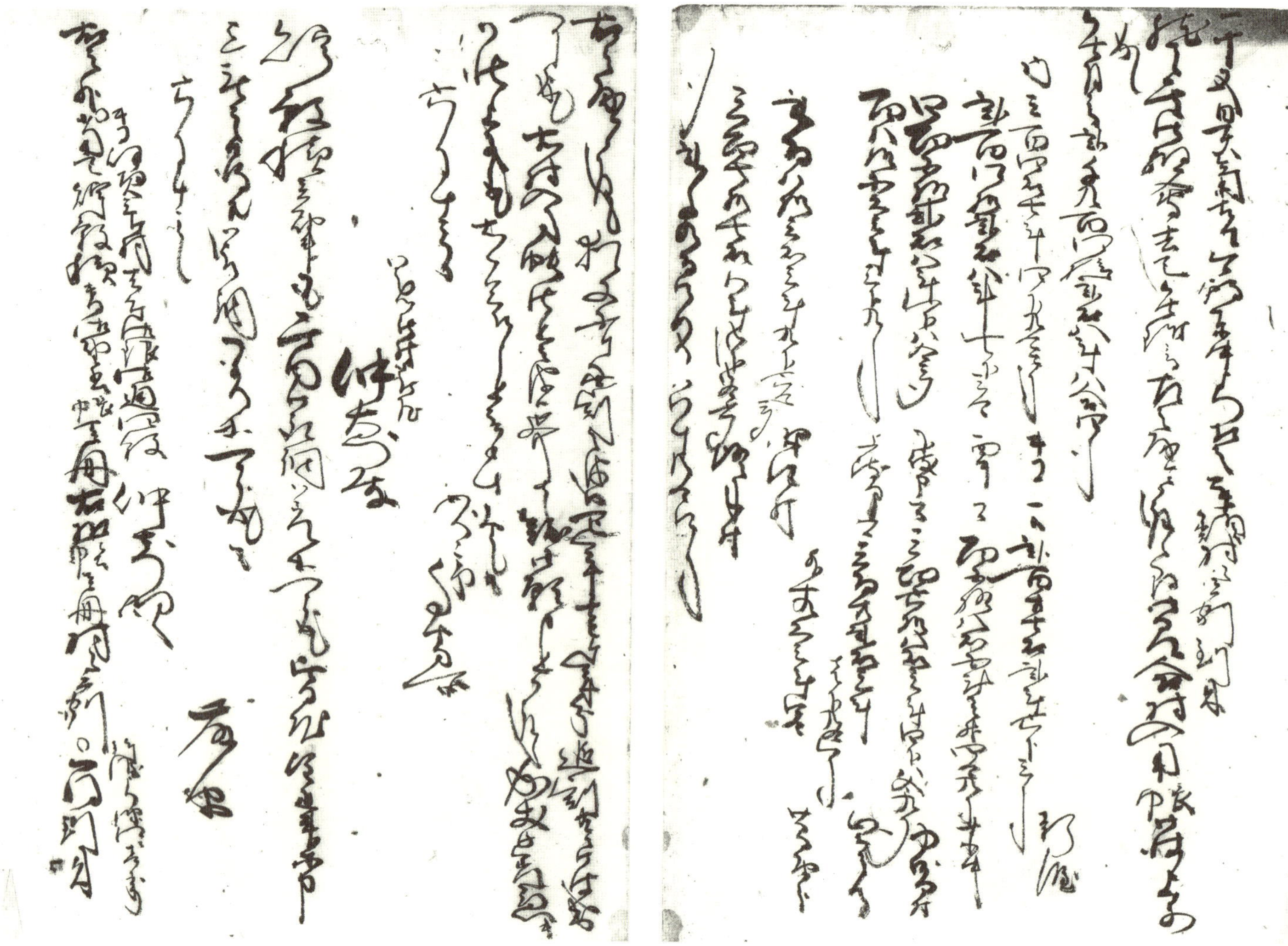

一十五日天氣克今朝東中より左之書類村〻三判到来
然者其御組會去巳毛附高左之通ニ御座候間御見合村入用帳御仕上可
被成候
毛付高弐千九百四拾弐石八斗八合四勺　　新涯
内三百四石七斗四升九合二勺　キコ　一同弐百廿七石弐斗六升三勺
弐百四拾弐石八斗七升三合　西中　一同百五拾八石五斗壱升四合九勺　東中
四百五拾弐石八斗八升八合三勺下岐阝　一同三百六拾八石三斗四升八合九勺中岐阝村
百八拾五石三斗三升九勺　上岐阝　一同三百廿弐石三斗　岩戸寺
壱升九合八勺
外十九石三斗四合　芝原分
弐百八拾三石三斗九升六合三勺　深江村
三百七拾七石八斗弐升弐合六夕　堅来村
〆弐千九百四拾弐石八斗八合四勺

右之通ニ御座候猶又五ヶ国割之儀ハ巳年壱ヶ年分追割共ニ御仕出
可被成候右村入用帳仕上之儀ハ延引者難御願申上御座候成丈御差急キ
御仕上可被成候右之節申上置如此御座候以上
六月十三日
四日市
年番所
鬼籠村御庄屋
仲右衛門殿
貯穀積立届書も其内御取調御差出可被成候皆作注進書抔申
迄無之候得共御取調御差出可被成候以上
六月十三日　藤兵衛
キコ伊美三ヶ村去午御銀御通四枚　仲右衛門様　新涯より深江ニ壱封
右之外○当巳貯穀積替御届書帳壱冊右扣帳壱冊村〻三判○一同到来

［第六〇丁表裏］

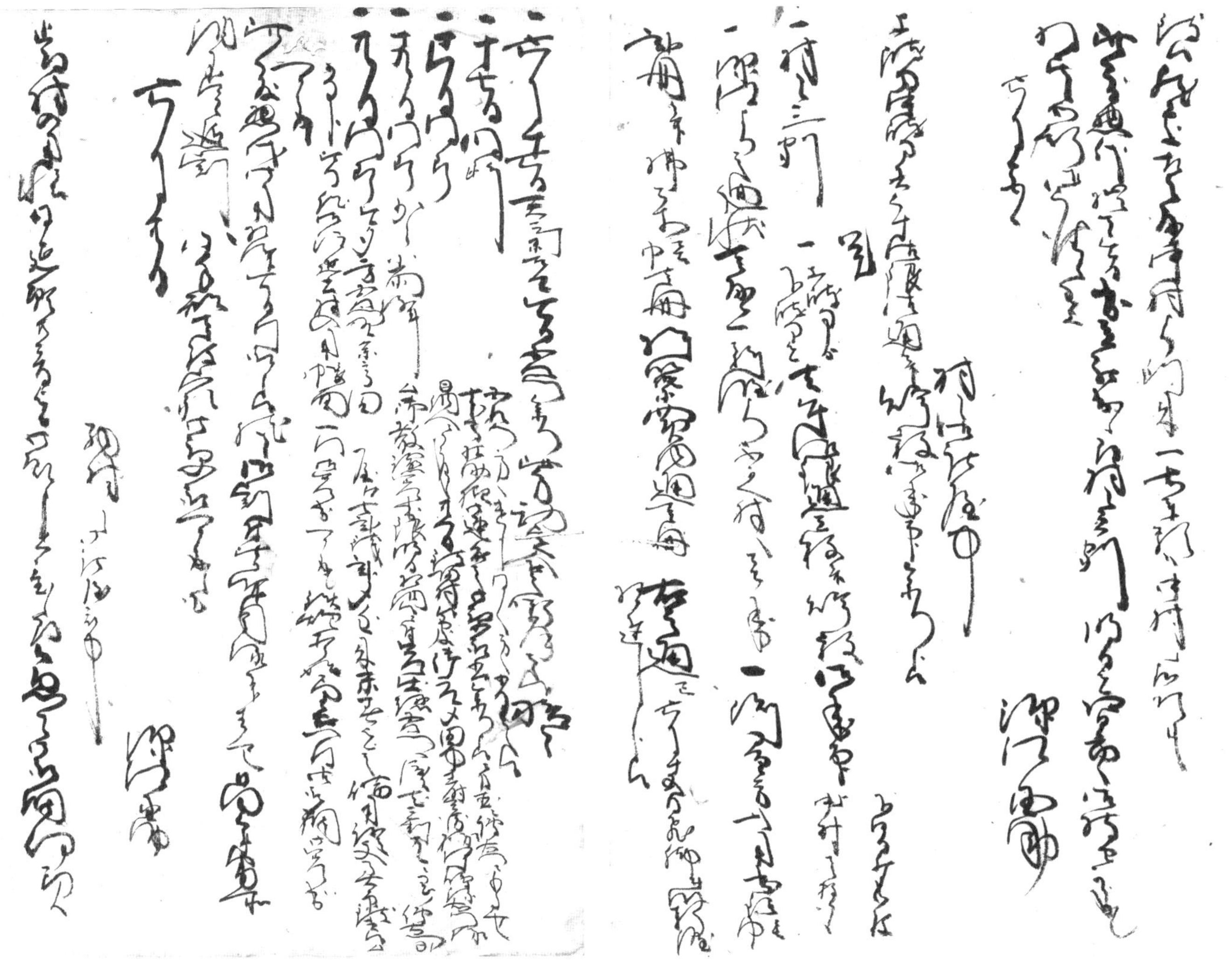

［口取紙］

致候然處左之通中村より到來　一右書類ハ中村ニ致順達候
此度惣代拙者今日出立罷出候間村々三判明日迄四日市へ御持セ可被成候
為其如斯御座候已上
六月十五日　深江国助
村々御庄屋中
上岐阝中岐阝共午御銀御通幷貯穀御封印参り申候
覚
一村々三判　一上岐阝ゟ下岐阝迄去午御銀通三枚幷貯穀御封印　下岐阝村弐枚　上中村壱枚ツヽ
一深江より之廻状壱通一新涯よりふ可へ村へ壱封一測量方入用出銀帳
弐冊幷拂毛の帳壱冊杵築買物通壱冊右之通巳六月十五日飛脚ヲ以新涯へ
順達申候

一六月十六日天氣克今日五左衛門参り此方勘定合之噺有之候略之
一十七日同断　五左衛門方へ遣申候同人方へ有之候
一十八日同断　本馬壮助様御連名之御受取書参り申候ニ付直ニ俊右衛門ニも多せ
一十九日同断少々小雨降　㊁納人ニ御座候廿一日致帰村候處御元〆田中寿兵衛様伊豫弥右衛門様　△御教諭差出銀明日相納候ニ付差出認五左衛門へ渡ス尤三判共ニ岡ノ傳右衛門㊀
一廿日同断今夕方五左衛門殿参高田　屋江七弐銭弐〆匁來未春迄之借用證文奥印致遣候△
尚ト皆作御注進書村入用帳面一同御差出可被成候鉄炮打始届右一同御取調御差出
可被成候
［口取紙：縦五・五糎、横一・七糎］
囲銀之滞
此度惣代御用相済今日引取申候然者御割付皆済目録幷去巳日田年番所
納不足追割小手形壱枚宛御受取可被成候以上
六月廿日　深江国助
納村々御庄屋衆中
追而村入用帳日延願共三日迄御願申上置候間急々御取調伊美

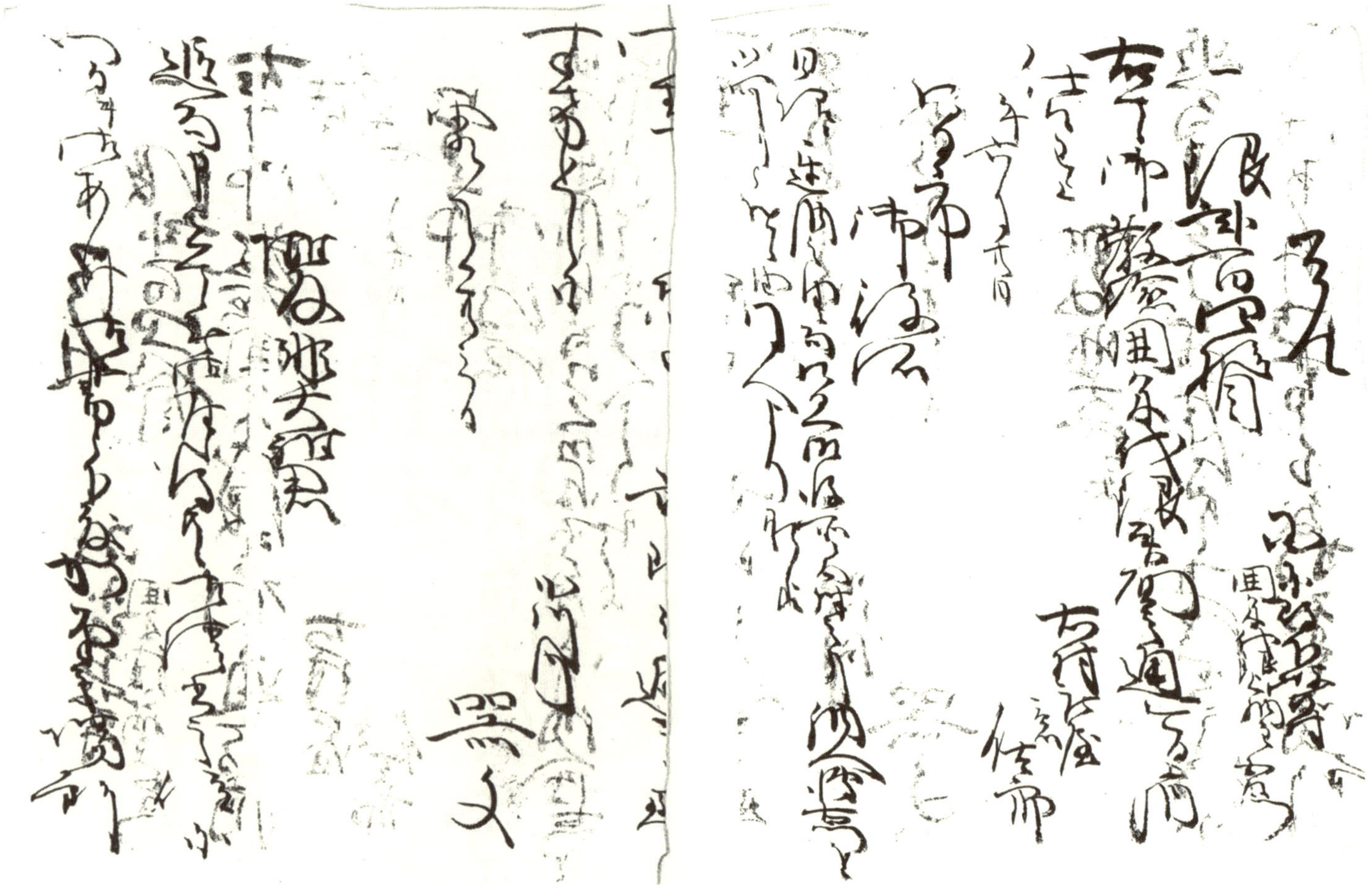

〔挿入紙表：縦十三・八糎、横九・六糎。袋部に挿入あり〕

覚

国東郡下岐部村

一　銀弐百四拾目　　囲米代銀上納主　五左衛門

右者御教諭囲米代銀書面之通今日上納
仕候已上

午六月廿日　　右村庄屋　億太郎

四日市
御役所

日限ニ遅納之由ニ而四日一御役所ニ而殊ノ外納人傳右衛門を
御呵り被遊候由同人より承申候

〔挿入紙裏〕

（前欠）

奉希上候已上

霜月廿三日　　小川内　器文

雙非大雅君

追而申迄者無御座候得共御請書之位尓
間ヲ御あけ御書被下度加筆之場所

（以下欠）

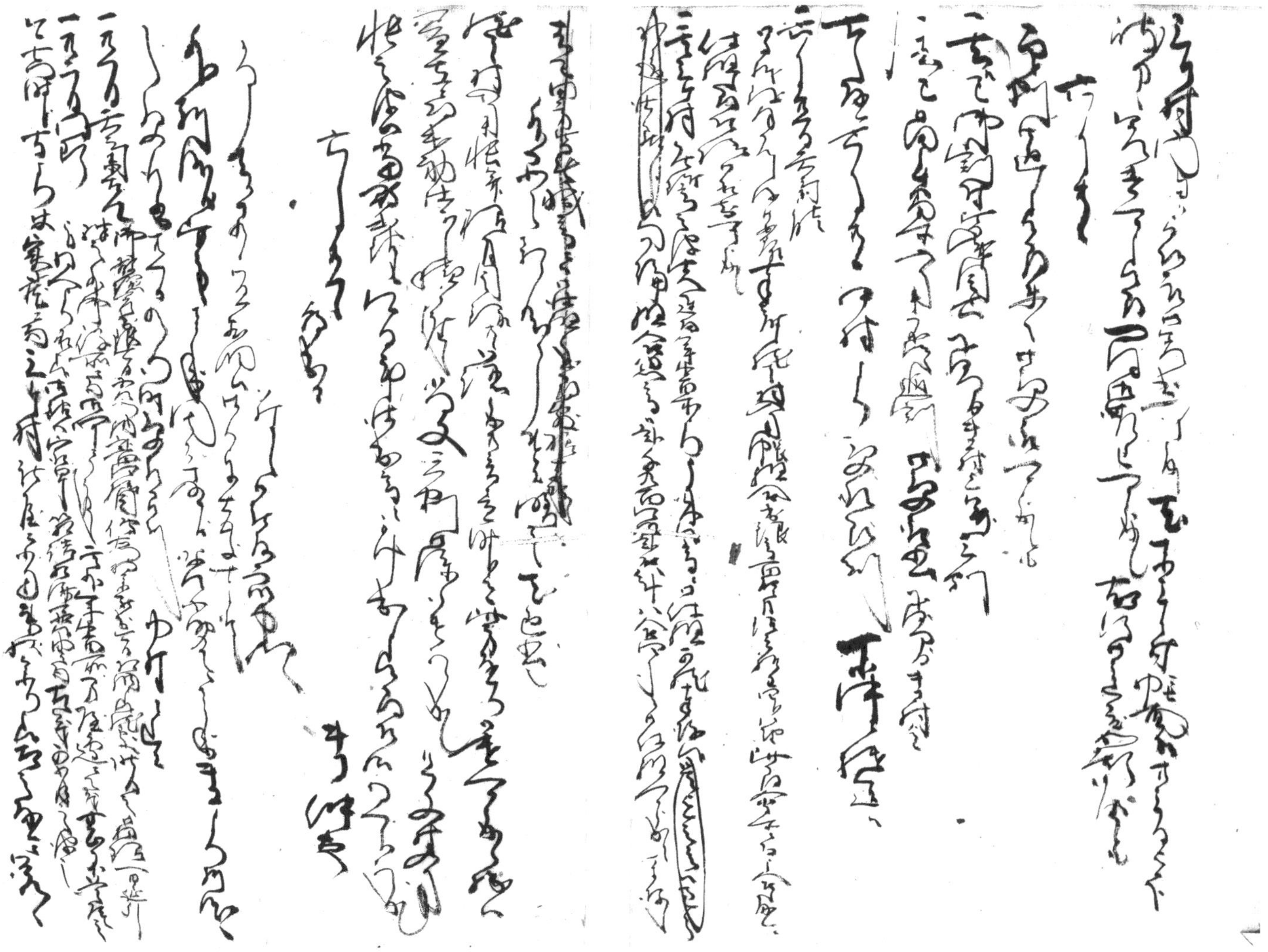

三ヶ村内ヨリ与頭衆御差出可被成候尤東三ヶ村帳面ハ廿三日迄下
岐阝へ差遣可申候間一同御順達可被成候右得御意度如斯御座候已上
六月廿日
印判御返申候間使ニて御受取可被成候以上
一去ル巳御割付皆済目六下岐阝ゟキコ村迄幷三判
一去巳日田年番所入用不足追割御受取書下岐阝ゟキコ村迄
〆
右之通六月廿日中村より受取即刻東中ニ継送候
一六月廿一日天氣能
御尊紙致拝見候弥御安康奉寿候然者村入用帳組合出銀高百石ニ付銀三拾匁四ト八厘此間會所ニ而申合候通ニ
仕組候間左様御承知可被成候
一其三ヶ村無附高之儀先達而年番所より申來候高ニ御仕組可然奉存候是迄之高ホ過分
相違仕居申候勿論組合惣高ハ弐千九百四拾弐石八斗八合四勺ニ御仕組可被成と奉存候
去巳田方皆無減高ニ而御仕組被成間敷様奉存候
外品〻新涯（村）〜遣ス略之尤返書也
然者村入用帳幷根付目録共御認被成廿三日昼時分迄此方通り御遣可被成候拙（者）ハ
昼立ニ而出勤仕可申積御座候尚又三判御添御遣可被成候是又村入用
帳之儀ハ當郡出銀も四日市仕出高ニ可計出申候間左様思召可被成候
六月廿一日
キコ仲右衛門
朝出ス
御村〻御庄屋衆中様
尚去ル十九日四日一相納候先ハ尓大慶奉存候
外新涯ゟ此方へ壱封周平殿ゟ深江国助殿へ壱封キコより新涯へ
之受取書廿一日九つ時受取即刻中村ニ達ス
一廿一日天氣克
御教諭差出銀今日五左衛門納弐百四拾目傳右衛門持参罷出今日相納申候然處昨日之御納銀一日延引
殊之外御役所ニ而御呵ニ御座候其外年番所万屋邊ニて茂甚不首尾之
一廿二日同断
旨同人より承申候御銀ハ寂早箱詰相済居候由ニ而左茂可有之儀也
今七つ時ト寺より使実蔵ニ而三ヶ村庄屋ニ當書状参り申候左之通ニ覚候

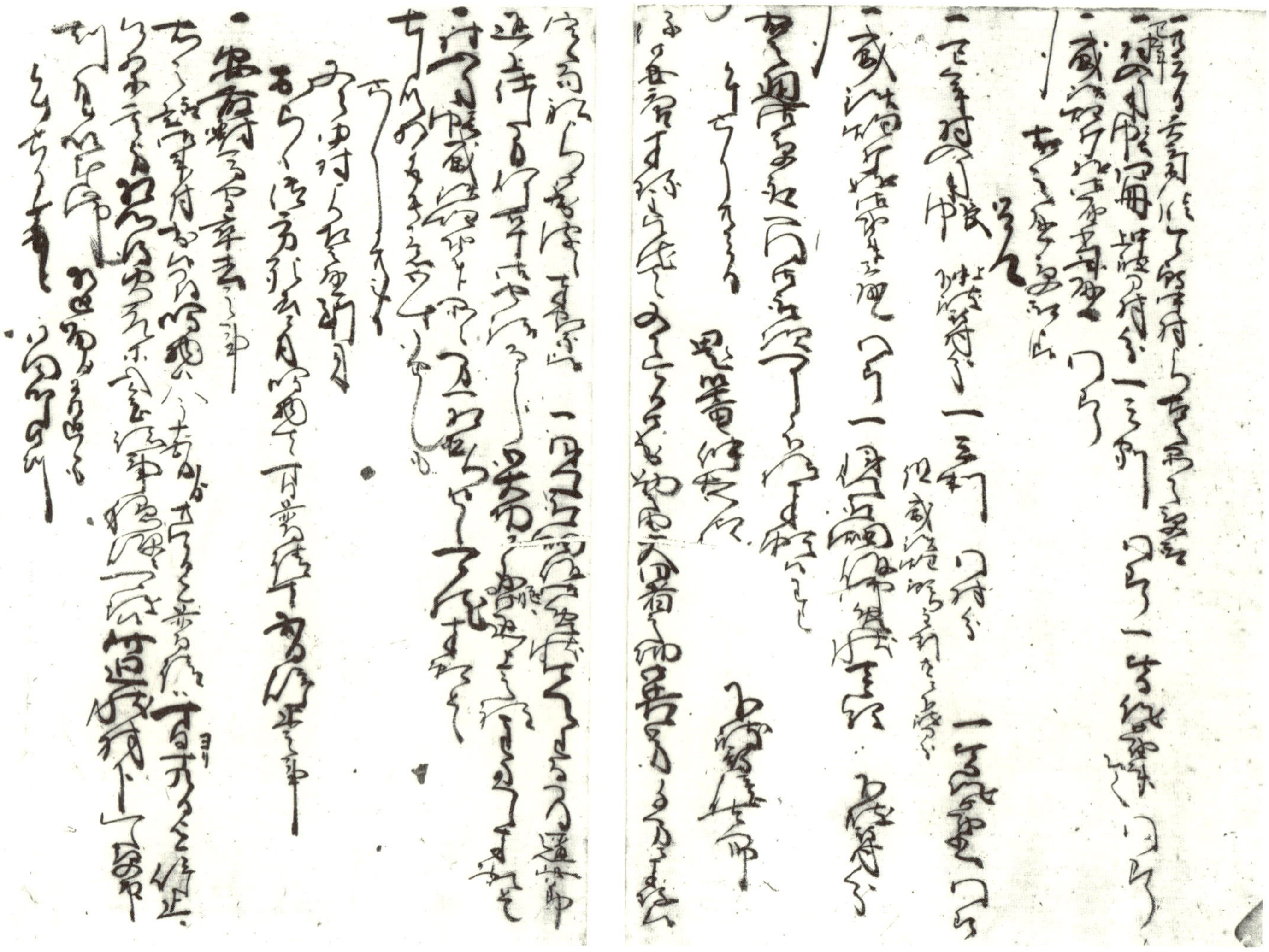

一廿三日天氣能今朝中村より左之品〻受取
巳年
一村入用帳四冊上中岐阝村分　一三判　同断　一皆作御届書　同断
ひ可へ
一威鉄炮打始御届書弐通　同断
〆　右之通受取申候
覚
一巳年村入用帳上中下岐部村分　一　三判　同村分　一皆作御届書　同断
但威鉄炮預り主判共ニ下岐阝分
一威鉄炮打始御届書　三通　同断　一見取畑仮御免状壱枚　下岐部村分
〆
右之通御受取一同御取次可被下様奉願候已上
午六月廿三日　下岐部億太郎
鬼篭仲右衛門様
弥御安康奉珎重候然者又〻今日御出勤之由大暑之砌御苦労千万ニ奉存候
定而舩より御出座と奉察候　一見取畑仮御免状先達而間違此節
返上仕候間何卒御セ話な可ら御大切可被成○懐ニ御返上之程重畳奉願上候
一村入用帳威鉄炮届書品〻万一相直り候ハヽ可然奉願上候
右之段為可得貴意如此御座候以上
六月廿三日
又〻中村より左之通到来
おらく御方死去ニ付鳴物者十日普請者五日停止之事
一安藤對馬守卒去之事
右之趣御書付出候間鳴物ハ今十五日ゟ廿四日迄普請ハ十日ヨリ十九日迄停止ニ
候条其旨相心得火元抔入念諸事穏便ニ可致候此廻状村下令受印
刻付ヲ以無滞相達留ゟ可相返候以上
午六月十五日　日田御役所

［挿入紙］

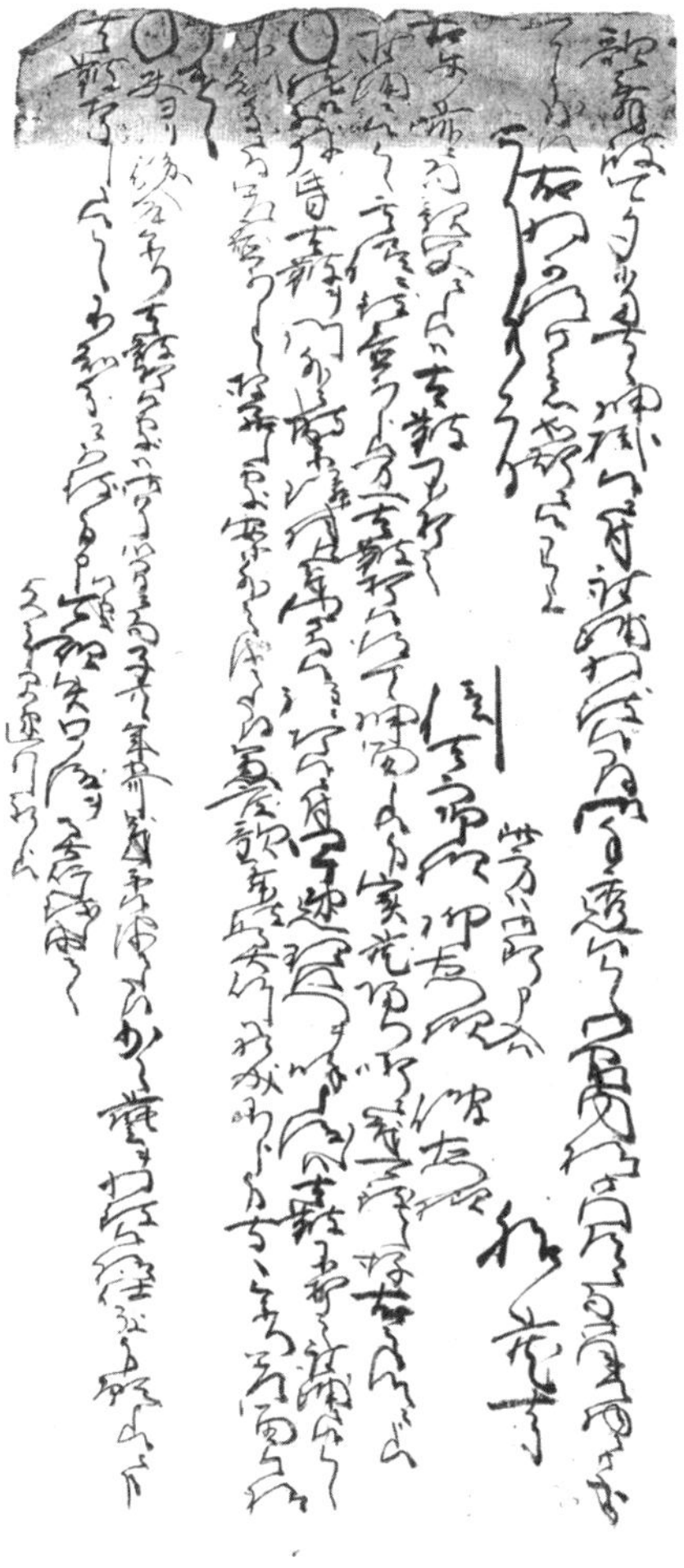

［挿入紙：裏は空白。縦二十六・〇糎、横十一・一糎。袋部に挿入あり］

歌舞岐今夕當寺へ押掛候ニ付座踊為致候間御手透候ハヽ御家内様御同道ニ而御見物ニ御出
可被成候右為可得御意如斯ニ候已上

六月廿二日　　此方ハ御断申入候　　胎蔵寺

億太郎様　柳右衛門様　俊右衛門様

右使ノ前ニ而親父ニ申候ハ太鼓不打之
座踊ニ候ハヽ其侭ニ致置可申候万一太鼓打候得者押留申候旨実蔵帰り噺ニ茂可致と存右之段〻申候
○然処及昏太鼓ヲ門外ニ持参隣村江茂響候程ニ打候ニ付早速理左衛門ヲ呼申渡候ハ太鼓不打之座踊ニ候ハヽ
不知分ニ而差置可申と存居候處案外之儀ニ候間急度歌舞岐興行ハ相成不申旨寺へ参り差留候様
申遣候
○夫ヨリ後久平参り太鼓打候處ハ御了簡ニ而子共年寄茂参候儀ニ候間少〻藝ヲ為致候様仕度旨願申候ニ付
太鼓奈しニ候ハヽ不知分ニ可致旨申候處今夜矢口ノ渡ヲ興行致候由ニ候
久平早速引取申候

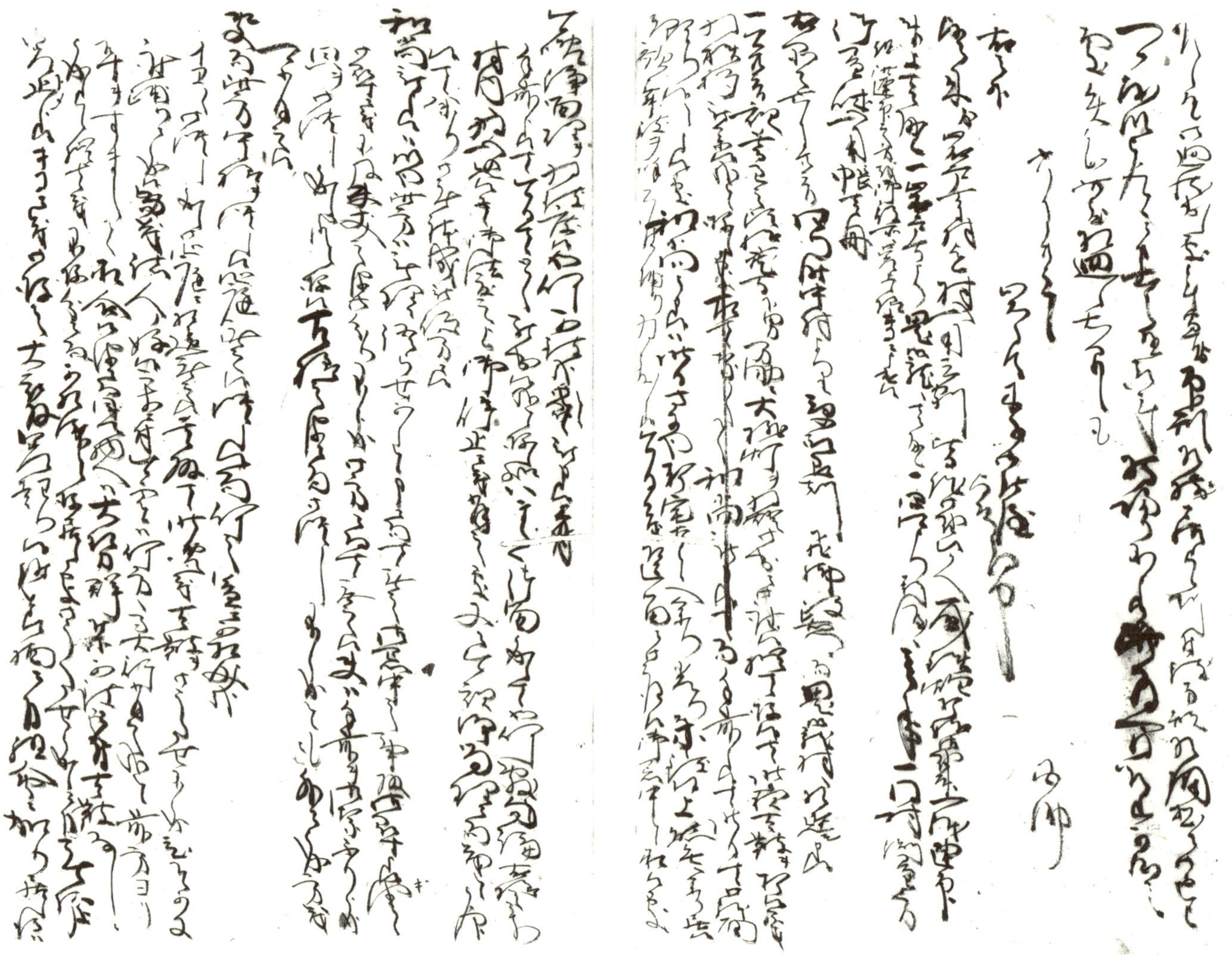

左《右カ》之通御廻状出候處年番所ゟ印形相揃居候ハヽ判付致而形相調整ニ御返申し
可致段被仰候ニ付右之通取斗持帰り不申候此旨《間》一同順達可致候
處失念此度相廻候右早ヽ以上

六月廿三日　　　　　　　　　　国助

岩戸寺木子御庄屋
与頭衆中

右之外
堅来ゟ岩戸寺村迄村入用三判皆作御届ひ可へ威鉄炮打始御届書一紙連印
書上壱通一岩戸寺より鬼籠へ壱通一深江より新涯へ壱封一同村測量方
但　此連印之方越御役所へ御差上候様キコニ申遣候
御昼休入用帳壱冊
右品ゝ六月廿三日四つ時中村ょ里受取即刻飛脚政右衛門ニ而鬼籠村へ相達シ申候
一今廿三日夜暮過之頃胎蔵寺下男万助ニ大桃灯ヲ為燈御出ニ御座候拙者改候者昨夜太鼓ヲ打候ふ届
為挨拶被参候哉と存候處ニ者なくて和尚被申候者而手前申候者昨日者御紙面
預り候と申候處和尚被申候ハ昨日さ可や新宅なと《抔》へ参り光りなと致候上熊毛へ参り居候
歌舞岐ヲ呼座踊り為致申候今日茂逗留ニ御座候御忌中と承候處

今晩浄留理ヲ為致度候如何可致哉御尋《と》被申候ニ付
手前申候者今日者とく罷出候哉と存候処い堂く御留被成候者如何敷勿論《と》右様之毛の
村内へ為入込候者御法度之上御停止ニ茂有之處又ゝ今夜浄留理ニ而茂と被仰
候者余り御無躰成被仰方ニ候
和尚被申候ハ以や此方ハ無理ニ語らせ可申と申ニ而者無之御忌中之事故御尋申候儀《ギ》ニ候
御尋ニ茂不及夫丈之儀御分り不被成御方ニ而者無之候夫ハ手前ヲ御奈ふり被成
良ヲ御潰し被成候可と存候左様之儀ニ而御潰し不被成とも外ニ被成方茂
可有之候
決而此方貴様ヲ潰し候心庭無之候潰し候而何之益ニ可相成哉
イヱくく御潰し被成候御心庭ニ相違無之候其故者昨晩茂太鼓ヲ御う多せ不被成飛そ可尓
座踊り被成候而茂諸人ノ好候毛のニ付今宵ハ何方へ興行有之哉と前方ヨリ
耳ヲすまして承合候儀ニ而見物人ハ大勢群集可致や《ニ》付太鼓なしニ
被成候ハヽ拙者茂不存分ニ而可相済と存居候處御う多せ被成候ニ付無據
差止《トメ》申候キコニ茂御存之大變差起り候時節柄ニ付組會ニ加り居候得ハ

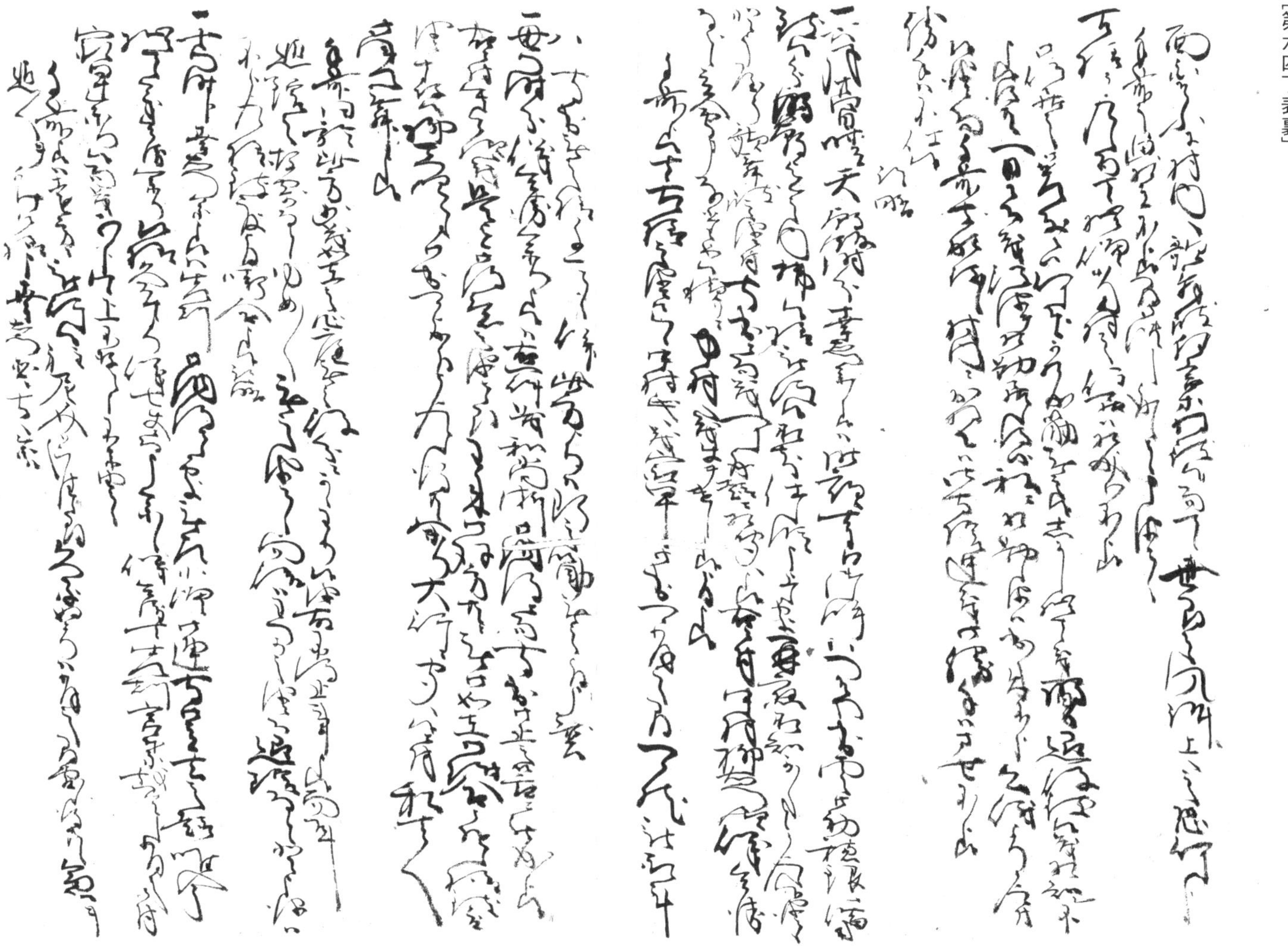

面白そふ尓村内へ歌舞岐狂言抔為致候而者世間之風評上へ之恐何ト
手前之自相立不申候間御潰し被成候と申儀ニ候
左様被仰候而者拙僧当村之住居ハ相成り不申候
御住居之御差支ニハ何そ可相成筋無之候志可し拙者茂明日《一日》退役致候茂相知レ不
申候得共一日ニ而茂役儀ヲ相勤居候得ハ私ニ相勤候儀ハ出来不申公儀より被仰付
候儀ニ而手前支配致候村内ニおゐてハ御寺院迚茂御勝手ハさせ不申候
勝手ハ不仕候
跡略
一六月廿四日晴天朝飯時分幸右衛門参申候ハ昨夜寺江御呼いつそや出雲御初穂銀ニ借用
致候分明朝迄之内拂候様被仰候承知仕候段申上候處再應承知可くと被仰候儀ニ候
登う屋ら歌舞岐之儀ニ付寺出ニ而茂可被成趣ニ相聞へ申候右ニ付中村柳右衛門様儀兵衛
なと立會申な堂め候積りニ中村へ茂使ヲ遣し申候旨申候
手前申候者左様之儀ニ候ハヽ中村氏へ茂寂早御出可有之間可然被取斗
寺出無之様千一ニ候併此方よりハ断之筋無之旨申置候
一㊆《八》つ時分儀兵衛参り申候ハ右一件茂和尚漸御納得ニ而寺出御止之筈ニ被成申候
右ニ付貴様茂是迄御得意之儀ニ候間爾來御双方共ニ無御如在御附合被遊候様致度
儀ニ奉存候柳右衛門様も御出可被成旨被仰候得共余り大行ニ聞へ候ニ付私壱人
御見舞申候
手前同於此方少茂如在之心庭無之役分ニ可ゝ王り候儀故不得止事申候而耳
追院之存寄なとゆめ〳〵無之儀ニ候向後ハ王つ可之儀ニ而退院なと登申儀ハ
不被仰様致度旨断合申候　跡略
一七つ時ト幸右衛門参申候ハ先刻御納得ニ候處無左小僧御連寺御立去之趣唯今
拙者義兵衛参り候様久平より儀七使ニ而申参候儀兵衛者先刻言葉越尽し有之ニ付
寂早参り候而茂可申口上不存と申不参由ニ候
手前申候ハ遠方ニ被行候程厄介御座候間久平ぬ可りハ有之間敷候得共急キ
追人ヲ可け候様申幸右衛門直ニ寺へ参候

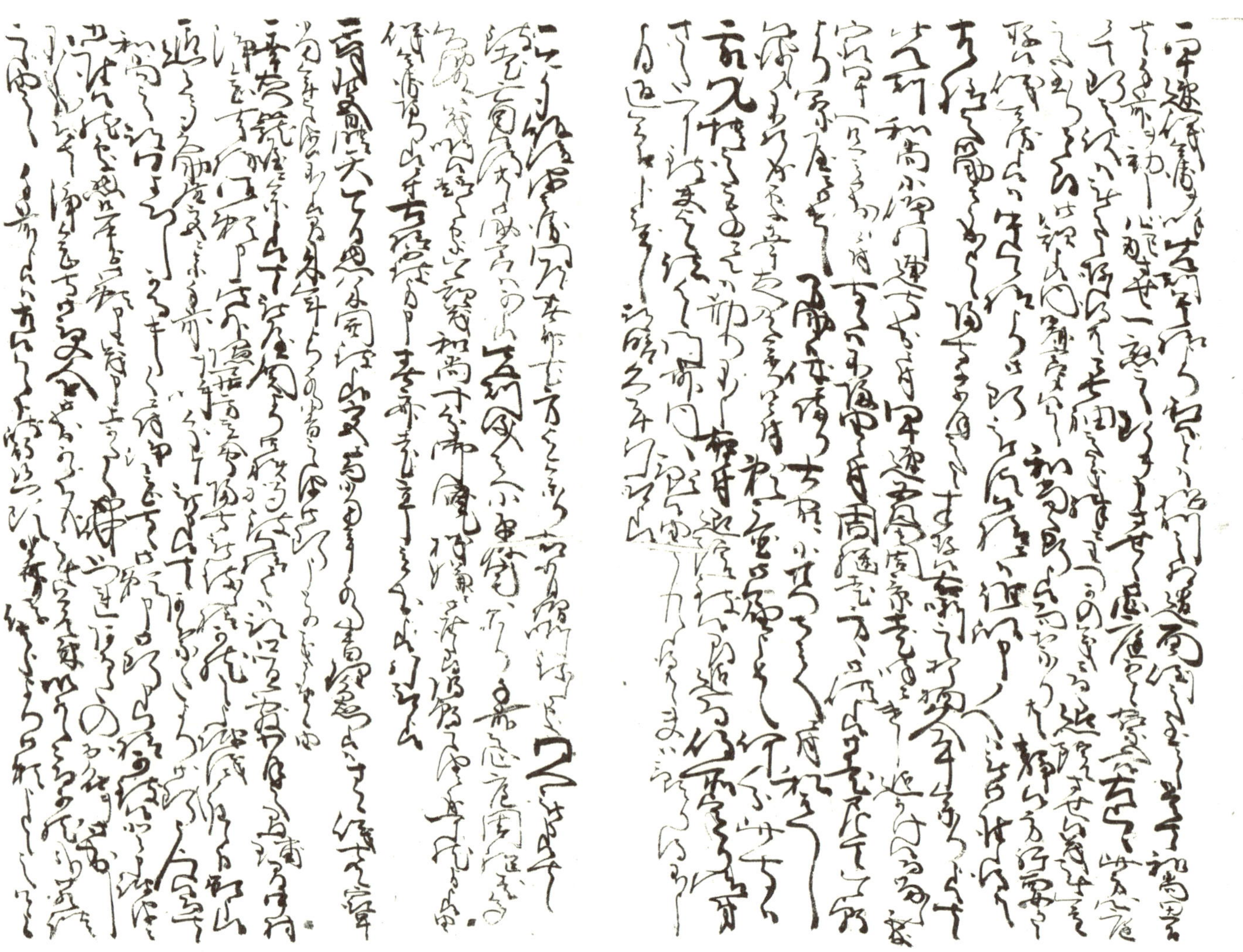

一早速儀兵衛ヲ呼先刻貴様より承候とハ格別之相違面倒之至ニ候是者和尚思召
者手前ヲ初―心配させ一應之断ヲ申させ候御心庭可と察入候左候ハヽ此方心庭
ニ者断之訳ハ無之と存候得共長袖之義殊ニ王つ可の義ニ而退院させ候茂無念
之至りニ候間昨夜申候内麁言も候ハヽ和尚へ断申候而奈り共静候方肝要可と
存候儀兵衛申候ハ貴様より御断被仰候様ニハ誰以申人ハ無御座候得共
左様之筋ニ被成候ハヽ帰寺可有之と奉存候右噺之折柄久平参り申候者
先刻和尚小僧引連寺出ニ付早速五左衛門を周景老呼ニ遣し追可け候而留候處
寂早一旦立出候ニ付寺へハ不帰由ニ付周継老方へ御供申候御老尼者今朝
より茶屋ニ御遣し候万助ハ休ニ帰り大家ニ小てつち壱人ニ付私者つし
候儀も不相成處幸右衛門殿参り候ニ付頼置御届申上候何分此寺ハ
我風情之毛のニてハ勤利不申候右ニ付退院致候間追而住所定り次第
さ多可致夫迄諸人ニて門前同へ預候由被仰候得共夫ハ預り得不申
旨返答申置候跡略久平引取申候

一今夕飯後儀兵衛同道春斎老方迄参り右有増噺致候處同人被申候者
致老盲候得共御助言ハ可申候先刻儀兵へ小平殿宅へ参り手前之心庭周継老多
久助殿へ茂噺候趣之處今夜茂和尚十分御■(不)機嫌ニ御座候間明朝之儀ニ被成可然与申候由
儀兵衛帰り申候ニ付左様可致旨申春斎老亭立出申候引取申候
一六月廿五日晴天今日惣米開致申候宮ニ而当年水番理久右衛門申候ハさこ儀七殿寂早
当年之儀ハ不申候間來年より水番之儀御断申との義ニ御座候由
一幸右衛門籠屋ニ参申候者庄屋殿より御挨拶致候様ニてハ跡口宜敷有之間鋪間中村
浄念寺様御頼申其外隠居方立會帰寺被致候様可然と申評儀ニ御座候旨承申候
一追〻多久助殿宮ニ参手前ヲ呼分ケ被申候者阿奈多より御断被仰候而者
和尚之跡口よろし可るましくニ付浄念寺へ御頼申御断申候様可致候登申評儀ニ
御座候然處惣旦中ゟ御頼申と茂申上可多く如何いつ連阿な多のお名ヲ御出し
不被成而者浄念寺御受合御出可被下哉無覚束以可ヽニ而可然哉御相談
之由ニ候手前申候ハ左候ハヽ下岐部旦頭幷儀太郎より御頼申と之口上

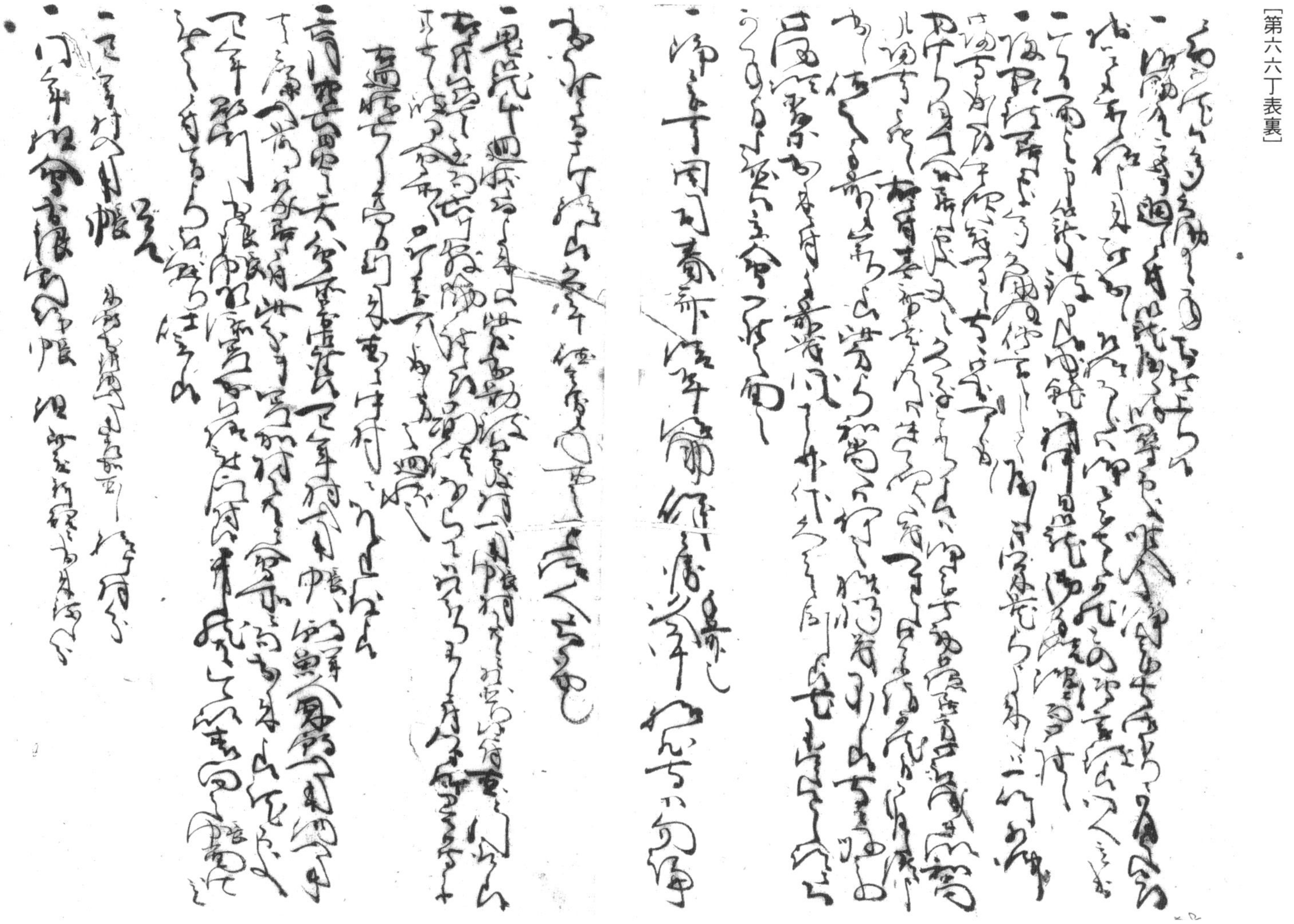

ニ而可然候多久助殿承知罷上り候
一治助殿宮ヲ通候ニ付籠屋へ呼尋處唯今浄念寺御下りニ有之候間
拙（者）ハニも参候様申來罷出候左様ならハ浄念寺へ可然との傳言致申候同人立出
一今日雨乞申籠致申候成就ハ村中日籠御手洗湊ニ而御座候
一帰家致居候處多久助殿傳言として屋しき栄蔵より申來候ハ一件相済
御帰寺被成候間貴様へ茂一寸と寺へ御出可被成候
やはり見合居候處又〻久平参り申候ハ浄念寺初御隠居方御取成ヲ以和尚
も帰寺被遊候右ニ付春斎老被仰候ハ貴様へ茂一寸と御参詣可然旨御座候段（カ）申
出候依之手前も参り申候此方より和尚へハ何之挨拶茂不申候寺ニ吸毛の
御酒冷麦抔出來ニ付手前茂■さしみ代久平ニ渡し申候尤不足候ハヽ跡ニ而
可承旨申置候立會一座之面〻　手前也
一浄念寺周司春斎浩平治助儀兵衛久平胎蔵寺ハ勿論
出座ニ而さけ給申候久平徳兵衛も内所之世話人ニ而御座候
一鬼籠氏廻状ニ而申来候ハ此度出勤致候處村入用帳村〻共ニ相直り候ニ付直ニ引取申候
右ニ付候而者至而六ヶ敷筋御座候間御面談ならてハ相分り不申ニ付筆紙墨御持参
廿六日岐阝會所へ御打寄可被成旨之廻状也
右廻状六月廿四日到來直ニ中村ニ順達致申候
一六月廿六日炎天會所寄御座候巳年村入用帳へ朝鮮人來朝入用納入用
者済入落ニ相成居候ニ付此分ヲ差加村〻共ニ會所ニ而出來申候然處
巳年郡割出銀帳相添差出候様被仰付候ニ付然共今以表向之帳面仕立
無之ニ付今日より取懸り仕立申候

覚

一巳年村入用帳　來朝出銀納入用差加直し拾ヶ村分
一同年組會出銀割賦帳　但此度親規ニ出來致候分

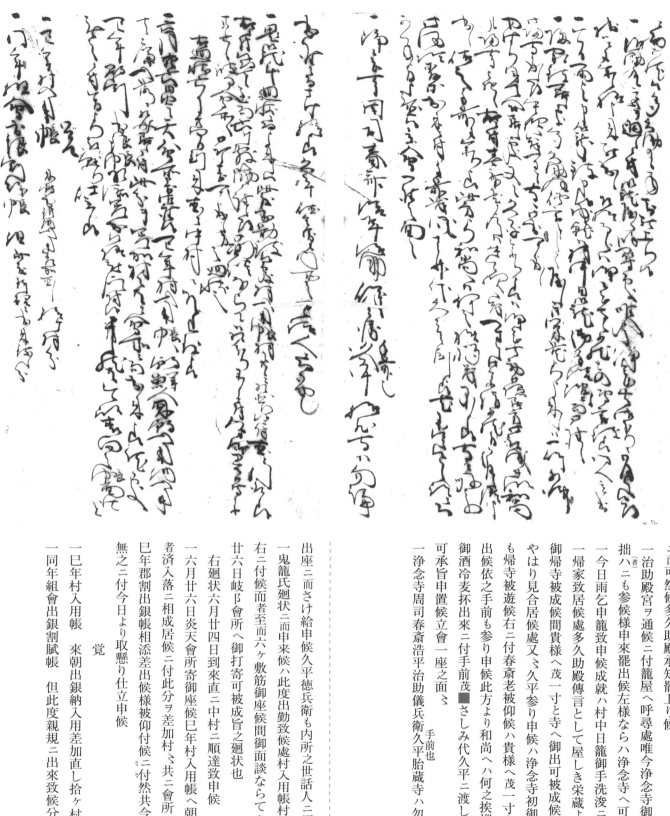

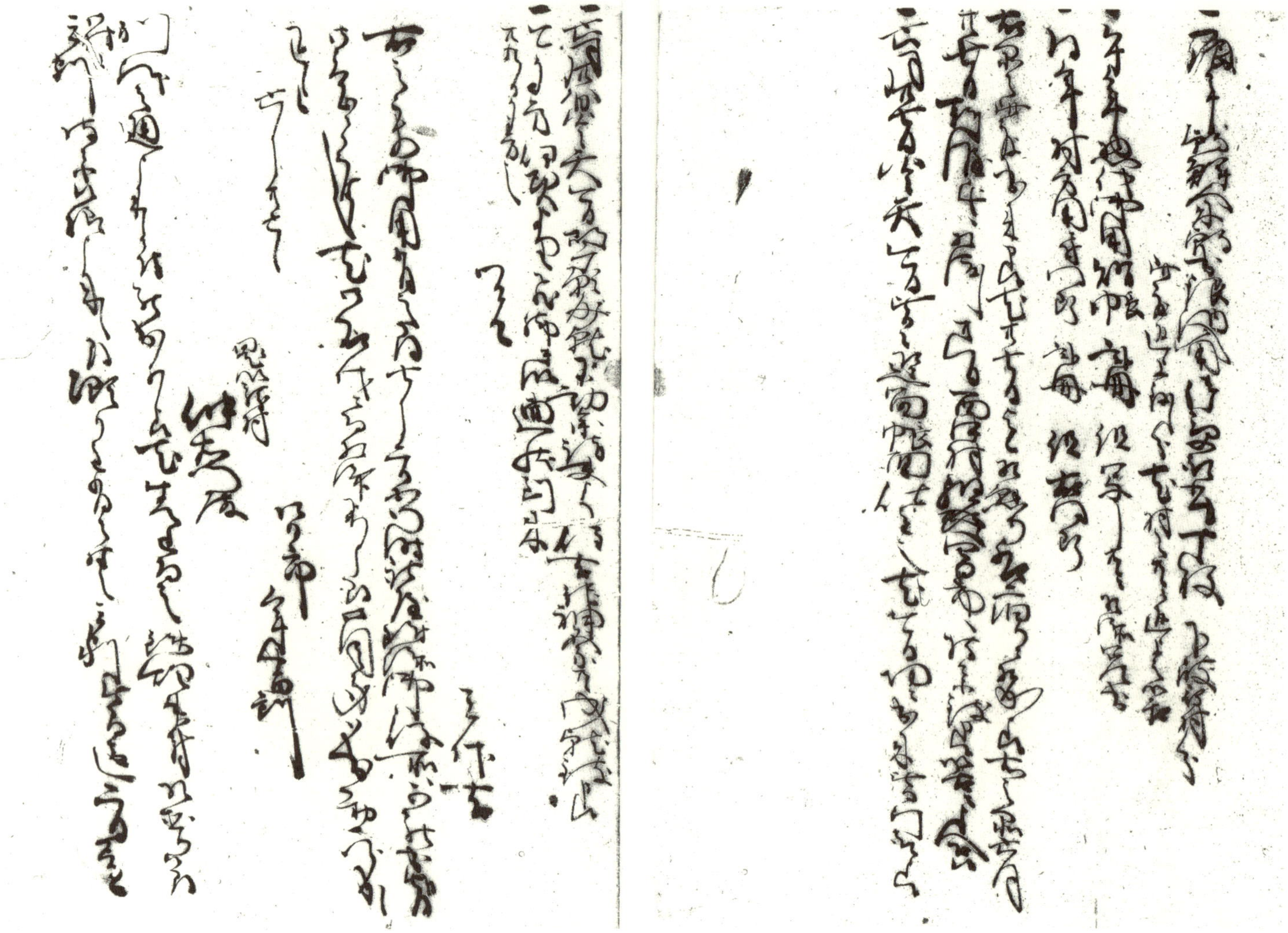

一辰〔同〕年朝鮮人來朝出銀納入用御受取書壱枚　下岐部村分
此度返上致候分尤村〻共ニ返上之筈
一午年惣代御用賄帳　弐冊　但写し共ニ相添差出
一同年村方用ニ付同断　弐冊　但右同断
右品〻此度出來申候尤廿七日迄相懸り右ニ泊りニ相成申候右之品六月
廿七日新涯氏へ相渡し候廿八日西中村組頭へ四日市へ持参致申候筈ニ申合候
一六月廿七日炎天今日皆〻逗留帳面仕立也尤今日切〻出來皆引取申候

一六月廿八日炎天今日既于願成就不動参詣夫より住吉龍神祭共成就致申候
一今夕方伊美より里飛脚ヲ以廻状到来
廿九日夕方也

覚

三代吉

右之毛の御用有之間七月二日五つ時庄屋附添御役所へ可罷出旨〔旨〕
御意ニ御座候尤御名代ニ而相済不申間御自身御出勤可被成候
已上

六月廿六日　　四日市
　　　　　　　年番所

鬼籠村
仲右衛門殿

別紙之通申來候ニ付罷出可申候尤先達而之鉄炮書付相直り候間
同村〻
三判持参候様申來候間預り主有之村〻三判無間違二日昼

[第六八丁表]

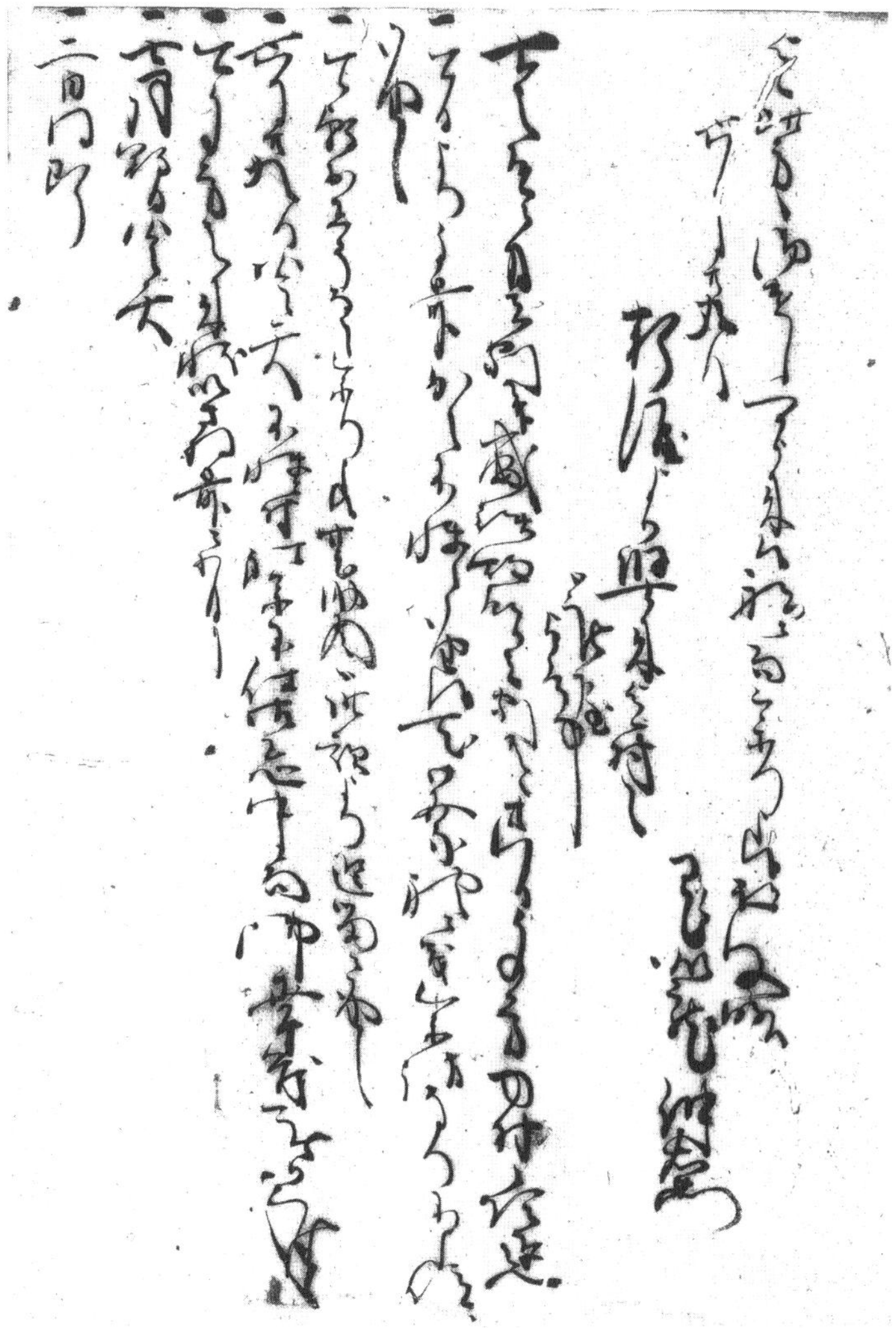

迄此方へ御遣し可被成候船ニ而参り申候跡又略

六月廿九日　　鬼籠仲右衛門

新涯より堅來迄村〻

御庄屋
与頭　中

右之通ニ付三判幷威鉄炮預り三判共ニ廿八日夕方中村ニ順達

一今日より手前少〻不快ニ御座候尤御祭禮ニ茂参詣なり不申位ニ
御座候

一今朝お志うなと参り申候甚助殿ハ昨夜より逗留ニ御座候

一六月廿九日炎天不快ニ付社参不仕御忌中ニ而御幸茂無御座候

一今夕方之來状以さゐ前ニ有り

一七月朔日炎天

一二日同断

訓文篇

［表紙］
文化七年
諸御用品々日記
午正月吉日　　下岐部億太郎

［本文］
二丁▼一、午正月元日、天気良し。目出度く、諸祝儀《しうぎ》相済ます。巡船入津。四日市《よつかいち》へ、今日、飛脚《ひきやく》両人、差立て申し候。与助・半治郎悴。
一、二日、同断《(天気良)》。少し風あり。今日、上岐部まで、年礼、相勤め候。岡茂蔵方にて吸もの・御酒。同じく、兼助方にて御酒・煮麺《にう》にて馳走に預り候事。
今朝、試筆。
年々執れる　筆の初めや　福禄寿
一、三日、天気良し。四日市へ差越し候飛脚、小浦通り参り、今夜、引取り申し候。
一、四日、同断《(天気良)》。
一、五日、曇天。今夜、堅来《かたく》より、小比賀様御越の御先触れ、到来致し候。
一、六日、雨天。長瀬万助姉聟峯蔵・吶《なぎ》ノ浦寅蔵孫富蔵、両人共に、大熊毛村へ、払手形、今日認《した》め、光右衛門妻に渡す。
一、七日、天気良し。今日、四つ時分、小比賀様御着。御船積み相済ませ申し候。御升廻《ますまわし》五斗二升。
一、八日、天気良し。未明、御出立。四日市まで御引取り遊ばされ候。尤《もつと》も、今日、八幡宮へ御参詣の御積もりに御座候。四日市より、またまた、小浦通り、御引取りの由に候。
一、今夕方、測量御先触れ、伊美より到来。直に、小熊毛に達す。
尤も、御先触れ一通、人馬御書付写一通、書上雛形一冊。

右の通り、受取り写し、順達《じゆんたつ》致し候。尤も、会所にて受払ひ致し候。
一、九日、同断《(天気良)》。
一、十日、同断《(天気良)》。今日、組合、初寄り致し申し候。
右、測量の儀、聞合はせのため、近々の内、下岐部庄屋、罷り出で候筈に申し合はせ候。

右、御先触れ品々、到来。御触書、今日、認《した》め申し候。出雲御初穂の儀は、四日市、出勤の上、豊前の振合ひ通りに致し申すべき旨、申し合はせ候。
一、十一日、同断《(天気良)》。
一、十二日、同断《(天気良)》。
一、十三日、同断《(天気良)》。

（後筆）

「正月二十日、為蔵《ためぞう》、渡し。
一、銀札、一匁五分。鬼籠《きこ》村。
但し、去る冬、津出し夫賃、一人分。
一、同、十匁。銭、一分五厘。鬼籠村分。
御米納不足代。
一、同、五匁。深江村。
但し、添番賃。

正月二十日、為蔵、渡し。
一、同、四匁五分。同村分。
但し、御囲籾摺津出し夫、雇ひ賃、三人分。

正月二十日、為蔵、渡し。
一、同、三匁。西中村。
但し、津出し夫賃、二人分。
一、同、十匁。堅来村。
但し、右、津出し夫、雇ひ、中使賃、ならびに、奉行入用方、ならびに茶代に受取る。正月七日なり。

右の通り、十日、会所にて、受取り申し候。

右の外、銀三十七匁五分。升取《ますとり》賃。為蔵渡し。正月二十日。」
一、十四日、天気良し。今七つ半時、四日市飛脚仁兵衛、引取る。

二丁▼

仰せの如く、御請け御同意、目出たく申し納め候。いよいよ、御堅勝御座成され候段、珍重に存じ奉り候。然れば、この度、測量方御浦廻りの儀に付き、別紙の通り、相分り次第、呼出し候様、仰せ付けられ候。右、御触書、差上げ候処、触れ、罷り出し候様、申し遣はすべき旨、仰せ渡され候間、早々、御出勤、成さるべく候。

尚又、鬼籠村始め、御廻状《かいじょう》*一通、差遣はし候間、宜しき様、御順達、下さるべく候。右、御意を得べく、早々、此の如く御座候。以上。

尚々、この状着き次第、御出勤、成さるべく候。以上。

正月十三日　　四日市*年番《ねんばん》所詰

有又藤兵衛*

億太郎様

善*　助様

当方、浦に付き、村にも吊合ふべきや否や、分かり候儀、御座なく候。相分り候上は、御知らせ申し上ぐべく候得ども、御見分方の次第、相分り候儀、御座なく候。いづれ、御出勤の上、打ち組み、御相談、成さるべく候。右、上意、斯くの如くに候。以上。

この度、測量御役人、御廻浦の儀に付き、仰せ渡され候御用、御座候間、この状、着次第、早々、御出勤、成さるべく候。右の段、御意に付き、此の如くに御座候。以上。

正月十三日　　四日市年番所

億太郎殿

善　助殿

外に、定式御廻状一通、小串東治*様より竹田津*左助様へ一封、芝崎*庄屋より返翰、共に受取る。

覚

一、定式御廻状　一通

一、年番所より御差紙《さしがみ》*　一通

一、鬼籠*・深江*・堅来　三判

但し、下岐部三判は、上岐部庄屋、御米方、皆様、御触れに罷り出で候に付き、同村通り、遣はす。

右の通り、御受取り下さるべく候。

正月十四日　　下岐部億太郎

堅来善助様

▲三丁

測量方御触書、ならびに、何方まで御廻浦候哉、聞合はせの為、十二日、遣はし候処、「ただ今、帰村、致し申し候。豊前筋より、両人、小倉*へ聞合はせに罷り出で候処、昨今には、引取らるるに付き、村々、立会ひ評議これ有る間、貴様・拙者、御差紙、着次第、罷り出で候様」、口上にても申し来たり候。全体、手前の儀は、出勤の上、得と承り合はせ候積りに御座候処、昨日より、以ての外、大風邪にて、打伏し候様、相成り候に付き、この度は、何分、出勤仕り得申さず、残念至極に存じ奉り候。貴様より外は、深江*氏御召連れ成さるべく候。尤も、浦岐部*氏へも御米御触れに御出勤候様、申し遣はし候得ば、〔共に浦方にこれ無き間、深江氏も御同道に然るべく存じ奉るべく候〕即ち、深江の分は、貴様、受取り、触れ方は成さるべく候。病中、早々、斯くの如くに候。以上。

正月十四日　　下岐部―

堅来善助様

追つて、いづれ、加庄屋衆、両三人程、御願ひ成さるべく候。左なく候ては、海陸の御行程、打分り、万端、帳面仕立などに至るまで出来申さず候。間違ひなく加庄屋衆、御願ひ成さるべく候。

覚

一、請帳より控、二冊

一　新涯・岩戸寺*・下岐部村三判

〆

右の通り、御受取り成さるべく候。以上。

正月十四日　　下岐部億太郎

上岐部村
俊*右衛門様

然れば、測量方御触書、ならびに、何方まで御廻浦候哉、承り合はせ候上、
四丁▼罷り出づべしと存じ奉り、十二日、飛脚、差立て候処、唯今、帰村致し候。
然る処、豊前よりも、庄屋両人、小倉へ聞合はせに罷り越し候処、昨今は引取り候に付き、村々、打寄り評議これ有る間、差紙、着次第、拙者、堅来へ出勤候様、御差紙に御座候。折節、拙者、昨日より大風邪にて、何分、出勤、相成り申さざる様、罷り成り候に付き、只今、堅来へ飛脚、差立て申し候。貴様の儀、御苦労ながら、一刻も早く御出勤、万々、然るべく願ひ上げ奉り候。病中、早々、申し残し候。

正月十四日　　下岐部村億太郎

上岐部村
俊右衛門様

右の通り、使*深蔵(信)にて、十四日夕方、中村に達す。

口上

深江受取書、四日市へ差出し候様、この間、小比賀様、仰せられ候間、銀帳一冊、御上り下さるべく候。万々、然るべく願ひ上げ奉り候。

一、上々三百紙七帖、これは、下岐部・岩戸寺分、御願ひ申し上げ候。

一、米奉加銀、下げ、これ有り、三〔十〕匁、御渡し下さるべく候。

内、銀札十匁

右の通り差上げ候間、然るべく願ひ上げ奉り候由にて、御座候。然るべくも、折節、将《まさ》に出勤相ならず、残念に存じ奉り候。外、中村通り、書状・印判など差押し候処、右、早々、漏らし候に付き、粗々、此の如くに御座候。
以上。

正月十四日　　同人

俊右衛門様

右、書状、飛脚を以て、上岐部に達す。

一、今夜、堅来《かたく》飛脚、帰り候節、善助殿、明十五日昼立ちにて罷り出で候筈に申し来たり候。

一、*十五日、天気良し。今日、*長瀬五郎左衛門聟*迫村《さこむら》吉兵衛、参り、土産、酒・肴、受納。払手形、渡す。

一、*十六日、曇天。

一、*十七日、同断。

一、*十八日、寒風。今日、庄屋引当証文《ひきあてしょうもん》致し、俊蔵*に相渡し申し候。立会《たちあひ》◀五丁
*為右衛門なり。多久助参り、寺法事に付き、内々、小芝居、相催し度き旨、願ひ出で候処、差止め置き申し候。

一、*十九日、風あり。

一、*廿日、曇天。今朝飯、鬼籠村より、鬼籠飛脚*を以て、左の品々、到来。

国東郡惣代
下岐部村　庄屋　億太郎
堅来村　庄屋　善　助

［付箋］

> 書面、億太郎儀、不快の儀、この間、申し出で候。
> 右体の儀は、押ても罷り出づべく、万一、罷り出で難き病体にも候はば、上岐部村俊右衛門、罷り出づべく候。

右は、御*代官、直々仰せ渡され候御用の儀これ有る間、来る廿二日朝五つ

時、無名代・印形持参、罷り出づべく候。この書付、刻付けを以て順達、御用序でに、相返すべく候。以上。

午正月十九日　*四日市御役所
申の中刻、出す。
右、村々役人

尚、その村々、遠方の儀に付き、格別、取急ぎ、廿一日夜まで、四日市、着致し候様、致すべく候。以上。

急ぎ廻状　四日市御役所
国東郡
午正月十九日、申の中の刻、出す。　*下岐部村はじまり。

覚

下岐部村
五左衛門

右は、御代官、直々仰せ渡され候御用の儀これ有る間、来る廿二日朝五つ時、無名代庄屋差添へ、印形持参、罷り出づべく候。この書付、その節、相返すべく候。以上。

午正月十九日、申の中の刻、出す。　四日市御役所
右村　庄屋
組頭

六丁▼

追つて、その村、格別遠方の儀に付き、精々取急ぎ、廿一日夜、四日市着致し候様、罷り出づべく候。以上。

右、御書付、早速、五左衛門方へ遣はし申し候。同人、今日、*今在家へ参り候由に付き、彼《あ》の方より、急飛脚を以て呼返し申し候。廿一日、*為蔵持参、御返上致し候。廿三日、同人、帰村致し候。当七、八日の間、*寅平、仰せ付けられ候*囲米の形を以て、米一石に付き、銀五十匁宛《づつ》の代銀にて、七、八日の間に上納仕り候様、仰せ付けられ候由に候。

この間は、御出勤、御苦労千万。昨夜、御帰村の旨、御廻状、拝見、承知致し候。然る処、廿日、御代官様、御入陣に付き、御直々、仰せ渡され候御用これ有る由、御差紙、唯今、到来致し候得ども、拙者儀、何分、相勝れず、出勤仕り得申さず候間、重畳、御苦労千万の御儀に候得ども、大切の御直御用御差紙に御座候間、またまた、御出勤くださるべく候。右体にこれ有り候得ば、拙者、出勤仕りたく候得ども、病気の儀に付き、愚意に任せず、困り入り申し候。当村*五左衛門にも、御代官様、直に仰せ渡され候御用これ有り、御差紙、到来致し居り申し候。これも、庄屋差添とこれ有り候得ども、致し方これ無く、組頭、差遣はし申し候積りに御座候。

御書付けの通り、明日、四日市、着き次第、差立て申し候。尚又、三判、この者へ御渡し候て、御返し申すべく候。

右に付き、廿一日、会所寄りの御廻状、下岐部に留置き、西辺へは相達し申さず候間、岩戸寺・深江も御差留め、追つて、右様、御帰村の上、万々、御用向き承るべく候。以上。

正月廿日、四つ時、出す。　下岐部
億太郎

上岐部
俊右衛門様
堅来
善　助　様

追つて申すまではこれ無く候得ども、村々三判、御持参成さるべく候。以上。

覚

一、御書付け　一通　一、年番所切紙　一枚
一、鬼籠送書　一通

右の通り、御受取り成さるべく候。以上。

◀七丁

御代官様、当御陣屋へ、廿一日、御入の筈に御座候。以上。
（正月）十九日　　四日市年番

先達て、とくと御急ぎ置き候加庄屋《かしょうや》の儀は、御願ひ成され候哉。左無く候ては拙者共は、中々、万端、行届き申さざる儀に御座候。最早《もはや》、宜しく、*小祝あたりまでも御廻浦の旨、承り候処、一向、仕向けは致し申さざる儀に御座候。

正月廿日　　億太郎

善助様

右書状、午正月廿日、飛脚要助にて、上岐部より堅来通り遣はし候。尤も、明日、寄会、相止め候に付き、肝煎理左衛門を以て、聞合はせに、上岐部に、遣はし申し候。

一、*当正月廿五日頃、四日市辺、御廻浦の由の事。

*一、他領の境より、潮満ち際を、間を打ち、その場所へ幟《のぼり》を立て候由の事。

猶又、一町一町に印を建て候事。

またまた、村継にて、上岐部へ、左の通り、申し遣はし候。

断書

*一、測量方御役人様、御上下十八人、なるたけ御同宿の御先触れに付き、下岐部御止宿に相成り候はば、胎蔵寺に御宿致し候様、仕り度き事。

〈この段、御一任下さるべく候。左なく候ては、御同宿の家これ無く候。〉

附《つけた》り。床飾りの次第、ならびに、御取賄の趣書ほか御聞合はせ下され度き事。湯樽風呂などの儀、御本陣ばかり新規にて、余は、大体にて、相済ますべき哉《や》。〔同方を以て御聞合はせ下さるべく候〕湯殿《ゆどの》・*雪隠《せっちん》、

八丁▼

何ヶ所ほど用意致すべき哉。且つ又、藁・菰ならでは、外に蔀《しとみ》・天井ともにこれ無く、如何、仕るべき哉の事。

一、当御支配所、豊前辺り、御廻浦、相済み次第、加庄屋衆、両三人ほど、急速に御越し、万々、然るべく御取計らひ下され度き事。

一、*間竿《けんざお》の儀、これまで取扱ひ来たり候通り、六尺にて宜しき哉の事。

一、庄屋〔村役人〕、御案内の節、支度の事。

但し、脇差《わきざし》・羽織・股引《ももひき》にて苦しからざる哉の事。

一、組頭、御案内、右同断。

一、南北見晴らしの場所、十坪ばかり用意致し置き候様、御先触れに御座候。これは、南北見晴らしの場所、二十枚敷一ヶ所、用意致し候儀に御座候哉。左さうらはば、如何、取繕ひ置き、然るべき哉の事。

一、*正月廿一日、天気良し。

*右の外、御心付の品々、瑕疵《かし》なく御聞合はせ、御帰村 旁《かたがた》待ち入り候。甚だ嘔《むかつ》き申す儀に御座候。以上。

一、暦、この辺り、六ヶ村分。廿一日、西中村より受取り、同夜、中岐部に継ぐ。使信蔵（カ）。

その村々、当午年、定免年季切済、ならびに、運上物・小物成類、年季切替これ有る村方は、格別、増方致し、当正月廿九日まで、書付、差出すべく候。

一、小物成、その外、年々不定米限納の分、当午年稼《かせぎ》増減有無共、取調べ、書付に致し、来る二月十四日・十五日の内、相違無く差出すべく候。尤も、その節、不定稼人、ならびに、村役人印形《いんぎょう》、持参致すべく候。且つ、網渡*簗《やな》稼ぎの類、右期日まで取揃へ難き分は、これまた、別段書付を以て、その段、申し立て置き、猶又、稼ぎ有無・増減とも、五月廿九日までに、届け出候様、致すべく候。

▲九丁

一、前々*荒地《あれち》の内、*鍬下年季《くわしたねんき》、相立て、当午*起返《おこしかえし》、御*取箇付《とりかつけ》、相成るべき分、取調べ、*小前帳《こまえちょう》、差出すべく候。尤も、鍬下外荒地の内にも、起返相成るべき分もこれ有り候はば、これまた、小前帳、取調べ、三月十五日までの内、差出すべく候。

一、これまで、荒地起返段免の内、*寛政十午（一七九八）起返の分、当午年（一八一〇）本免など、小前帳、差出すべく候。ならびに、右の外、段免取りこれ有る場所、地味、立ち戻り、*免合《めんあい》、相直すべき分、これまた、小前帳、取調べ、三月十五日まで、差出すべく候。

一、*畑田成《はたたなり》などの場所、これ有り候はば、取調べ、書付、差出すべく候。

一、*見取場《みとりば》、*小物成《こものなり》場、地位《ちい》立直り、御*高入《たかいれ》成るべき地所、ならびに、*野《の》畑《ばた》・刈畑より、反取《たんどり》見取場に相成るべき分、その外、新規*切添《きりぞえ》・*切開《きりひらき》地所これ有り候はば、小反別に候とも捨て置かず、申し出づべく候。

一、当午、宗門絵踏の儀、二月上旬より廻村、相改め候間、宗門人別帳・五人組帳、早々、相仕立て、小前一人別持高、洩落ち無く相調べ、印形《いんぎょう》取揃へ、当月廿九日限り、御役所へ差出すべく候。尤も、他出ならびに留守居の者・病人名前帳は、廻村先へ差出し、改め、請ふべく候。

一〇丁▼

一、去る巳《(文化六年)》*村入用帳《むらにゅうようちょう》、来る二月十四日・十五日、差出すべく候。右、日限、延引致すまじく候。

一、*御林《おはやし》近辺へ決して野火点《つ》け申すまじく候。万一、近村方より焼け来たり候はば、村役人・山守*・その外、早速駆けつけ、早々、消止め申すべく候。御林の儀は、先前より仰せ渡されこれ有る大切の儀に付き、聊《いささ》かも等閑に致すまじく候。能々《よくよく》、右の趣、小前《こまえ》一統へ申付け置くべく候。

一、御林、ならびに、*往還並木《おうかんなみき》道沿ひ、その外、地続きの場所、連々《れんれん》、田畑へ切込み候も相見へ、道幅狭く、牛馬通路、難儀致し、且つ、立木*根返《ねがえり》・立枯れなどに相成り、不埒の筋に候。右体の場所、古来、道敷取調べ、道幅、切り狭め・切込み候だけ、その地主へ申し付け、道敷、元形の通り、付け土致し、松苗木、植立てさせ申すべく候。春の内、農業など手透の間、道作致し、通路難儀これ無き様、入念取繕ひ申すべく候。

一、*高札《こうさつ》の儀、年数相立ち、文字判りかね候分は、墨入れの儀、願ひ出づべく候。

一一丁▼

一、村々に於て、婚礼*などの節、水掛・戸打ち等と名付け、がさつなる儀これ有る趣、如何の事に候。*向後《きょうこう》、決して、致すまじく候。若《も》し、この上、右に事寄せ、喧嘩・口論などは勿論、水掛け・戸打ちなどこれ有らば、早速、村役人ども、申し出づべく候。急度《きっと》、吟味を遂げ候間、かねて、その旨を存じ、心得違ひ、これ無き様、致すべく候。

一、当午、*菜種《なたね》植付け反別有無とも、来る三月十五日までに届書き、差出すべく候。尤も、取上げ届書き、六月朔日までに差出し申すべく候。

一、他領へ銀銭貸渡し候節、御年貢米銀の名目を以て貸渡し、または、他領へ*出作《でづくり》など致し居り候分は、私領の物成米を引当《ひきあて》に貸渡し、万一、返済滞り候得ば、右、物成米を以て、差引き、受取り候類も間々これ有る哉に相聞き候。右は、御年貢米銀の名目を以て、貸付け候はば、勿論の儀、他領物成米などの*相対《あいたい》の貸借引当に証文など受取るべき筋に、これ無き間、右躰の儀、これ無き様、相心得べく候。万一、心得違ひの者これ有らば、急度、相糺すべき間、決して、心得違ひ、致すまじく候。

右の趣、承知せしめ、日限これ有る書付、期月までに、取調べ出来難き分は、延引の段、届書き、差出し、等閑に捨置かざる様、致すべく候。こ◀一二丁の*廻状、村下、請印せしめ、遅滞なく*順達《じゅんたつ》、留村より相返すべく候。以上。

午正月六日　日田御役所

右、御廻状一通、上岐部添状あり。正月廿二日、中岐部より受取り、廿三日、鬼籠より、この度一件帳面、御返し、飛脚便りに、新涯へ遣はし申し候。西中村の内、*枝郷《えだごう》これ有り候に付き、中岐部書上げ控、その外、帳面二冊、〆て三冊、遣はし申し候。追つて、*寄合《よりあい》の節、御持参候様、申し遣はし候。鬼籠村へも、返答申すべく候。近日、寄合に御出で仰せ合はせらるべきの旨、申し遣はし候。

一、*今廿一日、*百姓代《ひゃくしょうだい》寄合致し、測量方一件諸評議、致し申し候。

一、*廿二日、天気良し。今日、百姓代、残らず、庄屋船二艘、漕出し、理太*郎、海辺、潮満ち際を間を打ち申し候。海の横も、間を打ち申し候。

一、*廿三日、天気良し。今朝飯後、*氏神様へ、この節の御役人様、滞りなく御廻浦候様、御願ひ申し籠り致し申し候。成就は、七度の潮汲に御座候。

一、*今夜、堅来氏、四日市より帰りがけ、当家通り立寄り、止宿方々、右一件噺承り候。明日の寄合廻状、同人認《したた》め、差出し申し候。

一、*廿四日、同断《(天気良し)》。今日、会所寄り致し候ひて、測量方諸相談致し申し候。

一、*廿五日、同断。

一、*廿六日、同断。

一、*廿七日、同断。

一、*廿八日、同断。

一、*廿九日、同断。〈今夜より、朔日夜まで、竹田津、御止宿に候〉。

覚

一、銀四百九十六匁二歩四厘　下岐部

一三丁▼右は、去る巳御年貢*口米《くちまい》代、ならびに、助(合)入用銀小(カ)書面の通りに候条、来る二月十日・十一日、両日の内、四日市御役所へ持参、相納むべく候。

この廻状、村下、請印せしめ、早々順達、留村より相返すべく候。以上。

午正月十七日　日田御役所

これは廿七日、寺にて、上岐部氏より受取り申し候。正月廿九日、寺にて、中岐部氏に相渡し申し候。

一、*二月朔日、天気良し。

一、*二月二日、天気良し。今日、測量方御役人様、当所御通行あそばされ候。尤も、竹田津より御発駕にて、小熊毛、御止宿に候。

一、*三日、同断。今日、深江・堅来、御廻浦に付き、庄屋中、罷り越し申し候。それより、岩戸寺へ立越し、止宿致し候。

一、*四日、同断。今日、岩戸寺より引取る。

一、*五日、雨天。良き潤ひに御座候。新宅手代為蔵・音蔵、*光りに参り申し候。

一、*六日、同断。今日、新涯氏、四日市へ罷り出で申し候。

一、御口銀勘定、出来申さざるに付き、惣借りの積もりにて、今日、組頭ほか*久平・*為右衛門、呼び、*百姓代両人、*弥五七方より、百七十二匁二分、借り銀、受取り申し候。余は、五左衛門、相場銀の上、御知らせ申すべく候。然るべき旨、受合ひ候由の処、*姫島にて借用致し申し候。

当午宗門御改帳ならびに五人組帳とも、早々、差出し候様、御急ぎの旨、年番所より申し来たり候間、御出来次第、下岐部通り、差越し成さるべく候。この廻状、早々、御順達なさるべく候。以上。

午二月六日　下岐部億太郎

中岐部より堅来まで
御役人中

追つて、

この間は、御廻浦、早々、順よく相済ませ、御互に安気仕り候段々、御苦労に存じ奉り候。

一、深江・堅来へ、御意を得候。*松露そのほか生鯛二尾・アサリ、*北村様より、御頼みに御座候間、アサリの分、この方より差上ぐべき間、ほか二品、御方御用にて御世話成され、銀納の節、御差越し成さるべく候。間違ひ無く願ひ奉り候。以上。

万一、跡番など、当時これ無く候はば、その段、年番所まで、仰せ上げらるべく候。

▲一四丁

覚

一、*浜蔵所仕上帳上《たてまつ》り控共に　二冊

右の通り、差遣はし候間、御受取り成さるべく候。賃銀高の処、二日分五匁、相増し、祈禱料二匁、相減し、差引三匁、相増し候様、罷り成り候。然るべく、御直し、二冊、御認め、御差上げ下さるべく候。願ひ奉り候。以上。

二月六日　下岐部億太郎

*岩戸寺甚祐様

一、*二月七日、天気良し。

一、*同八日、天気良し。今七つ時分、中村より、左の廻状、到来。披見の上、即刻、東中に順達致し候。

一、縄二束三房　中岐部

一、同二束八房　下岐部村

右は、縄二十束、年番所より申し来たり候に付き、割賦《わっぷ》致し、相廻し候間、来たる十日・十一日に、御持たせ、御納め成さるべく候。右、間違ひ無き様、御取計らひ成さるべく候。以上。

午二月八日　四つ半時　上岐部俊右衛門

右村々御役人衆中

【付箋】

御銀納、十一日立にて、国蔵*、差遣はし申し候間、この方に御頼み成され候はば、十日まで、御銀、この方へ、御遣はし成さるべく候。若し、村々より、御持たせ成され候はば、十一日明六つ時、国蔵方通り、御遣はし成さるべく候。一同に差立て申し度く候。早々、此の如く御計らひ候。以上。

二月八日　上岐部俊右衛門

中岐部*柳右衛門様
下岐部億太郎様

一、二月九日*、曇天。今未明、堅来より、急飛脚にて、左の通り、到来。

覚

一、年番所より差紙、一通。

右の通り、受取り申し候。

去る七日の御差紙、今九日未明、堅来より到来。拝見仕り候。然れば、御代官様御見立て、ならびに、測量方御届け囲米代銀上納の儀に付き、惣代、〔一人〕罷り出で候様、仰せ下され、承知致し候処、右一件に付き、新涯*庄屋、七日に出勤仕り候に付き、定めて御用相済み申すべく存じ奉り、余人は、罷り出で申さず候。

一、縄の儀、仰せ遣はさるる二十束割合、十日・十一日、御銀一同、差立て候はずの間、左様、御承知、下さるべく候。〔尤も、下岐部分二束八房、今日、御受取り下さるべく候。〕

一、先達て、北村様より御頼みにて仰せ越され候三品の内、松露・生鯛は、当時、この方へ御座無き品にて、右の分は、深江・堅来へ申し遣はし候。アサリの分、差上げ候間、御取次ぎ下さるべく候。右は、重便に差上げ候様、仰せ下され候に付き、有無御届け、延引に及び、貴様、甚だ御心外の段、気の毒千万。この段、御高免、希《ねが》ひ上げ奉り候。

一五丁▼

右の段、貴意を得べきため斯くの如くに御座候。以上。

二月九日　下岐部億太郎

年番所
四日市*治左衛門様

覚

一、縄*二房（束カ）八房

右の通り、御受取り下さるべく候。以上。

午二月九日　億太郎

四日市御年番*所

この度は、御出勤、御苦労に存じ奉り候。然れば、七日出の年番所差*《さし》紙《がみ》、今九日未明、到来致し候処、御代官様*御見立て旁《かたがた》、*測量方御届け囲米代銀上納の儀に付き、惣代、出勤候様、申し来たり候。然る処、貴様、御出勤の儀に付き、余人は罷り出で申さざる間、左様、思召し成さるべく候。三判*も残らず御持参の儀に候間、間違ひなき様、御取計らひ成さるべく候。尤も、万一、間違ひ、途中までも御引取り候とも、またまた、御引返し、御勤め候様成さるべく候。三判は、年番所へ御預け置き成さるべく候。以上。

二月九日　下岐部億太郎

新涯*栄蔵様

右の書状、年番所への書状、縄払ひ、迫儀《さこ》は、二日、共に渡し候。二月九日、朝飯後、出立。罷り出で申し候。

覚

一、銀百七十二匁二分　弥五七*
一、同二百九十八匁八分　姫島*弥右衛門
一、同四十七匁七分　億太郎
〆、五百十八匁七分

▲一六丁

▲一七丁

内、四百九十六匁八分四厘　本銀
差引、二十一匁八分六厘　足*
右の通り、御上納下さるべく候。願ひ奉り候。以上。
午二月十日　　　　下岐部村　億太郎
*上岐部村納人　国蔵殿

覚

一、銀四百九十六匁八分四厘　国東郡　下岐部村
右は、去る巳(文化六年)御年貢御口米代、ならびに、納入用銀など、書面の通り、今日、上納仕り候。以上。
午二月十一日　　右村庄屋　億太郎
*四日市御役所

一、*二月十日、天気良し。今日、出立。四日市へ罷り出で申し候。尤も、高田まで参り、止宿。

一、*十一日、同断。今四つ時、四日市、着。早速、測量方御届書、認め、差上げ候処、*北村様(亮三郎)、仰せられ候は、*書上《かきあげ》帳を丸写しに致し、村々一同、届書、相添へ、差出すべく候。尤も、幾日、何浦より何村へ、御引移り、御休泊の訳、書入れ、差出すべき旨、御急ぎに御座候。
答、左候はば、引取り候上、村々一同、書上帳写書、ならびに、御届書、差上げ申すべく候旨、申し上げ候。

一、去る巳、*浜蔵所仕上げ帳、この度、相認め候分二冊、ならびに、先達て差上げ御改め相済ませ御着到《ちやくとう》遊ばされ候分一冊、都合三冊、*宮川様(恒蔵)へ差上げ申し候。御同人様、仰せられ候は、*籾摺《もみずり》御米仕上帳、俊右衛門より差出すべき分、早々、差出し候様、申し達すべき旨、御急ぎに御座候。
附《つけた》り。いつぞや、手前、乗り帰り候駕籠、この節、差返すべき間、人足賃は、この方より差出すべき条、吊らせ帰し候様、御急ぎに御座候。承知仕り候旨、御答へ申し候。縄払ひ旁《かたがた》、村返し為《いた》し申すべき事。

一、その後、下岐部・岩戸寺、二ヶ村、御銀、相納め、御受取り請取り、岩戸寺村、不定小物成稼人《かせぎにん》印形、差出し、御印形、相済ませ申し候。ほか、堅来・鬼籠、印形参り次第、差出し候様、御急ぎに御座候。

一、*十二日、同断(天気良)。尚、鬼籠《きこ》御印判は不定小物成の儀に付き、飛脚、御差立ての由に候間、四日市宿に預け置き申し候。新涯御庄屋判は、*速右衛門殿へ相渡し申し候。
測量方御届け旁、御用に就き、出勤仕り候処、右、測量方御役人様へ差上げ候書上《かきあげ》帳、丸写しに致し、届書、相添へ、急々、差出し候様、仰せ渡され候。外、定式御廻状、御差入れなど認め、差上げ申すべく候間、明後十四日、半紙・墨、御持参、右、書上帳御写し、御持参の程、岐・鬼へ御打分け成さるべく候。この廻状、早々、御順達、成さるべく候。以上。
二月十二日　　下岐部億太郎
伊美 鬼籠 村々
御役人中

外、岩戸寺より深江へ達し候廻状
*岩戸寺甚右衛門に渡す。

*坪田森右衛門様　*北村亮三郎
*渡辺良左衛門様　*宮川惶蔵
この状箱、高田庄屋へ御届け下さるべく候。願ひ奉り候。以上。
*次左衛門
億太郎様

[付箋]

この状箱、高田庄屋へ御届け下さるべく候。 願ひ奉り候。以上。 次左衛門 億太郎様

外

一、今夜、平兵衛、下着致し申し候。

一、*二月十三日、天気良し。今日、帰村致し候。尤も、明日、寄会触れ、四日市より縄払便り、村々へ差暇申し候。
然れば、この度、出勤致し候処、村囲米の儀、宇佐郡も、漸く七日、

評定《ひょうじょう》相決し、別紙の通り願書《がんしょ》出来、差上げ候由。国東郡の儀、年番所にて、年延べなどの儀は出来申すまじき哉の段、御歎き申し上げ候得ども、御支配一統の儀、中々、相叶ふまじく候由、仰せられ候に付き、宇佐郡一統の願書、印形認め申し候。追つて、御勘定もこれ有るべき段、組内々にて承り候へども、相分かり申す勘〔定〕にては御座無く候。代銀、御取立ての儀は、追つて仰せ付けらるべしとの事に御座候。先づ左様、思召し成さるべく候。

○測量方御役人様、浦々御改方御休泊の儀、浦方引受け、庄屋届書を以て、早速、罷り出づべく候処、延引の段、仰せられ候間、竹田津*、廿九日夜、御一八丁▼泊り、それより、下岐部へも御昼休みの由、申し候はば、御改方の儀、委《くわ》しく存じ候庄屋《しょうや》、罷り出で候様、仰せられ候間、住江《すみのえ》*に罷り越し、委しく御尋ねの届け書、万端、照合、承り合はせ申すべしと、年番所へも御相談、申し入れ候得ども、いづれ、浦庄屋、罷り出で候様、仰せ付けられ候に付き、その段、拙者より、申し遣はし候様、仰せられ候に付き、火急、申し遣はし候間、定めて、御一人は出勤、為さるべく候。

御代官様、先達てより、四日市にて、御病捨、遊ばされ、御機嫌良く、御立ちあがり遊ばされ候に付き、御恐悦、惣代、罷り出で申し候。猶又、昨十日、日田表へ御帰陣、遊ばされ候。

御見立て惣代、相勤め、罷り帰り申し候。

二月十一日　　新涯栄蔵

村々

外、願書写一通、共に、二月十四日、会所寄り候に付き、堅来・岩戸寺、通り、差遣はし申し候。印は、当所にて拝見済まし候。

一、去る巳、四日市長洲町宿賄置数帳、二冊、今日、申次ぎより受取り候。

【付箋】

二月十四日

一、米二斗二升　　俊右衛門様、渡し。

外、一斗九合　　同御渡し

〆　三斗二升九合

　内、九合九勺　込引き

十一月九日　残三斗一升九合一夕

一、米三斗　　長瀬理八郎

十二月七日、納。　受取写し。

一、同七升七合九勺

二月十四日　焼野山

一、松葉　千九百五十二抱(把)

十五日分

一、同千二百七十抱(把)

〆三千二百廿二把。

一、手廻杭、二つ、八寸、七枚、今日、会所にて、幸右衛門より受取り、買ひ候筈に候。

一、**二月十四日***、天気良し。今日、会所、打寄り致し申し候。尤も、測量方へ、書上、丸写しに致し、今日、鬼籠*仲右衛門殿へ、相渡し申し候。

尤も、届書、ならびに、定式御廻状定書は、堅来・深江、印判参らざるに付き、深江国助殿、持帰り、宗門帳、一同、堅来へ相達し、同村より、岩戸寺・上岐部村通り、五人組帳ともに、継送り、留り中岐部村より、明十五日中、鬼籠へ相達し、同村組頭、持参、差上げ候筈に候。

一、彼岸*のさめには、測量方入用、割方致し候筈に候。尤も、年番鬼籠氏より触れられ候筈に申し合はせ候。

一、**十五日***、天気良し。今夜、太夫様、奥平徳松殿、中村御止宿に御座候。御継夫十人なり。

一、**十六日***、同断。今夜、肝煎理左衛門方へ招かれ、参り申し候。

一、**十七日***、同断。

一、**十八日***、同断。

一、**十九日***、同断。今日、出銀割り致し申し候。尤も、銀一匁四分当りに候。▲一九丁村囲米の儀も申し聞け候。
一、測量方入用、割賦致し候間、村年番、召連れ、廿二日、立会ひ致し候様、鬼籠よりの廻状、今日、中岐部に達す。
一、*廿日、天気良し。今日、測量方に付き御願、ならびに、麦立願ともに、成就致し申し候。
附《つけた》り、今日、煙草屋《たばこや》伊左衛門より、神酒を、村中に上げ申し候に付き、例の出銀は、これ無く候。
一、*廿一日、雨天。
一、*廿二日、天気快晴。
一、*廿三日、同断。今日、二月割り、取立て致し申し候。
一、*廿四日、晴天。今日夕方、定《(カ)》市参り、止宿。吉左衛門・浅右衛門に対し、作兵衛屋敷の儀、猶々、噺これ有り。
一、*廿五日、曇天。

覚

右割方

一、小麦萱、二百〆。但し、高百石に付き、二十〆当り。
一、縄、二束。但し、高〔百石〕に付き、五房。
一、菰《こも》、二十枚。同じく、二枚当り。但し、長さ六尺、四分編み。
一、屋根葺、十人。但し、百石に付き、一人。
一、手伝ひ、十五人。同じく、一人半。

一、小麦萱、九十〆。
この数、四百五十テネ*。但し、一人に付き、四テネ宛。
一、縄、二束三房。
一、菰、九枚。
一、屋根屋、五人。
一、手伝ひ、五人《(七カ)》。　下岐部村

一、小麦萱、七十四〆。
一、縄、一束八房。
一、菰、七枚。
一、屋根屋、四人。
一、手伝ひ、六人。　中岐部村

一、小麦萱、三十七〆。
一、縄、九房。
一、菰、四枚。
一、屋根屋、二人。
一、手伝ひ、三人。　上岐部村

〆

右は、当宮、鞘*・拝殿、棟巻・籠屋通し、残らず、棟巻ならびに取繕ひ、〔来る廿八日〕、致し度く候。書付、書面の通り、割賦、相廻し候に付き、〔来る廿八日〕、萱の分、廿七日まで、御払ひ出し、残る諸当りものは、出夫に御持たせ、廿八日、随分、疾《はや》く御遣はし成さるべく候。尤も、右様、早朝より御出で、万々、御世話御宰領、成さるべく候。この廻状、早々、御順達、願ひ奉り候。以上。

二月廿五日　下岐部億太郎

追つて、中村社人中、祝、御出で御世話成され候様、間違ひなく、仰せ達せらるべく候。
一、上岐部へ篤と御急ぎ候、不足竹三束、御買出し、廿八日早朝までに、御遣はし下さるべく候。以上。

▲二〇丁

一、*二月廿六日、雨天。
一、*廿七日、天気良し。
一、*廿八日、晴天。今日、当宮、残らず、棟巻、ならびに、籠屋西平通し葺替へ致し申し候。屋根葺ばかり、御神酒、廻し申し候。南原にて、三献宛にて、都合、酒三升、入り申し候。
一、平瓦三十枚、一、巴二十枚、一、丸瓦十五枚、一、兜瓦二枚。
〆、右の通り、今日、宮より、五左衛門方へ、願状、遣はし申し候。同人船、中国へ参り候節、買ひ調へくれ候様、上岐部氏書状、認め遣はし申し候。

一、俊右衛門殿より、中岐部村主祝殿普請に付き、*無心申され候。宮木の儀、この間、同人より、拙者へも、相談致しくれ候様、頼みの由。然れども、今日、両三人にて、相決め候儀も如何に付き、追つて、三ヶ村御衆の立会の節など、相談、相決し申すべき旨、申し置き候事。

一、*二月廿九日、天気良し。七つ下りより雨降る。今日、初雷なり。一昨日より、小岐部、大束、雇ひ切り致し申し候。

一、*今日、寺へ参り候処、*地蔵尊千百年忌、*元祖大師六百廻忌供養。三月二日より、修行に付き、この面々は、村並を除り、八日の朝、*斎《とき》を進め候。残り分は、下岐部組の内、六日の*斎非時《ときひじ》を致し度く、この段は、手前より寄方の処、然るべく取曖《あつか》ひくれ候様、今日、*和尚、御願ひに御座候。

右に付き、六日朝、下岐部浦分、同日夕、岡小江に長瀬ほか旦家どもは、肝煎を以て、使、遣はし申すべき事。

附《つけた》り、手前、非時の趣にて、銘々、有合はせの野菜を持参致し候様、申し触るべき事。

一、五左衛門・小平治・伊与吉・為蔵・儀兵衛・*幸右衛門・理左衛門・伝六・伊左衛門ほか旦那ともに六日の斎非時。下岐部村分。

一、今日、和尚殿より仰せられ候は、この間、御噺(カ)の寄進の儀、何卒、この上、御世話くだされ、*天蓋《てんがい》、成就致し度き旨、右に付き、手前、申し候は、岩戸寺村仁右衛門・*千灯《せんど》村重兵衛など、又太郎なども、右の段、相願ひ申すべく候。三月三日など、参り候はば、相すすめ見申すべき事。

一、*三月朔日、天気快晴。今日、回香袋、五つ、*小川内組より、寺へ遣はし申し候。

一、*二日、同断。今日より胎蔵寺地蔵尊・元祖上人御忌会《ぎよきえ》、御座候。

一、*三日、同断。

二二丁▼

貴様御儀、仰せ渡され候大急ぎ御用の儀、御座候間、この状、着次第、昼夜を限らず、当御役所へ、早々、御出勤、成さるべく候。若し、御病気などにても御座候はば、堅来村善助殿、御名代、御出勤、成され候様、申し遣はすべき旨、御意に御座候間、御両人の内、滞りなく、御一人は御出勤成さるべく候。この書付、その節、御返し成さるべく候。以上。

午三月二日　亥下刻、出す。

四日市年番所

下岐部村庄屋

億太郎殿

然れば、別紙の通り、年番所よりの御用状、唯今、到着致し候処、*当寺へも*地蔵尊千百廻季、ならびに、元祖大師六百年季、昨二日より、御忌会、御座候て、僧徒、数多、御出で、御供養、御座候。*本寺中津合元寺へも、今夜、船にて、御出での筈に候。右に付き、手前も、寺へ相詰め、罷りあり候間、この度は、何分、身振り、出来申さざる間、御苦労ながら、貴様も、御出勤、下さるべく候。

一、測量方入用割合の儀、御聞き及びの通り、当所にては、割合、出来申さざる間、四日市に於て、早々、御割合、御出来候様、この度、篤と、御相談、成さるべく候。右、割合の節、拙者、出勤仕るべく候。右に付き候ては、御直談、申したき儀も候得ども、多用に付き、致し方これ無く、何分、いつぞや、御噺し申し候通り、*二郡割、重畳、御願ひ置き成さるべく候。右旁、早々、取込み、此の如く御座候。以上。

三月三日

寺より

下岐部億太郎

堅来善助様

堅来より返書、善助、事、足痛に付き、深江に申し遣はし候由に申し来たり候。然る処、今夜、岩戸寺より、飛脚両人にて、来状、一致候。右は、深江氏も差支へ、岩戸寺に出勤候様、申し来たり候。然る処、庚申待ち、その外、村用に付き、何分、同人儀、出勤、相成らず候間、この方、出勤、申さず候ては相済み申すまじき旨、喜久右衛門殿より、申し来たり候。依つて、今夜、飛脚両人にて、岩戸寺よりの願状に致し、栄蔵殿へ、願ひ遣はし候。同人より、鬼籠へ申し遣はし候処、同人、又々、病気に付き、中岐部・上岐部の内、出勤候様、新涯より、申し遣はし候様、返答、その外、書状ともに、◀二三丁 村継にて、四日に到来、中岐部通り、遣はし候処、上岐部より、深江・堅来の内、是非、御出勤候様、申し遣はし候由に候。
一、*四日、天気良し。
一、*五日、今昼、申の刻より、雨降り出す。
一、*六日、雨天。雷鳴なり。
一、*七日、同断。
一、*八日、同断。今日、寺御忌会、満足。
一、*九日、同断。

博奕・賭の諸勝負、御法度の儀は、御書付もこれ有り候。年々、申し触れ候事に候。然る処、近頃、村々、ならびに、山野に於て、鶏勝負、相催し候趣、相聞へ、殊に、右に就き、人、集まり候故、夜に入り、博奕も相催し候由にて、旁、不埒の事に候。博奕は、猶更の儀、たとひ、鶏合はせ候とも、賭勝負の儀は、御法度に候条、村毎、小前の者ども、心得違ひこれ無き様、庄屋宅へ呼寄せ、委しく申し聞かせ、その上にも、取用ひざる者は、密々《ひそひそ》申し出づべし。尤も、御役所よりも、不意見廻り、差出し、その外、手配致し置き候間、見当り次第、召捕り、急度、吟味を遂ぐべく候。

右の趣、その意を得、この廻状、村下に請印せしめ、遅滞なく、順達、留村より、御役所に相返すべく候。以上。

午三月朔日　　日田　御役所

この度、*東海道赤坂宿、困窮に付き、人馬賃銭、左の通り請取るべき旨、申し渡す。

巳正月より寅十二月まで、十ヶ年の内、人馬賃銭、二割増、申し付け置き候処、猶又、来たる午正月より、来たる戌十二月まで、五ヶ年の間、三割増、都合、五割増。　東海道　赤坂宿

右、割増銭、申し渡し候間、その意を得べく候。

巳十二月

右の通り、御書付、出し候間、その意を得、村下、請印せしめ、廻状、早々、順達、留村より相返すべく候。以上。

午三月六日　日田御役所　　国東郡村々
庄屋
組頭

▲三丁

外、宗門帳御催促御廻状、二月十四日出し、一通。尤も、返上廻状の受取。

この度、御用の儀、別紙御廻状の通り、博奕・諸勝負類、兼て、御厳重の仰せ渡されも、これ有る処、近来、別して、相緩み候哉。山野などにかがま*り、右様の儀、相催し候趣、相聞こへ、不埒至極に候。この上は、内々、御役所より、見廻りの者、差出し候。その外、手配など致しこれ有る間、下拙にも、密々、村々へ、見廻り仕り候て、内々、申し出づべき旨、仰せ付けられ候間、不日、罷り越し、見届け候上、容赦なく、御訴へ申し上げ候間、左様、御心得、その節、後悔、致さざる様、仰せ触れらるべく候。

一、御代官様御儀、今月十二日、御出府、遊ばせられ候に付き、御見立の為、二郡惣代、小倉まで罷り出で候積り、一昨日、惣代中、立会ひ、評議の上、宇佐郡より、庄屋一人、罷り越し候様、評議仕り候。

一、深江・下岐部へ申し進《まいら》せ候測量方御役人様御休入用、国東郡ばかりにては、何分、小前、難渋仕り候間、先達て、両度、御願ひ申し置き候通り、何とぞ、二郡割に、御評議、成し下され候様、御年番所、その外へも、呉々、御願ひ申し上げ候間、左様、思し召し成さるべく候。右、貴意を得べき為、此の如くに御座候。以上。

三月九日　　村々御役人中　　堅来善助

追つて、申し進せ候。下岐部下拙、御差紙、参上仕り候処、小河内《おごうち》氏、御指案、下拙、痛所、御座候間、外御役人中、御出勤、成され候様、深江はじめ、申し進せ候処、皆々、御病気、ならびに、御客来、或は、御寺役などにて、御出勤なされず、大切なる御用の儀、突もの・遣りものに成され候て宜しく御座候哉。当時の様、御座候ては、御用方、甚だ覚束なく、これ以後は、差紙に逢ひ候者は、たとひ、如何躰の儀、御座候ても、不参、相成り申さざ

二四丁▼る議定に相成り候ては、迷惑もの出来《しゅったい》仕るべしと存じ奉り候。下拙、致し方
これ無きに付き、拠《よんどころ》なく出立仕り候処、何分、歩行、相成り難きに付き、
途中にて、馬借用、漸く、御用、相済ませ、往返ともに、馬借にて、帰村。
勿論、御用日限、延引、殊の外、御呵《しか》り、申し上ぐべき様これ無く、扨々《さてさて》、
心悔み存じ奉り候。何分、追つて、面上を期し、御恨に申し上ぐべく候。以
上。

右の外、堅来より、深江・下岐部への一封、共に、三月九日、中岐部より寺へ送り来り、十日、書写、請け印致し、中氏、無印に付き、又々、同村通り差返し、中村より、十日、伊美に継ぎ送り候。

一、*三月十日、天気良し。今日、完治、仕り候。
一、*十一日、同断。今日、堅来村定め、これ有り、御見舞。
一、*十二日、曇天。昨十一日夜、鬼籠より、左の通り、申し来たり。

然れば、四日市年番所より、貴様、御印形御用に付き、皆々へ、御差出し成され候様、この方へ申し参り候間、御印形、この方通り、御遣はし成さるべく候。当村よりも、長之助、御用に付き、罷り出で候様、仰せ付けられ候間、持参、仕るべく候。

右、御意を得べく、早々、此の如く御座候。以上。

三月十一日　　鬼籠仲右衛門

下岐部億太郎様

この書状、昨十一日夜、鬼籠より到来に付き、早速、下岐部三判、使に渡し遣はし申し候。

一、同日、小熊毛、大束、浜出し致し申し候。
一、*午三月十三日、雨天。

覚

一、大束　千五百十束。先船、渡し。
一、同　六百九十束。後船、渡し。
一、この〆　二千二百束　昨日、相渡し申し候分。この代銭、四百二十三匁一分。

右の通りに御座候。銀、御渡し候はば、百七文替ぐらいにて、御払ひ伺ひ候様、昨日、船頭へも申し置き候。ならば、正銭、御渡し下され候方に致し度く候。何分、急ぎ入用候間、この者へ、御渡し下さるべく候。以上。

三月十三日　　億太郎

新宅店　専助様

昨晩、小岐部より帰りがけ、見舞ひ申し候処、御留守にて、御意を得ず候。◀二五丁
後船へ相渡し候分、貴様か、船頭か、同所へ参られ、御受取り成さるべき筈と、相待ち候処、その儀なく、右に付き、昨夜、都合、菊蔵に、書付け、御返し置き候間、大束、御受取り成さるべく候。且つ又、一昨日、久米吉、世話にて、船之助方、大束、浜出しの節、中使賃の積もり、六人に、酒一升五合にて、潮際まで持出し候由、承り候。これに依り、昨日、船頭へも、日雇の者より、懸合ひ致し置き候。この方分は、人数二十五人に御座候間、久米吉方割合にて、然るべく、御取計らひ下さるべし。後船の分も、程よき場所へ、浜出し致し置き候間、これ又、同様に、船頭より中使賃、御受取り下さるべく候。願ひ入れ申し候。以上。

十三日、朝飯後、また、留守にて、遣はす。

一、*同三月十四日、天気快晴。今日、磯遊びに、家内、召連れ参り候。
一、*同十五日、曇天。

覚

一、*海鼠腸《このわた》入り竹筒、三つ。但し、日田、行き。
一、海草入り紙袋、一つ。但し、同断。
一、宮川様へ、*春斎老より、一封。
一、小串藤治様へ、同断。

〆

右の通り、差上げ候間、御請取り、御取次ぎ下さるべく候。尤も、日田行きの分、何卒、急ぎ、御同便、早々、御届け下され度く、願ひ上げ奉り候。以上。

三月十六日　　下岐部億太郎

四日市御年番所

弥《いよいよ》、御壮健に御勤め成され、賀し奉り候。然れば、かねて御願ひに付き、海鼠腸、差上げ候間、御世話ながら、早々、御届け下さるべく候。最早、暖気に罷り成り候に付き、痛み安く御座候間、火急に御達し下され候様、呉々、希ひ奉り候。

二六丁▼

一、宮川様へ、春斎老より、夏菊苗、御恵投下され度き段、申し上げ候由に御座候間、相成るべき儀に候はば、この者へ御渡し下され候様、御取計らひの程、願ひ上げ奉り候。

右、御願ひの為、斯くの如く御座候。以上。

右、品々、書状ともに、午三月十六日、使・岡の弥助にて、四日市へ差出し申し候。尤も、賃銭四匁、相渡し申し候。

一、*午三月十六日、曇天。

覚

一、*丁銭《ちょうせん》二百八十七文　　下岐部村

右は、その村々より、取立つべき分、書面の通りに候条、当月十九・廿日、両日の内、間違ひ無く持参、相納むべく候。この廻状、早々、順達留村より、その節、相返すべく候。以上。

午三月十二日　　四日市御役所

右、村々庄屋
与頭

右、御廻状の外、郡中入用追割銭、鬼籠より伊美三ヶ村分、差出し共に。猶、鬼籠添状、新涯より、東・西・中への書状、この方へ、新涯よりの来状ともに、三月十六日、伊美より受取り、当村分、一同、外、海鼠腸入り竹筒一つ、岩戸寺へ遣はす書状ともに、早速、同日、中村に順達、致し申し候。

一、*三月十七日、天気良し。尤も、晴天なり。

一、*十八日、同断。今日、胎蔵寺同道。例の観音祭りへ登山致し申し候。中村へ、止宿致し申し候。

一、同夜、雨、降り申し候。

一、*十九日、同断。岩戸寺氏、帰村。明日、寄会触廻状、中村より到来。同村より、東中に達す。

一、*廿日、同断。今日、寄会、御座候。御用向き、左の通り。

一、御用に付き、御差紙、日限通り、急度、出勤致すべし。左なく候ては、御用、御差支へに相成り候に付き、御受書、一通、ならびに、(以下、文字なし)

一、日限これ有る御差書類など日限まで出来致さざる分は、前広に、延引願届書、差出し、早々、取極め申し上ぐべき旨、右一紙なり。

一、菜跡、有無の儀に付き、御届書、一通。

一、国東郡村々*荒地起返しの内、当時、*段免《だんめん》の内、当午より、*本免《ほんめん》願の儀、致すべき旨、仰せ渡され候処、極々《ごくごく》、取調べ候得ども、当午より、本免願ひ仕り候段免場所、これ無き間、本免入りの儀、御免願書、一通。

右の通り、相認め、上岐部氏、持参。廿一日、四日市へ罷り出で申し候。尤も、外村の三判、相渡し申し候。

一、出立し了《をは》り致さざるの由にて、今日、*別頭(当)など岩戸寺へ罷り越し申し候。▲二七丁

一、*廿一日、天気良し。今日、胎蔵寺花見に参り、遊び申し候。

一、*廿二日、同断。仁兵衛殿参り、心(親)切の相談、致し申し候。*岡兵八、参り申し候は、*田尻右衛門方へ、年季に売り置き候処、*八重三殿より、彼岸に、寺へ、*祠堂《しどう》に差上げ申し候由、兵八方へも田地を作り申さず候ては、午(馬)も、飼方、出来仕らざる間、*請返《うけかえし》候様、致し度《た》き旨、種々、噺これ有り。後略す。

一、*廿三日、曇天。風あり。今朝飯後、又々、兵八、参り、右田の儀、噺これ有り候。同人、寺へ参り、請返たき旨、御願ひ申し候筈にて、罷り出で申し候。

一、今朝飯後、中岐部より左の通り到来。直に同村使、東中に達す。

一、郡中入用御請取書〈下岐部より鬼籠まで〉、五ヶ村分、外、年番所より廻状。右、書面、左の通りに候。

一、御廻状一通、御受取り成さるべく候。
これは、御尋者《おたずねもの》御廻状の由に候。村々、三判、俊右衛門、持参、罷り出で候間、帰村まで、上岐部へ預かり置き、追つて順達致すべき旨、吉右衛門殿より申し来たり候。
一、上納物、御差出しの砌《みぎり》は、惣代一人宛、御出勤候様、成さるべく候。この度などは印判も御遣はし成されず甚だ以て御呵《しか》りに御座候。当所より、右の段、申し遣はし候様、御意に御座候。
年番ほか、堅来より廻状。
一、*岩甚助殿より、この方へ、一封。
一、中村より、この方へ、一封。
右の通り、受取り、早速、中村使、到来にて、東中に達す。
一、*三月廿四日、雨天。今日、*胎蔵寺幸右衛門、参り、測量方帳面、取調べ致し申し候。
一、*廿五日、天気、快晴致し申し候。今日より、*ひいさこ山栄蔵方、大束、切懸り申し候。三十五把にては、相談、出来申さざるに付き、三十一把にて切り候筈に申し合はせ候。栄蔵、立会に御座候。
一、*廿六日、天気良し。
去る卯年（文化四年）十一月、女を連れ、御関所を除け、*山越《やまごえ》致し、大坂より*中山道武州児玉郡本庄宿《ほんじょうしゅく》へ罷り帰り候後、欠落致し候。右、旅籠屋渡世桑名屋喜兵衛、人相書き。
一、年齢四十四歳。
一、中背《ちゅうぜい》中肉。
一、顔、丸く、色黒き方。
一、目、丸き方。
一、眉毛、濃き方。
一、月代ならびに髪、薄く、鬢《びん》、厚き方。
一、歯並、揃ひ、細かなる方にて、言舌、静なる方。
一、鼻、高き方。耳は常体。
一、その節の衣類、木綿・紺・浅黄、横竪縞草柄、着し、花色小倉帯を致し候由。

二八丁▼

右の通り、御書付け、出で候間、右人相の者、これあるに於ては、取逃さざる様、手当て致し置き、早速、訴へ出づべし。若し、見聞きおよび候はば、その段も申し出づべし。この廻状、村下、請印せしめ、早々、順達、留り村より、相返すべく候。以上。

午三月廿日　*羽権九郎 日田御役所

国東郡村々庄屋
組頭

尚、人相書御廻状、当廿二日九つ時、到来仕り候処、拙者、留守にて、今日、差（カ）出し候。以上。
拙者も昨日、帰村仕り候。この度、御差出し*荒地起返《あれちおこしかえし》の内、本免入り、これ無き旨の書付案、御理解、仰せ渡され候。「本免には、相届かず候とも、増々にて、毛上の出来方、相応に段免の上に、増免にても、受け候場所、これ無き哉」の段、御糺しに御座候得ども、「尤も、四、五年も、作付け仕り候得ば、手入れ仕り候だけ、少しは、出来方よろしき場所もこれ有り候得ば、段免の上、上り免、受け候様成る*地位《ちい》には、相届き申さざる」段、申し上げ候処、「只今、御改め、これ有り候ても、不都合これ無き哉」と、仰せ渡され候間、矢張り、右の通り、御答へ申し上げ致し候間、左様、思召し、以後、御出勤の節、御沙汰もこれ有り候はば、右の旨、御答へ成さるべく候。外、二通、書上げも、先づ滞り無く相納め候。左様、御承知、成さるべく候。猶、三判、御受取り成さるべく候。——。

三月廿六日　上岐部俊右衛門

中岐部より鬼籠まで村々

右、品々、三判ともに、三月廿六日九つ時、中村より受取り、書写しの上、同村使にて東中に達す。
一、*廿七日、天気良し。*常光寺（小熊毛）・胎蔵寺（岐部）、御出、御遊び成され候。
一、*廿八日、同断。
一、同日、五左衛門、参り、向田借用一件、ならびに、新田の持畝の儀、数々、噺あり。これを略す。尤も、今朝、申し遣はし候に付き、斯くの如し。

二九丁▼

一、廿九日、同断。今夜、参宮人仙蔵倅峯蔵、外、抜参《ぬけまいり》も、帰村、致し申し候。

一、四月朔日、天気良し。今日、紋蔵方へ招かれ参り申し候。

一、二日、同断。今日、菊蔵名代・辰二郎代万作弟・鶴吉郎、三人雇ひ、焼野にて、柴、切り申し候。

一、渋谷様より、塩鯛二尾代丁銭百五十文、今日、春斎老より、受取り申し候。尤も、この間、小串藤治殿御帰りにこれ有り候。

一、同日朝、池普請の儀に付き、上岐部氏より、中・下岐部へ当て、相談状、到来致し申し候。

一、四月三日、七つ時分より、雨降る。尤も、雷、鳴り申し候。

今日、竹ノさこ峯吉、参宮講開き、致し申し候。講銀八匁の内、銀札十匁、相渡し候。残り札一匁八分、受取り申し候。

一、四日、天気良し。今日、同家へ招かれ参り申し候。

一、五日、同断。今夕方、五左衛門参り、弥五七と蔵ノ下空地の儀に付き、念願の趣、内済致さざるに付き、御見分の上、御指図下され候様、願ひ出で申し候。種々、私噺、これを略す。

一、今暮れ時、上岐部俊右衛門殿書状持参、佐和助参り、森右衛門、小熊毛村小右衛門より、借用一件、何分、内済致さず、森右衛門、小熊毛へ参り、庄屋本はじめ、百姓代方へ参り、殊の外、狼藉致し候おもむきに御座候。小右衛門と申し候は、拙者女房の兄にて御座候。あまり、森右衛門、哀れをなし、済方(カ)、出来申さず候間、右筋、不実(不日カ)、差押さへ、俊右衛門様方へ、証拠、差出し置き候一件、四日市御役所へ、御願ひ申し出候積りに付き、庄屋殿へも、右の段、申し達し候処、先づ、貴様へ、一応、御相談申すべく候間、罷り下り、委細、御噺し申し上げ候様、仰せられ候に付き、罷り下り候由、種々、私咄、御座候。右に付き、左の通り、上岐部へ、返答、申し遣はし候。

御紙上、拝見。然れば、右一件、去る冬、儀兵衛、取扱ひ懸りの儀にもこれある趣に候はば、またまた最一応、取計らひ申し候様、申し達すべき間、明日、森右衛門殿へ、儀兵衛方まで、罷り下られ候様、御申し達し、御遣はし成さるべく候。その上にて、相済まず候得ば、拙者とても了簡に及ばざる儀に御座候。次助殿は、訴へ致し候心底にて、貴様、御心根、察し入れ申し候。何卒、内済、致し候様、存じ奉り候。取込み、貴節、荒々、此の如く候。以上。

四月五日　下岐部億太郎

頓首

上岐部俊右衛門様

一、四月六日、天気良し。

覚

鬼籠村
長之助
下岐部村
五左衛門

▲三〇丁

右は、先達て、申し渡し置き候教諭《けうゆ》出銀の儀に付き、御用これ有り候間、銘々、無名代、来る七日五つ時、書面名前の者ども、ならびに、庄屋・組頭・百姓代、一同、四日市御役所へ罷り出づべく候。尤も、その節、右名前印形、ならびに、庄屋・組頭・百姓代、印形とも、失念なく、持参、罷り出づべく候。この廻状、刻付を以て、早々、順達、留村より、その節、相返すべく候。以上。

午四月五日　四日市　御役所

鬼籠村
下岐部村
右村々庄屋
与頭

右、御差紙、ならびに、鬼籠添状ともに、四月五日九つ時、同村より受取り、同日、五左衛門、外、組頭代岡ノ兵八、出勤の節、同人に相渡し、返上、致し申し候。

拙者儀、足痛に付き、この節、出勤、仕り得申さず候。これに依り、右の訳、年番所より宜しく仰せ下され度き旨、書状、差越し申し候。
一筆啓上仕り候。弥、御安静、御勤め成され、賀し奉り候。然れば、この度、当村、五左衛門、御召出しに付き、庄屋・組頭・百姓代、一同、罷り出で候様、御差紙に、承知仕り候処、拙者儀、折節、足に痛所これ有り、何分、遠行、出来、仕らず、恐れながら、組頭・百姓代、当人、罷り出で候間、憚りながら、万々、然るべく、御取成しの程、偏に、願ひ上げ奉り候。右、御願ひ、貴意を得べく為、斯くの如く御座候。以上。
三月六日　下岐部億太郎
年番所
御当番様
尚々、御差紙、返上仕り候間、御受取り下さるべく候。以上。
一、同日、小岐部東道辻、嘉蔵山、ならびに次右衛門山境、共に常盤《ときわ》越、決め申し候。尤も、嘉蔵・又（カ）治郎、立会《たちあい》富平参る。
一、松木　二十二本。この大束。
一、松葉　二十三把。
三一丁▼
右の通り、嘉蔵分を切り申し候由、同人、申し候。
一、*四月七日、大雨、大雷なり。尤も、今暁天より雷鳴、雨降り候。今日、灸治、致し候。
一、*八日、天気快晴。尤も曇天なり。今朝、東中より左の御廻状、到来致し候。
去る巳八月十日、*志州英虞《あご》郡立神村にて、継母小里んを打擲《ちやうちやく》に及び候、藤三郎、逃去り、その後、小里ん、相果て候に付き、右、藤三郎人相書。
一、年齢二十八歳。
一、生国、志州英虞郡立神村、百姓久次郎悴。
一、中背中肉。
一、面長にて、鼻筋通り、色白く、柔和なる方。
一、髪毛・月代・眉毛、厚き方。
一、髭、これ無し。
一、目、大き方。
一、耳、常体。
一、歯並揃ひ、言舌、能《よ》く分り候方。
一、その節の衣類、紺・竪縞木綿、単物を着し、白縞・小倉帯を締め、罷り在り候。
右の通り、書付を以て出し候間、書面人相の者、これ有るに於ては、取逃がさざる様、手当て致し置き、早速、訴へ出づべし。若し、見聞き及び候はば、その段も申し出づべし。この廻状、村下へ請印せしめ、早々、順達、留村より、相返すべく候。以上。
午四月四日　*羽権九郎　宇佐御役所
国東郡村々庄屋
与頭
右、御廻状、卯月八日、東中より受取り、四つ時、中村に継ぐ。
一、*四月九日、晴天。昨日、御浦触れ、到来致し申し候。八日に、四日市へ罷り出で候。五左衛門、ならびに組頭代兵八、人足儀兵衛、遣はされ候。共に、今日、帰村致し申し候。尤も、銀二百四十目、五左衛門、出銀、仕り候様、仰せ付けられ候由に候。鬼籠長之助、銀百六十目也。
各々様、弥《いよいよ》御堅勝、御勤め成さるべく賀し奉り候。然ればこの節、御差紙に付き、拙者、罷り出で候処、御囲米の両郡徳者中、ならびに、その村々庄屋・組頭・百姓代、御召出し銀員数、仰せ付けられ候。都合両郡人 ◀三二丁
数、四十一人、銀、都合十九貫六百目。
右の内、当郡は、二百四十目―五左衛門、百六十匁―長之助に、仰せ付けられ候。左様、思召し成さるべく候。
一、*御廻米《かいまい》、上乗《うわのり》定めの儀、この節、免比、取決め、書上げ候様、仰せ付けられ候に付き、立合の上、評議仕り、積合はせ三百石以下は、外上乗へ相頼み候筈、初積の節は、後積隙まで、仮上乗、遣はし申すべく候。三百石

以上より一人宛、遣はし候様、相決め申し候。それも、米高の方より参り候様、仰せ付けられ候。右の通り、書上仕り、免比、印形《いんぎょう》仕り、差上げ申し候。しかし、上乗に褒美の儀は、過銀十両までは、一向、褒美を申さず、十両より余りこれ有り候儀は、十両余の分、一通《ひととお》り、褒美、遣はし申すべき筈に相決め申し候。左様、思召し成さるべく候。

一、当午、宗門御改め、当月廿日頃より、御廻村、成され候由に御座候間、村々、差支へこれ無き様、取計らひ置き候様、仰せ付けられ候。猶又、預（カ）り申し候貯穀籾・大麦、この節、御改め遊ばされ候由、仰せ付けられ候。然る処、豊前へも、一向、覚悟これ無き村方、数多くこれ有る趣に御座候。猶又、当郡鬼籠触れ、一向、御座無く候。虫入りに相成り候故、皆々、貸付け置き申し候。最早、時分あしく御座候へば、借り用も御座あるまじく候と、甚だ困り入り居り申し候に付き、御年番衆へ、御内々、御延引、御願ひ申し上げ置き候得ども、如何、相成り候とも計り難く、追々、三十日余には、出来申すべく候間、今暫く、御延引くだされ候様、御願ひ申し上▼三三丁げ置き候。皆々様、左様、思召し成さるべく候。猶、絵踏み日限の儀は、その節、御先触れ、御出し成され候得ども、拙者方より、この段、申し触れ置き候様、重畳、仰せ渡され、御座候。右の段、御意を得べく、旁、此の如く御座候。以上。

午四月十日　　鬼籠仲右衛門
頓首
御役頭衆中様

右、廻状、四月十一日朝、東中村より受取り、即刻、中岐部に遣はす。

一、四月十日*、天気良し。今日、深江お富士殿、御出で、十二日、御帰り成され候。

一、十一日*、同断。前伊右衛門蔵祝に御参られ申し候。

一、今日、胎蔵寺様一同、弥五七を呼び、いろいろ、理害、申し聞かせ、同人、心底も承り申し候。同人、申し候は、坪（塀）を、雨降りのこの方屋敷へ落ちざる様、成され、蔵の側《そば》、これまでの通り、御空け置き、通路、相成り候様、致し度く、別に、子細これ無き由にて、御座候。これを略す。

一、今夜、五左衛門、参り候に付き、今日の始終、噺、達し申し候。

一、四月十二日*、天気良し。今日、五左衛門、参り、御見分の儀、今日、成下さるべき旨、昨夜、仰せられ候得ども、何卒、明日に成され候様、願ひ出候に付き、承知致し候旨、返答致し候。

一、十三日*、同断。但し、風有り。今朝、肝煎を以て、立会の人、当、差支へこれ有る間、十五日朝飯後に、参り見、改め申すべき旨、五左衛門方へ、申し遣はし候。

一、今朝飯後、肝煎を呼び、宗門御改め、廿日頃これ有る節、貯麦・籾ともに、御見分これ有る趣に候間、その節、差支へざる様、覚悟致すべき旨、申し次ぎ方へ、申し触れ候様、申し達候。

一、今日、去る冬、立願の厄病願、成就、手前う（カ）え（カ）寺へ、一人参り、智（カ）行法（カ）延引の分、共に成就致し申し候。

一、同十四日*、大風。少々、雨降る。麦作、痛み候に付き、風除け御願ひ申◀三四丁し入れ、願ひとして、嘉蔵、参り候に付き、風留め申す籠り致し申し候。成就は、七度の潮汲み村中なり。

一、同十五日*、曇天。五左衛門・弥五七屋敷境、見分致し呉れ候様、この間、五左衛門、願ひ出で候に付き、今日、為蔵・久平、召連れ、五左衛門方へ参り、同人初め、法耳老人へも、右一件、申し承り候。然る処、双方、立会ひ、愚意を申し合はせ候ては、甚だ以て、面倒に付き、五左衛門、蔵の下手へ、少々、弥五七の畝高、渡し残りこれ有る由申す処を、村役人の囃《うた》（唱＝訴カ。以下同）ひ分にして、相済ませ候様、致し度く、右に付き、塀を仕切り、これ迄の通路を塞ぎ候五左衛門の心底に付き、これは何卒、これ迄の通り、通路、出来候様、致し置き度く、弥五七の存じ寄りに候間、通路は、出来候様、致し度く、［この段、弥五七の］右、通路、出来候を申し立て、蔵ノ下を囃《うた》ひ候て、和熟の取扱ひ致し度き旨、申し候処、五左衛門、申し候は、

「これ迄の通り仕置き候ては、数度、賊難にも罷り逢ひ、損失、弥増し候儀に付き、是非是非、この度は、仕切り申し候。立会ひ論判、申合はせ候儀は、御囃《うた》ひ成され候はば仕るまじく候得ども、これは手前の境内に候得ば、儘自由に罷り成らず候ては差支へ申し候儀に付き、是非是非、この度、塀を仕切り申し候」。

久平も、様々、申し宥《なだ》め候得ども、承知致さず候。

［右に付き］また、五左衛門、申し候は、

「波止《はと》の東、弥五七前に、荷積み場を、先年、拵《こしら》へ置き候処、この方へ沙汰仕らず、弥五七の勝手儘に積上げ、当時にては、懸木の置場、無くこれ有り候。この段は、前方の如く仕り候様、仰せ付けられ下し置かれ候旨、申し候」。

手前、申し候は、

「これは、貴様より、御相対に仰せ聞かせらるべく、随分、御相対に出来申すべき」旨、申し置き候。

五左衛門殿、重ね重ね、噺有り。双方、これを略す。

それより弥五七方へ参り、右、蔵の下手、少々、畝高、残りこれ有る由、申し候処、囈《うた》ひ見申し候処、この段は同人不承知にて、相談、出来申さず候。

弥五七、申し候は、

「五左衛門殿、実に囈《うた》ひ候心底に候得ば、御相談、出来申すまじきものにても御座なく候得ども、同人は囈ひ候心底にてはこれ無く、やはり自身の土地と心得られ居り候に付き、気の毒ながら差上げ得申さざる」旨、段々、私噺これ有り候。

右に付き、空《むな》しく引取り申し候。村役人、あの方へ参り、双方、取扱ひ候
三五丁▼訳はこれ無く候得ども、一通り、見分致し呉れ候様、五左衛門、願ひ候に付き、罷り出で、次手に、右の通り、取計らひ見候儀に御座候。
一、四月十六日*、天気良し。今朝飯後、茶屋治(カ)助殿、参られ、申し候は、
「弥五七・五左衛門殿境の儀に付き、昨日、御出で、御取扱ひ下され候由の処、弥五七、承知、仕らず、甚だ以て気の毒に存じ奉り候間、私、御見舞ひ申し、右の御挨拶致し呉れ候様、昨夜、私宅へ参り、願ひ申し候に付き、御見舞ひ申し候旨、種々、挨拶これ有り、御念、入れられ、申し置き候」。
一、それより弥五七参り、昨日の一礼として参り、段々、私噺、御座候。尤も、手前、申し候儀を、承知、仕らざる段、気の毒の申し訳なり。
昨日、五左衛門、申し候波止の石垣の儀、内々、弥五七に噺し申し候処、同人、申し候は、「それは、拙者の方境に御座候」と申し候。尤も、「手前、取上げ申し候にてはこれ無く、相対に致され候様」申し置き候旨、申し候段、噺し致し候。
一、弥五七、申し候は、「あの方は、早々より、公訴の思召しもこれ有るべく候得ども、私儀は、人を頼み候ても、公辺の儀は、御断り申す心底に御座候。何分、宜しく、御願ひ申す」との儀に御座候。
一、十七日*、天気良し。
御尊書、拝見。弥、御安康の旨、賀し奉り候。然れば、貴命の如く、鬼籠村長之助・下岐部村五左衛門、印判、差上げ候間、万々、然るべく、御取計らひ下されたく願ひ上げ奉り候。
一、去る巳年、村入用に仕組み候、郡出銭、ならびに、五ヶ国割百石当りの処、何程宛に御座候哉。この度、御書付、御渡し下さるべく候。右当たり、相分からざるに付き、帳面仕立て、出来仕らず、甚だ期月に遅れ、恐れ入り申す事に候間、何卒、間違ひ無く、御書付、仰せ付けられ下さるべく候。
一、測量方出銀御割合、いつ頃、遊ばされ候哉、これまた、御知らせ下さるべく候。願ひ上げ奉り候。
右、旁《かたがた》、尊慮に預かるべきため、斯くの如く御座候。以上。
四月十八日　　下岐部億太郎
御当番様
追つて、宗門御改めの節、貯穀、御見分は、弥《いよいよ》遊ばされ候哉。御報に、◀三六丁
仰せ聞かせられ度く候。以上。

覚

下岐部村　五左衛門
鬼籠村　長之助
〆

右の者、印判、この節、御用に御座候間、明後十八日まで、御持参、御差出し成さるべく候。その節、この書付、御返し成さるべく候。以上。
四月十六日　　四日市年番所
下岐部村

鬼籠村
御庄屋与頭中

去る巳――七番・八番・九番・十番、当午年――一番・二番、唐船、都合六艘、近々、長崎表、出帆申し付け候旨、申し来たり候。且つ又、異国船、帰帆の時分に付き、浦付き村々、右体の船、通船致し候はば、最寄り役所へ、注進せしむべく候。この廻状、早々、順達、庄屋・与頭、請書・印形せしめ、留村より相返すべく候。以上。

午四月　羽*左門

豊後国国東郡
浦付き村々庄屋
与頭

右、御控書、ならびに、年番所書状ともに、四月十七日夜、鬼籠村より到来。

一、十八日*、御浦触れは、深江村に継立て申し候。鬼籠長之助、印判ともに、今日、使・俊足国蔵にて、四日市へ差出し申し候。

一、同日夕方、五左衛門、この間、参り、境論の儀一礼として、同人、参り申し候て、右一件、様々、噺有り。尤も、公訴に相成り候ても、来月に差延ばし候由に候。

三七丁▼

一、**四月十九日***、天気良し。

八日出しの御紙面、一昨十七日、中村より到来、拝見致し候。弥《いよいよ》、御故障なく、寿ぎ奉り候。然れば、お周儀も、段々、快方の旨、安心致し候。

一、蔵所米の儀、下値にこれ無くては、望む人、これ無く候。当時、銭一匁五厘ぐらいの相場に御座候。先づこの方へ預かり置き申すべく候。〔間、左様、思召さるべく候〕尤も、右相場にても、御売払ひ候はば、その段、今日、仰せ聞かせらるべく候。

〆

一、庭莚の儀、入用これ有り候間、今日、富平へ御渡し下さるべく候。最早、売払はれ候得ば、致し方これ無く候。

右、旁《かたがた》、貴意を得べき為、斯くの如く御座候。以上。

四月十九日　下岐部億太郎
岩戸寺甚祐様

追つて、生鱸《すずき》二尾、ならびに、お菓子・青海苔、進上致し候。御賞味、下さるべく候。

覚

一、題林集　春の部　一冊
一、美名録　一冊
一、二集　竹卯の巻　一冊　返上

但し、春の部は、拠《よんどこ》ろ無く他へ借られ候間、返され候近便に御返し申すべく候。

右の通り、差送り候間、喜久右衛門様へ御返し下さるべく候。

扨《さて》又、『孝子万吉伝』の儀、仰せ下され、早速、五左衛門方へ申し遣はし置き候処、今以て、到来これ無く候。参り次第、差越し申すべく候。何ぞ、〔珍しきもの候はば〕又々、俳書、恩借、仕り置き候。珍しき物これ無く候はば、高田にて、一笑子巻頭の集にても御見せ下さるべく、願ひ奉り候。以上。

急々、申し進《まいら》せ候。然れば、その御村々共に、庄屋・与頭・百姓代、印判ともに、御入用に御座候間、明夕方までに、御持参、成さるべく候。右に付き、人足、差返し申し候間、弥、間違ひ無き様、昼夜を限らず、御持参、成さるべく候。その為、此の如く御座候。以上。

四月十八日　申中刻《さるなかのこく》、出す。　四日市年番所

◀三八丁

鬼籠村
下岐部村
御庄屋
与頭中

追つて、小前、印形二つ、預り置き申し候。以上。

四日市飛脚、唯今、帰村致し候処、村役人印形これ無くては相済み申さざる由。右に付き、今夕方まで、差出し候様、別紙の通り、年番所より、申し来たり候間、昼夜を限らず、一刻も早く、御持たせ、今夜中、御役所へ、相

達し候様、御取計らひ成さるべく候。
一、下岐部村三判入袋　一つ。
一、年番所来状　二通。
右の通り、御受取り下さるべく候。尤も、返す。一刻も早々、御差立て成
さるべく候。
　この間、同所〈年番〉よりの書状に、村役人判の儀これ無く、大間違に相
成り、甚だ気の毒に存じ奉り候。早々、以上。
　四月十九日　八つ時　　　　下岐部億太郎
　　　鬼籠仲右衛門様
　追つて、この度、四日市より、品々便り、この方へ、用向きの者、参り申
すべく候間、御世話ながら、早々、御届け下され候様、願ひ上げ奉り候。以
上。
　本文の通りに付き、飛脚の者、昼夜に限らず、引取り申し候。
　　　　　　　　　飛脚五郎兵衛にて遣はす。
一、*午四月廿日、天気良し。
一、*廿一日、曇天。折々、小雨、降る。
一、*廿二日、天気良し。今日、会所寄りの上、貯麦、評議致し候処、何分、
俵数は揃へ置き申し候。
貴札、忝《かたじけ》なく拝見致し候。弥、御堅勝、御座成さるべく、珍重に存じ奉
り候。然れば、先達て、御請け成され候教諭出銀、小前ならびに村役人印判、
右員数別ならびに御控帳共に、印形、御取り成され候に付き、御入用に御座
三九丁▼候。猶又、去る巳年、郡中入用当りの儀、仰せ下され候得共、諸帳、日田表
より、未だ、御下げ、これ無く、相決し候処、申し上げ難く、御座候。追々、
相分り次第、申し上ぐべく候。
一、宗門御改の儀は、明廿一日、当御陣屋、御出立。*今成組・*原口組・*正覚
寺組、御改の上、四月廿四日、*真玉村、御泊りにて、廿五日、下岐部村、
御泊り、廿六日、高田御泊りの御先触れ、昨夕方、出し申し候。左様、御
心得、成さるべく候。猶又、貯穀も、弥、御見分、御座候間、その段、御
承知、成さるべく候。右、御意を得べく、早々、斯くの如くに御座候。御
村々共に、この節、御差出し成され候御印判、それぞれ、巾着に入れ、こ
の印判にて封印致し、御互へ、相渡し申し候間、御改め、御請取り成さる
べく候。以上。
　四月廿日　　　　　四日市年番所
　　　　下岐部村
　　　　鬼籠村　右村々
　　　　　　御庄屋
　　　　　　　　中
　　　　　　与頭
　追つて、貯穀御見分方の儀、外御村々へ、御両人様より、御沙汰、
成さるべく候。以上。
　外、鬼籠・新涯状、共に、四月廿六日、即刻〈七つ時〉、中村に、順達
致し候。
　致し方これ無きに付き、村々、共に、大麦に拘《かかわ》らず、籾・小麦などにても、
俵数は揃へ置き候筈に申し合はせ候。尤も、御糺の節は、青縄より、虫付き
にて、微塵に砕け候分、籾に引替へ囲置き、追々、新穀、出来の上、一同、
大麦に引替へ候積もりに候。
一、同日、風除け願ひ、成就、致し申し候。

覚

一、人足四人　内
　　一人　絵板持ち。
　　二人　山駕籠一挺。
　　一人　分持ち一荷。
右は、自分儀、絵踏ならびに貯穀改め御用に付き、明後廿一日明六つ時、
四日市陣屋、出立。左の通り、廻村、致し候条、諸事、例年の通り、相心得、
男女、洩れ落ちなく寄せ置き、明六つ時より、踏絵、差支へ無き様、取計ふ
べし。尤も、泊村より、里数、隔たり候村方へは、それだけ早く出立、罷り◀四〇丁
越し候積りに付き、行き懸かり人数、残らず、手間取らざる様致し、貯穀の

儀も、俵数、分り能き様致し、斤量・升米差など、集め置き、これまた、行き懸かり、差支へなき様、手当致し置き申すべく、且つ、書面、人馬支配所外は、御定の賃銭、受取る者、遅々なく差出し、継立て、川越渡船これ有る場所は、従前村および通達・泊り宿など、諸事、差支へなき様、取計らはるべく候。この先触れ、早々、継送り、留より、四日市陣屋へ相返すべく候。以上。

羽倉左門手代

午四月十九日　北村亮三郎

四日市村・木内村・今成村・下麻生村・中麻生村・山口村・上麻生村〈廿一日、泊り〉・見山村・*五名村《ごみょう》・山城村・原口村・景平村・宮原村・大門村・月又村・定別当村〈廿二日、泊り〉・田所村・野地村・温見村・斎藤村・房畑村〈廿三日、泊り〉・平ヶ倉村・正覚寺村・高田・真玉〈廿四日、泊り〉・鬼籠村・西中村・東中村・新涯村・下岐部村〈廿五日、泊り〉・中岐部村・上岐部村・深江村・堅来村・岩戸寺村・永岩・高田〈廿六日、泊り〉・中原・別府《びゅう》村・樋田村・法鏡寺村・閤村・辛島村〈廿七日、泊り〉・石田村・葛原村・上田村・芝原村・畑田村・川部村・江島村・中須賀村・沖須村・住江村〈廿八日、泊り〉・上乙女村・下乙女村・高家村・森山村・荒木村・今井村・城村・吉松村・四日市〈廿九日〉、帰宿。

右村々　庄屋与頭中

四一丁▼

尚々、泊り宿にては、上下三人、賄ひ用意置き申さるべく候。昼休みの儀は、弁当持参致し候間、用意に及ばず候。以上。

宇佐郡四十七ヶ村、国東郡ともに、五十七ヶ村なり。

右、御先触れ、午四月廿二日夜、伊美より到来。廿三日朝飯後、中村に継ぐ。

一、***四月廿三日**、天気良し。

一、***廿四日**、曇天。折々、小雨、降る。

一、***廿五日**、雨天。今日、御改の筈に付き、村中、昼下がりより罷り出で、相待ち候処、甚だ以て、御着遅く、夜に入り、御着遊ばされ候。然れども、皆々、相待ち居り候に付き、今夜、踏絵《ふみえ》御改め、相済ませ申し候。尤も、小江・長瀬は、仕舞ひ候て、当村を御改め遊ばされ候。門主、大半、帰り、相残る者ばかりにて御仰せ渡され、承知、仕り候。甚だ、不都合の儀に御座候。

一、今日、御継ぎ夫、両かけ持ち不埒致し候由にて、今夜、深更に及び、佐古村庄屋九蔵、組頭一人、右、御継夫両人共に、この方へ御断りとして、罷り出で候に付き、*光右衛門方へ、宿、申し付け候。廿六日朝、御断り申し上げ、相済ませ申し候。九蔵・与頭、座敷へ出で申し候て、相済ませ、引取る。

一、***四月廿六日**、曇天。折々、小雨、降り申し候。

一、雨天に付き、今夜、高田、御止宿の筈の処、岩戸寺御泊に相成り申し候。右に付き、追触れ、昨夜、御出し成され候。尤も、中村より、飛脚、永岩（長岩屋）まで、遣はし申し候。

一、この度、御継夫、岐部谷より差出し申し候。

一、今朝は、ゆるりと御休み成され候て、御出かけに、貯麦、御見分これ有り候。籾六石の処、十五俵と、残俵を寄せ置き、縄を通しこれ有るに付き、除け候様、仰せられ、則ち十二俵に、封印、成され、十五俵と残麦に縄を通し、封印、成され、外、大積に、一ヶ所、〆て、三ヶ所、御封印、遊ばされ候。米御端、御取分け成され候に付き、申し上げ候は、「去秋より、虫付きにて、悉《ことごと》く微塵に相成り候に付き、内々、籾に引替へ置き候」旨、申し上げ候処、北村様、仰せられ候は、「虫付きに相成り候ても、少々、◀四二丁 形は相残るものなり。左あれば、見分を請け候て、籾に引替へ候はずに候」。「爾来は、左様、仕るべき」段、申し上げ候て、相済ます。

一、*丁銭《ちょうせん》百二文、*木銭《きせん》。

上（カ）四月廿五日より、同廿六日昼まで、一泊り一昼なり。

但し、御上三十五文、下十七文。

一、同百五十八文　御上下三人飯米。　〆二百六十文。

右、〆三匁七分一厘。

一、***廿七日**、天気良し。

一、廿八日*、同断。
一、廿九日*、同断。今夜、雨・雷、致し申し候。
一、晦日*、天気、快晴。
一、五月朔日*、雨天。
一、二日*、曇天。
　仰せ渡され候御用の儀、御座候間、この状、着次第、早々、御出勤、成さるべく候。右の段、御意に付き、此の如く御座候。その節、この書付、御返し成さるべく候。以上。
　五月二日　　四日市年番所
　下岐部村御庄屋
　　億太郎殿
　深江村庄屋
　　国助殿
五月二日夜、鬼籠村より到来致し候処、拙者、足痛に付き、出勤、致し得申さざるに付き、深江へ申し遣はし、飛脚、即刻、遣はす。
　別紙の通り、申し来たり候処、拙者、両三日、足痛にて、折節、私、悩み居り申し、出勤、申さず候間、御苦労ながら、貴様、御一人、御出勤、成さるべく候。印判、差送り候間、御受取り下さるべく候。以上。
　五月二日、夜五つ時　　下岐部億太郎
　　深江国助様
四三丁▼一、五月三日*、曇天。今日、小岐部、田植、致し申し候。おつる殿、雇ひ、伊兵衛も、同断。
一、四日*、天気良し。
一、五日*、小雨、降る。
　この度、惣代、相済み、今日、引取り申し候。然る処、この度、仰せ渡され候御用、江戸表より、六月上旬ごろ、俵納《たわらおさめ》方、御用と為て、御役人様、御通行、遊ばされ候由、堅来、御泊りにて、竹田津、御昼、拙者方、御泊りの段、御意(カ)、御座候。猶又、貴様、御浦年々稼、何程これ有り候哉、重々の処、御取調べ、麦作何分通りの処組合一同御届書、差出し候様、仰せ渡され候。別紙、年番所差紙、印判袋、一つ、差進せ候間、御受取り成さるべく候。弥《いよいよ》、今日まで、御出勤、成さるべく候。以上。
　五月五日　　深江国助
　　下岐部億太郎様
その御組合、御惣代と為て、来る八日朝五つ時まで、御出勤、成さるべく候。
　この節の儀は、御名代にては相済み申さざる趣に御座候間、御自身、御出勤、成さるべく候。その為、斯くの如く御座候。以上。
　五月四日　　四日市年番所
　下岐部村庄屋
　　億太郎殿
右、二通、ならびに、高田梅屋(カ)源之丞様へ、岩戸寺喜久右衛門殿より、一封ともに、五月五日、岩戸寺より、飛脚を以て到来、受取り申し候。
　別紙、深江よりの書翰、一通。江戸御役人様御廻浦に付き、惣代御用これ有り、出勤、仕り候様、御差紙に付き、今日、出立、罷り出で申し候。
一、大小麦作、出来方、歩通しの儀、早々、〔書付を以て〕御届書、差出し候様、仰せ付けられ候間、鬼籠にて御認め、刻付けを以て、御差廻し、留◀四四丁り堅来より御差出し成さるべく候。〔右、歩通しの儀、村々、拘るべからざるの処、御勘考、成さるべく候〕なるたけ、御差急ぎ、御順達、成さるべく候。今日、九つ時まで、四日市、着き候様、御取計らひ成さるべく候。右の段、貴意を得べき為、早々、斯くの如く候。以上。
　五月六日　　下岐部村億太郎
　　*鬼籠仲右衛門様
　　新涯より中岐部
　　それより
　　堅来まで村々
　　御庄屋中

この状、五月七日、新涯へ遣はす。理左衛門、使なり。
一、*五月六日、天気良し。
一、*五月七日、天気良し。今朝、出立。四日市へ罷り出で申し候。
一、*八日、昼より雨天。
一、煎海鼠方、書上げ二通、出来。別紙控これ有り。

［付箋］

覚
一、銀五匁四分五厘
百五文替
代六百十四文
右の通り、両替、仕り、代銭、御使に相渡し申し候。以上。
午五月八日
まんぢや寛（カ）蔵

一、貯麦、詰替願書、早々、差出し候様、仰せ付けられ候事。
一、大小麦、歩通し書上げ、今・明日の内、飛脚を以て差上げ候筈に申し上げ置き候。
一、年番取組願書、惣代印形、ならびに、右、歩通し御届書、共に、印形、入用に付き、年番所へ預け置き申し候。
一、御普請役様、御廻浦に付き、万端、案内、御継夫など迄、差支へ無き様、申し談ずべき旨、仰せ渡され候。尚また、岐部浦より、姫島御渡海も計り難く御座候間、船、用意、致し置き候様、仰せ付けられ候事。
附《つけた》り。浦方、小船ばかりに付き、困り候の段、申し上げ候処、堅来へこれ
四五丁▼有る船、借り用ひ候様、御意、御座候。
一、御普請役様、御廻浦、四日市よりも、中津あたり、聞き合はすべき間、様子、相分かり次第、国東へも、早々申し越し候様、願ひ置き候様、北村様、仰せられ候に付き、年番*有又藤平様へ、右の段、御願ひ申し置き候。
一、今七つ時分、出立。*木裳《きのも》三女神御水様へ、参詣致し申し候。尤も、今夜、*南毛《なんげ》より暮れ候に付き、喜平と申す者を雇ひ、木裳喜右衛門方へ、止宿、致し申し候。
一、*九日、雨天。今日、高田まで参り、止宿。
一、*十日、雨天。今日、大水、出で申し候て、赤根にて、川留に付き、庄屋小右衛門方へ、止宿致し申し候。
一、*十一日、天気、快晴。今日、帰宿致し申し候。
一、*十二日、同断。
一、*十三日、曇天。

覚
一、丁銭七百七十九文　　下岐部村
右は、御代官様、当正月より、御入陣、二月まで御滞陣中、諸品借入損料など、諸入用、組々、惣代中、立会ひ取調べ、割賦、書面の通りに御座候間、この度、去る巳、郡中入用追割、御取立て、一同、来たる十九日・廿日、両日の内、四日市年番所へ、御払ひ入れ、成さるべく候。この廻状、早々、御順達留村より、御返し成さるべく候。以上。
午五月　　四日市年番所
右村々御庄屋中
組頭
四日、堅来より到来、請取り申し候。

外、去る巳、四日市年番所、郡中入用前割、差引不足の分追割、御廻状一通、ともに、午五月十三日朝、東中より受取り、朝飯後、中岐部に継送り申し候――五月十五日〔会所寄の節〕尤も、五月十九日、出銭、一同、拙者儀、惣代御用に就き、七日、出勤。一昨日、引取り申し候。中村に達し候。廿日、同村飛脚の者、御役所へ返上致し候。

〔前〕◀四六丁
一、追々、御普請様、ならびに、俵納方御役人、御廻浦に付き、御案内御継夫、旁、万端、差支へ申さざる様、組合へ申し談じ置くべく候旨、仰せ渡され候間、左様、御承知、成さるべく候。四日市より、中津《なかつ》辺り、聞き合はせ候筈に付き、御様子、相分かり次第、当郡へも、御沙汰、下され候様、

年番所へ御願ひ申し置き候間、その上にて、御継夫、旁、立会ひ、割賦、致すべく候。

一、年番所跡役人、当評議の上、六人程、願書、書上げ申し候。当郡よりは、名前、書上げ申さず候。

〔後〕

一、貯穀詰替届書、早々、差出し候様、仰せ付けられ候間、例の通り、*無村高《むらだか》等まで、御書記し、下岐部通り、御遣はし、順達、成さるべく候。鬼籠、年番本にて、認め、差上げ候様、致すべく候。

一、郡中入用仕上帳、去る七日に、岩戸寺より上岐部へ、順達の由、承り申し候。然る処、今以て到来致さず、何方へ相滞り居り候哉、一刻も早々、御順達、成さるべく候。

村々三判は、拙者、四日市出立の後へ、深江村組頭、持参致され候哉に存じ候間、持帰られ候はば、貯麦詰替書付、一同、鬼籠へ遣はさるべく候。郡中入用受印も、同所にて、一同、相調へ申すべく候。

右、旁、貴意を得べき為、斯くの如く御座候。以上。

五月十三日　下岐部億太郎

中岐部より堅来まで、村々

御役人中

一、*五月十四日、天気良し。

前略

然れば、右様、定めて、御聞き及びも御座成さるべく、拙者(鬼籠村)村方、大変の儀出来仕り、甚だ当惑《とうわく》仕り居り申し候。且つ、昨日、御役所へも、御注進、申し上げ候間、今・明日の内、*御検使御役人様、御越し成さるべしと存じ奉り候。

右に付き、この節の儀は、古今稀なる大変に御座候間、いづれ、右様方へ、御世話に罷り成り申すべく候間、此の上ながら、宜しき様、万事、御願ひ申し入れ置き候。その内、様子、相分かり申すべしと存じ奉り候間、左様、思召し下さるべく候。右の段、御願ひ申し上げ度く、略儀ながら、兼札を以て、斯くの如く御座候。早々、以上。

午五月十四日　鬼籠　仲右衛門

新涯より堅来まで、村々、御庄屋 組頭 中。

追つて、下岐部氏へ申し入れ候。この間、御役所へ御出勤、御苦労千万、存じ奉り候。その節、差遣はし置き候、印判袋、御持帰り成され候はば、何卒、今日中、相届き候様、時継ぎにて御遣はし成し下さるべく候。甚だ差支へ申し候間、偏に願ひ上げ奉り候。以上。

尚々、御無心ながら、早々、御順達、成され下さるべく候。以上。

この書状、五月十四日七つ半過ぎ、鬼籠村より到来、即刻、中村に順達致し申し候。

右返答、三判の儀、深江与頭、持参。この方は、受取り申さず候。右に付き、一昨日、早々、相返され候様、申し遣はし候。万々(一カ)、四日市へ預け置くなど仕り申さず候哉の段、返答、申し遣はし候。

別紙鬼籠廻札の通り、同村政吉弟八五郎と申す者、*智嘉右衛門弟利惣治と申す者を蹴殺し候由にて、当郡無双の大変、出来。御互に気の毒の至りに候。右に付き、今・明日には、御検使、御越の由に候間、定めて右様へも旁に付き、彼の地へ御見舞、成さるべしと存じ奉り候。

序《つい》で乍ら、御相談、申し候。貯麦詰替願、早々、差出し候様、この間、仰せ付けられこれ有る間、鬼籠にて、認め、差上げ候様、致すべしと存じ居り候処、右様の儀にては、中々、多事、混雑に候間、明早朝、岐部会所へ御立会ひ、右書付、認め候上、一同、鬼籠へ罷り出で候様、致すべき間、この節は、無名代御自身、御出で成さるべく候。昨日も申し入れ候三判の儀、早々、◀四八丁 御返し申し候様、鬼籠よりも申し来たり候間、呉々、御持参、成さるべく候。この廻状、早々、御順達、成さるべく候。以上。

五月十四日七つ半時　下岐部より

中岐部より堅来まで村々

一、*五月十五日、天気良し。

今日、寄会致し、貯麦詰替願書、認め申し候て、各々、鬼籠へ、一同持参、

四七丁▼

十七日、仲右衛門殿持参、四日市にて、御役所へ差上げ申し候。

尚々、村々印判の儀、昨日、御尋ね申し上げ候処、深江与頭、御持帰りの趣、今日中に相返し候様、御申し遣はし成し下さるべき様、御願ひ申し入れ候。以上。

態《わざわざ》、急飛脚を以て、御意を得申し候。然れば、御上へ、御注進、申し上げ候処、唯今、飛脚、罷り帰り申し候処、今日、御見分に御越し遊ばされ候由に御座候間、貴所様、*新涯氏御両人、御立会ひ成し置かれ候様、年番所より、御指図に御座候間、御苦労ながら、只今、御越し成され下さるべく候。且つ、*栄蔵様へは、昨日より御越し成され、御逗留にて御座候。万事の儀は、御面談の上、篤と御咄し申し上ぐべく候。何分、唯疾《と》く、御越の程、願ひ上げ奉り候。以上。

五月十五日　鬼籠仲右衛門

下岐部億太郎様

右書状、五月十五日四つ時、到来に付き、会所寄へは、夜更け、罷り出で、拙者、真つ直ぐに鬼籠へ罷り越し申し候処、七つ過ぎの頃、宮川惶蔵様、御着き遊ばされ候て、八右衛門、*死骸、御見分これ有り候。手前・栄蔵、御召連れ遊ばされ候。御見分、相済ませ、御引取の上、またぞろ、御伺（カ）ひ、拙者へは参り見届け来候様、仰せ付けられ候。

これは、此右衛門、先刻、疵《きず》これ有る旨、精《くわ》しく申し候由に付き、又々、我々、御遣はし遊ばされ候儀に御座候。

右に付き、兄弟三人へ致させ候処、疵はこれ無き旨、申し出で候に付き、その段、御上へ申し上げ候処、死骸人相書、差出し候様、仰せ付けられ、三*代吉などへ相尋ね、人相書、差出し候処、御上、仰せられ候は、

四九丁▼

「この段は、その方、罷り出で居り候に付き、大いに力に相成り候儀に付き、何卒、外にては、格別、その方へ逗留致し、心添へ致しくれ候」様、仰せ渡され候事。

［挿入紙］

一、八右衛門死骸の体相書致し、差出し候様、仰せ付けられ候に付き、三代吉へ尋ね、書上げ申し候。

一、右、横死御届書を差上げず、年番所へ、仲右衛門より書状を以て御上へ御訴へ然るべく候はば御達し下され候様、願ひ遣はし候儀にて、鬼籠村にて、届書、差出し候様、仰せ付けられ候に付き、〔その村〕その段、庄屋仲右衛門へ相達し候処、下書き致し候。

又々、三代吉、その考へ再案致させ申し候て、その考に書かせ、仲右衛門持参、御覧に入れ候処、その後、手前一人御呼び出し、右願書、御見せ、斯《か》様にては宜しからざる間、語呂よく添削致し書上げ候様、仰せ付けられ候に付き、加筆仕り、下書き御覧に入れ候処、斯様なれば最初より宜しき段、仰せられ候に付き、その後、その考へに認め為し、十六日に差上げ申し候。

一、今夕、御調べこれ有り。八五郎、手錠、仰せ付けられ候始末これを略す。

一、***五月十六日**、雨天。今朝飯後より初夜まで、三十度も双方一同御調べ御座候。速やかに口書、御取り御読聞かせ遊ばされ候。その後、手前に印形致し候様、仰せ付けられ候に付き、双方村役人ともに、印形取調べ、差上げ申し候。

一、***十七日**、折々雨降る。今朝、御発駕、遊ばされ候。十一人、四日市へ罷り出で申し候。尤も無調《ぶちよう》は、手前御断り申し、悴を同人に致し、差出し致し申し候。

一、*帰路に新涯周平、*参宮祝儀に立寄り申し候。手前・中村柳右衛門は、松来藤（カ）左衛門方へ雨天に付き立寄り止宿致し候。

一、***五月十八日**、天気良し。先にこれ有る米価下落の御廻状、今日、新涯より到来。

一、鎮まり候に付き、郡中入用、旁《かたがた》、中村に遣はし候節、同村に継送り申し候。尤も、先達て相廻り候郡中入用前割と差引不足の分追割り御廻状一通、ならびに、当春御代官様四日市へ御滞陣の節諸金借入損

料割年番所廻状一通、共に二通、今十八日、中村に相達し申し候。使・久太郎。

覚

一、丁銭一貫四百七十一文　　国東郡下岐部村

右は去る巳、四日市年番所、郡中入用前割の差引不足の分追割、書面の通り、今日上納仕り候。以上。

午五月廿日　　右村庄屋　億太郎

四日市御役所

覚

一、丁銭七百七十九文　外、二文改賃後　　国東郡　下岐部村

右は、御代官様、御滞陣中諸金借入損料割合、書面の通り、御請取り成さるべく候。以上。

午五月廿日　　下岐部村庄屋億太郎

御年番所

段々、御心配、遠察、奉り候。然れば、この間中、御咄し申し候通り、郡中入用御帳面、下岐部へ、御順達、成されざるに付き、名・印ともに致さずこれ有り候間、御多用、申し兼ね候得ども、下岐部村役人〔三人〕名前・印形ともに、御調べ置き下され候様、願ひ上げ奉り候。

右、御願ひの為、此の如くに御座候。以上。

五〇丁▶

五月廿日　　下岐部　億太郎

四日市にて

鬼籠仲右衛門様

追つて、その御地の御様子、あらまし、御知らせ下さるべく候。以上。

先達て、仰せ出され候米価《べいか》、下値に付き、御教諭、村々にて、身元相応の者より、差出銀、取集め、来月廿日、相納むべく候。この廻状、早々、順達留り村より相返すべく候。以上。

午五月十一日　　御役所

*羽権九郎殿

国東郡村々

庄屋

与頭

右、御廻状、五月十八日朝飯後、伊美より到来致し候に付き、〈五つ迄に相廻し申し候〉郡中入用御廻状、ならびに、年番所廻状ともに、二通は、返上に付き、この度、中村より出銀納、参り、次に、返上の積り。使・久太郎にて、中村に遣はす。

一、*五月十九日、〔天気良し〕雨天晴れなり。

一、*廿日、同断。

一、*廿一日、天気良し。

一、*廿二日、同断。

一、*廿三日、雨天。今晩より、丹後殿様、祈禱待ち致し申し候。

一、*廿四日、天気良し。但し、曇天。今日、石原、田植え申し候。おまさ─昼迄、お志ち─一日、おつた─昼下がり迄、おてい─一日、加勢致し申し候。

一、今晩、中村より、左の書状、到来。

鬼籠一件に付き、今日、火急、御召出し、即刻、出立、仕り候。この間、出銀納の節、仲右衛門殿より、別紙の通り、申し参り候。御覧、下さるべく候。組合中へも、宜しく頼むとの事に候間、御工面の上、然るべき様、御取 ◀五一丁
計らひ成さるべく候。今日、新涯・拙者、御召出し、鬼籠より、此右衛門・同人母・柳蔵・長之助・三代吉、五人、御召出しの由に御座候。何《いつ》れにも、宜しく御願ひ申し上げ置き候。

右、申し上げ度く、早々。以上。

五月廿五日　　上岐部俊右衛門

五つ時

下岐部億太郎様

外、仲右衛門殿よりの来状、到来。尤も上岐部への書状なり。

一、今朝飯後、和尚、御出、俳諧歌仙、写し申すべき間、美濃紙これ有る哉に付き、十九枚これ有り、御渡し申し候。ほか、*福鹿筆一本、進じ候。

一、*五月廿五日、曇天。

一、*廿六日、天気良し。

一、*廿七日、雨天。今日、小麦収納、相仕舞ひ申し候。

一、*廿八日。

一、*廿九日。

一、*晦日、雨天。

一、*六月朔日、曇天。

然れば、右一件、去る廿五日、*日田御元〆様、御越し遊ばされ候処、段々、御内意を以て、仲次《なかす》久右衛門殿・四日市市郎右衛門殿、御立会の上、少しにても、御吟味、軽く相成り候様にと、彼これ、模様を付け、内談、仕り居り申し候。

然る処、今朝まで、御召出しもこれ無く、一向、御紏し、御座無く候。定めて、今日は、皆々、御召出し、御紏し、御座あるべしと存じ奉り候。

右に付き、組合庄屋、両三人も罷り出で申すべき筈の処、伝わらざるの様子、仲次・四日市、仰せられ候得ども、御指図、御座無く候故、御沙汰も仕り申さず、左様、思召し下さるべく候。

尤も、新涯・上岐部、御両人は、御召出しにて、廿五日より、御出勤成され、御詰成され候。この上、御下知にても御座候はば、御願ひ申し上ぐべき間、御苦労ながら、御出座、下さるべく候。この上、如何に相成り候とも、計り難く存じ奉り候。

五三丁▼

右の段、御左右、申し上げ候間、一札を以て此の如く御座候。以上。

五月晦日　　四日市宿より　仲右衛門

朝出す。

新涯より堅来まで庄屋連宛て也。

尚々、右様、御村中へも宜しき様、御願ひ申し入れ候。甚《はなは》だ、大変にて、心痛、仕り居り申し候間、御察し下さるべく候。以上。

外、新涯玄庄老添状これ有り、六月朔日、東中より到来。

同日夕方、中村へ達す。

然れば、鬼籠一件に付き、新涯・拙者、御召出し、当廿五日、罷り出で申し候。未だ何の御紏もこれ無く候。廿六日、御元締本間様、御入陣、御座候。これは、偏に鬼籠はじめ、郡方まで、御憐愍の筋、存じ奉り候。猶、この度は、至つて大変の趣、一村は申すに及ばず、組合までも退転に及び申すべき程も計り難きに、組合より、庄屋一人も罷り出でず候趣、四日市仲須(次カ)より仰せられ候儀に付き、右、御左右、申し上げ度く、いづれ、上岐部など、掛り合ひの村方にて、申し上ぐべき筋これ無く存じ奉り候。

然るべく、御工面、下され度く存じ奉り候。何分、取揚げ・根付け時分にて、迷惑千万、御察し下さるべく候。早々、此の如く御座候。以上。

五月晦日　　新涯　周平

上岐部俊右衛門

下岐部より堅来まで村々

右書状、五月晦日夕方、中村より到来に付き、添状致し、同村使にて、中村へ返す。尤も、六月二日、出立。柳右衛門殿、出勤致し候。別紙の通り、申し来たり候。

猶又、御元締様へも御入陣の儀に候間、御機嫌窺ひ旁、郡惣代として、中岐部氏、明日、御出勤、成さるべく候。万一、御差支へ候はば、外方へ仰せ遣はさるべく候。早々、以上。

▲五三丁

六月朔日　　下岐部億太郎

*中村柳右衛門様

外村々

御庄屋中

この状、右一同、中村に達す。

一、〔六月朔日、曇天〕この分、前に有り。

一、*二日、雨天。

一、*三日、天気良し。
鬼籠一件、御吟味方、御口問ひ、先づ、相片付き、拙者共、帰村仰せ付けられ、今九つ時、帰着仕り候。

右に付き、外村庄屋、御歎き、惣代として、貴所様御出勤下さるべき旨、仲右衛門殿よりも、別紙、参上仕り候。

然る処、今日、赤根にて、中岐部氏へ、御目に懸かり、右に付き、御出での由、先づ、貴所様、御見合はせ成さるべく候。外村より、御一人、御両人も、御出で然るべく存じ奉り候得ども、遠郡の事に候間、先づ、中岐部、御出勤、成され候間、追々、御左右も、これ有るべく存じ奉り候。

彼の方、御吟味、相決し候迄にて、掛り合ひの者、未だ帰村は、これ無く候。御歎きの上、早々、帰宅相成るかと存じ奉り候。拙者共も帰りの砌《みぎり》、罷り出で、御歎き申し上げ置き候。何れにも、江戸表へ、御伺には相成り候筋の由、頭人どもの儀は、急々には、相片付き候筋合ひにては、これ有るまじく候。

右、御左右、申し上げ度く、取込み、早々、斯くの如く御座候。以上。

尚々、鬼籠医師両人・此右衛門悴、三人、拙者共五人、帰村、仰せ付けられ候。

六月三日　上岐部俊右衛門
新涯　周平

下岐部億太郎様

態《わざわざ》、書中を以て、御意を得申し候。弥《いよいよ》、御安康、珍重、奉り候。然れば、
五四丁▼
昨日、御紏し、御座候処、新涯・上岐部・鬼籠の内、付添の者、取調べ、柳蔵・儀右衛門、都合五人は、帰村、仰せ付けられ候得ども、*八五郎・*政吉・*長之助・岩右衛門・*三代吉・*此右衛門・同人母治《はる》・*喜右衛門・近右衛門・金兵衛・喜蔵・仲右衛門、この人数、御差留め、御座候。且つ、この節の儀、至つて大変の儀に御座候間、何卒、貴君様と、外に御一人、御同道、御出勤、御歎き成し下され候はば、咎人は格別、付添の者なりとも、御捨免、下され候様、御取成し、御願ひ成し下され候様、願ひ上げ奉り度く、何分、永々の逗留、取揚げ・根付け等に差支へ、甚だ難渋の者、多く御座候間、御救ひと思召し、御出勤、下され候様、偏に希ひ上げ奉り候。右の段、御願ひ申し上げ度き間、一札を以て、斯くの如く御座候。以上。
尚々、明日にも、御出勤の程、願ひ上げ奉り候。猶又、御元締様御逗留の間に、御出座、下され候様、御願ひ申し上げ度く、斯くの如く御座候。以上。

六月朔日　四日市より
鬼籠仲右衛門

下岐部億太郎様
外御庄屋衆中様

尚々、外は、貴所様より仰せ達せられ、御願ひ成され下さるべく候。貴所様、御出勤、下され候得ば、外は、御若手衆にても然るべき様、存じ奉り候。以上。

右二通、六月六日、岩戸寺、ならびに、卯之吉、遣はす。

右、上岐部・鬼籠状、六月三日夕方、上岐部村使・岩助より蔵屋敷にて、請取り申し候。
一、*午六月四日、七つ時分より雨天。今日、隠居屋敷、粟・稷《きび》、根付け。蔵 ◀五五丁
屋敷に蒔き申し候。
一、*五日、曇天。今日、*大網理右衛門・同忠兵衛、*下津井長治郎、参り申し候。冷麦、致し、御酒、出し申し候。
一、*六日、雨天。大水なり。
一、*七日、同断。
一、*八日、天気快晴。
一、*九日、晴天。今朝、左の品々、東中より到来致し候。夕方、中村に継ぎ申し候。使・せき。

一、銭六文　郡中入用銀、相場違ひの分、取立て。　下岐部村
銀六分六厘　納入用不足の分、取立て。
一、同五文　右、同断。　中岐部村
同六分　右、同断。

一、銭三文
　銀三分九厘　　上岐部村

右は、去る巳、日田年番所郡中入用不足追割銭、差立相場違ひに相成り候分、ならびに、去る巳御年貢銀納入用不足の分、取立割付・皆済目録、相渡し候間、去る巳年中小手形類、取揃へ、引替へ為し、来る十六日・十七日、両日の内、村役人印形持参、罷り出づべく候。この廻状、早々、順達留より、御用序に、相返すべく候。以上。
　午六月二日　　四日市御役所
　　　　　　　　　　　　右村々庄屋
　　　　　　　　　　　　　与頭

去る巳、村入用帳、来る十六日・十七日、両日の内、間違ひ無く、御差出し成さるべく候。この段、申し達し候様、仰せ渡され候。以上。
　午六月五日　　四日市年番所
　国東郡
　　御支配所
　　　村々
　　御役人中

五六丁▼

然れば、拙者儀、漸々、唯今、帰村、仕り申し候。誠に、先達ては、御遠方の処、皆々様、御越し下され、千万、忝《かたじけな》く存じ奉り候。

右一件、四日市・仲次《なかす》*、御両人、御上より御内意にて、願方趣意書、少しにても手軽く相成り候様、御取計らひを以て、付添の者、引取り候様、相成り申し候。大慶に存じ奉り候。

尤も、八五郎儀は、入牢、政吉儀は手鎖《てじょう》にて村預け、仰せ付けられ候間、左様、思召し下さるべく候。

早速以て参り、御礼申し上ぐべき筈に御座候得ども、殊の外、疲れ申し候に付き、その儀無く罷り過ごし申し候。この段、真つ平、御容赦、下さるべく候。

一、この節、郡中入用納不足、ならびに、去る巳年納め用不足分、御廻状御渡し成され候に付き、継ぎ送り申し候。御村々、御印形、成さるべく候。
一、去る巳、村入用帳《むらにゅうようちょう》、当月十六、七日まで、差出し候様、年番所より御廻状、御座候間、御承知、成さるべく候。
一、貯石(穀)積替、仰せ付けられ候間、これまた左様、御承知、成さるべく候。
一、右、品々に付き、御打寄り仕らず候ては、相分かり難く候間、来る十一日早朝、岐部会所へ、御自身、御出座、成さるべく候。御立会の上、篤と御相談仕り申すべく候間、間違ひ無く、御出座、成さるべく候。右旁々、貴意を得べく、此の如く御座候。
一、新涯・中岐部・上岐部、御方々、一様、別して御苦労千万に存じ奉り候。殊に、大雨、御引取り、御評議の程、願ひ出で奉り候。以上。
　六月八日　　　　鬼籠仲右衛門
　　八つ時、出す。
　　　新涯より、堅来まで村々。

一、六月十日*、天気良し。
一、十一日*、同断。今日、会所寄り、御座候。

巳二郡毛付、二万三千八百四石二斗七升二合四勺
　合、丁銭三百三十二貫四十一文
　この訳　但し高百石に付き、丁銭一貫三百九十四文八分七厘九毛八五余
巳毛付高二万八百六十一石四斗六升四合　　宇佐郡
　丁銭二百九十貫九十二文
巳毛付高二千九百四十二石八斗八合四勺　　国東郡
　丁銭四十一貫四十九文
　　国東郡割
一、丁銭四十一貫四十九文　　二郡割の分
一、丁銭六貫六百三十二文　　国東郡割の分
巳毛付高二千九百四十二石八斗八合四勺
　合丁銭四十七貫六百八十一文

▲五七丁

但し、高百石に付き、丁銭一貫六百二十文二分五厘四毛余
　内
三十八貫百二十三文
　これは、当巳郡中入用凡積を以て去る辰十月前割
　差引
　　残て、丁銭九貫五百五十八文
　　　全差引不足、改方より取立つべき分

右は、去る辰十二月より当巳十一月迄、四日市御役所御本陣御長屋向修復入用ならびに御用状持送り人足賃銭・定水夫給扶持・年番所諸入用、その外、

五八丁▼

二郡割、宇佐郡割・国東郡割、成るべく前共同じ仕上帳、差上げ、御改を受け候分辻、書面の通りに御座候。以上。

　巳三月　　　四郎兵衛
　　羽倉―　　　聞左衛門
　　　この御役所

一、金十三両三分二朱分、二匁二分二厘
　差引金九両三分二朱分、八分四厘三毛
　　これは、納人方へ全く手取るべき分

右は、羽倉―元御代官所豊後国、去る巳御年貢米、御蔵納諸入用納人方より受取りの人足賃損料など、受負人共より書付印形取り、相渡し、差引き書面の通り、相違御座なく、勿論、外入用、一切、相掛け申さず候。以上。

　　　　　乗納人　勝蔵　印
　　　　納方　会所　印

　文化七午年三月
　　　羽倉左門様
　　　　御役所

前書の通り、相違これ無きもの也。
　　　羽倉左門
午三月　　御役所

鬼籠氏、写し持参。会所にて披見。直に、同人へ返す。
一、六*月十一日、天気良し。この分、前にこれ有り。
一、十二*日、今日、少々、雨降る。今日より、水番圓蔵・際右衛門、相廻り申し候。
一、十三*日、曇天。
一、十*四日、曇天。今日、水番の儀に付き、百姓代、寄合ひ致し申し候。

[別紙表]

急ぎ、飛脚を以て、御意を得候。弥、御安康に御勤め成さるべしと、珍重に存じ奉り候。然れば、去る巳村入用帳仕組に付き、当組合、毛付高三千二百十七石九斗八升一合二夕の高控、この度、御廻し成され候。去る巳郡中入用仕上帳、当郡毛付高二千九百四十二石八斗八合四夕にて御座候。過分、相違（カ）に相見へ候。

これは、如何の訳にて候哉。村入用帳仕組方、間違ひに相成り候ては、如何の儀に付き、この段、御伺ひ申し候間、御引調べ下され度く、頼み上げ奉り候。村々、御割付け毛付高に集め（カ）候処、前書の通り、相成り候。去る巳年引起など、一村もこれ無く候得ば、御引合ひ当組合の毛付高御書付、仰せ付けられ下さるべく候。御序で、五ヶ国割当りも郡当添共、念の為、御書添へ、御遣はし下さるべく候。

　　　　　国東村々庄屋
四日市年番所

[別紙裏]

　上岐部池荒手*
一、俵四十五俵　　下岐部村
一、人夫九人
〆　六月十三日

五九丁▼
一、*十五日、天気良し。今朝、東中より、左の書類、村々三判、到来。
然れば、その御組会(組合)、去る巳(文化六年)、毛付高、左の通りに御座候間、御見合は
せ、村入用帳、御仕上げ、成さるべく候。
毛付高二千九百四十二石八斗八合四勺
内、三百四石七斗四升九合二勺　鬼籠
一、同二百廿七石二斗六升三勺　新涯
二百四十二石八斗七升三合　西中
一、同百五十八石五斗一升四合九勺　東中
四百五十二石八斗八升八合三勺　下岐部
一、同三百六十八石三斗四升八合九勺　中岐部村
百八十五石三斗三升九勺　上岐部
一、同三百廿二石三斗一升九合八勺　岩戸寺
外十九石三斗四合　*芝原分
二百八十三石三斗九升六合三勺　深江村
三百七十七石八斗二升二合六夕　堅来村
〆、二千九百四十二石八斗八合四勺
右の通りに御座候。
猶又、五ヶ国割の儀は、巳(文化六年)年一ヶ年分追割ともに、御仕出し、成さるべく
候。
右、村入用帳仕上げの儀は、延引は、御願ひ申し上げ難く御座候。なるた
け、御差急ぎ、御仕上げ成さるべく候。右の節、申し上げ置き、此の如く、
御座候。以上。
六月十三日　四日市年番所
鬼籠村御庄屋
仲右衛門殿
貯穀積立届書も、その内、御取調べ、御差出し成さるべく候。皆作注進書
など申す迄これ無く候得ども、御取調べ、御差出し成さるべく候。以上。
六月十三日　*藤兵衛
仲右衛門様

右の外、鬼籠・伊美三ヶ村、去る午、御銀御通、四枚、当巳(午カ)貯穀積替御届
書帳一冊、右控帳一冊、村々三判、新涯より深江に一封、一同到来致し候。
然る処、左の通り、中村より到来。
一、右書類は、中村に順達致し候。
この度、惣代・拙者、今日、出立、罷り出で候間、村々三判、明日まで四
日市へ御持たせ成さるべく候。その為、斯くの如く御座候。以上。
六月十五日　*深江国助
村々御庄屋中
上岐部・中岐部とも、午(文化七)御銀御通、ならびに貯穀御封印、参り申し候。
覚
一、村々三判。
一、上岐部より下岐部まで、去る午(ママ)御銀通三枚、ならびに、貯穀御封印、
下岐部村二枚、上・中村一枚宛。
一、深江よりの廻状一通。
一、新涯より深江村へ一封。
一、測量方入用出銀帳二冊、ならびに払物帳一冊、杵築買物通一冊。
右の通り、巳(ママ)六月十五日、飛脚を以て新涯へ、順達、申し候。
一、*六月十六日、天気良し。今日、五左衛門、参り、この方、勘定合はせの
噺これ有り候。これを略す。
一、*十七日、同断。
一、*十八日、同断。
一、*十九日、同断。少々、小雨、降る。
一、*廿日、同断。
今夕方、五左衛門殿、高田屋へ参り、七二銭二貫匁、来る未春までの借用
証文、奥印致し遣はし候。御教諭差出銀、明日、相納め候に付き、差出し認
め、五左衛門へ渡す。尤も、三判ともに、岡の伝右衛門、納人に御座候。廿
一日、帰村致し候処、御元〆田中寿兵衛様・伊予(カ)弥(カ)右衛門様・本馬壮助様、
御連名の御受取書、参り申し候に付き、直に俊右衛門に持たせ、五左衛門方
◀六〇丁

へ遣はし申し候。同人方へこれ有り候。
尚々、皆作御注進書、村入用帳面、一同御差出し成さるべく候。鉄炮、打始め届け、右一同、御取調べ、御差出し成さるべく候。

[口取紙]

囲銀の滞り

この度、惣代御用、相済み、今日、引取り申し候。然れば、御割付皆済目録、ならびに、去る巳、日田年番所納不足追割、小手形一枚宛、御受取り成さるべく候。以上。

六月廿日　*深江国助

納村々御庄屋衆中

追つて、村入用帳、日延べ願ひ共、三日まで、御願ひ申し上げ置き候間、六丁▼急々、御取調べ、伊美三ヶ村内より、与頭衆、御差出し成さるべく候。尤も、*東三ヶ村帳面は、廿三日迄、下岐部へ差遣はし申すべく候間、一同、御順達、成さるべく候。右、御意を得たく、斯くの如く御座候。以上。

六月廿日

印判、御返し申し候間、使にて、御受取り成さるべく候。以上。
一、去る巳御割付け皆済目録、下岐部より鬼籠村まで、ならびに三判。
一、去る巳日田年番所入用不足追割、御受取書、下岐部より鬼籠村まで。
〆
右の通り、六月廿日、中村より受取り、即刻、東中に継ぎ送り候。

[挿入紙表]

覚

一、銀二百四十目　国東郡下岐部村
囲米代銀上納主　五左衛門

右は、御教諭囲米代銀、書面の通り、今日、上納、仕り候。以上。

右村庄屋

午六月廿日　億太郎

四日市御役所

日限に遅納の由にて、四日市御役所にて、殊の外、納人伝右衛門を、御叱り遊ばされ候由、同人より承り申し候。

[挿入紙裏]

(前欠) 希ひ上げ奉り候。以上。

霜月廿三日　*小川内
器文

*雙非大雅君

追つて申す迄は御座なく候得ども、御請書の位に間を御あけ、御書き下され度く、加筆の場所 (以下欠)

一、*六月廿一日、天気良し。
御尊紙、拝見致し候。弥《いよいよ》、御安康、寿ぎ奉り候。然れば、村入用帳、組合出銀高百石に付き銀三十匁四分八厘、この間、会所にて申し合はせ候通りに仕組み候間、左様、御承知、成さるべく候。
一、その三ヶ村、無付高の儀、先達て年番所より申し来たり候高に御仕組み、然るべく存じ奉り候。[これ迄の高は、過分、相違、仕り居り申し候] 勿論、組合惣高は、二千九百四十二石八斗八合四勺に御仕組み成さるべしと存じ奉り候。[去る巳、田方、減高皆無にて御仕組み成されまじく様、存じ奉り候]
外、品々、新涯村遣はす。これを略す。尤も、返書なり。
然れば、村入用帳ならびに根付目録共、御認め成され、廿三日昼時分まで、この方通り、御遣はし成さるべく候。拙者、昼立にて出勤仕り申すべき積もり御座候。尚又、三判、御添へ、御遣はし成さるべく候。これ又、村入用帳の儀は、当郡出銀も、四日市仕出高に掛け出し申し候間、左様、思召し成さるべく候。

六月廿一日、朝出す　鬼籠仲右衛門

御村々御庄屋衆中様

尚、去る十九日、四日市、相納め候。先は大慶に奉存じ奉り候。
外、新涯よりこの方へ一封、周平殿より深江国助殿へ一封、鬼籠より新涯への受取書、廿一日九つ時、受取り、即刻、中村に達す。

一、廿一日、天気良し。

御教諭差出銀、今日、五左衛門、納め。二百四十目、伝右衛門、持参、罷り出で、今日、相納め申し候。然る処、昨日の御納銀、一日延引。殊の外、御役所にて御呵に御座候。その外、年番所、万屋辺にても甚だ不首尾の旨、同人より承り申し候。御銀は、最早、箱詰め相済み居り候由にて、左もこれ有るべき儀なり。

一、廿二日*、同断。

今七つ時分、寺より、使・実蔵にて、三ヶ村庄屋に当て、書状、参り申し候。左の通りに覚へ候。（次の挿入紙参照）

［挿入紙］

歌舞伎、今夕、当寺へ押掛け候に付き、座踊り致させ候間、お手透き候はば、御家内様御同道にて、御見物に御出で成さるべく候。

右、御意を得べき為、斯くの如くに候。以上。

六月廿二日　　胎蔵寺

億太郎様「この方は、御断り申し入れ候」
柳右衛門様
俊右衛門様

右、使の前にて、親父に申し候は、「太鼓、打たざるの座踊りに候はば、その儘に致し置き申すべく候。万一、太鼓、打ち候得ば、押留め申し候」旨、実蔵、帰り噺にも致すべしと存じ、右の段々、申し候。

○然る処、昏に及び、太鼓を門外に持参、隣村へも響き候程に打ち候に付き、早速、理左衛門を呼び、申し渡し候は、「太鼓、打たざるの座踊に候はば、知らざる分にて、差置き申すべしと存じ居り候処、案外の儀に候間、急度、歌舞伎興行は、相成り申さざる旨、寺へ参り、差留め候様」申し遣はし候。

○それより後、久平、参り、「太鼓、打ち候処は、御了簡にて、子供・年寄も参り候儀に候間、少々、芸を致させ候様、仕り度き」旨、願ひ申し候に付き、「太鼓無しに候はば、知らざる分に致すべき」旨、申し候処、今夜、*『矢口渡《やぐちのわたし》』を興行致し候由に候。久平、早速、引取り申し候。

▲六二丁

一、廿三日*、天気良し。今朝、中村より左の品々、受取る。
一、*巳（文化六）*年村入用帳、四冊　中・上岐部村分
一、三判　同断
一、皆作御届書　控　同断
一、*威鉄炮《おどしてっぽう》打始御届書　二通　同断
〆　右の通り、受取り申し候。

覚

一、巳年村入用帳　上・中・下岐部村分
一、三判　同村分
一、皆作御届書　同断
一、威鉄砲打始御届書　三通　同断
　但し、威鉄砲預かり主判ともに下岐部分。
一、見取畑仮御免状　一枚　下岐部村分
〆
右の通り、御受取り、一同、御取次ぎ下さるべき様、願ひ奉り候。以上。
午六月廿三日　　下岐部億太郎
鬼籠仲右衛門様

弥《いよいよ》、御安康、珍重奉り候。然れば、又々、今日、御出勤の由、大暑の砌、御苦労千万に存じ奉り候。定めて、船より御出座と察し奉り候。

一、見取畑仮御免状、先達て、間違ひ、この節、返上仕り候間、何卒、御世話ながら、御大切、成さるべく、慥《たし》かに、御返上の程、重畳、願ひ上げ奉り候。

一、村入用帳、威鉄砲届け書、品々、万一、相直り候はば、然るべく願ひ上げ奉り候。

右の段、貴意を得べき為、此の如く御座候。以上。
　六月廿三日
又々、中村より、左の通り、到来。
＊お楽御方、死去に付き、鳴物は十日、普請は五日、停止の事。
一、＊安藤対馬守卒去の事。
右の趣、御書付、出で候間、鳴物は今十五日より廿四日まで、普請は十日より十九日まで、停止に候条、その旨、相心得、火元など入念、諸事、穏便に致すべく候。この廻状、村下、受印せしめ、刻付を以て、滞り無く、相達し、留より相返すべく候。以上。
　午六月十五日　日田御役所
六三丁▼
右の通り、御廻状、出し候処、年番所より、印形、相揃ひ居り候はば、判付き致して、形相調整に、御返し申し致すべき段、仰せられ候に付き、右の通り、取計らひ、持帰り申さず候。この旨、一同、順達、致すべく候処、失念、この度、相廻し候。
右、早々。以上。
　六月廿三日　＊（深江）国助
　岩戸寺・鬼籠　御庄屋　衆中　与頭

右の外、
堅来より岩戸寺村迄村入用三判、皆作御届控・威鉄砲打始御届書一紙・連印書上　一通。但し、この連印の方を、御役所へ御差上げ候様、鬼籠に申し遣はし候。
一、岩戸寺より鬼籠へ　一通。
一、深江より新涯へ　一封。
一、同村測量方御昼休み入用帳　一冊。
右、品々、六月廿三日四つ時、中村より受取り、即刻、飛脚政右衛門にて、鬼籠村へ相達し申し候。
一、今廿三日夜、暮れ過ぎの頃、胎蔵寺下男万助に、大桃灯を灯させ、御出に御座候。拙者、改め候は、昨夜、太鼓を打ち候不届き、挨拶の為、参られ候哉と存じ候。〔処、左は無くて、和尚、中され候は〕而して、手前、申し候は、「昨日は、御紙面、預かり候」と申し候処、和尚、申され候は、「昨日、酒屋新宅などへ参り、＊光りなど、致し候。上熊毛へ参り居り候。歌舞伎を呼び、座踊り致させ申し候。今日も逗留に御座候。御忌中と承り候処、今晩、浄瑠璃を致させたく候。如何、致すべき哉」と申され候。
　手前、申し候は、「今日は、疾《と》く罷り出で候哉と存じ候処、甚《いた》く御留め成され候はば、いかがわしく、勿論、右様の者、村内へ入込ませ候は、御法度の上、御停止にもこれ有る処、又々、今夜、浄瑠璃にてもと仰せられ候は、余り、御無体なる仰せられ方に候」。

　和尚、申され候は、「いや、この方は、無理に語らせ申すべしと申すにてはこれ無く、御忌中の事故《ゆえ》、御尋ね申し候儀に候」。

「御尋ねにも及ばず。それだけの儀、御分かり成されざる御方にてはこれ無く候。それは手前を御嬲《なぶ》り成され、皃《かお》を御潰し成され候かと存じ候。左様の儀にて御潰し成されずとも、外に成され方もこれ有るべく候」

「決して、この方、貴様を潰し候心底これ無く候。潰し候て、何の益に相成るべき哉」

「いえいえ、御潰し成され候御心底に相違これ無く候。その故は、昨晩も、太鼓を御打たせ成されず、ひそかに座踊り成され候ても、諸人の好み候ものに付き、今宵は何方へ興行これ有る哉と、前方より耳を澄まして承り合はせ候儀にて、見物人は、大勢、群集、致すべきに付き、太鼓なしに成され候はば、拙者も、存ぜざる分にて相済ますべしと存じ居り候処、御打たせ成され候に付き、拠《よんどころ》なく差止め申し候。＊鬼籠にも、御存じの大変、◀六四丁 差起こり候時節柄に付き、組合に加わり居り候得ば、面白さうに村内へ歌舞伎・狂言など致させ候ては、世間の風評上への恐れ、何分、手前の皃《かお》、相立ち申さず候間、御潰し成され候と申す儀に候」

「左様、仰せられ候ては、拙僧、当村の住居は、相成り申さず候」

「御住居の御差支へには何ぞ相成るべき筋これ無く候。しかし、拙者も、明日、退役致し候も相知れ申さず候得ども、一日にても役儀を相勤め居り候得ば、私に相勤め候儀は出来申さず、公儀より仰せ付けられ候儀にて、手前、支配致し候村内においては、御寺院とても、御勝手はさせ申さず候」

「勝手は仕らず候」後略。

一、六月廿四日*、晴天。朝飯時分、幸右衛門、参り申し候は、「昨夜、寺へ御呼び、『いつぞや出雲御初穂銀に借用致し候分、明朝迄の内、払ひ候様』、仰せられ候。『承知仕り候』段、申し上げ候処、再応、『承知、確《かく》』と仰せられ候儀に候。どうやら、歌舞伎の儀に付き、寺出にても成さるべき趣に相聞へ申し候。右に付き、中村柳右衛門様・儀兵衛など、立会ひ申しなだめ候積もりに、中村へも使を遣はし申し候」旨、申し候。

手前、申し候は、「左様の儀に候はば、中村氏へも、最早、御出、これ有るべきの間、然るべく取計らはれ、寺出これ無き様、専一に候。併《しかしながら》、この方よりは、断りの筋これ無き」旨、申し置き候。

一、八つ時分、儀兵衛、参り、申し候は、「右一件も、和尚、漸く御納得にて、寺出、御止めの筈に成され申し候。右に付き、貴様も、これまで、御得意の儀に候間、爾来、御双方共に、御如在なく、御付合ひ遊ばされ候様、致し度き儀に存じ奉り候。柳右衛門様も、御出、成さるべき旨、仰せられ候得ども、余り大仰に聞こへ候に付き、私一人、御見舞ひ申し候」。

「手前、同じく、この方に於て、少しも如在の心底これ無く、役分に拘り候儀故、やむを得ざる事、申し候のみ。追院の存じ寄りなど、努々《ゆめゆめ》、これ無き儀に候。向後は、僅かの儀にて、退院などと申す儀は、仰せられざる様、致し度き」旨、噺合ひ申し候。後略。

一、七つ時分、幸右衛門、参り申し候は、「先刻、御納得に候処、左なく、小僧、御連れ、寺、御立ち去るの趣、唯今、拙者・儀兵衛、参り候様、久平より、儀七、使にて、申し参り候。儀兵衛は、『先刻、言葉を尽しこれ有るに付き、最早、参り候ても、申すべき口上、存せず』と申し、参らざる」由に候。

手前、申し候は、「遠方に行かれ候程、厄介、御座候間、久平、抜かりはこれ有るまじく候得ども、急ぎ、追人を掛け候様」申し、幸右衛門、直に寺へ参り候。

六五丁▼ 一、早速、儀兵衛を呼び、

「先刻、貴様より承り候とは、格別の相違、面倒の至りに候。これは、和尚思召《おぼしめし》は、手前をはじめ、心配させ、一応の断りを申させ候御心底かと察し入れ候。左候はば、この方心底には、断の訳はこれ無しと存じ候得ども、長袖の儀、殊に、僅かの儀にて退院させ候も無念の至りに候間、昨夜申し候内、麁言《そごん》も候はば、和尚へ断り申し候てなりとも、静め候方、肝要かと存じ候」。

儀兵衛、申し候は、

「貴様より御断り仰せられ候様には、誰以て申す人は御座無く候得ども、左様の筋に成され候はば、帰寺これ有るべしと存じ奉り候」。

右、噺の折柄、久平、参り申し候は、

「先刻、和尚、小僧、引連れ、寺出に付き、早速、五左衛門を、周景（継）老呼びに遣はし、追かけ候て、留め候処、最早、一旦、立出で候に付き、寺へは帰らざる由に付き、周継老方へ、御供、申し候。御老尼は、今朝より茶屋に御遣はし候。万助は、休みに帰り、大家に小丁稚一人に付き、私、はづし候儀も相成らざる処、幸右衛門殿参り候に付き、頼み置き、御届け申し上げ候。『何分、この寺は、我《われ》風情の者にては勤まり申さず候。右に付き、退院、致し候間、追つて、住所、定まり次第、沙汰、致すべし。それ迄、諸人にて、門前同へ預け候』由、仰せられ候得ども、『それは預かり得申さざる』旨、返答、申し置き候」。後略。

久平、引取り申し候。

一、今夕飯後、儀兵衛同道、春斎老方まで参り、右、あらまし、噺し致し候処、同人、申され候は、「老盲致し候得ども、御助言は申すべく候。先刻、儀兵衛、小平殿宅へ参り、手前の心底、周継老・多久助殿へも噺し候趣の処、今夜も、和尚、十分御不機嫌に御座候間、明朝の儀に成され、然るべし」と申候由。

儀兵衛、帰り申し候に付き、「左様、致すべき」旨申し、春斎老亭、立出で申し候。引取り申し候。

一、六月廿五日*、晴天。今日、惣米開き致し申し候。宮にて、当年水番理久右衛門、申し候は、「さこ儀七殿、最早、当年の儀は申さず候間、来年より、水番の儀、御断り申すとの儀に御座候」由。

一、幸右衛門、籠屋に参り、申し候は、「庄屋殿より、御挨拶、致し候様にては、後口、宜しくこれ有るまじき間、中村浄念寺*様、御頼み申し、その外、隠居方立会ひ、帰寺、致され候様、然るべしと申す評議に御座候」旨、承り申し候。

一、追々、多久助殿、宮に参り、手前を呼び、理由《わけ》申され候は、「貴方《あなた》より、御断り仰せられ候ては、和尚の後口、宜しかるまじくに付き、浄念寺へ御頼み申し、御断り申し候様、致すべく候と申す評議に御座候。然る処、惣旦中より御頼み申すとも申し上げ難く、いづれ、貴方のお名を御出し成されずては、浄念寺、御受合ひ御出で下さるべき哉、覚束無く、如何にて然るべき哉、御相談の由に候」。

六六丁▼

手前、申し候は、「左候はば、下岐部旦頭ならびに儀太郎より、御頼み申すとの口上にて、然るべく候」。多久助殿、承知、罷り上り候。

一、治助殿、宮を通り候に付き、籠屋へ呼び、尋ぬる処、「唯今、浄念寺、御下りにこれ有り候間、拙者にも参り候様、申し来たり、罷り出で候」。「左様ならば、浄念寺へ然るべし」との伝言、致し申し候。同人、立出づ。

一、今日、雨乞ひ申し、籠《こもり》、致し申し候。成就は、村中、日籠《こもり》。御手洗《みたらい》浚《さらい》にて御座候。

一、帰家致し居り候処、多久助殿、伝言として、「屋敷栄蔵より申し来たり候は、一件相済み、御帰寺、成され候間、貴様へも一寸《ちよつと》寺へ御出で成さるべく候」。やはり見合はせ居り候処、又々、久平、参り申し候は、「浄念寺はじめ、御隠居方御取成しを以て、和尚も、帰寺、遊ばされ候。右に付き、春斎老、仰せられ候は、貴様へも、一寸《ちよつと》、御参詣、然るべき旨御座候」段、申し出で候。これにより手前も参り申し候。この方より和尚へは何の挨拶も申さず候。寺に吸物・御酒・冷麦など出来に付き、手前も、刺身代、久平に渡し申し候。尤も、不足候はば後にて承るべき旨、申し置き候。

立ち会ひ一座の面々。

一、浄念寺・周司・春斎・浩平・治助・儀兵衛・手前なり。久平、胎蔵寺は、勿論、出座にて、酒、給ひ申し候。久平・徳兵衛も、内所の世話人にて御座候。

一、鬼籠氏、廻状にて申し来たり候は、「この度、出勤致し候処、村入用帳、村々ともに相直り候に付き、直に引取り申し候。右に付き候ては、至つて難しき筋、御座候間、御面談ならでは相分かり申さざるに付き、筆・紙・墨、御持参、廿六日、岐部会所へ御打寄り成さるべき」旨の廻状なり。

右、廻状、六月廿四日、到来。直に、中村に、順達、致し申し候。

一、**六月廿六日***、炎天。会所寄り御座候。巳年村入用帳へ朝鮮人*来朝入用納入用は済み、入落に相成り居り候に付き、この分を差加へ、村々共に会所にて出来申し候。然る処、巳年郡割出銀帳、相添へ差出し候様、仰せ付けられ候。然れども、今以て表向きの帳面仕立て、これ無きに付き、今日より取掛かり、仕立て申し候。

覚

一、巳年村入用帳　来朝出銀納入用、差加へ直し、十ヶ村分。
一、同年組合出銀割賦帳　但し、この度、新規に出来《しゆつたい》致し候分。
一、辰年（文化五年）*朝鮮人来朝出銀納入用御受取書　一枚　下岐部村分。

▲六七丁

この度、返上致し候分。尤も、村々、共に返上の筈。
一、午年（文化七年）惣代御用賄帳、二冊　但し、写し共に相添へ差出す。
一、同年村方用に付き、同断　二冊　但し、右同断。

右、品々、この度、出来申し候。尤も、廿七日まで相懸かり、右二泊りに相成り申し候。

右の品、六月廿七日、新涯氏へ相渡し候。廿八日、西中村組頭へ、四日市へ持参致し申し候筈に申し合はせ候。

一、**六月廿七日***、炎天。今日、皆々逗留。帳面仕立て也。尤も、今日、ぎりぎり、出来。皆、引取り申し候。

一、**六月廿八日***、炎天。今日、既に願成就、不動*、参詣。それより、住吉龍神*祭、共に、成就致し申し候。

一、今夕方、伊美より、飛脚を以て、廻状、到来。廿九日夕方なり。

覚

三代吉

右の者、御用、これ有る間、七月二日五つ時、庄屋付添ひ、御役所へ罷り出づべき旨、御意に御座候。尤も、御名代にて相済み申さざる間、御自身、御出勤、成さるべく候。以上。

六月廿六日　　　四日市年番所

鬼籠村

仲右衛門殿

別紙の通り、申し来たり候に付き、罷り出で申すべく候。尤も、先達ての鉄炮書付、相直り候間、同村々三判、持参候様、申し来たり候間、預り主、

六八丁▼

これ有る村々三判、間違ひ無く、二日昼迄、この方へ、御遣はし成さるべく候。船にて参り申し候。後また略す。

六月廿九日　　鬼籠仲右衛門

新涯より堅来まで村々

御庄屋

与頭　中

右の通りに付き、三判、ならびに威鉄炮預り三判ともに、廿八日夕方、中村に順達。

一、今日より、手前、少々、不快に御座候。尤も、御祭礼にも参詣なり申さざる位に御座候。

一、今朝、おしう等、参り申し候。甚助殿は、昨夜より、逗留に御座候。

一、***六月廿九日**、炎天。不快に付き、社参、仕らず、御忌中にて、御幸も御座無く候。

一、今夕方の来状、委細、前に有り。

一、***七月朔日**、炎天。

一、***二日**、同断。

注解篇

［表紙］

文化七年　庚午。西暦一八一〇年。光格天皇朝。徳川十一代将軍家斉の治世。幕府の西国筋郡代（日田代官）は羽倉権九郎秘救《やすひら》であったが、彼は文化五年六月四日、死去。その死はしばらくは秘されて、文化六年三月、前年の年貢皆済状は、死んだ権九郎の名で出され、文化六年十一月の年貢割付状と文化七年五月付の前年の年貢皆済目録は、「羽倉権九郎元御代官所」として、子息羽倉左門（外記秘道《やすみち》）が出している。文化七年六月十九日、三河口太忠輝《てる》昌《まさ》が西国筋郡代に抜擢され、九月十一日、日田陣屋に着任した。

下岐部億太郎　豊後国国東《くにさき》郡下岐部村庄屋有永億太郎。下岐部村は、国東半島の北部、岐部川河口の周防灘に面する村。平安時代、岐部荘は宇佐宮神宮寺弥勒寺の荘園であった。文治二年《一一八六》四月十三日の後白河院庁下文に浦部十五ヶ荘の一として岐部荘が見え、弘安八年《一二八五》の豊後国太田文に、「岐部浦十五町、地頭岐部三郎成末法名円妙」とある。江戸時代初め、細川豊前中津（のち小倉）藩領。元和八年《一六二二》には、竹田津手永《てなが》に属していた。寛永九年《一六三二》、小笠原豊後木付藩領。正保二年《一六四五》、松平豊後木付（のち杵築）藩領。同年、松平直政分知領となった。元禄十三年《一七〇〇》六月の紀年銘を有する岐部社の石灯籠に、「奉寄進灯籠　元禄十三天辰六月吉日　下岐部村　有永藤助並氏子中」とある。元文《一七三七》二年、幕府領となった。延享三年《一七四六》二月の『下岐部村銘細帳　扣』が有永家文書にある。一説には、江戸時代末期に岐部村が上・中・下に分村したというが、少なくとも幕府領となる前から、下岐部村が成立し、有永氏が庄屋を勤めていたと推測される。文化七年二月条　伊能忠敬『測量日記』（佐久間達夫校訂）に、「朔日《ついたち》　同所《（竹田津村）》逗留測、朝より晴天、七ツ半頃、下河辺・永井・梁田・上田・平介・長蔵、乗船、姫島に渡海、昨昼御料所羽倉元支配、上岐部村庄屋俊右衛門・鬼籠村庄屋仲右衛門・深江村庄屋国介・堅来村庄屋善助来る……同二日……先手、坂部・上田・梁田・平助、櫛来村枝古江より初め、同村字猟倚、御料所羽倉下岐部村、同字イサゴ（家三軒）、同字川尻（酒造屋一軒）、同字磯（人家二十八軒岐部浦と云）、同字ヒラバへ・同住吉岬《ハナ》・同字小岐部・同字塔ノ岬《ハナ》、同字長瀬（家十軒ばかり）・同枝小江、喞《ナギ》ノ浦二ヶ所にて家二十軒、ここにて中食、字楠戸、松平政之助知行所小熊毛村まで測る」とある。

［第一丁］

午正月元日天氣能　文化七年庚午正月朔日条「文恭院殿御実紀」『続徳川実紀』には、「文化七年庚午正月元日慶會例のごとし」とある。ちなみに伊能忠敬は、前年十二月二十七日に赤間関を出立して豊前国企救《きく》郡小倉城下に着。ここで越年した。文化七年正月朔日条　伊能忠敬『測量日記』に、「朝より晴天、一同休、試毫、江戸へ年首状を認む」とある。

四日市　豊前国宇佐郡のうち、駅館《やつかん》川と伊呂波《いろは》川にはさまれた平野部に位置する地名。永禄五年《一五六二》、渡辺統綱が四日市に本願寺に属する道場を開き、その子正明の時に、真勝寺の寺号と御影を賜った（東別院）。戦国期には四日市切寄《きりよせ》が見える。天正八年《一五八〇》以後、豊前の国人は所々に反大友の兵を挙げたが、四日市切寄衆（渡辺寄合衆ともいう）と称する渡辺一族は、田原紹忍《しょうにん》旗下の兵とともに四日市切寄（小倉城）に拠って終始、大友方に付いていた。天正《一五八七》十五年、黒田領。慶長五年《一六〇〇》、細川豊前中津（のち小倉）藩領。元和八年《一六二二》は山本手永に属し、村高一五八二石余、家数六十七、人数四百二十一、牛五十五、馬二十七であった。寛永九年《一六三二》、小笠原中津藩領。慶安三年《一六五〇》、草爪池（のち小菊池と改名）を普請。延宝七年《一六七九》、小菊池を拡大。貞享三年《一六八六》十一月二十四日晩、四日市、大火事。かさ方九十二軒、焼失。元禄十一年《一六九八》十二月、四日市村から出火。この年、幕府領となった。翌十二年四月十六日、代官岡田庄大夫が着任した。同六月、陣屋新築を起工した。大工は中津桜町の五左衛門で、銀三貫二百目で落札した。同八月十二日、岡田代官は新館に移転した。同十三年十一月十六日、出火。都合六十三軒が類焼した。同十六年、小菊池土堤、普請（『四日市年代記』）。宝永四年《一七〇七》六月二十五日、出火。百二十軒余焼失。同七年、古例を引いて毎月四日、御夷の前に市を立てた。正徳六年《一七一六》十二月九日、本家三十五軒、類焼。享保十年《一七二五》十二月二十四日、出火、町並み四十軒を焼失した（『四日市年代記』）。寛保三年《一七四三》、真勝寺の宗順は不身持のため隠居させられていたが、西派に転宗して大騒動を起こした。延享元年《一七四四》二月、寺社奉行大岡越前守は、宗順を八丈島送りに処し、真勝寺の寺跡敷地を本願寺に与え、本山から九州御坊とされた。一方、改宗派に属する寺院中川部村の正明寺を本山に差上げ、四日市に移し、改派の僧侶が本願寺に請い、御堂を改築して本山兼帯所とした（西別院）。宝暦年間《一七五一～六四》、寺子屋ができて、渡辺松樹が男生徒三十名・女生徒十名に諸礼・習字を教授した（寛政年間《一七八九～〇一》、廃止）。文化年間《一八〇四～一八》、四日市の正明寺は幕府から御坊の称号を許された（西別院）。

飛脚　書類・金銀などの小貨物を郵送する脚夫。律令制の駅馬がその源流。鎌倉時代には早馬があった。室町時代には統一制度は廃《すた》れたが、戦国時代に分国ごとに整備され、江戸時代に入って駅伝制が確立されて急速に発達し、幕府公用のための継飛脚、諸藩専用の大名飛脚、民間で営業する町飛脚、また、早飛脚・並飛脚などに大別される。明治四年《一八七一》、郵便制の成立により廃止。『国見町史』に、「万年記の中にも、飛脚によって通信した記事が十数回記されている。それによって当地方でも飛脚が往来していたことが分かる。だが、それが誰によって、どのように運営されていたかは不明である。ただ『夜通早飛脚』『急飛』などの文字も見えるので、特に急ぐ時は現在の速達便に当たるものもあったようである。なお万年記の中の飛脚の記事が明治七年《一八七四》十月十八日なので、このころまでは飛脚が活動していたことが分かる」とある。

与助　未詳。

半治郎忰　未詳。

二日同断　文化七年正月二日条「文恭院殿御実紀」には、「二日また同じ」とあり、同日条　伊能忠敬『測量日記』に、「同二日、朝より曇天微雪、夜中晴、恒星測量、深更雪」とある。

上岐部　豊後国国東郡のうち、国東半島の北部、岐部川の上流山間地に位置する村。幕府領。

岡茂蔵　未詳。天明七年《一七八七》正月の中岐部バス停（もと岐部局）の上天満宮に「下岐部東岡」、享和二年《一八〇二》六月の岐部元宮石祠に「岡中」、天保二年《一八三一》八月の岐部元宮石祠に「願主　岡中」が見える。

兼助　未詳。

尓ゆう麺　煮麺・入麺とも書く。素麺《そうめん》を味噌または醤油でさっと煮たもの。

三日天氣能　文化七年正月三日条「文恭院殿御実紀」には、「三日また同じ。

謡曲はじめまた同じ。雪ふりしかば三家のかたゞ使して御けしきうかゞはる」とあり、伊能忠敬『測量日記』には、「同三日、朝より曇天、この日島原領豊前国長洲《ながす》浦庄屋岡田長左衛門、豊後国高田浦庄屋山田孫三郎来る、この夜雪積凡そ三四寸」とある。

小浦　豊後国速見郡小浦。東別府湾に面する江上川左岸の狭小地に位置する村。当時、幕府領で島原藩預地高田役所支配となっていた。慶長六年《一六〇一》、豊前中津（翌七年から小倉）藩細川忠興家臣松井康之預地。元和二年《一六一六》、石川豊後日田藩領。寛永十年《一六三三》、小笠原豊後木付藩預地。同十一年、松平豊後亀川藩領。万治元年《一六五八》、幕府領となり、寛文五年《一六六五》から同六年は、肥後熊本藩預地。天和二年《一六八二》、松平豊後日田藩領。貞享三年《一六八六》、幕府領。寛保二年《一七四二》から延享四年《一七四七》、小倉藩預地。寛政五年《一七九三》から、高松代官所支配地。同十一年、島原藩預地となり、高田役所支配。

四日同断　文化七年正月四日条　伊能忠敬『測量日記』には、「同四日、朝曇天、午前少し晴、八ツ頃《(午後二時頃)》より霰雹、小雪」とある。

五日曇天　文化七年正月五日条　伊能忠敬『測量日記』には、「同五日、朝曇天、暮より少晴、恒星十余星測る、又曇る」とある。

堅來　加田来とも書いた。豊後国国東郡のうち、国東半島東部の伊予灘に面する堅《かた》来《く》川と支流鳴川流域に位置する地名。養老年間《七一七～二四》、天台宗白砂山明徳寺を開基したという伝説があるが、この明徳寺は長く頽廃していたという。建仁年間《一二〇一～〇四》、大友親秀が出雲国簸川《ひかわ》から稲田姫神社を、鎮疫のために勧請したという。元亨元年《一三二一》銘の長木家宝塔、元亨二年銘の鳴板碑が鳴に所在している。永享二年《一四三〇》十二月九日の豊後国守護大友持直安堵状案に、「豊後国富来浦、同加田久、深井《(江カ)》」とあり、富来彦三郎は大友持直から、加田久以下の豊後・豊前・筑後・肥後に散在する相伝所領を、親父宝順の譲与の旨に任せて安堵された。慶長五年《一六〇〇》、細川豊前中津（のち小倉）藩領。元和八年《一六二二》には細川忠隆領で、富来手永に属していた。寛永九年《一六三二》、小笠原豊後木付藩領。正保二年《一六四五》、松平豊後木付（のち杵築）藩領。寛文年間《一六六一～七三》、松平民部（重休か）は、稲田姫神社に一石三斗を寄進した。天和二年《一六八二》、松平直政分知領。享保十九年《一七三四》、分知領十ケ村の祈願所として、明徳寺を再興したといい、直政の孫の武郷の墓がある。元文二年《一七三七》、幕府領。庄屋は秋吉氏。天保二年《一八三一》、一井氏が築港したという港があり、青莚積出港として栄えた。なお、堅来は豊後国国東郡香々地にもあるが、こちらは正保二年《一六四五》、幕府領となり、松平木付（のち杵築）藩預地、元禄二年《一六八九》、日田代官支配地、正徳二年《一七一二》からは日向延岡藩領となっていた。

小比賀様　小比賀重五郎か。小比賀は一般に「こひが」または「を《お》びが」と読む。当時、豊前四日市《よっかいち》代官は西国筋郡代（日田郡代）に併合されており、四日市役所には郡代役所から出張陣屋詰役人（加判・手付・手代など）二、三人が派遣されていたという。ここに小比賀様とあるのは、その一人であろう。文化七年条　広瀬淡窓「懐旧楼筆記」に、西国筋郡代羽倉の属吏として、小比賀重五郎が見え、文化十年二月廿八日条「天草近代年譜」（昭和二十九年九月、林銑吉『島原半島史』下巻）に、「旧臘内達の天草支配替に付、後支配は長崎代官、高木作右衛門忠任の兼攝と決定、是日、長崎方出役人松次鉄蔵、松山森兵衛、小比賀重五郎等、島原方役との間に、陣屋引渡し、事務引継を了す」とある。なお、江戸時代後期の本草家・和算家に、小比賀時胤《こひがときたね》（生没年未詳）がいる。時胤は、和算を讃岐国高松の多田弘武に学んだという。文化二年《一八〇五》十二月、長崎で『蕃薯解』を著した。彼は長崎の地役人であったともいう。長崎の地役人というのは、長崎の市政および貿易などに携わった町人出身の土着の役人で、世襲が原則であったという（平成八年十二月、内田和義「（甘藷記）解題」『日本農業全集』70、農山漁村文化協会）。しかし、小比賀時胤と西国筋郡代羽倉の属吏小比賀重五郎との関係については未詳。

六日雨天　文化七年正月六日条「文恭院殿御実紀」には、「六日僧侶。祠官の拝賀また同じ」とあり、伊能忠敬『測量日記』には、「同六日、昨夜より雨終日降る」とある。

長瀬万助姉聟峯藏　長瀬《ながせ》は豊後国国東郡のうち、周防灘に面する岐部の米山・仁田の東、啝ノ浦《なぎのうら》の西に位置する村。万助姉聟峯藏については未詳。なお、正月十五日条（第四丁裏）に長瀬五郎左衛門が見える。

啝ノ浦寅藏孫富藏　啝ノ浦《なぎのうら》は豊後国国東郡のうち周防灘に面する長瀬の東、小江《おえ》の西に位置する浦。放射山稜の末端の谷が溺れ谷をなす西側に位置している。寅藏孫富藏については未詳。

大熊毛村　豊後国国東郡のうち、国東半島の東部、大熊毛川の右岸、伊予灘に面する村。天文十八年《一五四九》正月十二日の国東郷等大工職源董次覚書（今富文書）に、惣大工持分のうちとして「大熊毛浦」が見える。慶長五年《一六〇〇》、細川豊前中津（のち小倉）藩領。元和八年《一六二二》には竹田津手永に属し、蔵納地分と知行地分に分かれていた。寛永九年《一六三二》、小笠原豊後木付藩領。正保二年《一六四五》、松平豊後木付（のち杵築）藩領。天和二年《一六八二》、松平重長分知領。伊美組に属した。庄屋は代々、栗本氏。

光右衛門　四月廿五日条（第四一丁裏）に、「今日御次《（継）》夫両懸持不埒致候由ニ而今夜及深更佐古村庄屋九蔵組頭壱人右御継夫両人共ニ此方へ御断として罷出候ニ付光右衛門方へ宿申付候」とある。

七日天氣克　文化七年正月七日条「文恭院殿御実紀」には、「七日若菜の御祝規のごとし。高家大澤右京大夫は伊勢に。畠山紀伊守は日光山に。中條河内守は京地に御使。ともに大納言殿御使を兼ね命ぜられいとま下さる。虎千代のかた紀伊家養子の事を謝せられて。太眞重倫卿使まいらせらる」とあり、伊能忠敬『測量日記』に、「同七日、曇晴、午中を測る、夜曇少晴、恒星十余星測、直に曇る」とある。

升廻　枡廻《ますまわし》。俵の重さ・俵の容量などを計算し、全体量を定めること。江戸時代、村役人は所定の納米を量って俵に詰めたが、容量を定める際、量衡の熟練者と未熟者とでは、かなりの差を生じた。このため枡取人に依託して容量を決定した。この俵の重さ・俵の容量などを計算し、全体量を定めることを枡廻と呼んだ。

八日天氣克　文化七年正月八日条「文恭院殿御実紀」には、「八日東叡山厳有院殿。浚明院殿霊廟に青山下野守代参す」とあり、伊能忠敬『測量日記』には、「同八日、朝より曇天。午前少晴、臼杵煙草屋弥兵衛来向。この宵、恒星を測。直に曇る」とある。

今日八幡宮へ御参詣之御積ニ御座候　小比賀重五郎は、この日、宇佐八幡宮に参詣したのであろう。

伊美　豊後国国東郡のうち国東半島の北部、周防灘に面し、伊美川河口に位置する地名。天平五年頃成立の『豊後国風土記』國埼郡の項に、伊美郷が見え、『倭名類聚抄』豊後國國埼郡の郷名にも伊美が見える。文治二年《一一八六》四月十三日の後白河院庁下文案（益永家記録）に、伊美庄が見え、承久二年《一二二〇》十二月の石清水八幡宮検校祐清ヵ譲状にも「豊後国伊美庄」とある。建治元年《一二七五》十一月六日の豊後守護代小田原景泰施行状（都甲文書）に、伊美兵衛二郎（永久）が見える。弘安八年《一二八五》九月晦日の平林本「豊後國大田文案」には、「伊美郷七拾町　宇佐宮領弥勒寺　地頭御家人伊美兵衛次郎長久法師、法名道意」とある。文化七年二月二日条　伊能忠敬『測量日記』には、「伊美村（峯村浦手村浜村三ヶ村各庄屋あり惣名伊美村と云、別に伊美村と云はなし）」とある。近世の初め、峯（美根）・浦手・浜村はともに細川豊前中津（のち小倉）藩領。寛永九年、小笠原豊後木付藩領。正保二年、松平豊後木付（のち杵築）藩領。天和二年、松平重長分知領となり伊美組に属していた。

小熊毛　豊後国国東郡のうち、国東半島の北部、小熊毛川に沿って伊予灘の海岸におよぶ地域。慶長五年《一六〇〇》、細川豊前中津（のち小倉）藩領。元和八年《一六二二》には竹田津手永に属していた。寛永九年《一六三二》、小笠原豊後木付藩領。正保二年《一六四五》、松平豊後木付（のち杵築）藩領。天和二年《一六八二》、松平重長分知領となり、伊美組に属した。庄屋は代々、亀井氏。延宝元年《一六七三》、曹洞宗常光寺が開創された。天保三年《一八三二》、佐々木健徳が寺子屋を開設した。

順達　廻状などを順次、当事者間で送達すること。近世、法令の布達にあたっては、多くこの方法によった。

九日同断　文化七年正月九日条「文恭院殿御実紀」巻四十五は、「九日紀伊家使者蘆川源五兵衛暇下され賜物あり」とあり、伊能忠敬『測量日記』には、「同九日　朝大曇、その後少晴、又曇て霰あり、暮に臼杵稲葉伊予守勘定役室太左衛門来る」とある。

十日同断　文化七年正月十日条「文恭院殿御実紀」巻四十五に、「十日東叡山　常憲院殿霊廟に松平伊豆守代参す」とあり、伊能忠敬『測量日記』には、「同十日　曇晴、夜も大白曇、不測、この夜臼杵勘定役室太左衛門、臼杵侯使者となり、我らへ丹後縞袴地一、坂部、下河辺、青木、永井へ桟留《サントメ》袴地合せて四、内弟子並に侍へ紗綾帯合せて六筋、棹取二人、僕五人へ紬帯一筋ずつ贈り給うなり」とある。

十一日同断　文化七年正月十一日条「文恭院殿御実紀」には、「十一日具足の御祝規の如し。連歌興行また同じ。松の花さくや千度も御代の春（昌逸）のどけき庭に鶴なれし聲（御句）池廣き汀の氷うちとけて（昌以）小普請組支配八木十三郎甲府勤番支配となり。納戸頭岡松八右衛門佐渡奉行となり。勘定吟味役荻原源五兵衛納戸頭となる」とあり、伊能忠敬『測量日記』には、「同十一日　朝より曇晴、午後も同夜も大曇、深更より雨」とある。

為蔵　一月廿日条本書（第六丁表）に「廿一日為蔵持参」とあり、二月五日条（第一三丁表）には、「新宅手代為蔵音蔵光りニ参申候」とある。

鬼籠村　豊後国国東郡のうち国東半島の北部、鬼籠川上流の山間に位置する村。慶長五年《一六〇〇》、細川豊前中津（のち小倉）藩領。元和八年《一六二二》には竹田津手永に属していた。寛永九年《一六三二》、小笠原豊後木付藩領。正保二年《一六四五》、松平豊後木付（のち杵築）藩領。天和二年《一六八二》、松平直政分知領。元文二年《一七三七》、幕府領。庄屋は代々、佐藤氏。

十二日同断　文化七年正月十二日条「文恭院殿御実紀」には、「十二日増上寺惇信院殿霊廟に牧野備前守代参す。代官篠山十兵衛勘定吟味役となる」とあり、伊能忠敬『測量日記』には、「同十二日　朝小雨見合、四ツ頃雨止、それより小倉城下船頭町出立、手分け、我ら・下河辺・青木・箱田・平助同所宝町秋月街道三辻より初む、即ち印石据《すえ》込む、京町一丁二丁三丁四丁五丁六丁七丁八丁九丁十丁、これまで但一町の長さ市中三十間ほど、十一丁十二丁、二丁は武家町、土手畑筋、文字口《門司》門外の海辺を測る、町内九町四十二間坂部・永井・梁田・上田・長蔵、宝町三辻より初む、（長さ一間にて）船頭町止宿脇、それより常盤橋を渡り常盤門を通り制札へ繋ぎ置く、六十九間一尺五寸、また船頭町より海辺通り文字口門外海辺にて別手と会測、船頭町より文字口門外会測まで九丁五十三間一尺、それより一手に成り文字口門外より富野手永《てなが》（二十四ヶ村組合）長浜浦・富野村・枝山越町・赤坂村・新町村・原町村を歴て、大里村駅まで測る、文字口門外より一里十一丁五十間一尺七寸、前海辺共、合一里二十一町四十三間二尺七寸、小倉より大里まで駅道一里半、止宿本陣重松彦之丞、家作よし　この日、小倉町年寄久松吉左衛門、宿宮崎良助、町外まで送別、臼杵勘定役室太左衛門、煙草屋弥兵衛、小倉宿、即ち臼杵用達素麵《そうめん》屋作左衛門案内にて、大里止宿へ暇乞に出る、富野手永大庄屋富野次郎左衛門、小倉領内付添、今村手永（但十六ヶ村組合）今村治兵衛出る、着後に宮崎良助来る、医師服部貞卿の贈詩並びに贈墨を持来る、午後微雨、暮より雨、不測」とある。

深江村　豊後国国東郡のうち、国東半島東部の伊予灘に面する深江《ふかえ》川流域に位置する村。大字深江には、江尻・開地・江影平・貴舟・宮ノ東・宮下・中村・幸二ヶ森・野長谷・迫ノ谷・乗定・樋ノ口・当台・井ノ尻・北畑・仲間・仲薗・峯ノ下・勘造・前山・南・大久保・打堀・深江河内・山神・南河内・四荷一・立石・長久保・馬ノ背・堂岸・小薗・出口・北河内・小迫・大平・不見ヶ尾・日草山・植松・土穴・鳥越・西ノ平・笹畑・西窪・仲・仲ノ上・窪ノ上・尖石・菴ノ上・菴・寺司・美堂園・田ノ上・新涯・峯添・門出・日南・牧野尾・除水・中尾・小谷・尾小谷・岩ノ下・台ノ上・台・石仏・横山・浜田・浜松の小字がある。嘉暦二年《一三二七》二月廿九日の銘がある板碑が、野長《やなが》谷《たに》にある。正長元年《一四二八》、富来八坂社の分霊を勧請し、中村の八坂神社を創建したという。永享二年《一四三〇》十二月九日の大友持直安堵状案（富来文書）に、「富来浦・同加多久・深井」とある。深井は深江のことと考えられている。慶長五年《一六〇〇》、細川豊前中津（のち小倉）藩領。寛永九年《一六三二》、小笠原豊後木付藩領。正保二年《一六四五》、松平豊後木付（のち杵築）藩領。天和二年《一六一六》、松平直政分知領。元文二年《一七三七》からは幕府領。

十三日同断　文化七年正月十三日条「文恭院殿御実紀」には、「十三日濱の庭園に成らせらる」とあり、伊能忠敬『測量日記』には、「同十三日　朝曇天微雪、先手《さきて》六ツ前、後手六ツ後、大里村駅出立、後手《あとで》われら・下河辺・青木・箱田・長蔵、同所より初め、小森江村、楠原村枝白木崎字網屋浜まで測、一里十一丁十間一尺、門司村中食、庄屋甚五郎、それより小倉関舟にて田野浦に至る　先手坂部・永井・梁田・上田・平助、楠原字網屋浜より初め同村枝郷清瀧、同須崎、同畑田、門司村名所筆立山、硯ヶ浦あり、門司また文字と云、即ち文字ヶ関とも旧く云ひしよし、大に疑はし、和布刈《めかり》神社、それより楠原村の出郷網ヶ窪、同大窪、この辺地先入会、海辺残らず門司の枝、田野浦村まで測、先手は九ツ前、後手は九ツ後に着、網屋浜より一里十八丁二十四間三尺、止宿本陣鈴木久左衛門、別宿三原屋為左衛門、大里村より田ノ浦まで二里二十九町三十四間四尺、大里より田野浦まで其所に云三里、小倉関船の船頭芝山藤兵衛出る、この夜大曇天、不測」とある。

西中村　豊後国国東郡のうち、国東半島北部、伊美川河口左岸に位置する村。慶長五年《一六〇〇》、細川豊前中津（のち小倉）藩領。元和八年《一六二二》は、細川忠隆知行地で、竹田津手永に属していた。寛永九年《一六三二》、小笠原豊後木付藩領。正保二年《一六四五》、松平豊後木付（のち杵築）藩領。天和二年《一六一六》、松平直政分知領。元文二年《一七三七》、幕府領。

可多く村　堅来村。→上文「堅來」参照。

十四日天氣よし　文化七年正月十四日条「文恭院殿御実紀」には、「十四日増上寺文昭院殿霊廟に青山下野守代参す」とあり、伊能忠敬『測量日記』には、「同十四日　朝より曇天、先手六ツ前、後手六ツ後、田野浦村出立・後手我ら・下河辺・青木・上田・平助、同所より初め、鷲巣崎字太刀浦、部崎、白野江村中食庄屋七兵衛、それより同村枝青浜（黒小石出で碁石に類す）を歴て、大積村人家下まで測る、田野浦より二里十八丁十八間、この日海辺大岩石にて難所、先手坂部・永井・梁田・箱田・長蔵、大積村人家下より初め、鏑崎、喜多久村、中食百姓善之丞、夫より柄杓田村まで測る、大積村より一里二十三町十四間二尺、此手も岩石なり、然し後手よりよし、田野浦より海辺四里と云う、実測合せて四里五町三十一間二尺、先手は九つ半後、後手は七ツ頃に柄杓田村着、止宿一向宗西派光照寺、片野手永大庄屋片野藤左衛門出る」とある。

四日一飛脚仁兵衛　未詳。三月廿二日条（第二七丁表）に、「仁兵衛殿参心切之相談致申候」とある。

升取　枡取《ますとり》。江戸時代、年貢米を廻米《まわし》して納入する場合に、村々では枡取人と呼ぶ枡廻し業者に委託した。この業者を枡取と呼んだ。享保六年《一七二一》、幕府は村々に命じて、枡取の雇入を禁じている。これは枡取が途中で納米の抜取りを行ったりするなどの行為の結果であった。

[第二丁]

廻状　回状《かいじょう》・廻文・触状ともいう。同一の文書を数人の受取者に回覧の方法で送る文書、またはその送達方法。近世になると、支配者からの法令の伝達や村落相互の連絡に多くこの方法が取られたが、私信の場合にも利用された。宛名は連記されたが、受取った者はその名の下に捺印し、ときには受取った時刻を記入（刻付）し、内容を廻状留あるいは御用留に書き留めて次の宛名の者に回した。廻状は最後に差出者に返すことになっていたが、最後の受取者のもとに残されている例が多い。江戸時代、領主が村々へ用件を通達する場合、年貢取立・夫役・助郷人足など具体的な用件の場合に廻状が用いられ、一般には、代官所から留村《とめむら》を振出しに、十数ケ村が一単位となり、最初の村より順を追って回し、それを見た名主（庄屋）が判を押し、再び留村と呼ばれる村より代官所に戻す仕組みになっていた。明治時代になって、法令の伝達は印刷物を配布することで行われるようになると、廻状形式による方法は次第に行われなくなり、廻状留も作成されなくなった。

四日市年番所詰　四日市年番所は豊前国宇佐郡四日市役所に設けられ、天領の庄屋のうちで最も事務に通じている材幹の者を二、三人選んで一年交替で在勤させ、事務を執らせたという。寛政五年《一七九三》九月～文化六年《一八〇九》（日田第十一代郡代羽倉権九郎の時）、四日市に年番所が始まった（昭和六年、小野精一『大宇佐郡史論』宇佐郡史談會）という。小野精一編『大宇佐郡史論』に、「（歴代日田代官）第十一代　郡代羽倉権九郎　自寛政五年九月、至文化六年、十七年間、手附宮島嘉右ヱ門、高橋源藏、寺門勘次郎、久貝直六、小池十次兵衛、川島彌右ヱ門、北村亮三郎、宮川恒藏、内藤類右衛門（四日市詰の間に、高橋小太夫といふものゝ女を娶り幕末の外交家川路聖謨を生んだ）、桑田源内、松尾嘉作、坂田廣藏、坂田祐八等であつた、此時四日市には年番所が始まつた」とある。嘉永四年《一八五一》正月廿七日条『西中百姓一同最寄願出即日記』に、「年番所五ツ時ニ早罷出候処源吾兵衛殿御出張ニ無之候」とあり、同二月二日条には、「百姓代平右衛門別而御利解厳重高聲御呵之趣年番所詰四日市源吾兵衛殿より承り申し候」とある。

有又藤兵衛　有又藤平とも書く。五月八日条（第四五丁表）に、「御普請役様御廻浦四日市ゟも中津邊可聞合間様子相分り次第国東へも早ゝ申越候様願置候様北村様被仰候ニ付年番有又藤平様へ右之段御願申置候」とある。

善助　豊後国国東郡堅来村庄屋。文化七年二月三日条　伊能忠敬『測量日記』に、「御料所羽倉堅来村庄屋善助」とある。

小串東治　四月二日条には、「小串藤治様」とある。→四月二日条（第二九丁表）「小串藤治」の項参照。

竹田津左助　未詳。ちなみに、文化七年正月、当時の竹田津村庄屋は源助。

芝崎庄や　芝崎《しばさき》庄屋。芝崎は柴崎とも書き、豊後国国東郡のうち国東半島西部の基部、桂川下流右岸の美和台地舌状先端付近に位置する地名。慶長五年《一六〇〇》、細川豊前中津（のち小倉）藩領。寛永九年《一六三二》、豊前竜王（のち豊後高田）藩領。正保二年《一六四五》、幕府領となり、松平豊後木付藩預地。寛文九年《一六六九》、肥前島原藩領。高田組に所属していた。高田城址に高田陣屋が置かれ、豊後の高田組・田染組、豊前の長州組・橋津組・山蔵組の支配にあたった。天和年間、剛山烈上人が臨済宗海門山円福寺を再興した。文化三年《一八〇六》、幡宣明は寺子屋三密館を開いた。

差紙　指紙《さしがみ》とも書く。召喚状。江戸時代、奉行所が出頭の日時を定めて被告を呼び出す召喚状。召喚理由と場所・日時・召喚者などが記載されていた。名をさして召喚するところから、この称がある。諸藩でも、領民に対する召喚状を差紙と称した。尋問や命令の伝達のため、役所へ出頭を命ずる時に用いられ、「尋之儀有之間、早々罷出可相届、若於不参は、可為曲事もの也」のような文言が認められていた。差紙を受領したら直ちに出頭すべく命じた急差紙、差紙到着次第出府するよう命じた早々差紙などがあった。また、代理人の出頭を禁じた駕籠差紙や、一枚の差紙を数人に回覧させて出頭を命じる廻差紙など、特殊な差紙もあった。享保六年《一七二一》から、公事訴訟の場合は、裁判役所は提出された訴状の裏面に裏書するほかに、差紙を交付することになった。原告側は、これを被告側に示し出頭を促した。急差紙は差紙を受領したら直ちに出頭すべく命じたもの、早々差紙は差紙到着次第出府するよう命じたもの、駕籠差紙は代理人の出頭を禁じたもの、廻差紙は差紙を数人に回覧させて出頭を命じたもの。

キコ　鬼籠。→正月十一日条（第一丁裏）「鬼籠村」の項参照。

深江　→正月十二日条（第一丁裏）「深江村」の項参照。

［第三丁］

小倉へ聞合ニ罷出候處昨今ニ者被引取ニ付　文化六年《一八〇九》十二月二十七日、伊能忠敬らは小倉城下着、宮崎良助宅に止宿。越年して正月十二日、小倉城下船頭町出立、大里村本陣重松彦之丞宅に止宿。翌十三日、大里村駅出立、門司の枝、田野浦村本陣鈴木久左衛門宅に止宿。十四日、田野浦村出立、柄杓田村一向宗派光照寺に止宿している（伊能忠敬『測量日記』）。

深江氏　深江村秋吉氏か。

浦岐阝氏　未詳。岐部家系図（静岡県、岐部兆治氏所蔵「岐部文書」）に、「高泰　次郎兵衛　元久四歳暮夏上旬ニ従頼朝公　能直江御附人也、豊後國賜テ浦部岐部姓居住仕、則在名岐部……泰清　弾正忠　此時豊後國ニテ浦部岐部之姓一圓ニ賜テ為在城ト幷魚結之御紋給テ家紋加ル」とある。

岩戸寺　「いわとうじ」。「いわとじ」ともいう。豊後国国東郡のうち国東半島東部の来浦《くのうら》川上流左岸に位置する村。地名の由来は天台宗石立山岩戸寺の寺名による。岩戸寺は養老二年《七一八》、仁聞の創建といい、仁聞自作の薬師如来を安置しているという。六郷山二十八本寺の一つ（今は六郷山末山本寺で第百四十九番霊場）で、山六坊・里六坊、三十仏・三十番神を擁したという。延久年間《一〇六九～七四》、近江の日吉社を勧請して、岩戸寺鎮守の六柱《ろくちゅう》社としたという（今の祭神は住吉神三柱と海神《わたつみ》三柱）。弘安六年《一二八三》九月銘の宝塔（国東塔。銘文のある国東塔としては最古）が岩戸寺にある。建武四年《一三三七》六月一日の六郷山本中末寺次第幷四至等注文案（永弘文書）に末山として寺号が見える。文明十年《一四七八》十月九日銘の複制石幢が六所《ろくしょ》神社境内にあり、大願主豪範とある。文明十年銘の石造仁王が岩戸寺にあり、作者清晋とある。慶長五年《一六〇〇》、細川豊前中津（のち小倉）藩領。元和元年《一六一五》銘の灯籠が六柱社にある。元和八年は佐藤伝右衛門・横山藤左衛門の知行地で、富来手永に属していた。寛永九年《一六三二》、小笠原豊後木付藩領。正保二年《一六四五》、松平豊後木付（のち杵築）藩領。天和二年《一六八二》、松平直政分知領。元禄三年《一六九〇》、溜池山口《やまぐち》池（来浦谷最大）築造に着工。元文二年《一七三七》、幕府領。宝暦四年《一七五四》、山口池の最奥部に位置する葛原《かずらわら》は十九石余であった。天保三年《一八三二》、岩戸寺の寺領は四石余、旦那百軒であった。

俊右衛門　上岐部村庄屋綾部俊右衛門。天保六年三月の「菅池旧記念碑」に上岐部村庄屋綾部俊右衛門が見える。

［第四丁］

使深(信)蔵　正月廿一日条（第八丁裏）に見える「使信蔵(カ)」と同一人物か。

十五日天氣克　文化七年正月十五日条「文恭院殿御実紀」には、「十五日月次の賀例のごとし。僧侶。祠官ら歳首の拝賀また同じ。けさ山王の祠へ御側岡部因幡守御使して太刀黄金一枚進薦あり。去りし十三日御成のをり鳥射し番士二人時服を下さる」とあり、伊能忠敬『測量日記』には、「同十五日曇晴、先後手共六ツ後柄杓田村出立、後手我ら・青木・梁田・上田・平助、同所より初め、伊川村軽子島（伊川村持、遠測、周囲二丁四十四間と云）猿喰村、今津村まで測、中食、一向宗西派善教寺、（柄杓田より一里十三丁四十七間一尺）それより乗船　先手坂部・下河辺・永井・箱田・長蔵、今津村より始め、畑村字在家（これまで富野手永）片野手永（但十八ヶ村組合）恒見村まで測る、今津村より二十丁三十五間、外に津村島（今津村枝、周囲六丁四十六間三尺）一周を測る、先手は四ツ後、後手は九ツ頃に恒見村へ着、柄杓田村より此の村に二里と云、実測一里三十四丁二十二間一尺、止宿一向宗西派光円寺、この日午後より晴曇、夜曇晴、十余星測　豊前国八郡にて企救《きく》郡六手永、京都《みやこ》郡四手永、仲津《なかつ》郡五手永、築城《ついき》郡四手永、上毛《こうげ》郡四手永、以上五郡小倉領にて、海辺に大小出る、田川郡六手永、海辺に一村もなし、合せて六郡小倉領、下毛郡宇佐郡雑領共に八郡」とある。

長瀬五郎左衛門　豊後国東国東郡岐部に小字「長瀬《ながせ》」がある。五郎左衛門についてては未詳。

さこ村玄兵衛　豊後国東国東郡岐部の小字に、尾迫《おさこ》・椋迫《むくらがさこ》・竹ノ迫《たけのさこ》・寺迫《てらさこ》・金迫《かなさこ》・尾迫《おさこ》・深迫《ふかさこ》・大内迫《おおうちさこ》・鍛冶迫《かじがさこ》・鍛ヶ迫《かじがさこ》・柿迫《かきざこ》・森迫《もりがさこ》・下中ノ迫《しもなかのさこ》・上中ノ迫《かみなかのさこ》・北ヶ迫《きたがさこ》・一甫迫《いっぽがさこ》・倉田迫《くらたざこ》・桑原迫《くわばるざこ》・城ヶ迫《じょうがさこ》・矢引迫《やびきざこ》・江尻ヶ迫《えじりがさこ》・大内迫《おおうちざこ》・妙ヵ迫《みょうがさこ》・イモリ迫《ざこ》・梨子ノ木迫《なしのきざこ》・六ヶ迫《ろっかさこ》・迫ノ上《さこのうえ》・迫ノ下《さこのした》・岩ヶ迫《いわがさこ》がある。「さこ村」は、このいずれかであろう。あるいは大内迫か。玄兵衛については未詳。

十六日曇天　文化七年正月十六日条「文恭院殿御実紀」には、「十六日吹上庭園にして弓場はじめあり」とあり、伊能忠敬『測量日記』に、「同十六日朝曇天、先手後手共六ツ後恒見村出立、後手我ら・下河辺・青木・永井・長蔵、同所より初め、吉田村字練崎まで測る、両手共吉田村休、庄屋治六、実測一里十町三十二間四尺五寸、先手坂部・梁田・上田・箱田・平助、中曾根村枝問島一周、八町二間五尺を測る、それより吉田村字練崎より初む、葛原村地先外に有とも又なし共云、沼村津田手永（但十二ヶ村組合大庄屋津田治右衛門）内、下曾根村（中津街道間の宿）まで測る、練崎より実測一里九町三十六間。恒見村より下曾根村まで実測、合二里二十町八間四尺五寸、下曾根村より街道小倉城下へ二里、下曾根村の外、中曾根村、上曾根村あり、止宿本陣庄屋林蔵、別宿百姓泰蔵、この夜曇天、雲間に測る」とある。

十七日同断　文化七年正月十七日条「文恭院殿御実紀」には、「十七日紅葉山御宮に両御所御詣あり」とあり、伊能忠敬『測量日記』に、「同十七日暁雨、六ツ頃止む、大曇天、先後手六ツ後下曾根村出立、後手我ら・青木・梁田・上田・長蔵、同所より初め（此の曾根にも塩場あり）中曾根村地、上曾根村地、朽網村、枝新地、中飯百姓六兵衛、それより京都郡新津手永（但十七ヶ村組合大庄屋新津民助）雨窪村地先刈田村、同手永字門の口まで測る、一里三十二丁三十七間五尺、それより先手助合に苅田村、止宿下より逆測、同村字荒崎まで測る（十九丁八間三尺）、先手坂部・下河辺・永井・梁田・平助、苅田村門の口より同村海辺のぼり（測量目標の幟《のぼり》）へ横切、五丁十一間、それより門の口立戻り、海辺松山の岬を廻り荒崎まで測る、二十二丁七間二尺、それより神ノ島（当時浜町村支配苅田村と論地）一周を測る（十三町四十一間三尺）先、後手一同八ツ頃苅田村（駅なり）着、下曾根村より苅田駅まで海辺合三里一丁五十三間四尺、止宿本陣庄屋五郎右衛門、別宿一向宗東派浄厳寺、新津手永大庄屋与原村新津民助出る、この夜晴て測量」とある。

［第五丁］

十八日寒風　文化七年正月十八日条「文恭院殿御実紀」には、「十八日去りし十六日弓場はじめありしによて。その師小姓組小笠原館次郎に時服を賜ひ。射手の弟子ども十人黄金を下さる。小普請より大番に入るもの一人。松平加賀守父致仕肥前守病により。糟漬鯛魚一桶を金澤におくらせらる。使番日根野織部御使の事命ぜらる」とあり、伊能忠敬『測量日記』に、「同十八日暁より雨雪、逗留、杵築測量付回塩飽屋吉左衛門、小倉止宿宮崎良助案内し来る、午前度々雪、それより大曇」とある。

俊蔵　未詳。

為右衛門　未詳。

十九日風有り　文化七年正月十九日条　伊能忠敬『測量日記』に、「同十九日　朝晴曇、先後手六ツ後苅田村駅出立、後手我ら・青木・上田・箱田・平助、同所より初め、浜町村、馬場村地先、南原村、同集村、同断尾倉村、同与原村休《やすみ》、中食大庄屋新津民助、同村字白石崎まで測る、苅田より一里十八町二十六間、それより手分にて乗船、仲津郡元永手永属簑島半周を測、半周十一町二十三間三尺、外に天神島周三町遠測　先手坂部・下河辺・永井・梁田・長蔵、與原村字白石崎より初め、二崎村大橋川を通り、（即ち郡界）仲津郡国作《こくさく》手永（十五ヶ村組合）大橋村（海辺この一村ばかり国作手永）海辺まで測る、白石崎より十五丁四十間、それより岡道を大橋村止宿まで測、海辺より止宿まで、打上十五丁十四間四尺、また簑島半周十一丁四十六間を測る、渡海、汐干乗船成りがたく、砂地を駕籠に乗て渡る、一同八ツ後、大橋村へ着、海辺苅田村より大橋村海辺、一里三十四丁六間、大橋村海辺より横切、本陣前まで十五丁十四間四尺、簑島一周二十三町九間三尺、此の島仲津郡元永手永十四ヶ村組合大庄屋進七左衛門と云、簑島家数三百一軒、大橋村止宿本陣油屋太四郎別宿肥後屋藤左衛門。即ち先手中食も同　着後国作手永十五ヶ村組合大庄屋国作宗右衛門出る、この夜晴天、測量」とある。

廿日曇天　文化七年正月廿日条「文恭院殿御実紀」には、「二十日東叡山諸廟に御詣あり」とあり、伊能忠敬『測量日記』に、「同廿日　朝小雨ほどなく止て曇天、両手共六ツ後、大橋村出立、後手我ら・下河邊・青木・上田・平助・同所より初め今川を渡る、川幅四十間、元永手永金屋村、平島手永今井村（平島手永十四ヶ村之内大庄屋平島甚左衛門）今井川を渡る、幅五十間、沓尾村元永手永十四ヶ村の内字鼻道・姥ヶ懐、彦山行者毎年正月二十八日来、祈禱すると、元永村（元永手永本村）枝永井まで測る、中食百姓伴蔵、大橋より海辺一里十六丁二十二間　先手・坂部・永井・梁田・箱田・長蔵、元永枝永井より初め、稲童村、同手永松原村同上、中食庄屋武左衛門、それより築城郡八田村（即ち八田手永七ヶ村内大庄屋八田保兵衛）宇留津村同手永高塚村、（椎田手永九ヶ村内大庄屋椎田常四郎）網敷天神宮、濱宮と云、椎田村同手永、湊村同上まで測る、元永村永井より海辺二里八丁八間、大橋村より湊村まで、合三里二十四丁三十間、湊村止宿、本陣村屋又左衛門、別宿預主役所。両手九ツ後ニ着、終日曇、又小雨、この日、豊後国府内松平起之助城下町、年寄渡邊久左衛門、同国岡中川修理太夫勝手方下役斎藤音七・三佐村庄屋加藤武平、来向、この夜晴曇風、測量」とあり、また、文化七年正月条『惣町大帳』に、「測量方御役人様御止宿ニ付町場掃拠念ヲ入可致候、御通之筋諸事相慎、不行義無之様可致候　一、当番組頭辻堅可相勤候　一、見世先へ草履わらちを懸置申間敷候　一、御通筋見渡しニ小荷駄差置申間鋪候　一、火之元致大切、御上宿中随分、惣町共ニ静ニ可致候　右之通、御支配方へ可被相触候、已上　正月廿日　同役中ニ触候」とある。

木子飛脚　木子は鬼籠とも書く。

御代官　享和二年《一八〇二》九月から羽倉権九郎秘救《やすひら》が西国筋（日田）郡代であったが、文化五年《一八〇八》六月四日、永山にて没。文化五年より子息羽倉左門（外記）秘道《やすみち》が支配したとされている。手代は田中壽平、河島彌右衛門、本間辻助であった。なお、広瀬淡窓の「懐旧楼筆記」には、明府（秘救）没後は八左衛門がしばらくその職を摂行したとある。「懐旧楼筆記」によると、羽倉左門（秘道）は明府存命の時すでに見習に任じられていて、明府没後、代官職を命ぜられたが、いずれの地かについての命はなく、東上して質したところ越後代官に任ぜられたという。↓二月九日条（第一五丁裏）「御代官様」の項、三月廿六日条（第二八丁表）「羽権九郎」の項参照。

四日市御役所　豊前国宇佐郡四日市陣屋。元禄十三年《一七〇〇》六月六日から、中津藩小笠原長胤時代のお茶屋跡地に建設工事開始。七月十七日、上棟式。八月十二日、代官が新館に入り執務を開始した。代官は岡田庄太夫俊陳。正徳三年《一七一三》までは、日田、天草、あるいは高松在陣の四日市出張陣屋兼帯。明和四年《一七六七》から、西国筋（日田）郡代による四日市出張陣屋兼帯。郡代役所から、四日市役所出帳陣屋詰役人二、三人（加判・手付・手代など）が派遣されていた。

下岐ß村五左衛門　塩屋五左衛門。二月廿八日条（第二〇丁表）に、「一廿八日晴天今日當宮不残棟巻幷籠屋西平通葺替致申候屋祢葺斗御神酒廻し申候南原ニ而三献宛ニ而都合酒三升入申候　一平瓦三拾枚一登もへ弐拾枚一丸瓦拾五枚一加ふと瓦弐枚　〆右之通今日宮より五左衛門方へ願状遣し申候同人船中國江参候節買調呉候様上岐ß氏書状認遣し申候」とあり、船主でもあった。四月五日条（第二九丁表）に、「今夕方五左衛門参り弥五七と蔵ノ下空地之儀ニ付念願之趣内済不致ニ付御見分之上御差圖被下候様願出申候」とある。

［第六丁］

今在家　豊後国国東郡小原手永の今在家《いまざいけ》であろう。伊予灘に面する国東半島東部の田深川河口右岸に位置する村。天文十八年《一五四九》正月十二日の豊後国国東郡国東郷大工職覚書に、惣大工持分として「今在家」が見える。江戸時代はじめ、細川豊前中津（のち小倉）藩領。寛永九年《一六三二》、小笠原豊後木付藩領。正保二年《一六四五》、松平豊後木付（のち杵築）藩領。小原手永に属していた。庄屋は中島氏。江戸時代、今在家は国東十浦の一つで、安岐・武蔵・富来などと並ぶ青莚の積出港として栄えていた。なお、赤根の小字「今在家」、櫛来の小字「今在家」もある。

為蔵　第一丁裏に、「正月廿日為蔵渡し　一銀札壱匁五ト　但去冬津出夫賃壱人分」などと見える。

寅平　未詳。

囲米　囲籾《かこいもみ》・囲穀・置米ともいう。江戸時代、幕府・大名・町人・郷村などが、備荒貯蓄・米価調節・軍事用などの目的で貯蓄しておく米。米は腐敗するため、実際は籾で蓄《たくわ》えた。最初は兵粮米貯蔵の意味が強く、御城米などと呼ばれたが、しだいに諸藩や町人に対する強制的な備荒のための貯穀となった。江戸時代中期以降、幕府によって囲米の奨励と禁止が政策的に繰り返された。寛政三年《一七九一》、老中松平定信は江戸の町入費の倹約を命じ、倹約した金額の七分を、窮民救済と低利金融のため積み立てさせ、幕府もこれに二万両を補助した（七分金積立）。天保十四年《一八四三》、幕府囲籾は総計五十万石余、諸藩のは八十八万石、江戸町方のは二十三万石に達した。十九世紀後半以降、領主は備荒貯蓄を奨励し、郷蔵に籾を蓄えさせ、囲籾書上帳に、その量を書いて町や村から報告させた。第一丁裏に、「正月廿日為蔵渡し　一同四匁五ト　同村分　但御囲籾摺津出夫雇ひ賃三人分」などと見えている。

五左ヱ門　塩屋五左衛門。↓上文「下岐ß村五左衛門」（第五丁裏）参照。

〔第七丁〕

小祝ひ　豊前国上毛《こうげ》郡のうち、周防灘に面する山国川河口左岸（中津市）に位置する村。小倉領。古代から見える小今井に比定されている。もとは広津村に属していた。仲津郡今井の漁夫が慶長年間に当地に移り住んで小今井と称したのが後に子祝となり、更に小祝となったという伝承もあるが、前述のように小今井は古代からすでに見える。江戸時代はじめ、小倉藩領。寛永九年、広津村は中津藩領となるが、小祝村は小倉藩のままであった。寛文六年《一六六六》から貞享三年《一六八六》まで、小祝村高浜が中津藩領となったが、それ以降も高浜のうち人家のあるところは小倉藩領、それ以外は中津藩領と定められていた。寛文九年、大洪水で小犬丸と小祝の間が切れ、小祝島ができた。文化七年《一八一〇》正月廿二日条　伊能忠敬『測量日記』に、「先手、坂部・梁田・上田・箱田・平助、上毛郡沓川村（本村は街道）加茂・春日社前より初め三毛門村出合、塔之本、人家三軒、同枝木之丸（海辺に出ず）これまで小倉領なり、それより中津領（中村組）広津村枝小犬丸（本村は街道にあり字出屋敷あり）京泊湊（深さ三尋半、中津遠見番所）小祝浦枝若山（人家二十余軒即ち小祝浦村在家地所は論地なり）高瀬川を渡り三毛門手永、小祝浦(小)印まで測、一里十三丁五十一間、また(小)印より初め、小祝浦一周を測、十九丁十九間二尺、八屋村明神岬より中津城下博多町四辻まで、二里十四丁五間（小祝浦一周十九丁十九間二尺測、外鵜島半周二丁三十三間）。先後手九ツ〔正午〕後に中津城下新博多町着、止宿本陣松葉屋善太郎・別宿豊後屋又左衛門、中津大庄屋蛎瀬又作・大江又右衛門・中村為右衛門出る、この夜小晴、測量、測量中より曇る。小祝浦昼休へ、小倉領大庄屋今村治兵衛、小倉侯より贈物、我らへ小糸島一端坂部へ帯三筋、下河辺・青木・永井へ帯二筋ずつ、以下へ酒肴を出さる」とある。

當正月廿五日頃四日市邊御廻浦之由之事　伊能忠敬『測量日記』によると、忠敬一行は正月二十四日に中津城下を出立して今津村に止宿し、翌二十五日には今津村を出立し、住江村広末に止宿している。『国見町史』には、「一、当正月廿五日頃、四日市あたり御廻浦の由のこと」とある。

一他領之境ヨリ潮満際ヲ間ヲ打……印ヲ建候事　豊後杵築藩の記録（原田種純ほか『伊能忠敬測量日記』抄録）によると、「二月朔日　姫島渡海に付き「栄蔵丸」並に六挺小早五艘、四挺小早五艘、五反帆船二艘、大漁船二艘、小漁船十四艘差出し改め相済み　㈠夜分測量方場所、南北見晴らし宜敷所をはからい、赤土三荷入用に付き用意有之事　㈡梵天《ぼんてん》（幣束をつけた測量用のポール）大小二十四本、懸矢《かけや》（大きな槌のこと）八ツ、杭木二十本、白地幟《のぼり》五旒　㈢海辺通行筋に、三、四丁おきに篝火《かがりび》を置く、是は寒気相凌ぐ手当の由（手がかじけては図面が描けない）」とある。なお、『国見町史』には、「一、他領の境より潮満ち際を間を打ち、その場所へのぼりを立て候由の事。なおまた一丁一丁に印を建て候こと」とある。

一測量方御役人様御上下十八人……以可ゝ可仕哉之事　伊能忠敬一行は、「伊能勘解由・坂部貞兵衛・阿部政五郎・青木勝治郎・永井要助・同侍黒田藤蔵・松井沢治・中差役成田豊作、竿取役平助・長蔵、下賄五人、勘解由内弟子梁田栄蔵・上田文助・箱田良助、上下都合十八人」であった。胎蔵寺は、岐部寺迫所在の浄土宗西山派天地山胎蔵寺。もと天台宗に属し養老四年《七二〇》六月廿三日に仁聞菩薩の創建でその後衰退していたが、天文二年《一五三三》に了閑上人が中興し浄土宗に改宗した、という。また、浦辺水軍岐部氏の菩提寺で岐部氏との関係が深いともいう。本尊は弥陀三尊で、仁聞菩薩が妙吉寺仏像と同じ木材から彫刻したという地蔵菩薩像や、平安末期の作といわれる大日如来像がある。伊能忠敬一行は、実際には正月二十九日・二月朔日には竹田津村大庄屋格大串千介宅に止宿し、同二日は小熊毛村着、本陣和泉屋喜兵衛、別宿和泉屋喜左衛門宅に止宿している。なお、『国見町史』には、「一、測量方御役人様御上下十八人なるたけ御同宿の御先触れにつき、下岐部御止宿に相成り候。□船蔵前に御宿致候様仕度の事。つけたり床餝《かざ》りの次第、御取り賄いの趣、事の外御聞合せされたきこと。湯樽風呂等の儀御本陣ばかり新規にて、余は大体にて相済むべきや。□□雪隠何ヶ所ほど用意致すべきや、且又、藁菰ならでは外にしとみ、天井ともこれなし、いかが仕るべきやのこと」とある。

［第八丁］

雪隠　便所。廁《かわや》ともいう。「せっちん」は背屋《せんや》と漢語が習合したものといい、「かわや」は川の上の屋とする説と、母屋の側にある屋とする説がある。農家では肥料溜りを兼ねていた。落し紙を使う風は新しく、木片・竹片・藁などを使っていた。

間竿　検地竿ともいい、検地用具の一つ。田畑の丈量の時に用いる一間の長さの竹製の竿のことで、一尺ごとに墨線が入れてある。その両端を銅で包み、一尺および六尺の間に黒点をつけて標識とした。初期の検地ではおもに間縄が用いられたが、太閤検地以後は間竿が一般的となった。太閤検地により初めて六尺三寸（約一・九メートル）の竿を用いるようになり、江戸幕府に至って間竿を六尺一分（約一・八メートル）と定め、長さ一丈二尺二分（約三・六四メートル）および六尺一分の二種類があった。

正月廿一日天氣克　文化七年正月廿一日条　伊能忠敬『測量日記』には、「同廿一日　朝晴曇、先手六ツ前、後手六ツ後、湊村出立、後手、我ら・青木・上田・箱田・平助、同所より初め、角田手永上り松村（同手永十五ヶ村組の内大庄屋角田一六）石堂村同上、有安村、同枝福間、横濱、松江村同上手永、人家下まで測る、中食酒造家中屋市左衛門、湊村より海辺一里十町四十一間一尺　先手坂部・下河辺・永井・梁田・長蔵、松江《しょうえ》村、枝堺屋、街道に有り、中屋市左衛門より初め、海辺九十間打下げ、人家㊦海辺より初め、上毛郡（友枝手永十六ヶ村組大庄屋友枝快蔵）四郎丸村枝船入、人家四軒は今町街道にあり、八屋村（友永手永）入口に印杭《しるしくい》を残し、宇明神岬まで測る、松江より一里四丁二十八間三尺、湊村より八屋村まで海辺合二里十五町九間四尺、街道と海辺わずか二三町を隔るのみ、八屋村入口の残杭より止宿一丁三十五間三尺、椎田より湊村まで駅道は二里と云、両手共、九ツ前八屋村着、［止宿］、本陣、領主より建置く本陣なり、仮亭主大島徳右衛門、午中を測、夜も晴天、木星恒星を測る　中津領池上村大庄屋大江又右衛門・廣津村庄屋良助・日向延岡領豊後国国東郡大庄屋真玉三左衛門来る、友枝手永大庄屋友枝快蔵出る、この夜小倉郡方元〆役田中種右衛門見舞に来る、領主より勘解由へ滋飴一陶、坂部同断、青木・下河邊・永井へ一陶ずつ、同弟子三人、侍三人へ同一陶ずつ、棹取小者七人へ同一曲ずつ贈り下さる、即ち受納」とあり、文化七年正月条『惣町大帳』には、「測量方御役人様、明日御出被成候ニ付給仕子供、明朝正五ツ時無遅滞罷出候様御申付可被成候、新博多町松葉屋へ罷出候様御申付可被成候、以上　正月廿一日　又蔵　九左衛門殿　七郎右衛門殿　与左衛門殿」とある。

右之外御心付……む可つき申義ニ御座候以上　『国見町史』には、「右之外御心付きのしなじな、くわしくお聞き合せ御帰村の儀、待合せ甚だ□□□□儀に御座候」とある。

簗　川瀬などで魚を獲る仕掛《しかけ》。

［第九丁］

荒地　荒廃田畑で減免となる土地。定免の村は、小前持高十分の一以下は百姓内損、それ以上は訴出によって減免となり、検地元村は実情にてらして減免となった。

鍬下年季　「くわおろしねんき」とも読む。新規に田畑を開墾してから検地をうけ高入するまでの期間。この期間は年貢・諸役は免除されるか、または大幅に減じられた。期間は三〜五年が普通であるが、町人請負新田の場合には十〜二十年に及ぶ時もあった。戦国時代から鍬下年季は行われているが、一般的にこの語が使われるようになったのは江戸時代中期以降であった。

起返　耕地の荒廃したものを復旧すること。江戸時代、耕地の荒廃は川欠《かわかけ》や山崩れなどの災害によるもののほかに、厳しい年貢徴収のために農民が田畑を放棄して離村したり、飢饉などによって農村人口が減少し耕地が荒廃する場合などがあったが、幕府や各藩においてはこのような荒廃地の起返しには種々の特典を与えて奨励した。

御取箇附　検見を行って、その年貢高を定めること。

小前帳　名寄帳《なよせちょう》ともいう。耕地所持者別に石高・反別を耕地ごとに書き上げ集計した地方《じかた》帳簿。小前《こまえ》は小前百姓・平《ひら》百姓ともいい、江戸時代の小百姓。一般には、その村に生まれ村内に田畑屋敷を所持し年貢諸役を負担し村政に参加する本百姓を指すが、大前（大高持など）に対して水呑百姓のような弱小農民を指していうこともあった。名寄は、土地台帳を作成する際に、耕地別にではなく、保有者別に耕地の面積・種類・年貢高などを書き記すこと。名寄帳は、中世の荘園では荘園領主が年貢・公事の徴収のために、名主職所有者の名前別に田畑の地積・種類・年貢・公事の数量を書き上げた。近世では耕地別土地台帳としての検地帳があり、これから名寄を行った。すなわち、村役人が検地帳に基づいて、租税の割付や村入用などの賦課のための基礎帳簿として作成した。

寛政十午起返之分當午年本免抔小前帳可差出候　寛政十年は戊午、西暦一七九八年。光格天皇朝。徳川第十一代将軍家斉の治世。いわゆる寛政の改革を断行した松平定信は寛政五年、老中を辞し、家斉の親政になっていたが、諸藩にも、松平定信の幕政改革の線にそって改革を進めた藩が多かった。當午年は文化七年、庚午、西暦一八一三年。

免合　免相とも書く。単に免《めん》ともいう。免の率のこと。免は石高に基づいて貢租を賦課する率のこと。免一つといえば一割のことで、高一石ならば租米は一斗のことを意味する。免四つ半の場合、その年は石高（公称生産高）の四五％の貢租が賦課された。免は時期・豊凶・地域により差があったが、だいたいは三つから六つぐらいで検見の結果をみて決定された。享保の改革により定免法《じょうめん》が採用され、以後だいたい固定した。免いくつと呼び、何分何厘何毛という。高率の場合は高免、低率の場合は下免といった。

畑田成　畑を田に転換すること。畑田成が行われた場合、上畑は上田、中畑は中田、下畑は下田となるのが一般的で、石盛の増加分は畑田成石間出高《はたたなりこくまでだか》として村高に加えられ、年貢諸役も増加した。しかし、田となった土地の位がはなはだ劣る場合には、石盛は畑の時のままとされた。

見取場　開発直後の新田や、山間地または原野の間にある地味の劣っている田で、反別だけを丈量して、本高の中に入れず、およその見当で年貢を課した土地。地味が良くなれば、検地の上、石高を定め、村高に編入された。

小物成　小年貢ともいう。近世の雑税の総称。中世の公事に相当する。田畑から納める年貢すなわち物成（本途物成）に対し、年貢以外の山林・原野・河海などの収穫物に課すものと、商工業その他生業に課すものがあり、種類・名称など多種多様で、元来は土地への賦課ではなく土地の用益またはその産物を対象とする山年貢・林永・池役・川手など、その地方の特産物であった。

高入　検地をうけて石高を定めること。田・畑・屋敷地が対象となった。高入された土地を高請地、貢租負担者を高請人といった。一般的に山林は高入されず、耕地でも見取場のように高をつけない土地もあった。

野畑　山畑と同様に野方原野などの悪地の畑で高請したものをいう。反取一反（約九九二平方メートル）あたりの租額を七斗・六斗・五斗などと決めておき、それに全反別を乗じて租額を決定する方法。厘付取《りんつけどり》（石高に免を乗じて算出した年貢米）に対するもの。おもに関東で行われたという。

切添　切開・持添ともいう。農民が農業の余暇などに自己の所持地続きの土地を開墾すること。また、そのようにして開墾された土地。小規模な場合が多い。開発した切添新田は年貢賦課の対象となり、新田検地帳に記載されたが、農民は隠田にして賦課をのがれようとした。

切開　本田畑の外延の未耕地を別に新田として開発し、内分に作付したもの。

［第一〇丁］

村入用帳　村入用夫銭帳《むらにゅうようぶせんちょう》・村入目帳ともいう。江戸時代、村方で作成する基本帳簿の一つで、村入用の全項目・経費を記した帳簿。村入用帳は、幕府が、村民間の争いを防ぐために作成することを公式に定めており、形態は横帳で、各町村の一年の支出を記入するため白紙帳簿二冊を作り、支配役所の綴目印を受け、一年分を合算すると、役所へ提出し奥書・証印を受け、一冊は役所、一冊は村役人が保管した。内容は領主・代官との交渉・挨拶や村落間の交際、村内の惣百姓寄合などにかかった費用をその都度記入し、一年の終わりに総計を出し、記載した。最後に惣百姓がその記載内容を承認した証として連判している場合が多い。村入用は江戸時代、農民が負担した、村で必要な諸経費。村役人の給料、行路病者・行商人に対する費用、巡見使・廻村役人の賄費、筆墨費、薪炭代、会合費、寺社への奉献物、自普請費用などが多かった。これらは高割・戸数割により割当てた。

御林　江戸時代、幕府・諸藩が直接管理・保護した山林。幕府領では御林のほか御山とも公儀林とも称し、諸藩においては御林・御山のほかに、御留山・御本山・御直山・御建山・御立山・御建林・御立林などと称したところもある。その目的は土木建築用材の補給のみならず、水源涵養・土砂扞止・防風・防砂などがあり、多種多様であった。一般に、その管理は厳重を極め、御林木の盗伐には死罪・追放などの厳科に処したところが多い。

山守　山廻《やままわり》・山見《やまみ》ともいう。江戸時代の下級山役人。幕府領では御林守とも呼んだ。新庄藩では各村の名望家より任命し、世襲で藩林の保護・監督などに関する事務を取扱わせ、広島藩では山横目とも呼んだ。水戸藩では大山守・小山守の二種があり、大山守は山横目と同種で、常に藩有林を監守し、小山守を監督して山林の状態について郡奉行もしくは郡方役所への報告を任務とした。金沢藩の山廻は山奉行に属し、扶持人山廻と平山廻の二種があった。任務としては、常時、担当区域の山林を巡回し、山林に関するすべてのことを上通下達した。

往還並木　往還は「おうげん」とも読み、ゆきかえり、つまり交通を意味する言葉であるが、江戸時代には道路をも意味するようになった。五街道およびそれに付属する主要街道には、公用逓送機関として伝馬が常備され、道中奉行の支配下にあった。江戸幕府および諸藩は、五街道をはじめとする主要街道の両側に松・杉そのほかの並木を植え、積極的に保護育成し、沿道の村にも保護励行を命じた。夏の緑陰、冬の積雪防止に果たす役割は大きかった。東海道の松並木、日光道中の杉並木は有名。

根返　根木ともいう。江戸時代、立木の根より倒れたものをいった。

高札　立札ともいう。法度・掟書《おきてがき》・犯罪人の罪状などを記し、とくに繁華な市場や辻などの交通の要所に高く掲示した板札。目的は庶民の間に法令を徹底させることにあり、民衆に法令を周知させる簡便な手段となった。中世末期から存在していたが、江戸時代に最も盛行した。高札を掲げる場所を高札場という。無年貢地で、街道の宿場、村の名主（庄屋）宅前など目立つ場所に設けられた。江戸には日本橋以下六ケ所の大高札場をはじめ、三十五の高札場があったという。明治三年《一八七〇》、廃止。

婚礼抔之節水掛戸打抔と名付加さ川なる儀　古くは婚姻は若者仲間の寝宿との関係が密接であったが、しだいに一般庶民の間でも遠村との縁組みが多くなり、若者仲間の統制を離れて、嫁方聟方両家を中心とした婚礼が行われるようになり、若者仲間による意趣がえし的な悪態乱暴が、水掛戸打などの慣習となっていたのではあるまいか。大間知篤三「婚礼」（昭和三十四年八月、『日本民俗学大系』4、平凡社）に、「われわれが村々の婚姻を調査したとき、そこに古くから行われてきた婚姻の形式が、だいたいにおいて一種類の同質的なものであることを知る場合もあったが、また名主庄屋筋、大旦那など特定の家と一般の家々とが、相異なった婚姻形式を伝えていることを知る場合も決して珍しいものではなかった。たとえば一般の家々は村内婚を行い、その娘たちは年ごろになると寝宿に出て泊まり、若者たちのよばいの対象となり、年齢集団の統制のもとに婚姻に入るべきものとされ、それに服さない場合は諸種の乱暴や妨害を受けなければならないということが多かった。そしてそのうちにあって、ひとり特定の上層の家のみは代々遠方と縁組みをしており、その娘は寝宿に出たり、よばいの対象となることから除外されており、このように二種の形式が並存しているということは、決して珍しいものではなかった。……若者仲間の婚姻統制力が弛緩するにしたがい、この種の協力的参加がしだいに悪態乱暴と化し去ったところも多く、水あびせ、墨ぬり、石うちなどの古い信仰的意義をもった行事も日ごろの意趣がえしや、酒ねだりに悪用されることになって、さまざまな弊害を生んだのである。しかも婚礼当夜ばかりでなく、つぎの正月や、祭礼節供などのおりに持ちこされ、特に水祝いなどは江戸時代には全国的な悪習として、しばしば幕府や諸藩の禁令が発せられたほど大きな弊害をかもすにいたっていた。婚姻と若者仲間との関係は、特に他村・他部落間の縁組みの場合には、よけいな手続きを要することが多かった。他村縁組みにあっては、聟方嫁方両家と、それぞれ双方の村の若者仲間との関係が問題であるが、それら四種の連関のうちで、全国的に見て最も顕著なのは、聟が嫁方部落の若者仲間に酒を贈る習わしである。たとえば福井県の若狭地方ではそれを聟酒と称し、出さぬと乱暴されたといい、部落内婚ではこの酒の必要はなかったという。また薩摩半島のさきの坊之津付近の村々でも、他部落間の縁組みにかぎって、水かけ銭と称するかなり多額の金を聟方から嫁の部落にニセ衆、すなわち若者仲間へ出さなければならなかった。それはニセ衆の頭、あるいは小頭が嫁入りの酒樽背負いの者について行って受け取るのであり、それを嫁方部落の組頭が納め、一部はニセ衆の飲み代《しろ》となり、他は部落の収入となったのである。水かけ銭という名称は、嫁方部落のニセ衆が聟に対して有していた水かけの権利の宥恕料《ゆうじょりょう》という意味であろう」とある。

［第一一丁］

向後　「こうご」とも読む。今後と同義。

菜種　アブラナの種子。転じてアブラナを指すこともある。照明用油の原料。江戸時代、圧倒的に多く使われるようになった。商業的農作物の一つ。

出作　「でさく」とも読む。農民が居住する地から他の領主の田畑に出向いて耕作をすること。荘園制下では、荘園内人民が荘境を越えて、国衙領などを侵して耕作すること、また、その土地をいう。出作地に田屋《たや》を作って農時期の住居とする場合が多かった。年貢は出作地の領主に納めるが、公事は居住地の領主に勤仕《ごんじ》した。しかし、平安末期には年貢も居住地の領主に納めるようになり、出作地が新荘と呼ばれた例も多い。近世初頭に耕地は整理されたが、なお出作はあり、新田開発はこれに始まることが多かった。近世では、百姓が他村に土地を持ち、そこへ出かけて耕作することをいった。公事も年貢もその耕地の領主に勤仕した。

相對　支配者など第三者の干渉なしに当事者同士が談合のうえ物事を進めること。

［第一二丁］

廻状　廻文・触状ともいう。↓正月十四日条（第二丁裏）参照。

順達　廻状などを順次、当事者間で送達すること。近世、法令の布達にあたっては多くこの方法によった。↓正月十日条（第一丁裏）参照。

枝郷　枝村ともいう。新部落を開発した時、または村高を分けて新村を設けた時、もとの村を親郷・親村と呼ぶのに対し、新しい村を枝郷と呼んだ。室町時代末期においては、多くは親郷とともに組郷・組村をなし、段銭・棟別銭などを負担していた。

寄合　寄り合うこと。集会。鎌倉幕府では会合の意味で用いられ、寄合衆が置かれていた。室町時代中期より畿内農村では郷村制が発達し、名主層の寄合により自治的に村落が運営された。中世においては、この郷村制の成立によって生まれてきた農民らの自治的な会合のことを寄合といった。この組織を中心に、農村の自治的運営が行われていた。近世においては、合議によって事項を決定し、あるいは会談・会食することを寄合といった。江戸時代には徒党は禁じられていたが、村政運営のための寄合は存在し、支配者は上意下達の機関として利用した。村落の自治的運営機関としての村寄合、同じく町内の町寄合、株仲間の決議機関としての仲間寄合、同職仲間の寄合などがあった。また、幕府諸藩の非職の者の集まりも寄合といい、江戸幕府においては、旗本のうち三千石以上ないし布衣《ほい》（目見得以上で六位の身分）以上の者で無役の者を寄合といった。

今廿一日　『国見町史』に、「一、同廿一日百姓代寄合い致し、測量方一件諸評議いたし候」とある。

百姓代　江戸時代、村方三役の一で、本百姓中より才幹のある者が選ばれ、年貢・村入用その他の諸割賦に立会って公平な割付かどうか監視し、また、名主（庄屋）・組頭らとともに村の訴状・願書・証文などに加判して、村政の一役を担っていた。百姓代の出現は名主（庄屋）・組頭より遅く、一般農民の発言増大とともに登場し、総じて名主・組頭層による村政運営を監視する役割を持ち、無給が原則であった。

廿二日天気よし　『国見町史』に「一、廿二日天気よし。同日百姓代のこらず、庄屋船二艘□□理太郎海辺潮満際を間を打ち申し候。柵ヨコも間を打ち申し候」とあり、同日条「文恭院殿御実紀」には「廿二日松平肥前守〔前田治脩〕うせしかば。その子加賀守〔齊廣〕のもとに。奏者番本多豊前守御使して香銀五十枚をおくらせらる」とあり、伊能忠敬『測量日記』には、「正月廿二日　朝より晴天、先後手六ツ（六時）後、八屋村出立、後手、我ら・下河辺・青木・永井・長蔵、八屋村明神岬より初め、友枝手永《てなが》赤熊村、三ヶ門手永沓川村（三毛門手永十二ヶ村組大庄屋三毛門兵蔵）加茂・春日合社、海辺まで測、八屋村明神岬より三十九丁五十間五尺、先後手一同小祝浦中食、一向宗西派光専寺　また先手小手分(小)印より、高瀬川を渡る、川巾四十三間四尺、この川即ち上毛《こうげ》・下毛《しもげ》郡界、下毛郡中津城下（奥平大膳太夫居城）片羽・京町・博多町・四（三）辻まで測り印を残す、(小)印より七丁二十三間一尺、それより止宿まで測、三十九間打上る　先手、坂部・梁田・上田・箱田・平助、上毛郡沓川村（本村は街道）加茂・春日社前より初め三毛門村出郷、塔之本、人家三軒、同枝木之丸（海辺に出ず）これまで小倉領なり、それより中津領（中村組）直江村枝境木、是は海辺より五六町も遠し。即街道にあり。字高浜、是より小倉領中津領論地。同領中村組広津村枝小犬丸（本村は街道にあり字出屋敷あり）京泊湊（深さ三尋半、中津遠見番所）小祝浦枝若山（人家二十余軒、即ち小祝浦村在家地所は論地なり）高瀬川を渡り三毛門手永、小祝浦(小)印まで測、一里十三丁五十一間、また(小)印より初め、小祝浦一周を測、十九丁十九間二尺、八屋村明神岬より中津城下博多町四辻まで、二里一十四丁五間（小祝浦一周十九丁十九間二尺測、外鵜島半周二丁三十三間）先後手九ツ〔正午〕後に中津城下新博多町着、止宿本陣松葉屋善太郎・別宿豊後屋又左衛門、中津大庄屋蛎瀬又作・大江又右（左）衛門・中村為右衛門出る、この夜小晴、測量、測量中より曇る　小祝浦昼休へ、小倉領大庄屋今村治兵衛、小倉侯より贈物、我らへは小糸島一端、坂部へは帯三筋、下河辺・青木・永井へ帯二筋被下。並に酒肴を出さる　中津浪人松本達右衛門、江戸暦局書状持参、旧臘廿三日御勘定所より小倉江戸屋敷へ渡り正月十三日に当所に着と云、即ち中津侯御使として我ら坂部へ丈長半切《たけながはんせつ》弐千枚ずつ、下河辺・青木・永井へ半切紙二千枚ずつ、内弟子三人、侍二人、若党一人、合せて六人へ半切紙一千枚ずつ、棹取二人、小者四人へ大中折三束ずつ贈り下さる　着後、町年寄玉屋与右衛門・三木屋治郎右衛門・町役浜田屋宗四郎・生田屋藤助・車屋金左衛門・当郡付廻、下小路浦庄屋桂介・広津村庄屋良助出る」とあり、文化七年正月廿八日条『惣町大帳』に、「一、測量方御役人様、正月廿二日四ツ時、御一手合御入込ニ付尤道中測量在之候御一手合ハ九ツ時御入込被成候」とある。

理太郎　未詳。

廿三日天氣克　『国見町史』に、「一、廿三日天気克し。同朝飯後、氏神様へ此度のお役人様、とどこおりなく御廻浦申候様御願参籠。願成就は七度の潮汲にござ候」とあり、文化七年正月廿三日条　伊能忠敬『測量日記』には、「一月廿三日　朝雨、逗留、四ツ〔十時〕前より晴、江戸書状を認め、即ちこの日相渡す、羽倉権九郎〔元〕支配所（未だ支配仰仕らず候につき仍《よっ》て元支配所と云）高家《タキエ》浦庄屋富左衛門・中須賀浦庄屋平四郎来る　当所郡奉行より国産刻煙草を人別に目録を以て相贈らる、一同辞して帰す、当領大庄屋蛎瀬又作・今津小四郎・伊藤田彌三右衛門出る、肥前島原領豊前国長洲浦庄屋岡田長右衛門・大庄屋高田源之助来る、この夜晴天測量」とあり、文化七年正月条『惣町大帳』には、「測量方御役人様、明朝御出立、明七ツ時御一手合但古博多町ゟ米町通、同町横町ゟ豊後町通、蛎瀬口通御出被成候　一、御出立、朝六ツ時御一手合、但古博多町ゟ米町通、北御門・舟場・角木町通御出被成候　右町々、掃除入念候様被　仰付候間、御支配へ早々可被　仰渡候、以上　正月廿三日　同役中触候」とある。

氏神様　岐部の上姫に鎮座する岐部社であろう。元正天皇の養老四年（七二〇）庚申十月に勧請したと伝える。祭神は、天御中主尊・高皇産霊神・神皇産霊神・保食命・素戔嗚尊・経津主命・武甕槌命。

一今夜堅来氏……同人認差出し申候　『国見町史』には、「一、同夜堅来氏四日市より帰りがけ、当家どり立ち寄り、止宿かたがた右一件はなし承る。明日の寄り合い廻状同人しるし差出し候」とある。

廿四日同断　『国見町史』に、「一、廿四日同断。同日会所へ寄りいたし候いて、測量方諸相談致し候」とあり、文化七年正月廿四日条「文恭院殿御実紀」には、「廿四日増上寺台徳院殿。文昭院殿。有章院殿。惇信院殿霊廟に御詣あり。東叡山孝恭院殿霊廟に少老水野出羽守代参す。高家畠山紀伊守日光山より帰り謁す。日光門主御帰寺により。高家今川丹後守御使して慰労せらる。この日大納言殿には紅葉山諸廟に御詣あり」とあり、伊能忠敬『測量日記』には、「同廿四日　朝より晴天、先後手六ツ後、中津城下出立、後手我ら・下河辺・青木・上田・長蔵・同所博多町四辻より博多（また博田）町・米町・北門通・堀川町・角木町・蛎瀬《かきぜ》組下小路浦枝新浦・角木町地先大塚村・蛎瀬村・今津組東浜村枝大新田海辺まで測、中津博田町四辻より一里八丁五十二間四尺　先手坂部・永井・梁田・箱田・平助・大新田海辺より初め、田尻村・定留村・諸田村・今津村を測る、大新田より今津まで一里十六丁五十八間、中津博田町四辻より今津村まで、合二里二十五丁五十四間四尺、外に間々《まま》岬半周二丁六間　両手共九ツ（正午）前に着、止宿、今津村大庄屋今津小四郎。此日日向国延岡内藤亀六進、郡奉行添役吉田伴右衛門、麻上下にて参（尋）向、中津代官役増田兵三郎持参、我らへは茶十斤、坂部に同、下河辺・青木・永井へ茶三斤ずつ、内弟子三人、侍三人へ茶二袋ずつ、棹取二人、小者五人へ茶一袋ずつ、中津侯より贈り下さる、大庄屋又左衛門を頼み売払う、この夜晴天、測量」とあり、文化七年正月廿八日条『惣町大帳』には、「一、同廿四日朝六ツ時無滞御出立被成候」とある。

廿五日同断　文化七年正月廿五日条「文恭院殿御実紀」には、「廿五日御乗馬はじめありしによて。既がたのともがら賜物あり。松平大和守病によて奏者番阿部主計頭御使して問はせらる」とあり、同日条　伊能忠敬『測量日記』に、「同廿五日　朝より晴天、先後手六ツ後、今津村出立、後手我ら・下河辺・青木・上田・長蔵・同村より初め今津川、巾百十間、鍋島村枝前原、宇佐郡宮熊村、庄村枝布津部、庄川、巾百間渡、先手初に合測、庄村まで中津領、中食庄村百姓実右衛門、今津村より一里丁十一間二尺　先手坂部・永井・梁田・箱田・平助、庄川端より初め（羽倉権九郎、元御代官所）高家村、同村字磯、家二軒、同所御料所乙女村、枝野地人家三四軒、同字奈良瀉（人家は住江村枝広末より出在家）住江村枝広末まで測る、庄川端より一里廿三丁十二間五尺、今津村より住江村広末まで合て二里廿六丁卅三間三（二）尺、住江村広末止宿、百姓九郎兵衛、家作大に、隠宅もあり、家作も宜し、一同止宿　御料所羽倉、沖須村庄屋又右衛門・住江村庄屋平八郎出る、この夜島原領、当国高田村庄屋吉原運平・同高田浦庄屋山田孫三郎・同大庄屋長洲新兵衛・高田源之助来る、この夜晴天測量」とある。

廿六日同断　文化七年一月廿六日条「文恭院殿御実紀」には、「廿六日東叡山至心院殿霊牌所に御側平岡美濃守代参す」とあり、伊能忠敬『測量日記』には、「同廿六日　朝より晴天、先手六ツ頃、後手六ツ後、住江村広末出立、後手我ら・青木・梁田・箱田・長蔵・同所より初め、御料所羽倉、沖洲村、中洲賀村（二ヶ村御料所）駅館川巾七十八間、この川領界、それより嶋原領長洲村《ながす》（また長洲浦）枝西浜・佐々礼村・松崎村界測る、住江村広末より一里廿六丁一間二尺、長洲村大庄屋長洲新三郎にて中食、三十丁程帰る　先手坂部・下河辺・永井・上田・平助、佐々礼村・松崎村界より初め、橋津組水崎村字水ノ江・佐々礼・松崎村界より豊後国界迄一里十七丁七間四尺、それより豊後国国東郡大田村、高田村（また高田浦）、宮町・浜町境制札前、(浜)印まで測る。国界より浜印まで二十八丁五十二間、また(浜)印より本陣前まで測る。二丁十八間　先手九ツ後、後手八ツ前に高田村に着、止宿本陣庄屋吉原運平、別宿大畑助九郎、住江村広末より高田村海辺まで、合て四里町一間、着後同国同郡芝崎村島原出陣屋代官川村戸七郎、同郡代坪田森右衛門出る、同領大庄屋長洲新三郎・高田源之助・高田浦庄屋山田孫三郎・橋津組大庄屋橋津喜右衛門出る、島原御領所高松役所付、乙津村庄屋市郎兵衛・野田村庄屋逸平・豊後国杵築家士後藤庄兵衛・同領興道寺村庄屋大助来る　嶋原侯より郡代坪田森右衛門を以て贈物あり、我らへ白半切三千枚・坂部二千枚・下河辺・青木・永井に千枚ずつ、梁田・上田・箱田・黒田・成田らへ千枚ずつ贈り下さる、この夜宵晴、測量、ほどなく曇る（二月二日に棹取二人僕五人へ中折紙二束ずつ贈り下さる）」とある。

廿七日同断　文化七年一月廿七日条「文恭院殿御実紀」には、「廿七日紀伊家鍇姫のかたまうのぼられ。両御所。御臺所御對面あり。饗せられ種々贈らせものあり。御簾中よりも同じく贈らせものあり」とあり、伊能忠敬『測量日記』には、「同廿七日　朝より大雨、高田村逗留、終日雨、当所陣屋代官川村戸七郎・小川仁兵衛・大庄屋長洲新三郎・高田源之助出る、夜も雨」とある。

廿八日同断　文化七年一月廿八日条「文恭院殿御実紀」には、「廿八日月次の賀例の如し。有栖川閑院伏見家の歳首の使者。その他僧侶。祠官ら拝賀また同じ」とあり、伊能忠敬『測量日記』には、「同廿八日　暁雨、六ツ後止、先後手一同出立、後手我ら・下河辺・青木・永井・平助、高田村制札前(浜)印より初め、桂川（巾六十間）を渡る、芝崎村（この村に島原陣屋あり）志手村・枝磯町・中伏村・入津原村・草地村枝芝場・猫石、これまで島原領　延岡領金屋村・大村・浜村・稲荷崎波戸まで測る、高田より二里十丁三十五間一尺、中食浜村、一向宗西派浄応寺　先手坂部・梁田・上田・箱田・長蔵、浜村稲荷崎波戸より初め、臼野村枝尾鷲・臼野（本村）同字境組（中食、仮小屋）同枝小林（家八軒）、堅来村海辺まで測る、浜村稲荷崎波戸より、一里廿九丁六間、海辺より止宿打上、四丁六間、高田村より堅来村まで、海辺合て四里三丁四十一間一尺　先手八ツ、後手八ツ後、堅来《かたく》村着、止宿百姓伝左衛門、別宿同隠居屋(家)なり、付廻案内延岡領当国同郡庄屋村大庄屋真玉三左衛門・助役野村左右内、日向延岡家士駒木根晟吉・金子彌文治・測量見分に延岡より来る、この日領界まで島原領代官川村戸七郎、ならびに大庄屋見送る、着後杵築町役人塩飽屋吉左衛門・同領興道寺村庄屋大助・溝井村庄屋善右衛門・竹田津村庄屋源助・姫島村庄屋忠右衛門・案内（御料所羽倉）下福部村庄屋儀太郎・同鬼籠村庄屋仲右衛門来る　この日、延岡侯より我らへ、鰹節百、坂部七十・下河辺・青木・永井へ五十ずつ、内弟子二人へ三十ずつ、侍三人へ鼻紙五束ずつ、竿取小者七人へ鼻紙貳束ずつ贈り下さる、即ち大庄屋真玉三左衛門を相頼み売払う、この夜晴天測量、延岡郡奉行吉田律左衛門、副支配役菅波長右衛門来る」とある。

廿九日同断　『国見町史』に、「一、廿九日同夜より朔日夜まで竹田津に御止宿のこと」とあり、文化七年一月廿九日条「文恭院殿御実紀」には、「廿九日増上寺有章院殿霊廟に松平伊豆守代參す。寄合奥田主馬小普請組の支配となる。書院番安藤八郎右衛門老免して小普請に入り褒金を賜ふ」とあり、伊能忠敬『測量日記』には、「同廿九日　朝曇天、先手六ツ頃、後手六ツ後、堅来村出立、段々晴天になる、後手我ら・下河辺・青木・上田・平助、同村海辺より初め、小池村・羽根村・字小豆、香々地村海辺まで測る、堅来村より二里四丁四十間、見目村庄屋幾治郎、中食　先手坂部・永井・梁田・箱田・長蔵、香々地村、海辺より初め、見目村長崎岬、行者窟、同枝羽戸（家四五軒）、同高嶋、それより杵築領になる、竹田津村枝大高島（小屋掛、中食）、同小高嶋（家三軒）、同小野田家二軒、同字三世淵まで測る、香々地村海辺より二里六丁四十九間、堅来村より竹田津村海辺まで四里十一丁二十九間両手八ツ頃、竹田津村着、止宿大庄屋格小串千介、家広し、屋敷は領主普請、杵築領付回片野村庄屋甚助、今日より添合、四人付回と云、この日杵築家士小沢唯八、杵築侯より我らへ丹後島袴地一、坂部・下河辺・青木・永井、唐棧留袴地、内弟子侍六人へ帯地一筋ずつ、贈物〔持参相成り、受納〕、この夜恒星、木星を測る、木星凌犯なし」とある。

［第一三丁］

口米　おもに江戸時代に行われた付加税の一種。鎌倉時代には口籾といって、租税上納の時、収納物の減損を補充するため予《あらかじ》め本租の米に加えて付加米を納付させていたが、近世になると、これを口米というようになった。当初は、代官が地方支配に必用な代官所の経費を年貢に対して付加していた。米納の本租に付加するものを口米、金納の本租に付加するものを口永《くちえい》という。江戸幕府は、年貢徴収にあたる代官の事務費として納入させ、代官に下付した。元和二年《一六一六》、幕府によって、口米は貢米一俵につき一升、口永は貢永百文につき三文の課率が定められた。一般に、関東は三斗七升入一俵に口米一升、永百文に口永三文、関西は一石に三升と定められていたが、地域・時代により差があった。享保十年《一七二五》以降、幕府領では代官所の諸入用を幕府より支給することになり、そのため口米・口永は幕府に納入することになった。諸藩の場合も同様にしだいに本貢租と同じく公納化された。

二月朔日天氣よし　文化七年二月一日条「文恭院殿御実紀」には、「二月朔日白木書院に出たまひ。日光久能両山の符籙。御鏡の餅いたゞかせたまふ。日光門主歳首の御對面あり。また青蓮院門跡。歓喜心院宮使者はじめ。山門總代。日光山總代。上野一山の僧中。遠國の台宗まで謁見する事例のごとし。高家大澤右京大夫伊勢より歸り謁す」とあり、伊能忠敬『測量日記』に、「二月朔日《ついたち》　同所逗留測、朝より晴天、七ツ半頃、下河辺・永井・梁田・上田・平助・長蔵、乗船、姫島に渡海、昨昼(暮)御料所羽倉元支配、上岐部村庄屋俊右衛門・鬼籠村庄屋仲右衛門・深江村庄屋国介・堅来村庄屋善助来る　姫島字南浦人家より手分、梁田・上田・長蔵、近江浦人家十四五軒、字稲積家三軒、小松原、字諸仕《モロシ》家一軒、字金谷家五軒、赤水明神（鉄漿湯湧出る）、前金谷家二軒まで測る、二里八丁四十四間一尺、下河辺・永井・平助、同字南浦人家前より手分、鎧岩・西村・トシヤク岩・観音崎・温石岩・北浦・垂水岬を歴て、前金谷にて合測、二里十二丁三間、姫島一周、合せて四里廿丁四十七間一尺、暮に帰宿　坂部・青木・箱田・黒田・清七、四ツ後、竹田津村、字三瀬淵より初め竹田津村下を過ぎ、御料所羽倉元支配所鬼籠《キコ》村、杵築領櫛海村、字ヒンジ、御料所羽倉元支配所西中村字倉谷まで測る　竹田津村三瀬淵より一里十一丁五十三間五尺　八ツ半後に帰宿、この朝、松平政之助知行所役人栗本丈左衛門・峯村庄屋良右衛門・伊美浦庄屋利左衛門・伊美浜村庄屋又右衛門、坂部まで出る、名札ばかり出頭、この夜量る、雲間に七八星測る」とある。

二月二日天氣よし今日測量方御役人様當所御通行被遊候　文化七年二月二日条「文恭院殿御実紀」には、「二日西城小十人頭山本平六郎老免して寄合となる。大納言殿御婚儀済ませられしによて。水戸宰相。紀伊太眞重倫卿より御祝ひの□たてまつられしかば。その使めして奉書をわたさる」とあり、伊能忠敬『測量日記』に、「同二日　暁大曇微雨、六ツ頃止、六ツ後、先後手竹田津村出立、後手我ら・下河辺・青木・梁田・長蔵、御料所羽倉元支配所西中村字倉谷より初め、字菊森、それより松平政之助知行所伊美村（峯村浦手村浜村三ヶ村各庄屋あり惣名伊美村と云、別に伊美村と云はなし）、字稲田、同所知行櫛《クシ》来村枝古江まで測る（中食は櫛来村より持出し、伊美鎮守八幡神楽殿）、西中村倉谷より二里二十六間三尺　先手、坂部・永井・上田・梁田・平助、櫛来村枝古江より初め、同村字猟倚、御料所羽倉下岐部村、同字イサゴ（家三軒）、同字川尻（酒造屋一軒）、同字磯（人家二十八軒岐部浦と云）、同字ヒラバヘ・同住吉岬《ハナ》・同字小岐部・同字塔ノ岬《ハナ》、同字長瀬（家十軒ばかり）・同枝小江、湘ノ浦二ヶ所にて家二十軒、ここにて中食、字楠戸、松平政之助知行所小熊毛村まで測る、櫛来村古江より二里十一丁九間五尺、西中村倉谷より小熊毛村海辺四里十一丁三十六間　先手は八ツ半、後手は七ツ頃、小熊毛村着、止宿本陣和泉屋喜兵衛、別宿和泉屋喜左衛門、この夜晴天、測量　松平政之助家来岩尾与市使者にて、我ら坂部へ帯地一筋ずつ、下河辺・青木・永井・梁田・上田・箱田・黒田各七人へ胸紐三筋ずつ、与《〔豊〕》作・沢次鼻紙、棹取二人、小者五人に鼻紙贈らる、杵築侯より先日失念の由にて棹取両人小者五人へ中折二束ずつ贈り下さる、即ち受納」とある。

三日同断今日深江堅来御廻浦ニ付庄屋中罷越申候　文化七年二月三日条「文恭院殿御実紀」には、「三日濱の庭園に成らせらる。小普請より小姓組に入るもの十二人」とあり、伊能忠敬『測量日記』には、「同三日　朝より晴天、先手六ツ前、後手六ツ後、小熊毛村〔出立。後手我等、青木、永井、梁田、平助、同所より初、松平政之助知行所大熊毛村〕字陰・字門迫《サゴ》・枝嶋園《〔島田〕》、それより同所知行所向田村、向田川前まで《〔迄〕》測る、小熊毛村より一里廿四丁三十間二尺、中食、来ノ浦村枝浜村庄屋長右衛門　先手坂部・下河辺・上田・梁田・長蔵、向田村川前より初め、杵築領来ノ浦村枝浜村、来ノ浦は十九ヶ村手永の本郷にて浜村も十九ヶ村の内〔也〕杵築領にては五ヶ年前より手永大庄屋も止む、字楯原、御料所羽倉深江村枝浜江《〔松〕》、同所羽倉堅来村（前にも堅来村あり西堅来村と云《〔いう〕》て分つ）枝塩屋、杵築領富来村枝富来浦（富来村枝に富来浦柳迫村あり三ヶ所共庄屋あり、当時柳迫村には庄屋なし富来浦にて兼帯す〔る〕と云《〔いう〕》）まで測る、向田村より一里三十五丁十五間一尺、小熊毛村より富来浦まで海辺合て三里二十三丁四十五間三尺　先手は九ツ前、後手は八ツ頃に富来浦着、止宿本陣久保屋七郎右衛門、別宿若屋喜三《ツ》七、御料所羽倉堅来村庄屋善助、同深江村庄屋国助出る、佐伯毛利美濃守家来大畠仲右衛門、用達塩飽屋弥惣兵衛来る、去々辰、豫州宇和島にも来る、この夜晴天測量」とある。

四日同断今日岩戸寺より引取　文化七年二月四日条「文恭院殿御実紀」に、「四日有栖川閑院伏見家の使者いとま下され賜物あり」とあり、伊能忠敬『測量日記』には、「同四日　朝より晴天、先手六ツ前、後手六ツ後、富来浦出立、後手、吾ら《〔我等〕》、下河辺・青木・上田・平助、同所より初め杵築領田深村、同枝北江浦、外に枝吉木村あり三ヶ村なりと、同領今在家村、同興導寺村、化粧崎（用明天皇の御妃ここに来り、また姫島に渡ると云、不審）、小原村字平床海辺まで測、富来浦より一里廿七丁三間　先手坂部・永井・梁田・箱田・長蔵、富来浦より乗船、今在家村より手分測量のところ、船遅く測量なりかね、先手の分、後手にて測る　両手午前に小原村着、止宿後藤鉄之助大庄屋格、家作広し領主より座敷向は普請と云、五ヶ年前まで大庄屋を勤めし由、杵築領にも五ヶ年前まで、手永大庄屋六ヶ所なり、両子村・八坂、即ち江《〔郷〕》、安岐《〔伎〕》、旧大庄屋は馬場村にあり《〔有〕》、小原村・来ノ浦〔村〕・竹田津村なり、六ヶ所手永大庄屋共に座敷向は領主より普請せる由なり　先手四ツ後着、島原御領《〔預〕》所同国速見郡野多村庄屋平八、同中村庄屋せがれ格之丞、古市村休所亭主甚助、安岐村止宿儀兵衛、寿助、杵築止宿小助、春右衛門来る、佐伯家士大畠仲右衛門使者にて、我ら・坂部・下河辺・青木・永井へ袴地一反ずつ、内弟子三人、侍三人へ帯一筋ずつ、棹取両人小者五人へ帯一筋ずつ贈り下〔被贈下〕さる、同領付回塩飽屋弥惣兵衛に預け置く、杵築差添医師岡尚綱〔綱〕に逢い談す、この夜大曇天、不測、深夜雨」とある。

五日雨天能潤ニ御座候　文化七年二月五日条「文恭院殿御実紀」には、「五日松平上總介父致仕一心齋封地温泉入湯の事請ふまゝにゆるされ。暇下され賜物あり。去りし三日御成のをり鳥射し番士二人時服を下さる。紀尾のかたぐくに使して。御拳の鶴をおくらせらる」とあり、伊能忠敬『測量日記』には、「同五日　未明より雨、逗留、終日雨降、夜も宵は降る」とある。

光り　割勘の会食。

六日同断　文化七年二月六日条　伊能忠敬『測量日記』には、「同六日　朝晴曇、先手六ツ頃、後手六ツ後、小原村出立、後手、吾ら〔我等〕・青木・箱田・上田・平助、同所海辺より初め、治郎丸村・綱井村・重蔵村・池之内村・内田村・古市村・糸原村界まで測る、小原村海辺より糸原村界まで一里廿二丁四十九間三尺、古市村中食塩屋善助　先手、坂部・下河辺・永井・梁田・長蔵、古市村糸原村枝郷大海田、安伎の郷下原村枝郷浦下原村、（又いわく湊村）迄測る。それより安岐川（川巾三十五間）を渡り、塩屋村、奈多村字仕口まで、仕越を測る、古市村・糸原村界より浦下原村まで一里七丁三十九間、浦下原村より奈多村字仕口まで仕越二十三丁四十五間、糸原・古市村界より奈多村字仕口まで、合て一里三十一丁二十四間、小原村海辺より奈多村字仕口まで、合て三里十八丁十三間三尺　両手共九ツ後、浦下原村着、止宿、福力屋儀兵衛、造酒家にて家作大に、二階共に畳百五十枚も敷よし。新宅なり　杵築町宿老塩屋叔蔵、同止宿伊予屋勝十郎、臼杵用達烟艸屋弥兵衛、日出領付回案内、大庄屋仁王五郎八、同宇都宮又太郎来る」とある。

久平　→四月十五日条（第三四丁表）「弥五七」の項参照。

為右衛門　→正月十八日条（第五丁表）参照。

百姓代両人　未詳。

弥五七　礒屋弥五七（明和二～文政九）。二月九日条（第一五丁裏）に、「覚
一　銀百七拾弐匁弐分　弥五七　一同　弐百九拾八匁八分　姫嶋弥右衛門
一　同四拾七匁七ト　億太郎　〆　五百拾八匁七分　内四百九拾六匁八分四
厘　本銀　差引弐拾壱匁八分六厘　以上　右之通御上納可被下候奉願候已上
午二月十日　下岐部村億太郎　上岐部村納人国蔵殿」とあり、四月五日条（第二九丁表）には、「一五日同断（天氣良）今夕方五左衛門参り弥五七と蔵ノ下空地之儀ニ付念願之趣内済不致ニ付御見分之上御差圖被下候様願出申候種〻私噺略之」とあり、同十一日条（第三三丁裏）には、「今日胎蔵寺様一同弥五七ヲ呼いろくく理害申聞同人心底茂承申候同人申候ハ塀ヲ雨ふり之此方屋敷へ不落様被成蔵ノそば是迄之通御阿け置通路相成候様致度別ニ子細無之由ニて御座候略之」とあり、同十五日条には、「同十五日曇天五左衛門弥五七屋敷境見分致呉候様此間五左衛門願出候ニ付今日為蔵久平召連五左衛門方へ参り同人初法耳老人江茂右一件申承候然処双方立會愚意ヲ申合候而ハ甚以面倒ニ付五左衛門蔵ノ下手へ少〻弥五七之畝高渡し残り有之由申處ヲ村役人之囉ひ分ニして相済候様致度右ニ付塀ヲ仕切是迄之通路ヲふさき候五左衛門之心底ニ付是ハ何卒是迄之通通路出來候様致置度弥五七之存寄ニ候間通路ハ出來候様致度〔此段弥五七之〕右通路出來候ヲ申立蔵ノ下ヲ囉ひ候而和熟之取曖致度旨申候處五左衛門申候ハ是迄之通り仕置候而ハ数度賊難ニ茂罷逢損失弥増候儀ニ付是悲くく此度ハ仕切申候立會論判申合候儀ハ御囉被成候ハヽ仕間敷候得共是ハ手前之境内ニ候得ハ侭自由ニ不罷成候而ハ差支申候儀ニ付是悲くく此度塀ヲ仕切申候久平茂様〻申な多め候得共承知不致候〔右ニ付〕又五左衛門申候ハはと之東弥五七前ニ荷積場ヲ先年拵置候處此方へ沙汰不仕弥五七之勝手侭ニ積上当時ニてハ懸木之置場なく有之候此段ハ前方之ことく仕候様被仰付被下置候旨申候手前申候ハ是ハ貴様より御相對ニ可被仰聞随分御相對ニ出來可申旨申置候五左衛門殿重くく噺有双方略之夫より弥五七方へ参り右蔵ノ下手少〻畝高残り有之由申候處囉ひ見申し候處此段ハ同人不承知ニ而相談出来不申候弥五七申候ハ五左衛門殿実ニ囉ひ候心底ニ候得ハ御相談出来申間敷毛のニても無御座候得共同人ハ囉ひ候心底ニてハ無之やはり自身之土地と被心得居候ニ付氣之毒奈可ら差上得不申旨段〻私噺有之候右ニ付空敷引取申候村役人アノ方へ参り双方取曖候訳ハ無之候得共一通り見分致呉候様五左衛門願候ニ付罷出次手ニ右之通取斗見候儀ニ御座候」とあり、同十六日条には、「一四月十六日天氣能今朝飯後茶屋治助殿被参申候ハ弥五七五左衛門殿境ひ之儀ニ付昨日御出御取曖被下候由之處弥五七承知不仕甚以氣之毒ニ奉存候間私御見舞申右之御挨拶致呉候様昨夜私宅へ参り願申候ニ付御見舞申候旨種〻挨拶有之被入御念〔曖〕申置候一夫より弥五七参り昨日之一禮として参り段

ゝ私断御座候尤手前申候儀ヲ承知不仕段氣之毒之申王け也昨日五左衛門申候破戸之石垣之儀内ゝ弥五七ニ噺申候處同人申候ハ夫ハ拙(者)ハ之方境ニ御座候と申候尤手前取上ヶ申ニてハ無之相對ニ被致候様申置候旨申候段噺致候　一弥五七申候ハアノ方ハ早ゝより公訴之思召も可有之候得共私儀ハ人越頼候而茂公邊之儀ハ御断申心底ニ御座候何分宜敷御願申との儀ニ御座候」とある。文政九年六月、死去。法名は慎空宗餘志。

姫嶋　姫島。姫嶋は国東半島の北部四キロメートルの洋上に浮かぶ、周囲一七キロメートル、東西七キロメートル、南北最大幅二キロメートルの、東西に長い島。島の中央部に矢筈《やはず》岳（標高二六六・六メートル）、西に達磨《だるま》山（標高一〇五メートル）、北に城山があり、柱《はしら》ケ岳と両瀬を合わせた五つの火山を結ぶ砂洲により成立した陸繋島である。元来は海人らの住む、農業生産性の低い島であったらしい。

『古事記』の国産み神話に記される女島を当島に比定する説もある。すなわち、大八嶋創造後、吉備児嶋・小豆嶋・大嶋を生み、次に女嶋《ひめじま》を生んだとあり、またの名を天一根《あめひとつね》というとある。また、垂仁天皇二年紀の任那と新羅の対立の割注に、比売語曾社神が見える。「然るに阿羅斯等、他処に去る間に、童女忽に失せぬ（中略）求ぐ所の童女は、難波に詣りて、比売語曾社の神と為る。且は豊国の国前郡に至りて、復比売語曾社の神と為りぬ」とある。この比売語曾の神が祀られたのが、この姫島であるという。平安時代末期、姫島は、宇佐宮神宮寺弥勒寺領となったらしい。仁安の下文に任せ、国の妨げを停め、浦部十五ケ荘を寺家に返付することを告げられた（文治二年四月十三日の後白河院庁下文案）。ここに姫島が見え、鎌倉時代には、宇佐宮弥勒寺領であった。南北朝時代から戦国時代には、姫島（姫嶋）氏を中心とした姫島寄合中が活躍していた。中世には姫島氏が領有していたと推測されるが、明応八年《一四九九》頃には大友水軍の根拠地の一つとなっていた。さらに文亀年間《一五〇一〜〇四》頃、大友親治は富来彦三郎に姫島を宛がった。

松露　担子菌類ショウロ科の食用茸。四、五月頃、海浜の松林中に生じ、球状で傘柄の区別はなく、ほとんど地中に埋まる。若いものは肉白く、やや粘《ねば》い。成長したものは淡黄褐色。一種特有の香気があり、多くは生のまま吸物の実などとする。嘉永六年《一八五三》暮秋の古城癡佛（周郷）の霞亭に於ける句に、「松露の砂もや、寒うなる」（天保〜嘉永、古城癡佛ほか『俳諧興業留書』）とある。

北村様　北村亮三郎。小野精一編『大宇佐郡史論』に、「（歴代日田代官）第十一代　郡代羽倉権九郎　自寛政五年九月、至文化六年、十七年間、手附宮島嘉右ヱ門、高橋源藏、寺門勘次郎、久貝直六、小池十次兵衛、川島彌右ヱ門、北村亮三郎、宮川恒藏、内藤類右衛門（四日市詰の間に、高橋小太夫といふものゝ女を娶り幕末の外交家川路聖謨を生んだ）桑田源内、松尾嘉作、坂田廣藏、坂田祐八等であった、此時四日市には年番所が始まった」とある。→二月六日条（第一三丁）、二月十二日条（第一七丁表）「北村亮三郎」の項参照。

〔第一四丁〕

濱蔵所　寛政四年《一七九二》十二月の国東郡鬼籠村御案内記に、「一隣郷道法《のり》（中略）御料下木部浜蔵所江弐里半　寅ノ方」とある。文化七年二月十一日条本書（第一六丁裏）に、「一去巳濱蔵所仕上帳此度相認候分弐冊幷先達而差上御改相済御着到被遊候分壱冊都合三冊宮川様へ差上申候」とある。なお『大分県史』には、「一方宇佐地域幕府領の年貢米は、村々の郷蔵から中須賀浜蔵所に津出しされた。浜蔵所まで五里（二〇キロメートル）以内の村からの運賃は、百姓役といって村負担、五里以上の場合に代官所から駄賃銀が支給された。元禄十三年《一七〇〇》の四日市陣屋造営と同時期に駅館川《やつかんがわ》河口左岸に造立された中須賀浜蔵所には、蔵三棟・小屋一軒・郡屋一軒・庄屋、升取《ますどり》詰所があり（山口家文書）、浜蔵所に隣接して川口番所があった（松尾家所蔵、文政十一年絵図）。安政六年《一八五九》十一月『当未浜蔵所詰勤役中手帳』（中島家文書）は、浜蔵所詰庄屋高家喜七郎の勤役日記で、興味深い。それをみると、当年の浜蔵所役人・勤仕は、手付山本寛蔵、手代飯村半蔵、詰庄屋麻生善兵衛・江嶋嘉十郎・高家喜七郎、升取五名村百姓代斉右衛門・下江島村百姓新三郎・上乙女村百姓官平、水夫城村孫兵衛、小遣夫が三人、加役一人で、年貢米（城米）の取り立てが十一月十五日より始まっている。村々から運ばれた年貢米は、米俵一俵に五斗と、ほかに一石につき込米《こみまい》三升五合、欠米《かんまい》三升ずつが付加された。規準俵であるかどうかは升取によって検査され、一〜八番蔵に蔵詰めされた。一番蔵の初納は、十一月十五日で、十二月三日には蔵詰切となり、一一六石が蔵詰めされた。一～六番蔵までが順次蔵詰めされ、七番蔵は規準検査に不合格の刎米《はねまい》が一時蔵入れされ、後に正米《しょうまい》が蔵詰めされた。八番蔵には、呉崎新田・鹿伏《かぶせ》新田・和田新田の年貢米も蔵入れされた」とある。

岩戸寺甚祐　岩戸寺村庄屋吉武甚祐。『国東町史』第三編寺院の部、第四章岩戸寺三十仏六所権現の項に、「延宝元（一六七三）年拝殿を、大門坊主が庄屋の吉武九郎右衛門・弁差源左衛門・同専右衛門と相談して建てたのが同年十二月。宝永五（一七〇八）年に、庄屋吉武四郎兵衛・弁差小兵衛・山ノ口八右衛門とともに三十仏御堂を、天明三（一七八三）年には法印豪秀が、庄屋吉武栄吉と再建。つづいて文化八（一八一一）年に上ノ寺先住順際が発起し、岩戸寺氏子が全部願主となったが、庄屋の交替もあり、かれの死後庄屋吉武甚祐・同嘉二助のとき完成した」とある。文化七年《一八一〇》三月廿三日条本書（第二七丁表）に、「一上納毛の御差出之砌ハ惣代壱人宛御出勤候様可被成候此度なとハ印判も御遣不被成甚以御呵ニ御座候当所より右之段申遣候様御意ニ御座候　年番外堅来より廻状　一岩甚助殿ゟ此方へ壱封　一中村より此方へ壱封右之通受取早速中村使到来ニ而東中ニ達ス」とある。ちなみに、寛延四年《一七五一》六月の千灯寺五岩屋證文写（『国見町史』所収）には、「岩戸寺村庄屋良右衛門」が見える。

国蔵　二月九日条（第一五丁裏）に、「覚　一銀百七拾弐匁弐分　弥五七　一同　弐百九拾八匁八分　姫嶋弥右衛門　一同四拾七匁七ト　億太郎　〆五百拾八匁七分　内四百九拾六匁八分四厘　本銀　差引弐拾壱匁八分六厘以上右之通御上納可被下候奉願候已上　午二月十日　下岐部村億太郎　上岐部村納人国蔵殿」とある。ただし、同四月十八日条に、「十八日御浦觸ハ深江村ニ継立申候キコ長之助印判共ニ今日使俊足国蔵ニ而四日市へ差出申候」とある俊足国蔵は別人であろう。

中岐部柳右衛門　中岐部村庄屋仲柳右衛門。天保六年《一八三五》三月、中岐部村庄屋は「仲柳右エ門」（「菅池旧記念碑」『国見町史』所収）であった。また、『国東町史』の「丁字屋事件始末記」にも登場する。

天保十一年《一八四〇》七月、来浦浜の丁字屋で、中木部村久助と、来浦村徳松なる者とが、酒の上での口論から、大喧嘩となり傷害事件をおこし、村と村、熊毛と来浦谷・富来谷に及ぶ争議から、上訴沙汰にまで発展していった。「有体に始末を申出よ」との、代官所の通達である。久助弟、新太の口上書覚によると、一件のあらましは、岐部の男二人と、来浦村・長野村の男二人とが、酒寄合（酒宴）中一杯まわった夕方、件の一人木部村の久助が「ぞうりがない」と申し候処、来浦村徳松が、これも丁字屋の隠居部屋にて、酒飲申候様子にて、肴取りに両三度私共の居候場所を罷り通り居り「此方には穿き不申」と答え「自分の履物の番もできぬ奴が他人を盗人呼ばわりは不都合だ」とののしった。久助は立腹して「盗みとりしぞうりを引出すぞ」と徳松に物言いをつけたので、かれは「引出しきるなら引出せ」と言った。徳松は腕まくりをして近寄ったので、居合せ候者ども、両人を引きはなした。ところが塩屋井戸の辺にて、またまた久助・徳松は打合い叩合いをして、髪の結節を握り、引張った。徳松は久助の下帯を引破り、つかみ合いをした。来浦村の男も数人、徳松に加勢して、手ごめにしたようである。おりから浜村の順平らに押留められ、引分けた。久助は乱髪姿で逃走したので、あとを追ったが西川端で見失った。負傷しているので、気になったが、立帰ったところ、庄屋もとの門先に、久助行倒れ居り、夷宮拝殿につれて行った。「もともと口論の末であるから」と、丁字屋主人に届け、庄屋本にも正式に届け出た。おりから熊毛村寿八・浜与太郎、竹田津村才平が来たが、この口論は朝まで預り可申との事ゆえ、私（新太のこと）は久助の傍で介抱した。しかし三人でも話の折合いがつきかねたので、投出した。夜が明けたが、久助の怪我はひどく、不快らしいので、庄屋本にねがい、国本屋に同道し、十九日はつききりで介抱した。夜中に中木部百姓代外二人が見え、また向田の亀助・小江善助、居り合い、丁字屋小八・音羽山道太郎も鳩首相談し、内々にて済ますよう、取扱い相談がありましたので、「何とぞ右様のお取斗出来候えば、此上無い事に御座候」とねがい出た。時すでに遅く、木部村の方は、久助被害として、代官所に徳松を訴え出ていた。因縁を吹きかけて、金子を巻き取ったというのである。ところが玄中という老医方を訪ねてみたら、診断に曰く「御医師の申分には、少々宛の怪我は相見え候え共、若き体の事に候へば、気遣の儀は無之」と被仰たので、安堵して介抱した、とある。中木部よりは啓介・九平も来り、徳松兄の三代吉も参り、内々に相済ますよう、手打申候、という段取りまで来た。それで百姓啓助が同道、来浦村寿平が中岐部まで行ったところが、御座屋（木部）の柳右衛門殿から、厳敷《きびしく》御叱責に逢った。しかし寿平は、事の次第を詳しく説明し、内談したところ「筋合相立候はば、内済に致すべく、四日市代官所に御届け申上げ候ものは、今日まで延引するだろう」と、ゆるくなってきた。二十二日、来浦村の御役人衆は、評議して、久助（被害者）の弟、新太に依頼して、中木部にまかりこし、ぜひ内分に願下げくださるよう、庄屋本にたのんできてくれと、手をつくしたが「決して左様の義にて済ます事ではないから、早々に引取れ」とのきびしい庄屋殿の意向である。その夜、来浦村の弁差寿平が、代理として中木部に参り「喧嘩之節は闇夜にて御座候へば、様子は一向相不分、双方酒興より発り申候事に而御役人衆迄厄介を懸け申し候段、誠に恐入候。右御取調に付、有体奉申上候。以上」とあり、来浦村の方が傷害を与えた廉により、極めて低姿勢で、来浦村は村役人顔役を動員し、浜村有志まで加勢をして、一村の面目にかかわる大事なりと、手をつくし、富来村の小庄屋も加担して、中岐部対策に当った。当時岐部村は天領として、庄屋柳右衛門は、天領庄屋の格式をバックに、久助は天領百姓としての見幕をみせたおかげでついに集団打擲に会った。徳松の方では、とにかく相手を負傷させた点で、一家一族は、あの手この手と、岐部側に八方手をつくして、事の重大化を何とかくいとめたいと必死の努力。わずか草履一つの酒席の争いが、村と村との対立になり、筋の立たぬ申入れ、聞く耳もたぬという岐部庄屋の強腰に、諸方の藩庄屋は連合してこれにあたり、柳右衛門をくどくあたりは、昔も今もかわらぬ。封建勢力を笠に、権力によって村を治めていた当時が思われる。傷もよくなり、紛失した金子の詮索もできた。和解のうえ、上訴取下げについて、つぎのような願書提出。

　乍恐以書付奉願上候

当七月十八日浜村小八於居宅、中岐部村久助・上岐部村千平・八百助・下岐部村豊吉・長野村新八一同酒給合罷在候。久助外三人尚又酒給合一同罷帰候節、久助草履致紛失候に付、何者之盗取候や被申候処、来浦村徳松義居合、己が草履之番を不致と申候より争起り、久助・徳松口論中相互に及打擲候節、浜村幾二郎も相加り、一同久助を致打擲、久助も疵受、其上同人所持之銀札九拾七匁紛失致候に付、徳松相手取御訴訟申上候処、双方御立会御検使之上御吟味中、近村堅来村庄屋米助・富来村庄屋一郎右衛門立入、取扱候間、御吟味御日延奉願上候処久助疵所追々平癒仕、片輪は勿論、農業渡世之障にも不相成、且紛失之銀札穿鑿仕候処、逢打擲候場所傍に草生茂候中に、其節の財布有之入置候儘有之、懸念相晴、素より相互に意趣遺恨等無之、全酒犯之上及口論、疵受候儀に付、双方内済熟談仕、已後右一件に付、御願筋毛頭無御座候間、何卒格別之御慈悲を以、久助より奉差上候右願書、取下げ被成下、御吟味御免被仰付候様奉願上候。右之願之通、被仰付被下置候はば、一同難有仕合奉存候。仍て連印以書付奉願上候　以上

　子九月十日

松平河内守領分豊後国国東郡

来浦村百姓　徳松。　浜村百姓　幾太郎。

長野村百姓　新太。

浜　村百姓　小八。　徳松親類惣代　三代松。幾太郎

　親類惣代　初蔵

長野村組頭　九蔵、同弁差　勝右衛門、同庄屋　団五郎。

浜　村組長　六兵衛、同弁差　善九郎、同庄屋　新兵衛。

来浦村組頭　叔蔵、同弁差　寿平、同庄屋　十郎右衛門。

寺西蔵太御代官所　同国　同郡

中岐部村百姓　久助。同人親類組合惣代百姓　忠左衛門。

上岐部村百姓　千平。同八百助。

下岐部村百姓　豊吉。

上岐部村百姓代　長左衛門、同組頭　勝蔵、同庄屋　多六。

下岐部村百姓代　七右衛門、同組頭　長兵衛、同庄屋　喜三郎

中岐部村百姓代　伝蔵、同組頭　丈右衛門、同庄屋　柳右衛門。

寺西蔵太様

御役所

前書之通私共立入熟談仕候処、相違無御座候に付、奥印形仕奉指上候

寺西蔵太御代官所

豊後国国東郡　堅来村庄屋　米　助

松平河内守領分同国同郡

富来村庄屋　一郎右衛門

右のような申入れにより、現在久助負傷もさほどでない、ということで、中岐部側の了解が九月になってようやくでき、和解したのである。代官奉行所に知られることは、庄屋の不行届きを暴露することになり、一百姓でも損傷することは、その労働力の損傷――生産に重大な影響がある、というわけで、役所の取締りが厳しかった理由で、天領庄屋（中岐部）柳右衛門が、高い姿勢で臨んだのである。当の本人たちは、南は富来から竹田津に至る間の、要人の立合は夢想だにしなかった酒気の至りであったのだが、後遺症とか、被害打算など、素朴な形で、時日をかけて確かめ、万事内々にすませたが、それにしても、天領と藩との交渉関係が、どんなにむずかしく厄介であるか、という一例に、この長話をのべたしだいである。

二月七日天氣よし　文化七年二月七日条「文恭院殿御実紀」には、「七日青蓮院門跡使者はじめ僧侶らいとま下さる」とあり、伊能忠敬『測量日記』には、「同七日　朝晴天、先手後手六ツ頃、浦下原村出立、後手、吾ら〔我等〕・青木・永井・上田・長蔵、別手昨日仕越、奈多村字仕口より初め、奈多村・狩宿村・野郡〔部〕村・守江村、右村々人家海辺に拠〔隔〕る、御茶屋まで測る（領主の茶屋）、奈多村字仕口より海辺二里十丁四十三間四尺、守江村中食、庄屋矢作、それより乗船　先手坂部・下河辺・梁田・箱田・平助、守江村御茶屋前より初め、灘手村、大内山村、字屋木ノ下、同本村、草場村、字垣江崎、それより速見郡木田村、守末村入会へ(堤)印を残し、字札ノ辻を経て、杵築城下、馬場村尾口門より市中富坂村・仲町・新町・谷町(北)印まで測る、守江村枝茶屋前より二里五丁五十九間三尺、奈多村仕口より杵築谷町まで、合て四里十六丁四十三間一尺　先手九ツ、後手九ツ半に杵築城下に着、松平備中守居城、止宿本陣中町佐伯屋小助、別宿谷町伊予屋春右衛門〔兵〕、着後日出木下主計頭代官今村広作・同所止宿南部屋録十郎・島原御預所庄屋格之丞・同速見郡真那井村庄屋仙助・嶋原御預所高松御役所付原村庄屋藤兵衛・野田村庄屋逸平・中川修理大夫領三佐浦大庄屋加藤式平・河村仙次郎来る、杵築侯より使者岡田仙三郎出る、宿老塩屋叔蔵、冬木屋金十郎出る、この夜宵より五ツ頃まで曇る。木星測量、恒星測量共に不測」とある。

同八日天氣克　文化七年二月八日条「文恭院殿御実紀」には、「八日東叡山浚明院殿霊廟に土井大炊頭代参す。百人組之頭酒井大内記病免して寄合となる」とあり、伊能忠敬『測量日記』には、「同八日　朝より晴天、同所逗留測、坂部ら、昨日打留〔止〕、木田村堤印より初め、守末村、字北浜、同所北浜口門より市中虎谷町(北)印に繋ぎ、下町へ魚町〔印〕を残し、六軒町、城ノ鼻揚場まで測る、(魚)印より揚場まで六丁五間、再び(魚)印より魚町（市中沼）下司村字末場、本村、八坂川、幅四十八間、中村枝三河・片野村・高須村又片野村地先、原村字尾本尻まで測る、昨日打留〔止〕木田村堤印より尾本尻まで、一里三十五丁三間一尺内六丁五間魚印より揚場まで片打、九ツ頃帰着、この日同国森、久留島侯、我らへ杉原五束、坂部に同三束、下河辺・青木・永井へ同二束ずつ、内弟子弁に侍へ広紙二束ずつ、棹取小者へ中折二束ずつ、贈り下さる、受納、久留島伊予守領分頭成町別当永田清兵衛・辻間村庄屋松川淳左衛門、府内城下惣年寄渡辺久左衛門来る、当所松平備中守代官立川八五郎、本多丹蔵出る、この夜晴曇、雲間に測る」とある。

二月九日曇天　文化七年二月九日条「文恭院殿御実紀」に、「九日紀伊中納言御鷹の鶴をおくらせらる。よて謝してまうのぼらる」とあり、伊能忠敬『測量日記』には、「同九日　朝大曇天、先手後手六ツ後、杵築城下出立、後手、吾ら〔我等〕・下河辺・青木・永井・平助、昨日打留〔止〕めの原村尾本尻より初め、加貫村・原村・年田村（これ迄杵築領）、日出領八代村（大庄屋佐藤三郎兵尉〔出る〕）・嶋原御預杵築領真那井村まで測る、中食嶋原御預所庄屋仙助、原村尾本尻より二里五丁十九間四尺　先手、坂部・梁田・上田・箱田・長蔵、真那井村、西浦川より初め、日出領大神《ガ》村、此村四ヶ村に分る、各庄屋あり、即ち枝村なり、上村、下村、中村、軒井深江と云、又枝字有り、枝中村枝秋貞の内、字下り松人家三四軒、秋貞（人家《ママ》）、同枝堂ノ尾人家四五軒、枝深江湊、中食御茶屋預兼庄屋常作、同枝日比浦、同領川崎村まで測る、真那井村

より二里十一丁四十八間。外に入江片打六丁十二間原村尾本尻より川崎村まで、海岸合て四里二十三丁十九間四尺　前後手共七ツ後日出城下（木下主計頭居城）着、止宿上町南部屋録十郎（親は領主より苗字佩刀免許、中小姓格にて宇佐美作兵衛と云）家作広く、酒造家、領主も入来る由、日出領川崎村・日出村兼帯大庄屋仁王五郎八、大神村大庄屋大神弥七郎、宇都宮又右衛門、津島村大庄屋城内久兵衛出る、嶋原御預御料所小坂村庄屋曾右衛門（即ち別府村庄屋作左衛門子にて別府村止宿亭主役を勤と云）来る　日出侯より湯原安左衛門使者にて我らへ保多木綿三反、坂部・下河辺・青木・永井同二反ずつ、内弟子侍へ同一反ずつ、棹取へ鼻紙三束ずつ、小者五人へ同二束ずつ、贈り下さる。即ち受領、同国、森、久留島伊豫守内、市村藤太夫使者に来る、同領鶴見村大庄屋直江雄八郎、同領頭成町別当《べとう》永田伝兵衛来る、この夜、宵曇る、四ツ後晴る、測量」とある。

新涯庄屋　伊美（新涯）氏。二月六日条（第一三丁表）に、「一　六日同断(雨天)　今日新涯氏四日市へ罷出申候　一　御口銀勘定出來不申ニ付惣借り之積ニ而今日組頭外久平為右衛門呼百姓代両人弥五七(六)方より百七拾弐匁弐分借り銀受取申候餘ハ五左衛門相場銀之上御志らセ可申候可然旨受合候由之處姫嶋ニ而借用致申候」とある。

〔第一五丁〕

四日市治左衛門　未詳。

縄弐(東カ)房八房　二月八日条（第一四丁表）に、「一　縄弐束三房中岐卩　一同弐束八房　下岐部村　右ハ縄弐拾束年番所より申來候ニ付割賦致相廻候間來ル十日十一日ニ御持セ御納可被成候　右為(無カ)間違様御取斗可被成候以上」とある。

年番所　四日市年番所。→正月十四日条（第二丁表）「四日市年番所詰」の項参照。

差紙　→正月十四日条（第二丁裏）参照。

御代官様　西国筋郡代羽倉権九郎秘救《やすひら》嫡子外記（左門）秘道。寛政五年(一七九三)、誕生。母は某女。父は羽倉権九郎秘救。父・秘救（寛延元(一七四八)〜文化五年(一八〇八)）は、大坂の人で、寛政五年、大坂代官を勤めていた。この時、秘道が誕生した。その直後、権九郎は日田代官を命ぜられ、羽倉家の家族は生まれたばかりの左門（のちの外記）を伴い、大坂から日田に下った。寛政十一年(一七九九)、七万石支配の代官として日田に着任。寛政五年、日向その他の幕府領が日田代官支配地に合併されたため、羽倉代官の支配は十二万二千三十六石四斗八升八合余となった。享和二年(一八〇二)、権九郎は広瀬淡窓に、四書五経を講義するよう命じた。文化三年(一八〇六)、羽倉権九郎は郡代に昇進した。文化五年六月四日、父・権九郎、死去。墓は大超寺境内にある。文化五年から文化七年まで二年間、息子の左門改羽倉外記秘道が代官を勤めた。手代は田中壽平、河島彌右衛門、本間辻助であった。なお、「懐旧楼筆記」には、羽倉左門（秘道）は明府（父・秘救）存命の時すでに見習に任じられていて、明府没後、代官職を命ぜられたが、いずれの地かについての命はなかったとある。また、明府没後は、八左衛門がしばらくその職を摂行したともある。文化六年三月の前年の年貢皆済状が死んだ権九郎の名で出され、同年十一月の年貢割付状と翌七年五月付の前年（文化六年）の年貢皆済目録は、子息羽倉左門が出している（平成二年十二月、首藤助四郎『日田市史』）。なお、文化七年六月十九日条「文恭院殿御実紀」には、「代官三河口太忠西國郡代となり。布衣の士に加へらる」とあり、同七月廿八日条には、「西國郡代三河口太忠赴任の暇下さる」とあり、羽倉左門（外記）秘道は、父権九郎秘救の死後、代官を摂行していたが、正式には西国郡代（西国筋郡代ともいう）には任ぜられなかったらしい。「懐旧楼筆記」には、明府没後、外記秘道が代官職を命ぜられたが、いずれの地かについての命はなく、東上して質したところ、越後代官に任ぜられたとある。→正月廿日条（第五丁表）「御代官」の項、三月廿六日条（第二八丁）「羽権九郎」の項参照。

測量方御届囲米代銀上納之義　正月廿日条（第六丁表）に、「當七八日之間寅平被仰付候増囲米之形ヲ以米壱石ニ付銀五拾匁宛之代銀ニ而七八日之間ニ上納仕候由ニ候」とあり、正月十八日から十八日後は、二月七日になる。

三判　文化七年正月廿日の上岐部傳右衛門・堅来善助に宛てた下岐部億太郎書状（第六丁裏）に、「追而申迄ハ無之候得共村〻三判御持参可被成候」とある。

新涯栄蔵　新涯村庄屋伊美栄蔵。享和三年七月紀念銘の新涯・八坂社の石灯

籠に「常夜灯　享和三年亥上秋吉日　施司当村　伊美栄蔵守□　新屋紋蔵当村氏子中」とある。

弥五七　↓二月六日条（第一三丁表）参照。

姫嶋弥右衛門　姫嶋は姫島・女島とも書いた。豊後国国東半島の北部四キロメートルの洋上に浮かぶ周囲一七キロメートル、東西七キロメートル、南北最大幅二キロメートルの東西に長い小島。平安時代末期から宇佐宮・弥勒寺領。中世は、大友水軍の根拠地の一つであった。江戸時代初め、細川豊前中津（のち小倉）藩領。寛永九年《一六三二》、小笠原豊後木付藩領。正保二年《一六四五》、松平豊後木付（のち杵築）藩領。庄屋は古庄氏。弥右衛門については未詳。

［第一六丁］

足　石高・金貨の数量を示す語に付け、「およそ……くらいだけ」の意。

上岐部村納人国蔵殿　二月八日条付箋（第一四丁表）に、「御銀納十一日立ニ而国蔵差遣申し候間此方ニ御頼被成候ハヽ、十日迠御銀此方へ御遣可被成候若村〻与り御持セ被成候ハヽ、十一日明六ツ時国蔵方通御遣可被成候一同ニ差立申し度候早〻如此御斗候以上　二月八日　上岐部俊右衛門　中岐部柳右衛門様　下岐部億太郎様」とある。

四日市御役所　日田郡代四日市御役所。小野精一編『大宇佐郡史論』に、「歴代日田代官　第一代　代官岡田庄大夫と四日市陣屋　我宇佐下毛二郡は、固より中津小笠原侯の支配であつた、藩主小笠原長胤といふが、頗る暗君で、其失政が公儀に洩れ、政道荒怠の廉を以て、元禄十一年七月、八萬石の領地並に城廓まで没収せられ、長胤は小倉藩へ退隠閑居の淋しい身となつた、然し幕府は小笠原氏累代の武功を忘れず、長胤の弟長圓に宇佐下毛の内四萬石を賜ひ中津に置き、残り四萬石をば、全く公領に召し上げとなり、岡田庄大夫といふ代官が任命され、元禄十二年正月二日、先づ手代として、葛生團右衛門、林濱右衛門、赤坂幸右衛門、大澤忠内、澁谷丹右ヱ門、元締役として竹中源治右衛門、浅見半平といふ人たちが七人、中須賀港に着船し、四日市に着いた、四月十五日になつて、代官岡田庄大夫は、手代の春日傳藏を従へ、中須賀につき四日市に入郡した、翌十三年六月、四日市陣屋が斧始めをして新築にかゝつた、大工は中津の五左ヱ門といふ棟梁であつた。……第七代永代郡代揖斐十太夫　寶暦八年から、安永二年まで、十六年間の在任であつた、従来は代官と稱し、郡代とは此揖斐氏が初任である　して見ると、此時に始めて西國郡代の制度が完備したものである（法制史には西國郡代は美濃郡代と共に寶暦九年二月に置くとある）代官といへば幕府公領の長官であつて、郡代とは公領十萬石以上に達して、始めて其名がある、然も郡代といふは全國に三ヶ所しかなかつた、関東郡代、飛驒郡代、それから日田郡代で、それは威勢なものであつた、して見ると、四日市代官は第三代池田代官の時に併合された様だが、天草代官も此頃からして、日田陣屋に合併されたものであらう、三代官を併せ十一萬石餘りとなつたものである、……始め郡代は勘定奉行に隷属してゐたが、幕末の関東三郡代は老中に直属してゐた、郡代の下に手附、手代、重役、地役人といふがある、一番上席の手附手代を元締といふ、其次席のものを加判といつてゐた、郡代の宅を本陣といひ、執務する所を役所と稱し、属吏の寄寓する所を長屋といひ、總稱して陣屋といつたのである」とある。

二月十日天氣克　文化七年二月十日条　伊能忠敬『測量日記』には、「同十日、朝晴る。同所逗留測。両手共六ツ後出立。下河辺、青木、上田、長蔵、昨日打止川崎村より初め、枝深江同内野同清家字弁天まで測る。別手合測川崎村より一里二十四町四十二間。坂部、永井、梁田、箱田、平助、日出城下浜口より初め、南浜町、〈浜印を残し、本町、下町、八幡南横町上町測所に繋ぎ、中ノ町八日市口門、八日市町。それより日出村、津島村、枝太田森領辻間村、枝頭成村まで測る。この分順測一里三町五十一間三尺。また㊩印より初め北浜町浦川、川崎村枝橋爪、同枝則次字弁天にて合則。この分逆測六町三尺。両手共四ツ半に帰着。午中を測る。我等木星測量用意に残り居る。午後当所禅宗松屋寺に行き大そ鉄を一覧し、八幡宮へ越し大樟を見る。この日当城下医師宇佐見純徳付添。七ツ頃より曇る。木星かつ恒星測量も成らず」とある。

十一日同断　文化七年二月十一日条「文恭院殿御実紀」に、「十一日小普請より西城小姓組に入るもの九人」とあり、伊能忠敬『測量日記』には、「同十一日、朝曇ほどなく快晴。先後手共、六ツ前日出城下出立。後手我等、青木、梁田、長蔵、別手昨日打留、森領辻間村枝頭成町より初め、島原御預御料所小浦村、同小坂村、同古市村、亀川村、同平田村まで測る。中食亀川村庄屋与惣兵衛、頭成町より一里十町五十六間三尺。先手坂部、下河辺、永井、上田、平助、平田村より初め、島原御領御預所御料所北石垣村、同中石垣村、同南石垣村、北石垣村に鬼ヶ窟というもの二ヶ所あり。石郭にて大なり。日本紀第七巻、景行天皇遂幸筑紫到豊前国長峡県興行宮而居、故号其所曰京、或いう宇佐也。冬十月到碩田国、〈今日、大分郡、其地形広大。〉亦麗因碩田也到速見邑、〈今、速見郡也。有女人曰速津媛為。〉一処之長其聞天皇車駕而自奉迎之諮曰、茲山有大石窟曰鼠石窟有二土蜘蛛住其石窟一曰青二曰白。書下略。右の石窟二つは速見郡北石垣村にあり。村名もまた是の石窟を以てするか。速津媛、即ち佐賀関宮。別府村、同上御料、字北浜、中浜、南浜まで測る。また浜脇村田野口村両村入会字向浜まで仕越測。平田村より向浜まで一里二十九町十一間。別府村北浜より制札まで打上げ、二町三十一間二尺。辻間村頭成町より別府村まで海辺三里四町七間三尺。本陣別府村庄屋作左衛門、病気につき亭主役小坂村庄屋曾右衛門、別宿煙草屋市郎兵衛、頭成町測量に辻間村庄屋松川寛平、頭成町別当稲充吉左衛門、久留島伊予守内市村藤太夫出る。岡領三佐村大庄屋加藤式平、島原御預御料役人付廻林鉄兵衛、御料所案内、府内城下町惣年寄渡辺久左衛門、同所止宿の脇亭主友屋勘左衛門、同領大庄屋来鉢村二宮藤太夫、萩原村庄屋園田伴左衛門、生石村庄屋二宮与左衛門、勢家町庄屋渡辺太左衛門、駄原町庄屋安部弥兵衛、府内町庄屋野田藤兵衛、白木村庄屋治兵衛、田浦村庄屋清左衛門来る。森領頭成町より同領鶴見村大庄屋直江雄八郎案内にて由布山、鶴見山、四極山、カンタン江の故事をいう。故にこの所に記しぬ。万葉集に、おとめ子が、ふりわけ髪を遊ふの山。雲なかくしそ家のありて見む。また、おもい出る、時は寿恵よみ豊国の、由布山雪のけぬべくおもほゆ。続古今集に正三位知家、たれしもか、雲井はるかに豊国の、遊ふ山出る月を見るかな。万葉集に、志はつ山、うち出みれば笠ぬいの、島こぎかえる棚なし小船。この辺の海を速見の浦、又カンタン江という。わきも子を、はやみの浦のおもい草、しげくもまさる恋もするかな。万葉集。何ことの、遊かしければや道遠み、はやみの里にいそぎ来つらむ。同上。この日熊本領鶴崎大庄屋代官兼帯岡松作左衛門、府内領、代官手代人夫岩田嘉左衛門、安部弥十郎出る。この夜薄曇、測量」とある。

北村様　下文に北村亮三郎とある。日田代官第十一代羽倉権九郎（在任寛政五年九月～文化六年）の手附に、北村亮三郎、宮川恒蔵の名が見える（昭和六年、小野精一『大宇佐郡史論』）。↓二月十二日条（第一三丁裏）参照。

書上帳　書出帳ともいう。特定の事項を調査し、上申するときの帳冊。書上は、下級の者から上級の者へ差出す文書のこと。

濱蔵所　豊前国宇佐郡中須賀にあった。↓二月五日条（第一四丁表）参照。

宮川様　宮川恒蔵。日田代官羽倉権九郎（在任寛政五年九月～文化六年）の手附の一人。↓上文「北村様」参照。

籾摺御米仕上帳　籾摺は、検見や年貢収納の時、籾を玄米に摺立てたこと。五合摺といい、籾一升から玄米五合をとるのを常法とした。

［第一七丁］

十二日同断　文化七年二月十二日条「文恭院殿御実紀」には、「十二日増上寺惇信院殿霊廟に牧野備前守代參す」とあり、伊能忠敬『測量日記』には、「同十二日　朝中晴、先手後手六ツ後、別府村（この村家毎に温泉多し）出立、後手、我ら・青木・永井・上田・長蔵、昨日先手終、速見郡田野口村・浜脇村入会より初め、大分郡府内領田浦村、四極山《しはつ》（一に高崎山という、俗号大友家出張要害地）麓《ふもと》を通り、字鳴川、同領〔岡〕白木村字下り松まで測る、田野口浜脇村界より里一十五丁三十八間五尺、笠縫島の脇浜、仮小屋掛にて中食、後手坂部・下河辺・梁田・箱田・平助、大分郡府内領白木村字下り松より初め、生石村字浜市場、放生川あり、笠縫島あり、毎年八月十四日由原宮、即ち八幡宮この村に行幸あり。数日鎮座、放生会あり、海辺に市をなす、浜の市と云、九州一の大市にて九月まで賑ふと云、笠縫島は名所なり、豊前国にもあり、駄の原村、勢家町、左〔在分〕より沖浜村、右〔在分〕より沖印まで測る、それより府内城下（松平起之介居城）堀川口門・船頭町・堀川町・今在家町・寺町上・下、紺屋町・竹町・右室町・左横町まで測る、白木村字下り松より沖浜町沖印まで三十丁、三十六間沖印より府内市中打上十二丁　先手九ツ前、後手九ツ後に着、止宿より搦手門《からめて》まで一丁片打〔半許〕、田野口・浜脇村界より府内海辺二里十丁十四間五尺、外十二丁、府内城下桜町止宿橋本屋八左衛門家作佳《よろ》しく大に広し、酒造家七八百石醸すと云ふ、当所町奉行落合藤右衛門・郡奉行木戸庄右衛門、領主より使者に来る、勘解由に真綿二・坂部に真綿一・帯一、下河辺・青木・永井に真綿一、内弟子三人、侍三人へ帯一つずつ、棹取両人も帯一つずつ、小者五人に鼻紙、贈り下さる、即ち受納　代官清田九郎右衛門、惣年寄渡辺久左衛門出る、即ち久左衛門を頼み、御贈物を売払う、岡領三佐大庄屋河村仙次郎、稲葉伊予守徒士目付林寛兵衛、用達煙艸屋彌兵衛、熊本領鶴崎郡附属役人岡松慶左衛門、大阪門人池部長十郎来る、森領大庄屋鶴見村直江雄八郎、此所まで送り来る、この夜中晴、測量、暦局に書状を出す」とある。

速右衛門　二月十二日条（第一七丁表）にも見える。

岩戸寺甚右衛門　二月廿九日条（第二〇丁裏）には「岩戸寺村仁右衛門」が見える。同一人であろう。なお、二月六日条（第一四丁表）には、「岩戸寺甚祐」が見える。

坪田森右衛門　未詳。

北村亮三郎　二月十一日条（第一六丁裏）に、「今四ツ時四日市着早速測量方御届書認差上候處北村様被仰候者書上帳ヲ丸写しニ致村〻一同届書相添可差出候尤幾日何浦ょり何村へ御引移御休泊之訳書入可差出旨御急ニ御座候」とある。

渡辺良左衛門　未詳。

宮川惶蔵　二月十一日条（第一六丁裏）に、「去巳濱蔵所仕上帳此度相認候分弐冊幷先達而差上御改相済御着到被遊候分壱冊都合三冊宮川様へ差上申候御同人様被仰候者籾摺御米仕上帳俊右衛門ょり可差出分早〻差出候様可申達旨御急ニ御座候」とある。

次左衛門　未詳。

二月十三日天氣克　文化七年二月十三日条「文恭院殿御実紀」に、「十三日尾張中納言御鷹の鶴をおくらせらる。よて謝してまうのぼらる。この日大納言殿には千住のほとりへ放鷹として成らせらる」とあり、伊能忠敬『測量日記』には、「同十三日　朝晴天、先手後手、六ツ頃、府内城下出立、後手我ら・青木・梁田・箱田・長蔵　沖浜町、仲〔沖印〕町より初め、勢家町由布川を渡り〔る〕（川幅百間）今津留村・花津留村・萩原村・島原御預御料所原村妙見浜まで測る、沖浜町より妙見浜まで一里十七丁廿五間一尺七寸、妙見拝殿にて中食先手、坂部・下河辺・永井・上田・平助、大分郡島原御領原村妙見浜より初め海原川、幅八十一間、同国岡領三佐《みさ》村（中川修理大夫役所あり）字京泊・字備中・枝薬師堂・枝板屋町。それより右三川村（元三川村まで岡領、今三川村島原御預）左、乙津村島原御預、元三川乙津村・今三川三ヶ所入会、乙津川（裏川とも云、幅四十四間五尺）を渡る、熊本領鶴崎の内、寺司《ジ》村（領杭あり。熊本へ三十一里、佐賀関へ五里とあり）、それより鶴崎市中出町・西町・本町・堀川町・今新町・三軒町、即ち止宿前まで測る、それより白滝川（本川とも云）端まで測る、原村妙見浜より乙津川を越え鶴崎町地内本陣前より白滝川端口まで二里〇〇卅六間五尺。川端口より止宿前まで十四丁九間二丁二十七間、先手九ツ半後、後手九ツ半頃着、止宿鶴崎三軒町本陣和泉屋八右衛門、脇宿平野屋治右衛門、沖浜町より白滝川端まで、三里卅四丁廿八間七寸、この日府内代官小野代右衛門・勘定方森下善兵衛・人足方代官手代岩田嘉左衛門・安部孫十郎・嶋原御預所役人林鉄兵衛出る、岡領三佐村禅〔宗〕家海潮〔長〕寺へ立寄り小休、即ち先手中食所なり　中川修理大夫目付役小河隆助出る、坂部へ岡侯より贈物数品を渡す。即ち我らへ絞木綿三反、坂部へ二反、下河辺・青木・永井へ同一反ずつ、内弟子三人へは同一反ずつ、侍三人へ鼻紙三束ずつ、棹取二人へ同二束ずつ、小者五人へ一束ずつ下さるなり　熊本領佐賀関大庄屋岡松作左衛門・鶴崎大庄屋代官兼帯岡松貞之允・郡方附属岡松慶右衛門（即ち岡松貞之允の親）、池部長十郎・鶴崎町年寄彌七郎・傳左衛門出る、臼杵領家島村庄屋野上喜八・同一木村庄屋仙之助・嶋原御預所乙津村庄屋市郎兵衛来る　この日熊本侯より我らへ搗刷木綿二反、鯣《するめ》五十枚、坂部、保多木綿二反、鯣五十枚、下河辺・青木・永井へ搗刷木綿一反、鯣三十枚ずつ、内弟子三人へ保多木綿一反ずつ、鯣二十枚ずつ、侍三人へ保多木綿一反ずつ、棹取二人、小者五人へ紙二束ずつ贈り下さる、即ち受納、この夜曇天、不測」とある。

竹田津廿九日夜御泊り　伊能忠敬『測量日記』によると、文化七年正月廿九日朝、先手六ツ頃、後手六ツ後、堅来村出立。両手八ツ頃、竹田津村着。大庄屋格小串千介に止宿している。

［第一八丁］

住江　住ノ江とも書く。豊前国宇佐郡のうち中津平野の東部、駅館《やつかん》川下流左岸に位置する村。中世は江嶋別符の内とされていた。延文六年正月廿八日の宇佐頼宣起請文写（益永文書）に、「江嶋別符内、小犬丸名　号住江少江在之」とあり、正平廿一年二月二日けんえん奉寄進状案に「一所　二たん　すミのへのミなミそり〈おなしきへつふのうち　ためすへミやうのうち〉」とある。天正十五年、黒田領。慶長五年、細川豊前中津（のち小倉）藩領。寛永九年、小笠原豊前中津藩領。元禄十一年、幕府領。

二月十四日天氣克　文化七年二月十四日条　伊能忠敬『測量日記』には、「同十四日　未明小雨、六ツ頃止む、同所逗留、先手後手六ツ後出立・後手我等・下河辺・青木・箱田・平助、昨日別手測り終り白滝川端（また本川とも云）より初め、小中島属徳嶋一周（二十二丁五十六間四尺二寸）を測り、それより本川を右に鶴崎の周りを乙津川端□（のぼり）へ繋ぎ、それより先にて乙津川橋を渡り、乙津村地内延岡領門田村・中島村入会地を通り、乙津川を渡り、鶴崎北の至って狭所より横切り、本川端に出、それより昨日測り留、今日の測初めの本川端まで半周を測る、鶴崎国家村共小半周一里十九丁二間一尺五寸、舟中中食　先手坂部・永井・梁田・上田・平助、大分郡熊本領小中島（人家あり）一周を測、一里二丁二十四間三尺、それより同郡臼杵郡領家島一周を測る、二十二丁三十六間三尺五寸、中食吉島庄屋野上喜八、それより熊本領川向う志村揚場《あげば》より、初め迫村、霧村、字藪ノ鼻まで測る、十九丁四十九間、後手先手合二里五丁五十三間五尺七寸、一里卅四丁十九間三尺五寸、両手共九ツ半後に帰宿、この日曇天また微雨あり、延岡領門田村庄屋安部悦治・大庄屋代内田九十郎・臼杵領森町村庄屋篠田専右衛門出る」とある。

鬼籠仲右衛門　鬼籠村庄屋佐藤仲右衛門。安永七年十一月紀念銘の鬼籠・天満社石灯爐に「奉立灯爐一基　安永七年　十一月　日　施主　佐藤仲右衛門」とあり、文化六年四月紀念銘の浦手・赤崎社の石祠に、「厳嶋明神　文化六己巳四月吉日　三社建立世話役　鬼籠庄屋　佐藤仲右衛門　竹田津岡庄屋　佐藤源助　浦手庄屋　小串五郎兵衛」、文化九年八月紀念銘の鬼籠・天満社の石祠に、「瑜珈社　文化九年壬申八月吉日　仲右衛門（他略）」とある。

彼岸之佐め　彼岸のさめ。彼岸の終り。長崎県五島では、彼岸の終りの日を「さめあがり」という（昭和二十六年十二月初版、昭和五十六年五十四版、東條操編『全国方言辞典』東京堂出版）。

十五日天氣よし　文化七年二月十五日条「文恭院殿御実紀」には、「十五日月次の賀例のごとし。知恩院方丈使僧はじめ。僧侶。祠官ら歳首の拝賀またおなじ。井伊掃部頭はじめ。就封の暇たまはるもの七人。掃部頭は御鷹馬を下さる。松平豊後守祖父致仕修理大夫のもとに。おなじく父致仕榮翁。御使して御鷹の鶴を下さる」とあり、伊能忠敬『測量日記』には、「同十五日　朝雨、五ツ後止む、それより大曇天、逗留、中島村庄屋後藤定吉出る、この夜曇天不測、四ツ後より晴」とある。

十六日同断　文化七年二月十六日条　伊能忠敬『測量日記』には、「同十六日　朝晴天、先手六ツ前、後手六ツ後、鶴崎町出立、後手我ら・青木・梁田・上田・長蔵、大分郡志村揚場より初め、海部郡北村・横田村・政所村・浜村・熊本領竹下村、臼杵領里村、境まで測る、志村揚場より一里廿九丁五十八間、中食海辺仮小屋なり（がけ）　先手坂部・下河辺・永井・箱田・平助、海部郡里村より初め、玉ノ瀬川中央界川幅十五間、熊本領上野村枝郷〔江〕、以下同領久原村・上野本村・枝細村・枝馬場・神崎村、湊《カナ》川尻字魔入まで測る、里村より一里十七丁四十間、外に止宿打上げ六十六間、志村渡場より神崎海辺まで、三里十一丁三十八間　神崎村止宿、一向宗西派教高寺、別宿百姓嘉右衛門、先手四ツ後、後手四ツ半後着、この夜中晴、測量」とある。

十七日同断　文化七年二月十七日条「文恭院殿御実紀」には、「十七日紅葉山御宮に青山下野守代参す。火消役大久保玄蕃百人組之頭となる」とあり、伊能忠敬『測量日記』に、「同十七日　朝晴天、先手六ツ前、後手六ツ後神崎村出立、後手我ら・下河辺・青木・箱田・長蔵、海部郡神崎村より初め、熊本領（以下同）太平村、大志生木《シブキ》村、小志生木村まで測る、神崎村より一里丁卅六間二尺、それより乗船、佐賀郷関村（また佐賀関と曰う）に至り、関村入口㊧印より初め、同村上浦、人家中を通り、同所字赤波石まで測る、関村入口より赤波石まで仕越、二十三丁廿六間一尺・中食海辺　先手坂部・永井・梁田・上田・平助、小志生木村字江ノ脇より初め、古宮村（小志生木村より飛家一軒）、同泊浦（即ち入江〔口〕なり）、それより佐賀関村入口㊧印まで測る、小志生木村江ノ脇より一里六丁五間五尺、それより横切り、佐賀関村上浦西町、西印を残す佐印より四十町八間、下浦になる矢張り西町東町、それより関村枝幸浦家十九軒、白浜（白石の小石おほし、よって名とす）、字神崎松波石まで測る、西印より十一丁三十五間四尺、外に関村持、蔦島一周を測る。十七丁廿一間、人家なし、後手先手合一里廿六丁二間三尺、一里廿一町四十九間三尺　両手合、神崎村より佐賀関仕越まで、三里七丁四十四間、外横切四十八間、先手測島十七町一間、後手九ツ後、先手八ツ前に佐賀関村着、止宿本陣安部民部大夫、別宿小野要人、二軒共に社人、早吸日女太神宮へ参詣、本陣安部はこの宮の神主、この関村を日本紀に曲浦《ワタツ》と云ひ、また珍彦の社あり、一名椎根津彦、神武帝大和御征の案内せし神なりと云、この夜晴天、測量」とある。

十八日同断　文化七年二月十八日条「文恭院殿御実紀」には、「十八日小松川のほとりへ両御所放鷹として成らせらる。松平豊後守に御使して御鷹の鶴をおくらせらる」とあり、伊能忠敬『測量日記』には、「同十八日　朝より晴天、関村逗留測、我ら・青木・永井・上田・長蔵、朝六ツ後出立、字赤波石より初め、枝福水・大黒浜・小黒浜・幸崎・松波石まで測る、赤波石より一里卅丁五十八間二尺、下河辺・梁田・長蔵、朝六ツ前乗船、高島一周を測る一里四丁四十六間四尺、内百五間横切見切十町斗上口は〔ほ〕一里十一丁とす、海辺測量、七ツ頃嶋測、七ツ半頃に帰宿、この夜晴天にて測量」とある。

［第一九丁］

十九日同断　文化七年二月十九日条　伊能忠敬『測量日記』には、「同十九日　朝晴天、先手六ツ前、後手六ツ頃、佐賀関村出立、後手、我ら、青木・永井・上田・長蔵、同村下浦㊄印より初め、白木村字秋江、同玉ノ井、字室尾、田浦村、一尺屋村字上浦まで測る、中食関村仮小屋、下ノ浦より一里廿六丁卅〔三〕二間三尺　先手坂部・下河辺・梁田・箱田・平助、一尺屋村字上浦より初め、同下浦、それより臼杵領佐志生《さしゅう》村まで測る。一尺屋村上浦より一里廿四町四十三間四尺、関村下浦より佐志生村まで海辺三里十五丁十六間一尺、外に先手佐志生村黒島一周を測る。十一丁四十五間五尺　佐志生村、先手八ツ頃、後手八ツ半頃に着、止宿本陣庄屋亀井平四郎、熊本領郡方附属岡松慶右衛門・熊本家士池部長十郎・同大庄屋兼代官岡松作左衛門、測量案内、なおこの村まで送り来る、着後臼杵徒士目付林寛兵衛・勘定役室太左衛門・見分役菅沼官蔵・地図方井水和内・付廻煙草屋彌兵衛来る、同領大野村庄屋市左衛門・江無田村庄屋平川源内・臼杵〔梁〕止宿秦〔泰〕吉左衛門来る」とある。

廿日天氣能　文化七年二月廿日条「文恭院殿御実紀」には、「二十日東叡山乗臺院殿霊牌所に御側白須甲斐守代参す」とあり、伊能忠敬『測量日記』には、「同廿日　朝曇天、先手六ツ前、後手六ツ後、佐志生村出立、後手我ら・下河辺・青木・箱田・平助、同所より初め、佐志生村支配藤田村字シヨキ鼻、同上下ノ江村、湊あり深八尋、字鯨浦、同姥浦（またの名浦手）佐志生村支配岩黒村字長崎新屋敷（下ノ江、湊にて船宿あり）和田津海社あり、また渡海大明神と云、字女郎波石まで測る、佐志生村より一里七丁四十六間三尺、同横切四十八間、長崎片側測七丁　先手坂部・永井・梁田・上田・長蔵、黒岩村女郎波石より初め、佐志生村支配中津浦村・同上大浜村・碚《カキ》江村枝津留村・大野村支配砿《カキ》江本村・平薗〔菌〕村字諏方崎まで測る、女郎波石より一里十三丁十八間一尺、外に臼杵城下畳屋町河岸より初め、掛町、唐人町本陣止宿前二百三間、それより大手前百七十四間、合六丁十七間まで測る　前後手共九ツ頃、臼杵城下（稲葉伊豫守居城）唐人町に〔へ〕着、止宿本陣秦〔泰〕吉左衛門、家作大によし〔古く良〕、舟より揚り場へ、郡方役小川左内・町支配役溝口才兵衛・止宿用達日名子勝兵衛・元井権右衛門・添亭主松浦太左衛門出迎え、着後臼杵侯より御使者並びに見廻郡方小川左内出る　臼杵侯よりの御贈物、我らへ半切紙十五束、蠟燭五十斤入一箱、坂部へ半切紙十五束、蠟燭一箱、下河辺・青木・永井、半切紙十束ずつ、内弟子三人、侍三人、棹取弐人半切紙五束ずつ、小者五人へ半切紙三束ずつ下さるなり、則ち受納　町支配溝口才兵衛出る、付廻役林寛兵衛・菅沼宦〔官〕蔵・室太左衛門・井水和内出る、明日測量海添村庄屋鳥越平三郎・大泊村庄屋五兵衛来る、この日同国日出城下より浅草暦局用状一封相届く、この夜曇天雨、不測、着後より小雨」とある。

廿一日雨天　文化七年二月廿一日条「文恭院殿御実紀」には、「廿一日歳暮に時服たてまつりし三家の方々はじめ。萬石以上のともがらに御内書を給ひ。

大納言殿より奉書をわたさる」とあり、伊能忠敬『測量日記』には、「同廿一日　前夜より雨、逗留、町支配日下六郎大夫、郡方役三浦弥五左衛門出る、この夜曇天、不測」とある。

廿二日天氣快晴　文化七年二月廿二日条「文恭院殿御実紀」には、「廿二日釋奠によて。昌平坂聖廟に御側平岡美濃守御使して。太刀馬資金一枚進薦あり」とあり、伊能忠敬『測量日記』には、「同廿二日　朝曇天、同所逗留、測、我ら・坂部・下河辺・青木・永井・上田・平助・長蔵・梁田・箱田・八弥、六ツ後出立、大野村支配平蘭〔薗〕村字諏方崎より初め、市浜村字京泊大橋（木橋にて六十六間三尺）、福良村枝郷平清水《ヒラソフヅ》、それより臼杵城下市中、畳屋町、本町、町中に石敢当《せきかんとう》の碑あり。唐土明人の書と云、左海添《かいぞえ》村右仁王座村字侍小路(士)印を残し、枝板知屋字竹鼻字鮑《アワビ》夕まで測る、平蘭〔薗〕村諏方崎より一里三十一丁十四間四尺五寸、九ツ頃に帰着、この夜晴天測量」とある。

廿三日同断　文化七年二月廿三日条「文恭院殿御実紀」には、「廿三日使番伏見勘七郎病免して寄合となる」とあり、伊能忠敬『測量日記』には、「同廿三日　朝曇天、先手、後手六ツ後、臼杵城下出立、手分け我ら・下河辺・永井・黒田・長蔵・箱田・長持宰領、佐伯街道を横切に測る、即ち臼杵城下海添村右側仁王座村、即ち海添村庄屋支配侍小路(士)印より初め、同村字清水・海添村支配田畑村、津久見峠（村界）左側道尾村、右側蔵留村（道尾村庄屋支配）、迫《サコ》口村・長野村・小蘭〔薗〕村・道籠村・志手村（蔵留村より志手村まで道尾村庄屋支配、外に岡村あり、人家なし道尾共八ヶ村支配）松崎村松印まで測る、九ツ頃に着（臼杵侍〔小〕路より横切二里二丁十二間、廿五日に先手松印より海辺まで二十三丁四間、測合二十四丁五十六間惣横切）、この日津久見峠を下りて後大雨、着後止、それより段々晴、止宿松崎村庄屋門左衛門　坂部・青木・梁田・文助・平助、深江村字焼尾峠より逆測、坪江村字鯖網代人家四軒・凮《カザ》成《ナシ》村・大泊村・海添村字蚫《アワビ》夕まで測る、廿二日の測に合す、一里三十丁二十二間三尺、外に大泊村枝津久見島一周を測る、六丁十五間五尺　先手止宿、大泊村庄屋五兵衛、この暮、坂部測量先より、松崎村に来り促〔倶に〕し、二恒星木星を測る、木星は低卑蒙気にて不測、この日、岡測量に付添室太左衛門・井水和内・煙艸屋弥兵衛なり、松崎村着に風藤長晏〔安〕出る、肥後熊本村井托寿門人の由、この夜晴天」とある。

廿四日晴天　文化七年二月廿四日条「文恭院殿御実紀」には、「廿四日東叡山孝恭院殿霊廟に青山下野守代参す。高家中條河内守京よりかへり謁す。大番與頭中川惣左衛門西城小十人頭となる。小普請より書院番に入るもの十五人」とあり、伊能忠敬『測量日記』には、「同廿四日　朝より晴天、青木・梁田・上田・平助、朝六ツ後、大泊村出立、深江字焼尾崎より順測、字柿ノ浦・字久保瀬・同笠場《ウロバ》・同破磯《ハソ》浦・同清水尻蝶岬《ハナ》、大難測、字海賊泊まで測る、別手と合測、海岸一里二十八丁十八間二尺、外に長目浦村持、黒島一周を測る、十二丁五十二間　坂部・下河辺・永井・黒田・長蔵、六ツ前、松崎村出立、松崎村支配、長目浦村、字楠屋(楠)印より初め、逆測、字平波石・字勘九波石・大泊村支配深江村枝泊ヶ内字海賊泊にて別手と会測、一里七丁五十七間。また(楠)印より初め、順測、長目浦村字伊崎字久保浦を測、二十丁三十二間、順逆合一里二十八丁三十三間　両手共八ツ半頃、松崎村に帰宿、佐伯領の用達塩飽屋（東氏）弥兵衛・名古屋（今泉氏）善右衛門・加島屋（東氏）平兵衛三人、同領津久見浦大庄屋岩崎仁右衛門、止宿に来る。この夜曇天、八九星測、この夜臼杵、稲葉伊豫守代官役、岩手治郎兵衛出る、日州、高鍜〔鍋〕用達、那須屋岩吉出る」とある。

廿五日曇天　文化七年二月廿五日条　伊能忠敬『測量日記』には、「同廿五日　朝晴天、先手六ツ頃、後手六ツ前、松崎村出立、後手我ら、永井・梁田・上田・平助、松崎村支配長目浦村字久保浦より初め、同字釜戸家十二軒・同字広浦山上に家五軒、山下に家二軒、同支配堅浦村枝浦代（小湊深十一尋）同枝内名浦、家数十二軒・堅浦本村、中食当山派修験興〔与〕雲山寂光院、それより松崎村支配徳浦村舟掛・同字船着（石灰焼一軒）・松崎村支配稽固《ケゴ》屋村字草崎まで測る、久保浦より二里十四丁十間二尺　先手、坂部、下河辺・青木・黒田・長蔵、稽古屋村の持、野島一周を測六丁二十間一尺、それより松崎村支配稽古屋村字草崎より初め、津久見浦内塩屋浦・岩屋浦枝片白・同枝福千怒・枝広浦、それより津久見村枝千怒を過ぎ、同枝千怒崎を測る、松崎村草崎より警印まで九丁五十七間、警印より津久見測所下潟まで八丁十六間一尺、同測所下より千怒崎まで一里四丁卅七間三尺、稽古屋村より打上二丁三十四間　両手共九ツ半後、津久見浦着、止宿庄屋藤〔長右〕左衛門、この日佐伯毛利美濃守、浦手役浅沢弘〔右〕左衛門、同地方役天谷甚左衛門（浦奉行郡奉行）また止宿へ出る、この夜大曇天、四ツ後より雨」とある。

て祢　結び。東條操編『全国方言辞典』によると、島根県美濃郡・周防大島・愛媛県大三島では、物を束ねる糸などを「てねそ」といい、鳥取県南部・石見・広島県佐伯郡・山口県阿武郡・愛媛県喜多郡では、結ぶ・束ねることを「てねる」という。

さや　鞘。堂・蔵・牢屋などの外囲い。

［第二〇丁］

二月廿六日雨天　文化七年二月廿六日条「文恭院殿御実紀」には、「廿六日東叡山至心院殿霊牌所に土井大炊頭代參す。異船防禦の事によて。松平越中《〔定信〕》守。松平金之助《〔容衆〕》に傳へらる丶むねあり」とあり、伊能忠敬『測量日記』には、「同廿六日　朝より大雨、逗留、午前に止む、九ツ半頃より段々晴天、この夜宵中晴、測量また曇る」とある。

廿七日天氣能　文化七年二月廿七日条「文恭院殿御実紀」には、「廿七日大番窪田小兵衛老免して小普請に入り褒金をたまふ」とあり、伊能忠敬『測量日記』には、「同廿七日　朝大曇天。先手、後手七ツ半後出立。即ち同所逗留測。後手我ら、永井、梁田、上田、長蔵、津久見村枝千怒ノ内千怒崎より初め、日見浦字塩尾ヶ浦、人家なし、字カムリ、作番一軒。字芋ノ浦、同上津久見浦支配日見浦まで測る。先手に合測。千怒崎より順測、一里二十四町六間。先手坂部、下河辺、青木、黒田、平助、津久見浦支配福良浦枝赤崎人家前より初め、同支配江野浦当時福良浦小庄屋兼帯、同前支配網代浦、此所より峠横切六丁五十間。同前福良浦、同前日見浦まで測る。赤崎より逆測一里三十二町四十三間。両手共八ツ頃に帰宿」とある。

廿八日晴天　文化七年二月廿八日条「文恭院殿御実紀」には、「廿八日月次の賀例のごとし。松平肥前守。南部大膳大夫はじめ。就封の暇たまはるもの五人。肥前守は御馬を下さる。また肥前守、水野和泉守は崎港の事。大膳大夫は松前地の事命ぜらる。那須衆蘆野中務子健蔵初見したてまつる。大納言殿御婚儀を祝して。閑院伏見家より使まいらす。謁見ゆるされし醫士生玄硯めし出されて奥醫となる」とあり、伊能忠敬『測量日記』には、「同廿八日朝より晴天、先手、後手六ツ前、津久見浦出立、後手我ら・青木・永井・箱田・平助、津久見村字赤崎より初め、鳩浦字外ヶ浦（人家あり）、荒網代まで順測、赤崎より荒網代まで一里廿一丁三十四間、先手坂部・下河辺・梁田・上田・長蔵、鳩浦、二路《〔落〕》ノ浦入会、鳩浦枝久保泊より初め、同トヂノ浦人家三軒、同字赤崎人家一軒、鳩浦を過ぎ、字荒網代にて後手へ合測、荒網代より鳩浦測所まで十一丁四十九間、鳩浦測所より久保泊まで二十六丁五十四間二尺、合て一里二丁四十三間二尺、久保泊より荒網代まで一里二丁四十三間、赤浦より久保泊まで、両測合て二里廿四丁十七間　両手共九ツ後、鳩浦着、止宿一向宗東派立法寺、終日晴天、夜亦同、測量」とある。

無心　遠慮なく物を強請《ねだ》ること。無心は、心なきこと・何も考えないことの意であるが、無邪気なこと、遠慮無く物を強請ることにも用いられる。

二月廿九日天氣克七つ下り与り雨降今日初雷也　文化七年二月廿九日条　伊能忠敬『測量日記』には、「同廿九日　朝晴天、同所逗留先後手、七ツ半後出立、乗船、後手我ら・下河辺・梁田・平助、落浦字摺木人家五六軒より初、同雁ノ子人家三軒、高井人家一軒、枝大本人家四軒を過ぎ、先手に合、二十六丁四十二間一尺　先手坂部・青木・永井・上田・長蔵落浦字間脇（人家三軒）より初め、西泊人家四軒、を歴て、後手と合測、九丁三十間二尺、合一里十二間二尺、それよりまた手分、保土崎人家あり、一周を測、二十八丁七間二寸、風波に付見切五丁ばかり、一同、八つ頃に帰宿」とある。

今日寺へ参り候　寺は天地山胎蔵寺。養老四年《七二〇》六月廿三日、仁聞菩薩の創建といわれる。浄土宗西山派。

智蔵尊千百年忌　胎蔵寺を創建したという仁聞菩薩の実在は疑わしく、架空の人物とすべきであろうが、文化七年《一八一〇》は、その没後千百年と考えられていたのであろう。

元祖大師六百廻忌　元祖大師は法然（源空）。建暦二年《一二一二》の没。文化七年が六百廻忌とされたのであろう。

斎　斎食。時食。仏家における食事。斎《とき》は「食すべき時」の意で、午前中に食をとり、以後は食しないと戒で定めている。また、肉食しないこと、精進料理、寺で出す食事、法要、仏事の意にも用いられる。

斎非時　非時は、仏教用語で、食事してはならぬ時、日中から後夜（夜半から朝にかけて・寅の刻＝午前四時頃）までの間をいうが、非時食の略で、午後の食事（非食）、会葬者に出す食事（しのぎ）の意にも用いられる。また、僧侶の食事で、斎（午前の食事）と非時（午後の食事）。

和尚　胎蔵寺第十三代住職、洞空上人仙瑞和尚。→「豊後国国東郡下岐部村とその庄屋　解題に代えて」（本書三頁）参照。

幸右衛門　六月廿四日条（第六四丁表）に「幸右衛門参申候ハ……」とある。

胎蔵寺本堂の天蓋

天蓋　懸蓋。仏蓋。仏菩薩像などの上にかざす衣笠《きぬがさ》。方・六角・円形などで、その下縁に瓔珞《ようらく》・幡などを垂れ、天人・宝華などを彫画してある（写真参照）。

千燈村　豊後国国東郡伊美郷のうち、国東半島の北部、伊美《いみ》川上流の山間に位置する村。養老二年、仁聞菩薩が千燈寺を開基したという。山号は補陀落山。天台宗延暦寺派。建武四年の六郷山本中末寺次第并四至等注文案（永弘文書）では、千燈寺は中山本寺の一つで、「四至は東久保アメ牛淵、西キノコ畑、南七曲、北雨乞下岩鼻」とあるが、天正年間に兵火に遭ったという。江戸時代はじめ、細川豊前中津（のち小倉）藩領。慶長年間、細川氏の木付（杵築）城代の松井（長岡）氏が千燈寺の堂塔を修理。元和八年には竹田津《たけたづ》手永に属していた。寛永九年、小笠原豊後木付藩領。正保二年、松平木付（のち杵築）藩領。庄屋は代々、河野氏。

三月朔日天氣快晴　文化七年三月朔日条「文恭院殿御実紀」には、「三月朔日上巳の御祝として。日光門主。三家のかたぐ〱使して物まいらせらる」とあり、伊能忠敬『測量日記』には、「三月朔日　朝晴曇北風、日食測量、初虧《き》前より黒雲連々と出る、初虧不測、それより雲間に食分を測る、食後、一面大曇天、夜も同」とある。

小川内組　岐部の小字に「小川内《おごうち》」がある。下岐部村庄屋億太郎の屋敷は、この小川内にあった。

二日同断　文化七年三月二日条「文恭院殿御実紀」には、「二日吹上の庭園に成らせられ。それより田安邸へ立寄らせらる。公卿けさ參着ありしかば。牧野備前守して慰勞せらる。高家中條河内守副てまいる」とあり、伊能忠敬『測量日記』には、「同二日　朝晴天、同所逗留測、先後手六ツ頃出立、後手・下河辺・永井・梁田・平助、久保泊より初め、落浦枝深浪津浦・字鬼毛人家一軒、落浦本郷・字獅子浦人家五軒、枝田浦人家十三軒、字摺木（廿九日測初め）まで測る、一里八丁三十五里、先手青木・上田・箱田・長蔵、落浦字間脇より初め、字高浜人家四五軒、字大谷人家二三軒、蒲戸浦字ノウガ内（人家三軒）まで測る、一里十一丁十二間五尺、我ら坂部は相残り午中を測る、また江戸状を認む　後手は九ツ前、先手は八ツ前に帰宿、蒲戸浦庄屋平兵衛、福泊浦庄屋与惣兵衛、津井浦庄屋吉之丞出る、暦局行用状、この所より佐伯城下に発〔出〕す、供侍成田豊作不束なる儀これあり、この所より長の暇遣わす、翌三日に右暇遣わす旨暦局に咎《とがめ》状を発〔出〕す、この夜晴天、測量」とある。

三日同断　文化七年三月三日条「文恭院殿御実紀」には、「三日上巳の御祝規のごとし」とあり、伊能忠敬『測量日記』には、「同三日　朝晴天、先後手七ツ半後、鳩浦出立・先手・我ら・下河辺・青木・梁田・長蔵、蒲戸浦字ノウガ内より初め、福泊浦字唐人波石まで測る、一里十五丁十二間五尺　後手、坂部・永井・梁田・上田・平助二月廿七日より荒網代越の㊋印より初め、津井浦海辺に至る十一丁四十一間、それより逆測、夏井浦・同字大地《ヲヂ》浦・古江浦・福泊浦、蒲戸浦入会唐人波石にて後手と合測、一里十七丁二十六間四尺、昼休福泊浦小屋掛　両手共八ツ前、津井浦着、止宿一向宗西派真宗寺、宮野内浦庄屋三右衛門代津浦同萬右衛門・古江浦庄屋儀兵衛・笹良目浦同武右衛門・晞干《ヒル》浦庄屋彌太郎・浅海《アサム》井浦同又右衛門、嶋高松浦庄屋平兵衛出る、この夜晴天、測量」とある。

〔第二二丁〕

當寺　天地山胎蔵寺。浄土宗西山派。

地蔵尊千百廻季幷元祖大師六百年季　二月廿九日条（第二〇丁表）に、「一今日寺へ参り候處智蔵尊千百年忌元祖大師六百廻忌供養三月二日ヨリ修行ニ付此面ミハ村並ヲ除り八日之朝斎ヲ進候残分者下岐卩組之内六日之斎非時ヲ致度此段者手前より寄方之處可然取曖呉候様今日和尚御願ニ御座候右ニ付六日朝下岐卩浦分同日夕岡小江ニ長瀬他旦家共者肝煎ヲ以使ひ遣し可申事」とあり、同三月二日条には、「二日同断（天氣快晴）今日より胎蔵寺智蔵尊元祖上人御忌會御座候」とある。智蔵尊というのは、仁聞菩薩のことであろう。胎蔵寺は養老四年《七二〇》六月二十三日、仁聞菩薩の創建という。元祖大師は建暦二年《一二一二》没の法然（源空）。仁聞作と伝えられる地蔵尊の祭で、現在は地蔵祭として五月に行われている。

本寺中津合元寺　中津城下・寺町に所在する合元寺。天正十五年《一五八七》、黒田孝高《よしたか》（如水）は合元寺を建立。開基は空誉上人。空誉上人は宇都宮氏の庶子で、天正十五年、黒田孝高に従って姫路から中津に下ってきたという。浄土宗西山派。天正十七年四月、孝高が前領主宇都宮鎮房を謀略結婚により中津城内に誘致した時、その従臣らが中津城を脱出してこの寺を拠点として奮戦し最期をとげた。以来、門前の白壁は幾度塗り替えても血痕が絶えないので、ついに赤色に塗り替えられるようになった。当時の激戦の様子は、現在も境内の大黒柱に刀の痕として点々と残されている。また、戦死した宇都宮家の家臣は合葬し寺内の延命地蔵菩薩堂に祀りたててあるという。当時、合元寺は胎蔵寺の本寺であった。

二郡割　二郡というのは豊前国宇佐郡と豊後国国東郡。伊能忠敬の測量は、海岸を正確に測量するものであった。従って、海岸線の複雑な地方ほど時日を要し、負担も大きかった。宇佐郡の方は比較的単調な海岸が多く、国東郡のとくに国見地方は海岸線が入り組んでいて、それなりに負担が大きかった。そこで測量方入用を二郡割にしてほしいと嘆願していた。

［第二二丁］

四日天氣よし　文化七年三月四日条「文恭院殿御実紀」には、「四日白木書院に出たまひて。勅使廣橋前大納言伊光卿。千種大納言有政卿。院使唐橋前中納言在熈卿御對面あり。禁裏。仙洞。中宮。東宮より。兩御所へ歳首のまいらせ物例のごとし。大納言殿御婚儀濟せられし御祝として。禁裏より御太刀目録。黄金二枚。二種二荷《〔三ト〕》。仙洞より御太刀目録。黄金二枚。二種二荷。中宮より黄金一枚。二種一荷。東宮より御太刀目録。黄金一枚。二種一荷。大納言殿へも同じくおくらせられ《〔まいト〕》。御臺所へ禁裏より色綸子十反。二種一荷。仙洞より色綾五反。二種一荷。中宮より縮緬十巻。二種一荷。東宮より繻珍三巻。二種一荷。御簾中へ禁裏より色綸子十反。二種一荷。仙洞より緞子三巻。二種一荷。中宮より縮緬十巻。二種一荷。東宮より繻珍三巻。二種一荷をまいらせらる。また仙洞より御賀の御祝として。御所へ絹十疋。三種二荷。大納言殿へ縮緬五巻。二種一荷を進らせらる。かくて攝家。門跡。勾當内侍の使者見えたてまつり。公卿みづから拝賀し。唐橋前中納言には院傳奏を謝し。近衛家の使者は大納言殿御婚儀を謝したてまつる。次に攝家門跡の使者。公卿の家司。伶人總代。冠帽末廣師にいたりて見えたてまつる。御對面濟ませられしかば。公卿の旅館に高家大澤右京大夫御使して。御樽肴をおくらせらる」とあり、伊能忠敬『測量日記』には、「同四日　朝より晴天、先手六ツ前、後手六ツ後、津井浦出立、後手我ら・青木・上田・箱田・平助、津井浦より初め、浅海井浦村・波太晞干《ナブタヒル》浦・古江浦字風無浦・浅井瀬井崎まで測る、一里廿丁五間、同古江浦止宿まで五十丁五十四間二尺、後手、狩生浦持彦島一周を測る、二十一丁四十六間一尺　先手坂部・下河辺・永井・梁田・長蔵、大入島測る、久保浦字白浜㊀印より初め、日向浦字夷浦・二五浦・高杉浦・唐船波石・字竜ヶ鼻まで測る、白浜白印より高松浦止宿まで一里二十丁二十三間、高松浦止宿前より竜ヶ鼻まで九丁三十四間三尺、合て白浜白印より竜ヶ鼻まで一里廿九丁五十七間三尺、内三十九間を除く、先手は九ツ半後に、後手は八ツ前、大入島、高松浦へ着、本陣禅宗済家大休庵、脇宿、百姓十兵衛、この夜晴天、測量　大入島浦々庄屋出る、塩内浦より右衛門・森後浦吉兵衛・日向泊浦六左衛門・片神浦孫兵衛・久保浦七兵衛・石間浦儀兵衛・荒網代浦与兵衛・高松浦共八ヶ浦《〔あ〕》なり、地方《ジカタ》海崎村大庄屋江藤林左衛門・下野村大庄屋染矢孝右衛門、狩生村大庄屋彌左衛門・戸穴村大庄屋助右衛門出る」とある。

五日今昼申ノ刻より雨降出ス　文化七年三月五日条「文恭院殿御実紀」には、

「五日白木書院へ兩御所出たまひ。勅使廣橋前大納言伊光卿。千種大納言有政卿。院使唐橋前大納言在熈卿御對面ありて。京への御返詞仰せ含められ。やがて公卿攝家門跡の使者。伶人。冠帽末廣師にいたりていとま下され賜物あり」とあり、伊能忠敬『測量日記』には、「同五日　朝晴天、先後手六ツ頃、大入島高松浦出立、永井・梁田・上田・平助、大入島久保浦字白浜(白)印より初め、片神浦枝竹ヶ浦人家十軒、塩内浦字横網代人家二軒、荒網代浦を経て石間浦人家前にて手分と合測、一里十九丁十七間一尺、荒網代浦・塩内浦入会持、片白島遠測、凡周七丁ばかり、塩内浦持恵比須島小島なり、荒網代浦持鹿島、凡周四丁遠測、石間浦持唐土島小島なり、遠測　下河辺・青木・箱田・長蔵、高松浦字立浜より初め、片神浦（本浦）人家前より久保浦、同上守後浦、（竹ヶ島遠測周三丁ばかり）過ぎて、石間浦人家前にて、手分と合測二里五丁五十三間四尺、大入島惣周五里十八丁廿九間二尺　両手共八ツ後下〔古〕江浦へ着、我ら、坂部両人午前高松浦にて地図、午後下〔古〕江浦へ越す、止宿庄屋儀兵衛、別宿、百姓三左〔右〕衛門、この日午後より曇天小雨」とある。

六日雨天雷鳴也　文化七年三月六日条「文恭院殿御実紀」には、「六日公卿饗應の猿樂あり。よてまうのぼらる。樂は翁。三番叟。志賀。敦盛。井筒。石橋。祝言呉服。狂言二番。大黒連歌。首引なり。要脚。廣蓋。中入ありて席々にして饗せらる」とあり、伊能忠敬『測量日記』には、「同六日　前夜より大雨、逗留、終日雨」とある。

七日同断　文化七年三月七日条「文恭院殿御実紀」には、「七日父死して家つぐ御家人八人」とあり、伊能忠敬『測量日記』には、「同七日　前日より雨、逗留、九ツ前、雨止む、先後手一同に出立、後手我ら、下河辺・青木・箱田・長蔵、古江浦字凮無浦・瀬井崎より初め、狩生《かりう》村枝車・宮野内浦・内野浦字外間越えにて先手初に合測、三十三丁五間二尺、測量初めより終まで大雨、着後止　先手坂部・永井・梁田・上田・平助、宮野内浦より初め、後手の繋に宮印を残し山越、横切、海崎村枝中河原《ナカワラ》（人家五軒）まで測る、三丁三十間、中河原より海辺逆測、狩生村、同枝小福良人家六軒、同字アコ浦人家一軒、同字内間越人家一軒、同字落網代人家一軒、同字外間越人家一軒、後手と合測、即ち狩生・内野浦界、二十六丁四十四間五尺、先後手海辺測量、合一里廿三丁五十間一尺、外に横切三十三間〔三町三十間〕　それより両手共乗船し、また汐干に付き乗駕にて佐伯（毛利美濃守居城）城下に八ツ後に着、浦支配役浅澤弘右衛門、地方役即ち代官天谷甚左衛門、惣庄屋吉野平左衛門、城下入口へ出迎、着後も又出る、外に内町年寄伏見屋小兵衛・船頭町年寄米屋九兵衛、この度測量用達町人塩飽屋彌兵衛・名古屋善右衛門・加島屋平兵衛、佐伯領津久見浦より日々附添、測量案内又止宿手配をなす、佐伯城下本町止宿宮崎儀右衛門、家は領主の客舎、脇宿船頭町粟屋新左〔右〕衛門、この夜大曇」とある。

八日同断　文化七年三月八日条　伊能忠敬『測量日記』には、「同八日　朝曇天、同所逗留測、六ツ後出立、我ら・坂部・下河辺・永井・箱田・長蔵、塩屋村枝中村字桝形より初め、同枝臼杵村・字蟹田・松ヶ鼻番所・海崎村・下之村・坂之浦字脇之田・海崎村枝百枝にて手分と合測、一里十八丁十三間二尺、また中村字桝形より初め、中町・横町・中島町・大屋町・広小路(広)印まで測る、四丁四十一間　青木・梁田・上田・平助、海崎村枝中河原より初代後浦・篠良目浦・戸穴村・海崎村字山口・枝百枝にて手分合測三十五丁廿一間三尺、また臼杵村字蟹田より初め、新開通り桝形まで測る、十丁八間四尺、両手共九ツ前に帰宿、郡方・町方兼役袋野孫左衛門・同斎藤勘左衛門出る、佐伯侯より御贈物、我らへ半切紙二十束、坂部十五束、下河辺・青木・永井へ十束ずつ、内弟子三人、長持宰領七束ずつ、供侍一人、棹取二人へ五束ずつ、小者五人へ紙下さるなり、外に料理代給る、受納、この夜雨」とある。

九日同断　文化七年三月九日条　伊能忠敬『測量日記』（佐久間達夫校訂）には、「同九日　朝大曇天、同所逗留測。六ツ後出立、手分、下河辺、永井、箱田、平助、沖ノ方島測。我等、坂部、青木、梁田、上田、長蔵、桝形より初、本町より大手へ向て測。大雨に付止て帰宿。島の測りも同じ。午後迄雨、それから大曇天。此日の測り十日へ合す」とある。なお、原田種純ほか校注『伊能忠敬測量日記』には、次の部分も九日の条に収録されている。「字剣崎より初め、字揚船・字中須賀（塩浜なり）、女嶋村字日女島・字大方嶋一周を測、一里十七丁四十八間三尺、それより日塩屋村持の長島を測り字中江・字野岡浜（塩浜なり）一周を測る一里十丁十五間　我ら・坂部・青木・梁田・上田・長蔵、本町通桝方（昨日彌印）より初め、本町・大手・西谷通・船頭町・札辻通・住吉町・浜町・住吉社前・新屋敷・七居町(広)印まで測る、市中分、十四丁二間二尺、内㊘印より㊙印〔まで〕川原六町三十一間二尺、桝形より㊙印まで、市中七丁三十一間また広印より初め、中方島へ渡る、川幅二十六間、塩屋村持、中の方島一周を測る、三十一丁四十二間一尺　両手共九ツ前に帰宿、佐伯領大庄屋芦代八郎兵衛、明日測量の佐伯御預所津志河内村庄屋宇左衛門、併せて柏江村庄屋雅五郎・当領地松浦庄屋長左衛門・羽出浦庄屋幸八・大島浦庄屋甚之丞・中浦組大庄屋丹賀浦初左衛門（苗字佩刀免許なり）ら出る、この夜大曇」。しかし、これは十日の条に懸かる記事である。

東海道赤坂宿　東海道五十三次のうち、三十六番目の宿場。愛知県豊川市（旧宝飯郡）音羽町の一部。赤坂宿には享保《一七三三》十八年時点で八十三軒の旅籠があった。

［第二三丁］

加ゝ満り　ここでは「隠れ潜《ひそ》む」の意であろう。一般に「かがまる」は、かがむ、腰などが曲る意であるが、東條操編『全国方言辞典』によると、山形県米沢・千葉・愛知県碧海郡では、「かがむ」は「かくれる」、「隠れひそむ」の意で用いられるという。

［第二四丁］

三月十日天氣克　文化七年三月十日条「文恭院殿御実紀」には、「十日今朝公卿發途あり。越前國大野城主土井造酒正〔利義〕病によて致仕す。所領四萬石はその養子甲斐守〔利器〕に繼しむ。この〔以下数行空白〕豊後國日出城主木下主計頭〔俊懋〕病により同じく致仕す。所領二萬五千石は嫡子籌丸〔俊良〕に繼がしむ。この〔以下数行空白〕伊豫國新谷領主加藤出雲守〔泰賢〕又同じ。所領一萬石は嫡子恒吉〔泰儔〕に繼しむ。此〔以下数行空白〕」とあり、伊能忠敬『測量日記』には、「同十日　朝曇天。同所逗留測。下河辺、永井、箱田、平助、塩屋村持沖ノ方島を測る。字剣崎より初め、字揚船、字中須賀、塩浜なり。女島村字日女島字大方島一周を測、一里十七丁四十八間三尺。それより日塩屋村持の長島を測り、字中江、字野岡浜、塩浜なり。一周を測る。一里十町十五間。我等、坂部、青木、梁田、上田、長蔵、本町通桝方昨日残〔彌〕印、より初め、本町、大手、西谷通、船頭町、札辻通、住吉町、浜町、住吉社前、新屋敷、七居町㊘印まで測る。市中分、十四丁二間二尺、内㊘印より㊙印まで、川原六町三十一間二尺。桝形より㊙印まで、市中七丁三十一間。また㊘印より初め、中方島へ渡る川幅二十六間。塩屋村持、中の方島一周を測る。三十一町四十二間一尺。両手共九ツ前に帰宿。佐伯領大庄屋芦代八郎兵衛、明日測量の佐伯御預所津志河内村庄屋宇左衛門、併せて柏江村庄屋雅五郎・当領地松浦庄屋長左衛門、羽出浦庄屋幸八、大島浦庄屋甚之丞、中浦組大庄屋丹賀浦初左衛門、苗字・佩刀免許なし〔り〕。ら出る。この夜大曇」とある。

十一日同断　文化七年三月十一日条　伊能忠敬『測量日記』には、「同十一日　朝より曇天、両手共六ツ後出立同前逗留測先手下河邊・梁田・箱田・平助、塩屋村の内大江滝字長波石より初め、逆測同字鳥越人家五軒・木立村同字新地窪人家一軒・同小檜木人家一軒・同大桜木人家三軒・同小野同三軒・同角道、それより御料所佐伯御預所津志河内村、同古坂家一軒・同字蛎崎人家三軒・同枝小島同御預所柏江村・片田村枝城村字河原《カフハル》まで測る、後手と合測中休柏江村午食庄屋新五郎、二里六丁十一間五尺　後手坂部・青木・永井・上田・長蔵、久部村字池田より初め、蛇《へび》崎村、片田村枝城村字河原まで測、一里十九間三尺、外に城村持鷺嶋一周測、十一丁廿四間四尺。また城村・津志河内村入会持、島屋崎一周を測、十一丁三十三間一尺右の外町間の為に開地間五町あり両手共八つ前に帰宿、この夜晴曇、雲間に測、済みてまた大曇」とある。

十二日曇天　文化七年三月十二日条「文恭院殿御実紀」には、「十二日増上寺惇信院殿靈廟に松平伊豆守代參す」とあり、伊能忠敬『測量日記』に、「同十二日　朝曇天、前後手六ツ後、佐伯城下出立、後手我ら・青木・永井・上田・平助、塩江村、塩江村は惣名にて別に塩江村と云はなし、大江灘村字長波石より初め、大舟掛・字三九郎谷・同屋敷・同東風隠・吹浦枝大河原・字鯛網代、地松浦字中河原にて先手と合測、両手共小屋掛にて中食、以上二里二丁四十二間五尺　先手坂部・下河邊・梁田・箱田・長蔵、沖松浦字大崎より初め、逆測、地松浦字中河原人家二軒にて後手と合測、一里一丁十九

間、外に八嶋一周測、十七丁四十五間、風波難測見切七丁斗り、両手共一同九ツ後に地松浦着、止宿本陣、百姓嘉左衛門、別宿同平蔵、この夜晴曇測量、吹浦庄屋治郎兵衛・沖松浦同弥八郎・幸野浦同幸右衛門・日野浦同利兵衛・帆波浦同宇左衛門・鮪浦同甚太郎・羽出浦同幸八・中越浦同茂助各々出る、延岡地図方堤寛治郎、市振村庄屋この度用達九郎左衛門来る」とある。

午三月十三日雨天　文化七年三月十三日条　伊能忠敬『測量日記』には、「同十三日　地松浦逗留測。朝大曇天、曉小雨、先後手六つ後出立。ほどなく雨降出す。後手、下河邊、永井、梁田、平助、沖松浦字大崎岬より初め、地松浦枝二俣字野崎まで測、二十四町三十一間、先手青木、上田、箱田、長蔵、鮪浦字戸切より逆測。帆波浦を過ぎ、日野浦字西ノ浦まで測、三十町五十三間二尺　両手測初より雨に逢い、測を残して帰宿。後手は九つ前、先手は九ツ後に帰る。終日雨、佐伯領米水津浦大庄屋御手洗与七郎来る。この夜小雨」とある。

［第二二五丁］

同三月十四日天氣快晴　文化七年三月十四日条「文恭院殿御実紀」には、「十四日肥後熊本新田領主細川右近〔利國〕卒す。遺領三萬五千石は其養子式部〔利愛〕に繼しむ。此〔以下数行空白〕」とあり、伊能忠敬『測量日記』には、「同十四日　朝晴曇、同所逗留測、先手後手六ツ後出立、後手下河邊・永井・黒田・長蔵、地松浦字野崎より初め、日野浦字荒網代・桑野浦・日野浦字西ノ浦まで測、一里七丁三間　先手青木・梁田・上田・平助、鮪浦字(戸)〔切〕印より初め、字大松人家一軒・羽出《ハイデ》浦字八重石・字大蔵・字小蔵・字西ノ浦を測、一里八丁二十八間四尺、後手九ツ半後、先手八ツ頃に帰宿」とある。

同十五日曇天　文化七年三月十五日条「文恭院殿御実紀」には、「十五日月次の賀例の如し。徳川虎千代のかた着袴により。けさ松平伊豆守御使して。紀伊中納言に二種千疋。太眞重倫卿に一種千疋をおくらせらる。虎千代のかたまうのぼられ。太刀馬資金。巻物たてまつられて御對面あり。備前國近景の御刀。備前國康光の御さしぞへをまいらせらる。中納言にも同じくまうのぼられ御對面あり。御手づから熨斗蚫をまいらせらる。又同じ事によて中納言。太眞重倫卿使して二種千疋。一種千疋をまいらせられ。貞章院のかたよりも同じく一種をまいらせらる。土井甲斐守家つぎしを謝して見えたてまつる。おなじき家人中村重助。村井惣兵衛拝謁す。井伊掃部頭封地到着を謝して使まいらす。甲府勤番支配八木十三郎赴任のいとま下され。叙爵して丹波守とあらたむ。寄合朽木主膳は歡喜心院宮上京あるによて。道途警衛のこと命ぜられいとま下さる。入貢の蘭人御覧あり。貢物は猩々緋三端。羅紗四種五端。ふらた五端。ごろふくれん四種十端。へるへとわん五端。さらさ二種八十五端なり」とあり、伊能忠敬『測量日記』には、「同十五日　朝大曇天、先後手六ツ後、地松浦出立、後手我ら、下河邊・青木・梁田・平助、羽出浦字西野浦より初め、中越浦字嶋口字猿戸此所山越横切、字広浦、字土崎まで測、一里三十二丁四十間二尺　先手坂部・永井・上田・黒田・長蔵、中越浦・丹賀浦境字宇七崎より初め、丹賀浦、女郎崎、梶崎浦、居浦まで測る、一里十四丁廿八間四尺五寸、先手九ツ半後、後手八ツ頃に丹賀浦へ着、止宿百姓甚十郎・源右衛門〔太郎〕。着後雨、夜もまた雨」とある。

海鼠腸　ナマコの腸《はらわた》を塩辛《しおから》にしたもの。

春斎老　四月二日条（第二九丁表）に、「一渋谷様より塩鯛弐尾代丁銭百五拾文今日春斎老より受取申候」とあり、六月廿四日条（第六五丁裏）には、「一今夕飯後儀兵衛同道春斎老方迄参り右有増噺致候處同人被申候者致老盲候得共御助言ハ可申候先刻儀兵へ小平殿宅へ参り手前之心底周継老多久助殿へ茂噺候趣之處今夜茂和尚十分御不機嫌ニ御座候間明朝之儀ニ被成可然与申候由儀兵衛帰り申候ニ付左様可致旨申春斎老亭立出申候引取申候」とある。

午三月十六日曇天　文化七年三月十六日条「文恭院殿御実紀」には、「十六日松平上總介父致仕一心齋封地に湯治のいとま下されしを謝して。使して一種をたてまつる」とあり、伊能忠敬『測量日記』には、「同十六日　同所逗留測、朝大曇天、六ツ後、下河邊・青木・永井・梁田・上田・長蔵、大島へ渡海、大雨になり測量相成らず帰宿、夜もまた雨、我等、坂部は残る」とある。

〔第二六丁〕

丁銭　長銭とも書き、丁百・調百ともいう。銭九十六枚を百文とする「九六《くろく》銭《ぜに》」に対して、百枚で百文と計算すること。

三月十七日天氣よし　文化七年三月十七日条「文恭院殿御実紀」には、「十七日紅葉山御宮に松平伊豆守代参す。寄合鍋島帯刀火消役となる」とあり、同日条　伊能忠敬『測量日記』には、「同十七日　朝晴天、大風にて、大浪、測量成らず逗留」とある。

十八日同断　文化七年三月十八日条「文恭院殿御実紀」には、「十八日蘭人いとま下され賜物あり。大納言殿よりまた同じ」とあり、同日条　伊能忠敬『測量日記』には、「同十八日　朝より晴天無風、同所逗留測、両手共六ツ出立、乗船、大島に渡る、青木・永井・梁田・長蔵・大島人家前より初め、(即番所前）左山に添い、三崎岳の下にて手分と合測、一里九丁五十六間一尺、又梶崎・米水津浦境鶴崎〔岬〕より逆測、十四丁二十一間三尺、手分と合測〔会〕但壇ノ鼻回片側二丁十一間　下河辺・上田・黒田、平助、大島番所前より手分け、右山に添い字鳥屋河内・同田之浦・同吉ヶ浦・同舟隠・同水ヶ浦を歴て、字三崎岳にて手分にて合測〔会〕、二十一丁十一間四尺、外に赤鼻まで地小間鼻片側四丁五十二間一尺、三丁四十九間、また大島属小間島一周、高手島一周、九丁十七間二尺、七丁五十五間を測る、大島周囲二里六丁、それより地方梶寄〔崎〕浦人家前より初め、鶴岬に向い順測、字下梶寄〔崎〕を過ぎて、手分と順逆合測、十七丁五十九間　この日晴天の所、関船の船頭より明日風波あるべし、鶴岬明日測量成り難しと申立に付、四ツ頃、坂部、乗船大島渡、急に鶴岬〔崎〕を仕越に測る、この夜雨」とある。

十九日同断　文化七年三月十九日条「文恭院殿御実紀」には、「十九日知恩院方丈いとま下され時服。白銀を贈らせらる」とあり、同日条　伊能忠敬『測量日記』に、「同十九日　昨夜より今暁まで雨、六ツ後止、大曇天、西北風見合、四ツ半頃、丹賀浦出立、後手我ら、下河辺・青木・上田・平助、中越浦字地下ノ鼻より山越し横切を、米水津《ヨノフツ》浦内小浦まで測、二十一丁十一間、小浦の内樫浦にて小休、また小浦より初め、字珍崎まで測、十五丁十七間先手、坂部・永井・梁田・箱田・長蔵、米水津浦の内小浦より竹野浦浦白浦・同枝田鶴人家十軒、同字黒鼻まで測、一里十一丁五十九間　先後手七ツ前米水津浦内色利《いろり》浦へ着、米水津浦大庄屋止宿、御手洗与七郎、米水津浦は惣名にて色利浦大庄屋浦白浦・竹野浦・小浦・宮野浦、五ヶ浦なり、ここの医師池尾秀譲出る・入津浦庄屋富田達左衛門並に蒲江浦大庄屋御手洗嘉蔵来る、この夜晴天、大風、測量」とある。

廿日同断　文化七年三月廿日条「文恭院殿御実紀」には、「二十日奥醫杉本忠温歡喜心院宮に添てまいるべく命ぜらる」とあり、同日条　伊能忠敬『測量日記』に、「同廿日　朝晴天、大風、同所逗留、両手、六ツ頃出立、下河辺・永井・梁田・平助、昨日の測終字黒鼻より初め、即ち浦白浦・色利浦界、それより色利浦字大内浦、人家十軒・色利本浦・同字関網、人家四軒・宮野浦・同字間浦人家一軒、字岸ノ鼻まで測る、即ち米水津浦・入津浦界一里三十五丁二十四間五尺、青木・上田・箱田・長蔵、昨日測留、小浦珍崎より初め、鰺ヶ浦まで測、一里十八丁十七間一尺。両手共、八ツ頃に帰宿、この夜晴天、測量」とある。

荒地起返　荒廃田畑を再開発して、生産力を回復すること。検地を受け、村高に結ばれた耕地が、その後の災害や耕作者の潰《つぶれ》退転のため耕作放棄され、荒廃して荒地を増大させる。荒地は無年貢地であり、領主財政の基盤を脅かすので、近世中後期の領主はその起返（再開発）に努めた。荒地起返は、耕地が完全に復興し再生産が可能になるまで、鍬下年季を設定し、免租処置をうけるため、領主の認可を得てはじめて実行に移すことができる。起返にかかる費用が支給される「御手当起返」と、農民が自費で行う「自力起返」の場合とがあった。いずれにしても、村役人立会いで起返を請負う農民の名が起返地一筆ごとに調べられ、その年の「荒地起返帳」が作製された。

段免　免違ともいう。江戸時代の年貢徴収法の一つで、ほかの相当する田より年々作柄が悪い田の場合、免を考慮して、ほかより一段階も二段階も租率を下げること。

本免　元免・元土免ともいう。江戸時代、耕地に賦課された本来の年貢率。災害の時代などには、段免といって、本免を下げ、復旧すると元に戻した。また、新田畑の年貢率に対し、本田畑の年貢率をいうこともあった。鳥取藩では本田畑の貢租率のことをいい、新田畑の貢租率と区別した。

［第二七丁］

別頭　別当。僧侶の一つ。神宮寺を支配する、検校《けんぎょう》に次ぐ僧職、また、別当寺の略。専任の長官。本来は本官のある者が別の役所の長官を兼務することであったが、平安時代以降、専任の長官を指すようになった。本来は、諸大寺におかれた寺務統括のための専任の僧官で、天平勝宝四年《七五二》、良弁《ろうべん》（持統三～宝亀四年）が、東大寺別当になったのを初めとし、平安時代以後は、石清水・鶴岡など一部の宮寺や熊野・白山・箱根・羽黒などにも置かれた。また、一般の役所の長官の名となり、院庁・親王家・摂関家・蔵人所・検非違使庁など、鎌倉幕府の政所・侍所・公文所の長官も別当といった。さらに、家政事務を執る者の長・盲人の官位の一つで検校に次ぐ者、院の厩の別当から転じて、乗馬の口取り・馬丁も別当といい、また、神前の供物を子供などが取りおろして食うことを別当という。

廿一日天気よし　文化七年三月廿一日条「文恭院殿御実紀」には、「廿一日書院番細井新之丞。小十人篠原彦四郎老免して小普請に入り褒賜あり。小普請より小十人に入るもの十人」とあり、伊能忠敬『測量日記』には、「同廿一日　朝より晴天、同所逗留測、両手共、七ツ半後出立、我ら・下河辺・青木・箱田・長蔵、米水津浦・梶寄浦界鶴岬より初め、逆測字元ノ鼻にて手分と合測、一里十四丁五間、外に横嶋手分にて七丁五十間三尺、外に難所百五六十間見切　永井・梁田・上田・平助、浦白浦字鯵ヶ浦より初め、同字間越人家五軒、(猿)印を残し山越横切、峠は浦白浦・中越浦界、中越浦字猿戸まで測、八丁廿四間三尺、前日の残印に繋ぐ、それより引返し(猿)印より初め、浦白浦字元ノ鼻にて手分へ合測、一里廿一間三尺、外に横島半周を測十二丁五間、合二十九丁五十五間三尺、見切四丁、両手合、一周二十町二十九間三尺、両手共、八ツ頃に帰宿、この夜少晴、測量」とある。

廿二日同断　文化七年三月廿二日条　伊能忠敬『測量日記』には、「同廿二日　朝中晴、南風、六ツ頃、両手共、米水津色利浦出立、乗船、我ら・青木・永井・梁田・長蔵、入津浦の内、西野浦字元竜王鼻より初め、字洲ノ元人家五軒・同中小浦・同東・同中即ち西ノ村とも西ノ浦ともいう小庄屋居る所、西ノ浦の小名小字越ノ浦、人家二軒、ビロ浦、作小屋二軒、居立浦まで測、一里廿八丁五十三間五十尺、中食仮小屋、さて、入津浦は惣名にて畑野浦は大庄屋村、即ち本郷と云、西野浦また村、竹野浦、河内、楠本浦、四ヶ浦なり、又西野浦も惣名にて須ノ本、中小浦、東中又は西ノ浦四ヶ所なり　坂部・下河辺・上田・箱田・平助、入津浦之内、畑野浦字小浦人家前より初め、畑野浦大庄屋は本郷に居るなり。過ぎて同浦字小浦浜、同字下り松鼻まで測、一里三十三丁二十四間五尺　両手共、九ツ半頃、入津浦内本郷、畑野浦へ着、止宿、大庄屋冨田達右衛門。この日測量初より暮まで曇天、夜曇」とある。

岡兵八　未詳。**釆**を祈るため祠堂の修復を名目にして寺に寄進された金銭。田畑などを寄進する場合もあった。祠堂は、寺院で檀信徒の先祖の位牌を安置してある位牌堂をいう。また、各家で先祖の位牌を祀ってある持仏堂をいう。鎌倉・室町時代、寺院は祠堂銭を貸付元本として運営し、借主は神仏の罰を恐れ、比較的滞りなく返済が行われ、祠堂銭の貸借は徳政の適用も受けなかったばかりでなく、同じく寺院への寄付でも特別に取扱われ、保護された。江戸時代は祠堂金（銀）と呼ばれ、金融機関としての役割が大きく、幕府もこれを保護した。

請返し　請返・受返とも書く。永代売却地・質入地・抵当物件などを、その代価を返却して売買・質入の契約や抵当権の関係を解除し取戻すこと。

廿三日曇天風有り　文化七年三月廿三日条「文恭院殿御実紀」には、「廿三日御側大久保豊前守御使して。一橋大納言。民部卿。松之助君制中を問はせられて。檜重其他ものをおくらせらる。寄合池田釆女捕盗加役の事命ぜらる」とあり、伊能忠敬『測量日記』には、「同廿三日　昨夜より南大風雨、終日に至る、同夜もまた同じ」とある。

岩甚助　岩戸寺甚祐。→二月六日条（第一四丁表）参照。

三月廿四日雨天　文化七年三月廿四日条「文恭院殿御実紀」には、「廿四日東叡山孝恭院殿靈廟に少老植村駿河守代參す」とあり、伊能忠敬『測量日記』に、「同廿四日　昨日に続て風雨、暁より別に南風、雨八ツ半頃止、夜は晴る、風あり、日州飫肥《おび》伊東修理大夫内、杉尾丈右衛門来る、肥後の国人吉、相良志摩守家来、愛甲勝左衛門、永井吉右衛門も来る」とある。

胎蔵寺幸右衛門　六月廿四日条（第六五丁）に見える「幸右衛門殿」と同一人であろう。

廿五日天氣快晴致申候　文化七年三月廿五日条「文恭院殿御実紀」には、「廿五日歓喜心院宮上京あるにより。高家有馬兵部大輔御使して銀百枚。綿百把。大納言殿より銀百枚を贈らせらる。院家々司その他のものへ銀子を下さる」とあり、伊能忠敬『測量日記』には、「同廿五日　朝晴天、西北風、同所逗留測、六ツ頃、両手共出立、後手我ら・青木・永井・梁田・平助、畑ノ浦・楠本浦界字下り松鼻より初め、楠本浦字小向人家一軒・楠本浦・竹野浦河内《こうち》字長波石・竹ノ浦河内人家前まで測る、先手へ合測、一里二十丁五十一間五尺　先手、坂部・下河辺・上田・箱田・長蔵、西野浦之内、西村分また中と云字居立浦より初め、逆測、竹野浦河内人家下㊄印まで測、一里五丁三十八間、また㊄印より、横切、山越え、峠まで測る。即ち竹野浦河内字元猿へ出山越十一丁六間半横切は廿七日に測る。両手共、午前に帰宿、此夜晴天にて大風、測量」とある。

ひ以さし山栄蔵方　「ひ以さし山」は未詳。六月廿五日条（第六六丁表）に「屋しき栄蔵」が見える。おそらくは同一人か。但し、二月九日条（第一五丁裏）に見える「新涯栄蔵」（新涯村庄屋伊美栄蔵）とは別人であろう。

廿六日天氣克　文化七年三月廿六日条「文恭院殿御実紀」には、「廿六日寄合渡邊平十郎子城之進。奥田八十郎子熊太郎はじめ。父致仕して子家つぐ者十八人。西城奥醫伊東高輿子高仙又同じ。年老を褒せられて養老の料二百苞を賜ふ」とあり、伊能忠敬『測量日記』には、「同廿六日　朝晴天、西北風、同所逗留、先後手六ツ頃、入津畑野浦出立、後手青木・梁田・箱田・長蔵、米水津浦、入津浦堺岸崎より初め、畑野浦枝小《〔山〕》浦まで測る、一里六十五丁廿四間一尺　先手、下河辺・永井・上田・平助、西野浦字州ノ本龍王鼻より初め、風波に付、山越を測る、竹野浦河内字黒山前ノ砂浜まで測る、二里二十三間　この日西北風にて波高、測量難渋に付、七ツ前帰宿、日州延岡家士堤寛治郎、同領測量付回り大野屋佐治右衛門出る、また同国飫肥、伊東修理太夫家士横山金次郎・長友武兵衛・杉尾丈右衛門来る　延岡侯より国産御贈物あり、我らに真綿三百目、坂部同二百五十目、下河辺・青木・永井へ同二百目ずつ、内弟子三人、長持宰領へ同百目ずつ。供侍に同五十目ずつ、小者共五人へ紙壱束ずつ被下置、受納、堤寛治郎持参なり、塩飽屋彌惣兵衛取次、この夜も晴天、測量」とある。

山越　江戸時代、関所札を持たぬ者が間道《かんどう》を通って関所の山を越えたこと。

中山道武州児玉郡本庄宿　本庄宿（現埼玉県本庄市）は、中山道（木曾街道）六十九次のうち、江戸から数えて十番目の宿場。武蔵国児玉郡の北部国境付近に位置し、武蔵国最後の宿場で、江戸より二十二里（約八八キロメートル）の距離にあり、中山道の宿場の中で一番、人口と建物の多い宿場であった。

［第二八丁］

羽権九郎　羽倉権九郎秘救《はくらごんくろうやすひら》（寛延《一七四八》一年～文化《一八〇八》五年六月四日）。寛延元年、誕生。母は某女。父は柏山甚右衛門介英。この年は戊辰、西暦一七四八年、桃園天皇朝、徳川将軍家重の治世。ちなみに、幕府領豊後日田の代官は岡田庄太夫俊惟であった。その後、秘救は御作事の下奉行・羽倉弥左衛門光周《みつちか》の婿養子となった。羽倉家は、国学者荷田春満の流れを汲む伏見稲荷社の神官を代々勤めていた羽倉家から分かれた家であった。宝暦《一七六三》十三年、十六歳。九月八日、家督を継承。秘救は諸国の川普請によって手腕を認められた。明和《一七六七》四年、二十歳。五月、秘救は抜擢されて代官に任ぜられた。最初の任地は越後国出雲崎であった。ちなみに、この頃、豊後日田の代官となっていたのは、岡田庄太夫俊惟の二男・揖斐十太夫政俊であった。この明和四年八月から同八年五月まで、秘救は越後国出雲崎の代官として在任。その後、尾張・美濃・伊勢・摂津・播磨諸国に転任した。安永《一七七八》七年十二月、三十四歳。現米八十石を給され、御勘定吟味方改役に任ぜられた。寛政《一七九三》五年、揖斐造酒助敬正、日田郡代を改易。『豊後日田永山年代記』には、寛政五年九月に揖斐氏の支配所が、日田・高松両所に引き分けられたと記されている。これは揖斐造酒助の郡代改易に伴う幕府の措置であったという。高松代官所の支配高は、六万一千八百石余、御預七千百廿石余であった（豊後日田永山年代記）。同年九月十五日、羽倉権九郎秘救は揖斐氏から引継ぎ日田代官となった。羽倉代官支配所は八万九百石余であった。

日田郡　高二万四千八百二十三石三斗三升余

下毛郡　高一万千百九十七石三斗
怡土郡　高一万五百二石二斗余
宇佐郡　高二万九百石一斗
〆六万七千四百二十三石三升

これに御預かりを加えて、八万九百石余であったという。

同年九月十八日、高松代官萩原弥三兵衛に引渡しがあり、元締長岡助四郎・同宅次郎・小池彦助・吉江奥右衛門が高松役所へ下着した。九月、羽倉秘救の元締田中寿兵衛・桑田弥内・坂田勇八が、日田に先着した。十二月十三日、秘救、日田に着任。寛政十一年七月、高松代官所は廃止となり、玖珠郡・直入郡は日田代官所の支配下に移され、大分郡・速見郡の幕府領は島原藩預所となった。

新しく羽倉代官の支配下に入った郡名は、

豊後国直入郡　高二千九百八十石二斗七升五合
同国国東郡　高三千三百九十四石五斗四升四合七
日向国臼杵郡　諸県郡　那珂郡　児湯郡
　　　　　高二万四千三百六石七斗三升六合二
合　三万六百八十一石五斗五升六合六
○是者、浅岡彦四郎様御代官所より御引渡之分
豊後国玖珠郡　高二万千四百二十石一斗八升七合七才
日向国宮崎郡　高二千五百十一石四斗四升四合八勺
　　合二万三千九百三十一石六斗三升二合八勺七才
○是者浅岡彦四郎様御代官所幷当分御預所より、御引渡当分御役所当分御預所ニ相成分

文化《一八〇六》三年、羽倉代官の支配地は十二万石余に達したので、羽倉権九郎代官は布衣を許され、西国筋郡代に昇進した。この年、秘救は嫡子左門を伴って江戸に赴き、一年間在府して翌四年三月、日田へ帰った。この年から嫡子左門改外記秘道《やすみち》が代官を勤めていた。文化五年、六十一歳。六月四日、死去。墓は日田市丸の内町大超寺境内にある。しかし、権九郎秘救の死は秘され、文化六年まで権九郎が日田郡代とされていた。文化六年三月には、すでに死去している権九郎の名で、前年の年貢皆済状が出されている。文化六年十一月の年貢割付状と文化七年五月付の前年の年貢皆済目録は子息羽倉左門が出しているが、「羽倉権九郎元御代官所」と記されている。文化七年、息子の外記秘道は、なお代官を勤めていたが、彼は正式には日田郡代には任ぜられず、六月十九日、代官三河口太忠が西国郡代となり、七月二十八日、赴任の暇を下されている（「文恭院殿実紀」）。→二月九日条（第一五丁裏）「御代官様」の項参照。

荒地起返　→三月廿日条（第二六丁裏）参照。

地位　土地の品格。田畑などの土地について、一地一筆ごとに、土地の肥瘠、水旱損の有無、耕作の難易、運輸の便否などの要素を勘案して決定する。近代の地租改正では、地価決定のための基準となった。

廿七日天氣克　文化七年三月廿七日条「文恭院殿御実紀」には、「廿七日作事奉行肥田豊後守。目付水野中務は武藏國仙波御宮修復の事奉はりしをもて黄金を下され。小普請奉行三橋飛驒守は千住大橋改架修復の事奉はりしをもて時服を下さる。所属のともがらおの〳〵賜物差あり。また仙波御宮修復の事命ぜられし松平亀三郎が家人ら時服。羽織を下さる。先手頭渡邊喜右衛門捕盗加役の事免さる」とあり、伊能忠敬『測量日記』には、「同二十七日朝晴天。先後手六ツ頃、入津畑野浦出立。先手我等、下河辺・青木・永井・長蔵、入津竹野浦、河内地黒山砂浜より初め、測量の処、波浪荒れ、船測相成兼ね、同字元猿、網屋十軒余りへ廻り、(猿)印より(元)印まで黒山を横切、三町三十五間四尺。また(猿)印より(乙)印、後手横切残〔置〕印、まで測る。四町四十間。それより蒲江浦本郷泊浦、字高山(丙)印より横切、十二町二十四間。後手と合測、両手共、一同に泊浦本陣にて中食。又手分、先手にて同所人家前(江)印より初め、河内浦字下松浜まで測る。三十五町十三間四尺、後手と会測。後手坂部、梁田、上田、箱田、平助、入津、竹野浦、河内字元猿越を横切り昨二五日横切残、(乙)印を残し、蒲江本郷泊浦字高山、作番家三軒あり。この浜名貝おおし、(丙)印を残す、この日風波、海岸測量相成り難く海際の山上を測量。泊浦字蒲根、それより蒲江本郷泊浦、(元)印まで測る。一里二十六丁四十一間二尺、(元)印より横切、六町三十四間、先後合二十八町五十八間。先手と合測、それより蒲江、河内浦内小蒲江字三貫目網代鼻より初め、逆測し同浦字下松浜にて先手と会測二十六町五十七間五尺。共に乗船、

七ツ頃に蒲江本郷泊浦に着。止宿大庄屋御手洗寿〔嘉〕蔵、蒲江浦都合九浦なり。舟掛上湊なり。本郷泊浦、河内浦、猪串浦、坪浦、野々河内浦、森浜浦枝に越浦あり。丸市尾浦枝に浦迫あり。葛原浦・波当津浦、九浦なり。この日当村医師疋田柳伯出る。この夜日州お〔飫〕肥侯より国産御贈物鰹節下され納受。この夜曇天。不測」とある。

常光寺　豊後国国東郡小熊毛村串ヶ迫（大分県国東市国見町小熊毛串ヶ迫）に所在する曹洞宗泉福寺末の寺院。養老二年（七一八）二月に仁聞菩薩が作ったという薬師如来木仏一体がある。延宝元年（一六七三）三月、横手（国東市国東町）泉福寺幻堂和尚が創建。本尊は観世音菩薩。

廿八日同断　文化七年三月廿八日条「文恭院殿御実紀」には、「廿八日こたび大納言殿御婚儀の御祝として京より進らせられしかば。高家宮原彈正大弼京への御使。大納言殿御使を兼ね命ぜられ暇下さる」とあり、伊能忠敬『測量日記』に、「同二十八日、朝晴天、北風波高、同所逗留測六ツ後両手共出立。乗船。青木、上田、箱田、長蔵、昨日先手測留字三貫目、網代鼻より初め、蒲江、猪串浦字内浦、坪浦地先、野々河内浦、海辺なし故に村ともいう。森崎浦字越峠、字弥七浜にて手分けと合測。二里三町二十八間一尺五寸。下河辺、永井、梁田、平助、森崎浦内越田尾浦㊀印より初め、丸市尾浦㊀印を横切り、四町四間㊀印より逆測。同浦字名古屋崎ノ鼻まで測、三十一町四十二間五尺。また森崎浦字鵜糞鼻より初め、同字弥七浜にて手分と合測、十四町五十五間一尺。両手共八ツ後に帰宿。この夜亦晴天。測量」とある。

廿九日同断　文化七年三月廿九日条「文恭院殿御実紀」には、「廿九日御簾中御廣敷番之〔之據ト補〕頭堀田孫作。書院番山本太左衛門共に老免して小普請に入り褒金をたまふ。一橋大納言制中を問はせられて。御側白須甲斐守御使して。干菓子一匣をおくらせらる」とあり、伊能忠敬『測量日記』には、「同二十九日、朝晴天、風あり　浪高し。六ツ頃両手共出立。乗船。下河辺、永井、箱田、長蔵、入津、竹野浦河内字元猿、㊣印より黒山岬に向い逆測。十二町九間にて波荒岬を残す。昨二八日同所字大坂浜より黒山岬順測の所波荒に付十一町十四間三尺にて止。当日共合二三町二三間三尺。岬見切。それより蒲江本郷泊浦の持屋形崎を測る。同前浜より手分、西山を越て赤波石にて手分と合測。二三町二八間。両手合一周一里七町五五間。それより蒲江丸市尾浦字畑中より初め、丸市尾浦の内、浦之迫人家二軒。葛原浦を経て字貝ヶ谷迄測る。一里三町五十間。両手共九ツ後より八ツ頃に帰宿。この日、日州佐土原家士長友新左衛門、付回大庄屋長友六兵衛、同国延岡家士堤寛次郎、駒木根吾、町方用達今村新右衛門来る。この夜晴曇、測量」とある。

仙蔵伜峯蔵　未詳。

怒け参り　抜参《ぬけまいり》。御蔭参《おかげまいり》。江戸時代、周期的におこった爆発的な伊勢神宮への集団的参詣現象をいう。子は親に、妻は夫に、奉公人は主人に、断り無く飛び出し、道中歌い踊り歩き、衣装に趣向を凝らすなど、日常の規範を超えて自由に参詣した。大規模なものは慶安三年（一六五〇）・宝永二年（一七〇五）・明和八年（一七七一）・天保元年（一八三〇）の四度で、毎回、二、三百万人にのぼったが、なぜこれらの年におこったかは明らかでない。宗教的熱狂の中に、民衆の封建的支配に対する不満を発散させる役割を果たした。この伝統は、ええじゃないかに大きな影響を与えた。

四月朔日天氣克　文化七年四月一日条「文恭院殿御実紀」には、「四月朔日月次の賀例の如し。松平亀三郎家つぎしを謝して。馬。綿。黄金をたてまつりて見えたてまつる。家人好田石見。多賀善司。沼田四郎右衛門。蟹江典膳拝謁す」とあり、伊能忠敬『測量日記』には、「四月朔日　朝大曇、風波高。同所逗留測、見合、両手共六ツ後出立。我等、青木、永井、上田、長蔵、蒲江葛原浦字貝ヶ谷より初め、蒲江波当津浦を経て同浦字和田鼻迄測る。一里七町二間。それより蒲江森崎浦字鵜糞鼻より初め、名古屋崎出前迄測る。十一町五三間。外に岬前後見切五六町。坂部、下河辺、梁田、箱田、平助、蒲江浦属深島一周、一里十一町三四間二尺。横切五六間。この島は佐伯領の流人島にて田畑も少しあり。小屋一軒建置。当時流人三頭ありという。両手共八ツ半頃に帰宿。ほどなく雨降出、佐伯浦支配役浅沢弘右衛門、地方夜代官天谷甚左衛門見舞に出る。明二日出立に乗船前へ出る。此夜付添村役人勝手賄方暇乞に出る。賄方野村貫左衛門出る」とある。

紋蔵　未詳。

二日同断　文化七年四月二日条「文恭院殿御実紀」には、「二日王子のほとりへ成らせらる。松平出羽守父致仕不昧實母うせしかば。奏者番阿部主計頭して問はせらる」とあり、伊能忠敬『測量日記』に、「四月二日　朝小雨六ツ後止み次第に晴。然し波浪荒高測量成り難しというに付て見合せ四ツ後蒲江泊浦出立。後手我等、下河辺、青木、上田、平助、蒲江波当津浦字和田鼻より初む。この所は豊後国、日向国界。即ち佐伯領延岡領界。波浪荒きにつき山上を測る。延岡領日向国臼杵郡古江村飛地字茶切浜にて先手に合測。一里二町十二間。先手坂部、永井、梁田、長蔵、延岡領同国同郡市振村枝直海浦より初め逆測。古江村飛地茶切浜にて後手と会測。二十九町四十六間五尺、先手も波浪荒高に付き山上を測るは成難し。先後手出会の所まで佐伯領人足助合来て送別、大畠伸右衛門、李野善五郎、御手洗嘉蔵、船頭中谷作太夫、林甚五郎、伊藤直蔵、浦々庄屋鑓持孫平、床机持兵吉、両手共暮に延岡領宮野浦着。止宿本陣庄屋伊平太、脇宿百姓忠五郎、佐伯用達塩飽屋、姓は東、弥惣兵衛。名古屋、(姓は今泉)善左衛門。加島屋、姓は東、平兵衛、止宿まで送り来り帰る。塩飽屋は延岡郡方地方役願に付き残る、郡奉行添役吉田律右衛門、地方支配役猪狩庄左衛門出迎。この夜大曇天」とある。

菊蔵名代　未詳。

辰二郎代万作弟　未詳。

䨮吉郎　未詳。

［第二九丁］

渋谷様　渋谷幸蔵。八月十七日条（第八一丁裏、下巻）に、「仲右衛門様へ得御意候渋谷様ゟ竹田津行壱封急御用之由ニ而請取帰リ候間着次第御達可被成候無間違奉願上候」とあり、八月十七日条（第八一丁表）には、「小串東治殿へ渋谷幸蔵様より壱封」とある。

春斎老　↓三月十五日条（第二五丁裏）参照。

小串藤治　正月十四日条（第二丁裏）に、「外定式御廻状壱通　小串東治様ゟ竹田津左助様へ壱封芝崎庄やゟ返翰共ニ受取」とあり、三月十五日条（第二五丁）には、「一海鼠腸入竹筒三ツ但日田行　一海草入紙袋壱ツ但同断　一宮川様江春斎老ヨリ壱封　一小串藤治様江同断」とある。

四月三日七ツ時分ヨリ雨降尤雷鳴申候　文化七年四月三日条　伊能忠敬『測量日記』には、「同三日　朝曇小南風。六ツ半後宮野浦出立乗船。島野浦（即ち島）を測る。青木、上田、箱田、長蔵、島野浦字野坂内浜より左山に添、家居三ヶ所延岡領湊なり。字地下本郷字奥魚屋字白浜を過ぎて字鷺波石浜にて手分と合測。一里十三町二一間五寸。外に海賊鼻片測三町三間一尺。鷺波石岬片側三町九間三尺。下河辺、永井、梁田、平助、島野浦字野坂内浜より右山に添い字鷺波石浜にて手分と合測。一里二十町九間五尺。両手共八ツ後に古江村へ着。我等と坂部は午後に宮野浦より直に当村へ来る。止宿大庄屋大田屋源太兵衛、同人支配八ヶ村あり。古江村、宮野浦、市振村、庄屋渡辺九郎右衛門はこの度の用達佩刀もなすという。島野浦、庄屋長野角次同断。熊野江村、浦尻村、三河内村、この一ヶ村は海辺に遠し。次怒江村、各小庄屋あり。中にも領主より佩刀の者あり。延岡領この度の用達大武町今村屋新助、古江村中屋松右衛門、門川村大庄屋大野佐治右衛門なり。この夜雨。四ツ頃に晴る」とある。

四日天氣克　文化七年四月四日条　伊能忠敬『測量日記』には、「同四日、晴天。同所逗留測。後手下河辺、青木、箱田、長蔵、止宿古江村下より逆測。市振村字古浦浜字行ヶ浜、宮野浦字大市浜まで測る。一里九町三十四間四尺。外止宿より海辺五町五十七間、外に宮野浦持高島一周十町十九間測る。先手永井、梁田、上田、平助、昨二日先手の測り初め市振村枝直海浦より初め、順測し同浦字犬市浜にて後手残印に合測。一里六町五十四間。又三町六間を加う。外に斗升岬、片側三町六間。先手は八ツ半、後手は七ツ前に帰宿。地方支配役猪狩庄左衛門、当村医戸島純斎出る。この夜晴天測量」とある。

五日同断　文化七年四月五日条「文恭院殿御実紀」には、「五日水戸宰相參府ありしかば。牧野備前守御使す」とあり、伊能忠敬『測量日記』には、「同五日、朝晴天。先後手六ツ後古江村出立。我等、下河辺、永井、上田、平助、古江村海辺より初め、枝阿曾人家十五軒。字越ノ浜、(越)印、先手横切印、まで測る。一里十九町十五間二尺。(越)印より熊野江村字弾正平まで測る。先手合測、二十三町十一間二尺。合二里六町二十六間四尺。先手坂部、梁田、箱田、青木病気、長蔵、古江村字越ノ浜(越)印より初め山越横切、熊野江村海辺まで測る。九町五十八間。(熊)印を残し、須怒江村にて中食。同村字下ノ浜まで順測し、また熊野江村に立帰り、(熊)印より逆測し、同村字弾正平にて後手と会測。順逆測合て一里二十九町二十一間一尺五寸。両手共八ツ前に島野浦、（村の字を付る）着。止宿本陣庄屋角次。脇宿百姓十五郎。この夜晴天。測量」とある。

五左衛門　塩屋五左衛門。正月廿日条（第五丁）には、下岐阝村五左衛門とある。

弥五七　→二月九日条（第一三丁表）参照。

四月六日天氣よし　文化七年四月六日条「文恭院殿御実紀」には、「六日日光門主御登山により。高家有馬兵部大輔御使して時服をおくらせらる。父死して家つぐ御家人三人」とあり、伊能忠敬『測量日記』には、「同六日、晴天、もう気多し。先後手朝六ツ過島野浦出立。後手我等、青木、永井、箱田、平助、昨日先手測留。須怒江村字下ノ浜より初め、浦尻村字川口、先手初めまで測る。三十一町五十八間五尺。右の内川口即ち海口渡幅十八間三尺。また川口より浦尻村入口まで片側、入海幅少し。故に片打二十二町十間。合一里十八町八間五尺。先手坂部、下河辺、梁田、上田、長蔵、浦尻村入海口より初め、同村字高久浜、同白浜、同安井浜、中食は小屋。三ヶ所共に人家なし。まで測。一里二十九町九間二尺。それより両手乗船。尤も川船、八ツ後に延岡、内藤亀之丞居城、城下南町に着。止宿客屋町年寄渡辺新四郎、亭主分、別当林喜市郎着に上り場迄出る。着後郡奉行添役吉田律右衛門、延岡侯より使者として、我等へ鰹節一箱。坂部同一箱。下河辺、青木、永井へ同一箱ずつ。内弟子三人、長持宰領一人、供侍一人へ同七連ずつ。竿取二人へ同五十本。小者五人鼻紙十束ずつ被贈下。則ち受納。郡奉行大見作兵衛出る。薩州野元嘉三次、尋で昨日当所着のよし。七日に帰る。お肥家士杉尾丈右衛門も測量見分に来る。この夜曇天。不測」とある。

［第三二丁］

四月七日大雨大雷也尤今暁天ヨリ雷鳴雨降候　文化七年四月七日条「文恭院殿御実紀」には、「七日南部大膳大夫封地到着を謝して。使してものたてまつる」とあり、伊能忠敬『測量日記』には、「同七日、朝より大曇天。同所逗留測。先後手六ツ後出立。五ヶ瀬川乗船。先手永井、梁田、箱田、平助、浦尻村字安井浜より初め順測。川島村同字上神戸、同字下神戸、同字荒平にて後手と合測。この日浪荒れ船測成りがたく岩石を昇降して測る。一里一町五間四尺　後手坂部、下河辺、青木、上田、長蔵、出北村、方財村界より初め、海辺五ヶ瀬川を渡り川島村字荒平にて先手へ合測。一里五町五十二間四尺。内五ヶ瀬川幅三町。また五ヶ瀬川渡口より字新茶屋まで打上げ測、八町二十五間四尺。但し川端通り、また出北村、方財村界より岡住村字浜子まで打上測、十三町十間なり。後手測。人家は方財村島辺、両手八ツ頃に帰宿。九ツ後より急雨、八ツ前に止む。この所より江戸暦局へ書状を出す」とある。

八日天氣快晴尤曇天也　文化七年四月八日条「文恭院殿御実紀」には、「八日東叡山浚明院殿靈廟に牧野備前守代參す。日光門主御登山によりまうのぼられ。饗せられて御對面あり。高家織田主計頭は日光山御宮。永井飛彈守は同じき靈廟代參使。内藤下總守。柳生飛騨守は祭祀の奉行命ぜられいとま下さる」とあり、伊能忠敬『測量日記』には、「同八日、朝より晴天。同所逗留測。先後手六ツ後出立。後手我等、坂部、下河辺、青木、梁田、永井、河原町の橋際より初め、逢瀬川橋を渡り柳沢町、南町、中町、大手北町、坂田橋、幅六十八間。元町、紺屋町、岡富村字ツノ原門、粟野名村祝子川、大武町字清高島、粟野名村内牧門、字牧鼻、川島村字寺島、東海、川口昨日測の㊣印へ繋ぐ。二里十四町十九間。先手永井、上田、箱田、平助、元方財島一周二十六町二間三尺。岡富村方財村持、助兵衛島一周二十二町二十四間。粟野名村持大武島一周十八町三間二尺。三島を測。合一里三十町二十九間五尺。三島共人家なし。両手共九ツ半後に帰宿。この夜晴天、再測。恒富村、大庄屋染矢喜三郎、十ヶ村組合、出北村、大貫村、三輪村、三須村、伊福形村、土々呂村、鯛名村、赤水村あり。鯛名村より支配す故に二ヶ村を一村とす。庵川村、加草村、大貫、三輪、三須は海に遠し。岡富村、大庄屋山口百太郎、八ヶ村組合、方財島、粟野名村、稲葉島村、祝子村、長井村、河内名村、川島村、合八ヶ村、外に大武町あり。元来粟野名村より分る。稲葉崎、祝子、長井、河内名、四ヶ村は海辺に遠し。無測量」とある。

志州英虞郡立神村　志州は志摩国。志摩半島の東部を占める国。紀伊山地が東端で太平洋に沈水するため、複雑なリアス式海岸となっているが、北西部は四〇〇メートル内外の山がちの地形をなし、南東部は海食台地と樹枝状の入江が発達している。天武十二《六八三》～十三年、伊勢王らを諸国に遣わして国境を定めた時、伊勢国から志摩国が分立したと推測されている。はじめ、他に例をみない一国一郡で、志摩郡と称していた。この平野の少ない狭小の地を一国として分離したのは、朝廷の食料としての海産物を供給する御食国《みけつくに》の一つとして重視されたからであった。持統六年《六九二》に「賜伊勢志摩国造等冠位」（『日本書紀』）とあるのが、志摩国の文献史料上の初見とされている。和銅五年《七一二》一月完成の『古事記』に、「島速贄《しまのはやにえ》」とある「島」も、「シマ（志摩）」と解されている。養老二年《七一八》から三年の間に、志摩郡は、いったん塔志郡（のち答志郡）となり、養老三年四月、塔志郡が分割されて塔志・佐芸（のち英虞）両郡となった。養老三年四月丙戌条『続日本紀』に、「分志摩国塔志郡五郷、始置佐芸郡」とある。『和名抄』には答志郡として答志・和具・伊可・伊雑・駅家・神戸の六郷と、英虞郡として甲賀・名錐《なきり》・船越・道潟《みちかた》・芳草《ほうさ》・二色《にしき》・余部・神戸の八郷があげられていて、当時は熊野灘沿岸の現南勢町・南島町・紀勢町錦から北牟婁《きたむろ》郡まで含んだ広域に亙っていた。律令制時代、奈良時代後期の一時期を除いて、膳臣氏の後身である高橋氏が代々、志摩国司で、海人（海士、または海女）の集団を率いて鰒《あわび》・堅魚《かつお》・烏賊《いか》・種々の魚乾物・多くの海藻類・その他の海産加工品を御贄として貢進していた。志摩国は御食国として朝廷内膳との関係が深く、神宮領も多かったが、皇室領・権門領も多かった。十一世紀末、院政の始まる頃は次第に、御厨・御園といわれる神宮の荘園が増加した。源平争乱の頃からは伊勢・志摩地方も秩序が乱れ、熊野三山が朝廷の篤い信仰を受けたことから、その荘園も増加し、衆徒は武装して攻撃的になり、熊野海賊といわれた水軍が次第に東進した。南北朝の争乱期には、北畠氏が伊勢南部を拠点としたため、志摩国の土豪も南朝方に属することが多かった。戦国時代入って九鬼氏が強勢となったが、永禄十年、織田信長が北勢に侵入した頃から、九鬼嘉隆は信長の下に属するようになった。関ケ原の合戦後、九鬼守隆は鳥羽藩五万六千石を領有し、志摩国一円を支配した。延宝八年、内藤忠勝は四代将軍家綱死去による芝増上寺での家綱法会に、永井尚長（七万三千石余・丹後宮津城）、遠山（内藤）頼直（一万石・陸奥湯長谷）らと勤番していたが、奉書の拝見を拒まれて、尚長を殺害し、忠勝は切腹を命じられ、内藤家は断絶。鳥羽城は幕府直轄地となり、七ケ月間、伊勢菰野の土方雄豊、美濃国苗木の遠山友春が預かったが、天和元年《一六八一》、下総国古河城主土井利益が七万石で入封した。元禄四年《一六九一》、土井氏は肥前唐津城主松平乗邑と封を交代した。宝永七年《一七一〇》、乗邑は伊勢亀山城主板倉重治と入替えとなった。享保二年《一七一七》、重治はふたたび亀山城に戻り、代わって山城国淀から松平（戸田）光慈《みつちか》が七万石で入封したが、享保十年《一七二五》、光慈は信濃松本城に移され、下野烏山から稲葉昭賢《あきかた》が入部し、志摩と伊勢度会・多気・飯野三郡内合わせて三万石を領し、交代の激しかった鳥羽城主も稲葉氏に固定し、廃藩まで移封はみられなかった。寛政六年《一七九四》、養子長続《ながつぐ》が継いだ。この日記の文化七年当時の藩主は、この長続であった。立神《たてがみ》は「たちがみ」ともいい、志摩半島の南部、英虞湾の奥の海岸部に位置する村。地名の由来は、立石浦にある巨岩を立石と呼び、立石神社もあることから立神と称するようになったという。南北朝時代には立神御厨があった。江戸時代は鳥羽藩領、磯部組に属していた。

羽権九郎　→三月廿六日条（第二八丁表）参照。

四月九日晴天　文化七年四月九日条　伊能忠敬『測量日記』には、「同九日、朝晴天、先手六ツ頃、後手六ツ後延岡城下出立。後手我等、青木、永井、梁田、七日測初の、出北村、方財村界より初め、恒富村、伊福形村、土々呂村字打出浜あり。人家下まで測り先手初に合測。二里二町三十九間一尺。外に鯛名村横切一町四十間。先手坂部、下河辺、上田、箱田、平助、土々呂村人家下より初め、字櫛津、鯛名村、赤水村、右二ヶ村、庄屋一人。村名二行に記、一村成と云。天神前まで測、二里十一町四十八間。外に入海片側六町三十九間。後手は午前、先手は八ツ前鯛名村着。止宿本陣百姓源右衛門。別宿は国次郎。高鍋の用達、高鍋町那須屋岩古二月二十四日佐伯領津久見浦へ来る。美々津浦炭屋用八、蚊口浦夷屋満治郎来る。この夜曇天。雲間に測る」とある。

［第三二丁］

廻米　江戸時代の米穀の輸送、また、その米穀をいう。幕府・各藩・商人などが江戸および大坂へ米穀を運ぶ時は、ほとんど海路によった。とくに幕府領からの御城米は厳重な廻米仕方を定め、輸送の安全をはかった。その他でも、各藩の蔵米・納屋米などの輸送も、この名称で呼ばれていた。

［第三三丁］

四月十日天氣よし　文化七年四月九日条　伊能忠敬『測量日記』には、「同十日、朝晴天。大風。見合。青木、永井、梁田、長蔵、一組は風止次第海岸測量に残し、六ツ半後、坂部、下河辺、上田、箱田、平助、臼杵郡士々呂村人家下、昨日の先手初め、後手の終りより初め、街道横切加草村海辺まで測る。一里二町七間。それより海岸門川村字上魚屋、字下魚屋、字尾末浦測所まで測る。二十二町五十七間。それより門川村と御料所日知屋村境まで測る。測所より海道十二町五十一間。外に加草村、門川村持乙島一周を測る。十七町五十三間四尺。八ツ後に門川村内尾末浦へ着。止宿本陣讃岐屋庄蔵別宿木屋要蔵。門川村大庄屋大野佐治右衛門、村高九百四十五石三斗三升余という。家数四百十一軒、内百五十軒は尾末浦、この度の用達の中なりこの大庄屋組は五ヶ村にて川内村、黒木村、入下村、字納万村、門川村、この一村海辺、この日高鍋秋月佐渡守家来山口盛六、高鍋侯より国産御贈り物持参。我等へは椎茸一箱、塩鴨一さく。坂部へ椎茸一箱。下河辺、青木、永井へ同一箱ずつ。内弟子三人、侍二人、棹取二人、小者五人、各々椎茸一箱ずつ被下也。即ち受納。石盛六江戸暦局用状持参。当月初に高鍋へ届くと云。此夜曇天不測」とある。

十一日同断　文化七年四月十一日条　伊能忠敬『測量日記』には、「同十一日、朝曇。青木、永井、梁田、長蔵、昨夜鯛名村泊にて朝六ツ後出立。赤水村天神前より初め、岬を回り庵川村字小屋谷にて逆手と会測。十月十一日測合二里二十五町九間一尺。下河辺、上田、箱田、平助、加草村海辺より初め逆測。庵川村字小屋谷にて順手と合測、一里三十三町十九間四尺。外に庵川村唐船波石岬を片側、五町十一間五尺。両手共八ツ頃帰宿。この日延岡領測量相済み、お肥用達、お肥城下小村屋善四郎、城ヶ崎和泉屋円蔵来る」とある。

四月十二日天気よし　文化七年四月十二日条「文恭院殿御実紀」には、「十二日増上寺惇信院殿靈廟に土井大炊頭代參す」とあり、伊能忠敬『測量日記』には、「同十二日、朝曇、先後手六ツ後、門川村尾末浦出立。後手我等、下河辺、青木、上田、長蔵、羽倉権九郎元支配所、日知屋村界より初め、字江ノ口入江片側、五町五十四間。字亀崎、同後畑浦(畑)印に繋ぐ。それより字観音崎にて先手へ合測二里八町十間五尺　先手坂部、永井、梁田、箱田、平助、御料所日知屋村後畑浦、人家あり。外海辺に(畑)印を残し、横切、同村字前畑浦入江海辺へ出で、横切三町、(浦)印を残し、同字古田まで測り、(古)印を残し、(古)印より横切同字平野、人家あり。同字深溝、同字脇ノ浜大海辺へ出で、明十三日繋ぎの(田)印まで横切測、十二町四十三間。また(浦)印より初め、海辺観音崎にて後手と合測、一里十四町六間、両手共九ツ半前、日知屋村細崎、町といい上湊なり。着。止宿本陣摂津屋善兵衛。別宿豊前屋彦右衛門。この所まで延岡代官猪狩庄左衛門並に駒木根晟吾、滝口新七、吉田喜右衛門、金子弥門治、駒木根新十郎、堤寛治郎、用達大庄屋大野佐治右衛門、今村屋新助、中屋松右衛門、島野浦庄屋角次送り来て帰る。羽倉左門手代志賀守右衛門来る。高鍋用達那須屋岩吉、美々津浦炭屋用八、同所藤屋作兵衛、惣大庄屋岩村貞介、名主税田忠兵衛来る。さて日知屋村は大村にて四ヶ所に分る。細島町亀崎門、庄屋門、庄手門、振木門といい四ヶ所なり。また字数多あり」とある。

十三日同断但風有り　文化七年四月十三日条　伊能忠敬『測量日記』には、「同十三日、朝大曇天。先後手六ツ後、日知屋村細島町、湊、出立。後手坂部、青木、上田、箱田、平助、測量先より止宿へ行日知屋村字古田(古)印より初め、細島、上湊なり。岬を回り字脇ノ浜(田)印まで測る。海岸絶壁、浪荒れ、海岸測量成りがたく山上を測る。一里三十五町四十四間。先手我等、下河辺、永井、梁田、長蔵、字脇浜(田)印より初め、海辺塩見川御料所財光寺村、同平岩村、同笹野門、同金ヶ浜を過ぎ、御領所平岩村、高鍋領才脇村界まで測る。二里三十七間二尺。先手も山越あり。止宿児湯郡上別府村、美々津領主の客屋、仮亭主伊藤清兵衛、当領入口へ郡方中村蔵太、中小姓山口盛六出迎、止宿入口へ浦々奉行森鉄之進出迎、先手は九ツ半後、後手は八ツ後に着。我等測量中より先へ止宿に来る。高鍋侯画師安田李仲、子安田李仙出る。この日五ツ後より小雨、付回名主治郎左衛門」とある。

［第三四丁］

同十四日大風少〻雨降　文化七年四月十四日条　伊能忠敬『測量日記』には、「同十四日、朝より風雨、逗留。同国佐土原島津淡路守使者右田九郎右衛門来る。則ち島津侯より贈物あり。我等へ堅節百五十本。坂部へ同百三十本。下河辺、青木、永井には百本ずつ。内弟子三人、侍二人へ同七十本ずつ。竿取二人鼻紙七束ずつ。小者五人に同五束ずつ被下也。則ち受納。付廻案内庄屋篠別府村矢野伊右衛門。この日終日風雨、夜六ツ後に止。御料富高村庄屋良吉並に平岩村庄屋唯右衛門来る」とある。

同十五日曇天　文化七年四月十五日条「文恭院殿御実紀」には、「十五日月次の賀例のごとし。水戸宰相參府によて御對面あり。おなじ事によて紀尾のかたぐ〳〵。水戸庶流の人人まうのぼられ御對面あり謁見す。有馬中務大輔。上杉彈正大弼。佐竹右京大夫。松平出羽守。丹羽加賀守はじめ參覲のもの十五人。水戸家々人大森彌惣左衛門。佐藤主税。谷登十郎。岡部忠藏。市川三左衛門拝謁す」とあり、伊能忠敬『測量日記』には、「同十五日、朝曇天。昨日の風雨にて行先の小川水増渡川成りがたきにつき逗留。一手測。余は残って地図をなす。六ツ半頃、坂部、下河辺、永井、箱田、平助、長蔵、臼杵郡御料所平岩村、高鍋領才脇村界より初め、才脇村字遠見千鳥脇、才脇村人家前、川前(渡)印まで測る。三十二町三十三間四尺。外に美々川一町十一間二尺。則ち児湯郡上別府村美々津、外に(渡)印より中島渡口まで片側、三町二十四間一尺。また才脇村持中島片測、五町十五間一尺。九ツ半頃帰宿。合一里六町二十四間二尺。郡方中村蔵太、浦奉行森鉄之丞出る。佐土原用達黒木仲右衛門、惣庄屋長友六兵衛、高鍋領飛地、同国福島大庄屋山口弾吉郎、用達文助来る。この夜曇天。不測」とある。

［第三五丁］

四月十六日天氣能　文化七年四月十六日条　伊能忠敬『測量日記』には、「同十六日　朝曇天、先手七ツ半後、後手六ツ頃美々津出立、後手我ら・青木・永井・箱田・長蔵、同所美々津川端より初め、石並川、巾三十間、落子村・寺迫《サコ》村、心見川、巾三十間、岩山村字オロノ下まで測、二里五丁十九間一尺　先手坂部・下河辺・梁田・上田・平助、児湯郡岩山村字オロノ下より初め、篠別府村・瓜生《ウリフ》村入会字明田、同福原尾(都)印を残し、海辺名貫川端を測、一里二丁十八間、また(都)印より瓜生村の内都濃《つの》町へ打上げ測、字新田、それより畑原を測り、都濃町取付に街道に出で、それより止宿前まで測、二十五丁四十八間、即ち打上、横切両手共九ツ前、瓜生村内都濃町着、止宿、領主用意の客家、仮亭主緒県文五郎、この夜曇る、雲間に測」とある。

十七日天氣克　文化七年四月十七日条「文恭院殿御実紀」には、「十七日紅葉山御宮に御詣のこと天氣によてなし。牧野備前守代參す」とあり、伊能忠敬『測量日記』には、「同十七日　朝曇晴、先手六ツ頃、後手六ツ後、都濃町出立、後手我ら・青木・永井・箱田・平助、篠別府村・瓜生村入会、名貫川前より初め、名貫川、巾四十八間、猪久保村枝孫谷・平田村字伊倉・伊倉川、または、タレカト川、巾十五間、字和伊金剛尻を測、一里十四丁三十八間四尺　先手坂部・下河辺・上田・箱田・長蔵、児湯郡平田村字和伊金剛尻より初め持田村、また平田村地、それより蚊口浦、小丸川、同字荒ヶ下海辺を測、二里一丁五十間、それより高鍋城下へ打上げ測、蚊口《カグチ》浦・新中町・高鍋村枝中鶴村・同菖蒲池・字道具小路・市中上横町・八日町・六日町・十日町・立筏小路・大手前まで、三十二丁三十間、先後手一同高鍋、（旧名財部、秋月佐渡守居城）城下へ着、止宿客家、仮亭主岩村重五郎　町役岩村八左衛門・用達那須屋岩吉・松屋彦五郎・紙屋惣吉・茶屋八右衛門付添、着後郡方黒水丹兵衛・同中村蔵太出る　秋月佐渡守殿より御使者泥谷勇、国産御贈物、呈書を添え持参、我らへ鰹節一箱、坂部同、下河辺・青木・永井へ同一箱ずつ、内弟子三人、侍二人へ同一箱ずつ、竿取両人へ小半紙十五束、小者五人へ小半紙廿五束、下さるなり、即ち受納　郡奉行手塚助之進、惣奉行山田丹解出る明日案内の日置村庄屋伝兵衛・高鍋村庄屋水右衛門出る、外に上江村庄屋治兵衛・三網代村庄屋貞之丞・椎木村同紋兵衛・石河内村同代兵衛・高城村庄屋仙太郎・河原村同政右衛門、六人、山手庄屋にて海辺にあらず、佐土原町用達池屋要吉来る　この夜晴天、測量、暦局へ書状を出す」とある。

〔第三八丁〕

羽左門　西国筋（日田）郡代羽倉権九郎秘救嫡子左門改外記秘道《やすみち》。→二月九日条（第一五丁裏）「御代官様」の項参照。

十八日　文化七年四月十八日条「文恭院殿御実紀」には、「十八日番町藥圃へ成らせられ。それより市谷の御住居に至〔過ト〕らせらる」とあり、伊能忠敬『測量日記』には、「同十八日、朝晴天、濠気おおし。先手六ツ頃、後手六ツ後高鍋城下を出立。後手我等、下河辺、青木、箱田、長蔵、蚊口浦昨日測留字荒ヶ下海辺より初め、高鍋村地先日置村、それより高鍋領日置村、佐土原領富田村境字木付女まで測、一里二十五町二十間五尺。先手坂部、永井、箱田、上田、平助、佐土原領児湯郡富田村字木付女、即ち領界、より初め、那珂郡下田島村字大炊田海辺、即ち袋広瀬村界に㊅印を残し置く。一里十五町十八間三尺九寸六分。また㊏印より佐土原城下へ打上、字大炊田、同平松、同奈良木、同宮本同天神下田島居村、同田ノ上、同佐賀利、上田島村字樋ノ口、それより市中マンダラ小路犬小路即測所上中小路を大手前まで測る。二里十一間。後手は九ツ頃、先手は八ツ頃に佐土原、島津淡路守居城、城下大小路着。止宿本陣大小路油屋友吉。別宿蚊口小路藤屋平五郎。当所郡奉行山口小左衛門出る。当城主島津淡路守殿より御使者として富田権左衛門を以て御挨拶御贈物あり。我等へ酒一荷、肴一折。坂部同断。下河辺、青木、永井へ鰹一折ずつ。内弟子三人、侍二人へ同断。竿取二人鰹一籠ずつ被下也。御分家島津式部殿より使者吉原弦蔵を以て御挨拶御国産の御贈物。我等へろうそく三百挺。坂部同百七十挺。下河辺、青木、永井同百五十挺ずつ。内弟子三人、侍二人へろうそく一箱ずつ。竿取鼻紙五束ずつ。小者へ同三束ずつ。御両家共即ち受納。佐土原用人米良荘之進、町田頼母玄関まで来りて見舞を申入る。その後も出る。横目神宮寺孝兵衛、右田九郎右衛門、立山助右衛門、岩村仲左衛門、小浜五兵衛、医師黒木頎伯、神宮寺隆迪、前田良意、中村良珉、長友新右衛門、郡方手付なり。岩村、小浜らも同じ。茶道斎藤幽哲、藤田意徳、用達大和屋甚吉、綿屋仁衛門、油屋要吉惣大庄屋押川甚左衛門、中友六兵衛出る。お肥用達、目井津黒木屋孫右衛門、城ヶ崎和泉屋久兵衛、お肥家士杉尾丈右衛門、御勘定所よりお肥御渡の暦局用状を持参。お肥大庄屋吉右衛門、小庄屋佐太郎来る。延岡領飛地、宮崎郡役所勘定人小川兵太、滝口新七来る。この日高鍋領大庄屋岩村貞助、日置村庄屋伝兵衛、高橋村庄屋水右衛門、用達那須屋岩吉、炭屋用八、万屋満次郎、茶屋八右衛門当所まで送来る。領境へ郡方中村蔵太送る。同佐土原郡方山口小左衛門出る。この夜晴曇。測量」とある。

〔第三七丁〕

四月十九日天氣能　文化七年四月十九日条「文恭院殿御実紀」には、「十九日不時朝會あり。松平越前守。松平阿波守。松平因幡守。松平大膳大夫。立花左近將監。松平左兵衞督。松平越後守はじめ。就封のいとま賜はるもの三十九人。寄合三人。越前守は御鷹馬を下され。大膳大夫ははじめてなり。豊後國實行の御刀。御馬を下され。その他阿波守はじめ。松平備後守御馬を下さる。森美作守。津輕甲斐守はじめてなり。伊達遠江守はじめ。參覲のもの三人。西城書院番頭小笠原若狭守子勝三郎。目付水野中務子熊之助。小納戸小幡帯刀子金太郎。河内勇三郎子與八郎。奥醫中川常春院子隆玄はじめ。初見したてまつる者尚多し。中川番松平勘助大坂船手頭となる」とあり、伊能忠敬『測量日記』には、「同十九日、朝晴天。濠気多し。同所逗留測。先後手六ツ後出立。後手我等、下河辺、梁田、上田、長蔵、高鍋領へ佐土原領界、字木付女より初め、入江内通を測り、富田村枝王子、同横江を過ぎ、富田村渡辺のぼりまで測、一里四町三十間三尺。先手坂部、青木、永井、箱田、平助、那珂郡下田島村枝大炊田川口より初め、逆測、字平松、福島徳ヶ淵一瀬川、川幅六十三間。即児湯郡、那珂郡界、川の中心、を越え、富田村字小関、富田村渡場にて後手と会測、一里二十二町五十一間。両手共八ツ頃に帰宿。この夜曇天。不測。高鍋大庄屋岩村貞助、お肥杉野丈右衛門、大田善太、肥田木伝蔵、荒木列右衛門来る」とある。

［第三八丁］

午四月廿日天氣克　文化七年四月廿日条「文恭院殿御実紀」には、「二十日東叡山大猷院殿霊廟。心観院殿霊牌所に御詣あり。高家織田主計頭。祭祀の奉行内藤下總守。柳生飛驒守日光山より歸り謁す」とあり、伊能忠敬『測量日記』には、「同二十日、朝より雨天。同所逗留。羽倉権九郎元御代官所日向国那可郡南方村庄屋政四郎、同所同国宮崎郡船引村庄屋安五郎来る。午前雨止、曇天小雨、両手共九ツ前出立。児湯郡富田村、那珂郡下田島村持、孤島、また二立島という。一周を測、三十一町四十六間一尺。但し富田村分人家字今島、下田島村分人家字二ツ立、外に富田村持、鼠島、但し人家もなく木もなし、新開の畑少しあり。半周を測、十九町十二間三尺。但し鼠島は孤島に添いて中に流を隔つ。流幅十二間。また富田村昨日の打留、先後手会測の所、富田のぼりより横江のぼりまで、昨日の測り残りを続けて測る。五町五十二間五尺。両手共七ツ前に帰宿。この夜大曇天。不測」とある。

廿一日曇天折ゝ小雨降ル　文化七年四月廿一日条　伊能忠敬『測量日記』には、「同二十一日、朝晴、先後手六ツ前佐土原城下出立。後手我等、青木、永井、箱田、長蔵、下田島村袋広瀬村境十八日城下打上げ、(大)印より初め、石崎村、これまで佐土原領、石崎川、それより島津式部知行所塩地村、この辺アオキケ原をはじめ、住吉浜に白楽天の故事あり。同山崎村を経て御料所羽倉元支配所江田村海辺にて先手と会測。二里十八町十八間。先手坂部、下河辺、上田、箱田、平助、同国宮崎郡延岡領下北方村神武天皇社前より初、この村神武帝皇居の地、此北方村を宮崎ともいう。延岡より出張の陣屋役所あり。延岡は勿論その外宮崎陣屋という。尤も延屋領二万四千石。二十四ヶ村あるよし。逆測。同領花ヶ島町、同大島村を経て那珂郡御料所羽倉元支配、江田村字持原、同村海辺を測り後手と会測、一里十三町三十間。先後手九ツ後に江田村着。止宿本陣庄屋用左衛門。別宿百姓久兵衛。後手は直に神武社へ参詣。社より四五町行て同村下北方村景清の古跡あり。一覧して帰宿。この夜晴天、測量」とある。

廿二日天気よし　文化七年四月廿二日条「文恭院殿御実紀」には、「廿二日小普請平田道有。番醫千賀道有子道榮共に番醫となる。道榮は祿廿口を賜ふ」とあり、伊能忠敬『測量日記』には、「同二十二日、朝より晴天。後手六ツ頃江田村出立。後手我等、永井、箱田、上田、平助、同村下海辺より初め、同御料所新別府村、同吉村、枝に下別府あり。図に吉村字中原あり。二ヶ村赤水日本図に出るゆえ記し置く。御領所お肥領境、赤江川北端まで測。海辺十九町三十二間一尺。但赤江川幅は二十五町二間。川向は田吉村、この赤江川を小戸の渡と古くいうよし。中臣祓に小戸橘というもこの川のよし。川上中村の渡を大渡という。赤水図に大渡川とあるは誤なり。それより入江、並に赤江川通、御料所吉村、枝今村、同字蟹町を経てお肥料恒下村枝瀬頭字ヌキ山中にて先手に合測。一里三十五間三尺。先手坂部、下河辺、青木、箱田、長蔵、お肥領田吉村赤江川測先より初め、(大)印まで測、海辺二十二町。また(大)印より初め打上、御料所吉村字日高島、但し福島村という。これは新飛地、また姥ヶ島とも。お肥領田吉村、恒下村内城ヶ崎町、それより同国宮崎郡延岡領大田村字中村町、街道なり。赤江川を渡る。川幅百十七間。此渡を大渡という。同領上別府村字上ノ町、那珂郡お肥料恒下村枝瀬頭山中にて後手合測、一里二十町八間。両手共九ツ前恒下村内城ヶ崎町へ着。本陣梅香屋文平。脇宿和泉屋善右衛門。この日、杉尾丈右衛門、藤木列右衛門、肥田伝蔵、太田善太、並に手代河野地右衛門等出る。恒下村庄屋新左衛門、着後お肥伊東修理大夫殿より地方役、即代官由地伝七を以て使者として御国産を贈る。勘解由、杉原紙一包。坂部も同。下河辺、青木、永井も同。弟子三人、侍二人も同。竿取二人、小者五人も同。但し包に大小ありとのこと。即ち受納。町奉行右松兵左衛門出る。この夜晴天。測量」とある。

［第三九丁］

今成組　今成は豊前国宇佐郡のうち、伊呂波川中流域に位置する村。永禄十《一五六七》年三月七日の宇佐大宮司宮成社恩地坪付に、宇佐郡分として、「〈高家郷之内〉一所今成名壱町」と見える。近世になると今成村となり、天正十五年《一五八七》、黒田領。慶長五年《一六〇〇》、細川豊前中津（のち小倉）藩領。元和八年《一六二二》には高並手永に属していた。寛永九年《一六三二》、小笠原豊前中津藩。元禄十一年《一六九八》、幕府領となった。

原口組　原口は豊前国宇佐郡のうち、恵良《えら》川中流域、同川支流日岳《ひのたけ》川との合流点付近に位置する村。天正十五年、黒田領。慶長五年、細川豊前中津（のち小倉）藩領。元和八年には日岳手永に属していた。寛永九年、小笠原豊前中津藩領。元禄十一年、幕府領。

正覺寺組　正覺寺は豊前国宇佐郡のうち御許《おもと》山の西、寄藻《よりも》川上流の山間部に位置する村。地名は御許山の座主寺正覚寺（現廃寺）の寺名に因む。養老元《七一七》（一説に延喜十九《九一九》）年に加賀国石川郡勇正聖人が白山神社を建立したという。延喜十九年、行秀聖人が醍醐天皇に奏聞し、豊前国司惟房を勅使として、正覚寺が建立されたという。天文十八年《一五四九》十二月十七日付の佐田隆居所領注文（佐田文書）に、「一所　佐田庄伍拾参町内　御許山領、散在分　向野　金丸皆木　正覚田　松崎」と見え、天正六年四月二十三日付の佐田居宅給地坪付（佐田リキ氏文書）に、「一所弐段〈坂ノ下定銭九百六拾文〉同（御許山）正覚寺新介分」と見える。天正十五年《一五八七》、黒田領。慶長五年《一六〇〇》、細川豊前中津（のち小倉）藩領。元和八年《一六二二》には山蔵《やまぞう》手永に属していた。寛永九年《一六三二》、小笠原豊前中津藩領。元禄十一年《一六九八》、幕府領。

真玉村　豊後国国東郡のうち、国東半島の北部、真玉川流域に位置する村。文治二年《一一八六》の後白河院庁下文案に、弥勒寺領浦部十五ケ荘の一つに「真玉庄」とある。弘安八年の豊後国図田帳に、地頭御家人真玉又次郎が見える。文和《一三五二》元年、大友氏時の命を受けた木付頼直は、弟の五郎重実を新たに真玉の地頭に分封したという（真玉氏系図）。延文二年《一三五七》、重実は宝陀寺（現大田村）の住職悟庵智徹和尚を招き、大村の寺原《てらんはる》の地に真玉寺を創建した。永徳元年《一三八一》九月廿六日の沙弥某奉書案には、御許山領とある。

［第四〇丁］

五名村　豊前国宇佐郡のうち、恵良川支流日岳川中流域に位置する村。

［第四一丁］

四月廿三日天氣克　文化七年四月廿三日条「文恭院殿御実紀」には、「廿三日先手頭木原兵三郎病免して寄合となる。此日大納言殿には王子の邊へ成らせらる」とあり、伊能忠敬『測量日記』には、「同二十三日、朝より晴天。先手六ツ前恒下村城ヶ崎町出立。後手我等、青木、上田、箱田、平助、二十二日先手測。田吉村字八ツ手(大)印より初め、郡司分村、隈野村、曾山寺川、渡幅五十四間。この入江の前後に神武帝の皇居の跡有りと。加江田村枝折生迫、先手の初め(淡)印まで測、二里二十八町十四間四尺。先手坂部、下河辺、永井、梁田、長田、那珂郡加江田村枝折生迫(淡)印より初め、字白浜、同坂本、枝内海小舟掛人家前まで測、一里二十二町十六間。又止宿打上一町三十九間。外に打《折》生迫持淡島一周を測、(淡)印より渡幅二町三十六間二尺。一周八町二十七間。淡島社あり。玉ノ井あり。甚だ清水にて海の際なれども汐も入らず。名水なりという。枇榔樹あり。島芋というあり。芋のかたちにて甚だ大食にならず。先手は九ツ前、後手は九ツ後、加江田村内、内海着。止宿本陣河野治郎左衛門。脇宿岩田屋倉助。お肥分家伊東岩丸殿使者として由地伝七、国産の御贈物あり。勘解由、坂部、下河辺、青木、永井一同ろうそく一箱ずつ。内弟子三人、侍二人、竿取二人、小者五人へ同ろうそく一箱ずつ被下也。即ち受納。お肥村大庄屋半兵衛、小庄屋権之丞出る。この夜晴天。測量」とある。

廿四日曇天折〱小雨降　文化七年四月廿四日条「文恭院殿御実紀」には、「廿四日東叡山孝恭院殿靈廟に少老井伊兵部少輔代參す。永井飛驒守日光山より歸り謁す。牧野備前守ことし六月増上寺惇信院殿御法會總督を命ぜらる」とあり、伊能忠敬『測量日記』には、「同二十四日、朝曇天。先手六ツ頃、後手六ツ後加江田村枝内海出立。後手我等、青木、永井、上田平助、同所より初め、字山黒、内海川幅四十二間。同枝野島一周を測、十町十七間。渡幅二十一間。それより枝小内海、伊比井村鶯巣中食。先手初めに合測、海道一里二十八町三十七間。先手坂部、下河辺、梁田、箱田、平助、伊比井村字鶯巣、人家下より伊比井村、富土村、同字小目井人家下浜まで一里三十一町五十六間三尺。後手九ツ後、先手は八ツ前、宮ノ浦へ着。止宿本陣外山桝右衛門。脇宿落合九左衛門。両家とも郷士の様なるものとて此の領にては浮世人というよし。九ツ後より小雨」とある。

廿五日雨天　文化七年四月廿五日条「文恭院殿御実紀」には、「廿五日寄合

内藤十次郎中川番を命ぜらる」とあり、伊能忠敬『測量日記』には、「同二十五日、朝より雨。同所逗留。終日降る。夜も同じ」とある。

光右衛門　一月六日条（第一丁表）に見える。

四月廿六日曇天折〳〵小雨降申候　文化七年四月廿六日条　伊能忠敬『測量日記』には、「同二十六日、未明小雨、六ツ後止曇天。六ツ半頃先後手宮ノ浦村出立。後手我等、下河辺、青木、上田、平助、富士村字小目井より初め、宮浦村字細割迄測り後手の初めへ合測。一里十四町四間五尺。先手坂部、永井、梁田、箱田、長蔵、宮浦村細割より初め、不動窟、難所、それより鵜戸山大権現、霊窟の中に勧請す。御鎮座六社中相殿、大日霊貴尊、天恩穂耳尊、左相殿彦ににぎの尊、彦火火出見尊、右相殿うがやふきあえずの命、神日本磐余彦尊也別当鵜戸山観音院仁王護国寺新儀真言宗、領主寄附五百石、寺中十二坊、神前を測り、宮ノ浦村字吹井同小吹井、右二ヶ所宮ノ浦本村の内、共に領主より鵜戸山へ寄附の地の内小谷まで測、三十五町四十三間。後手先手九ツ後宮ノ浦内吹井へ着。止宿本陣川瀬屋伝左衛門。脇宿津田屋伊平治。お肥城下より用達、高橋屋茂右衛門、河野屋小治郎来る。高鍋領福島用達、上町伊勢屋重左衛門、同今町林屋弥右衛門来る。着後地方役由地伝七、道方金田平治、戸川鉄弥、大脇利左衛門、荷物方野崎惣右衛門出る。この夜晴天、測量」とある。

［第四二丁］

丁銭　丁百銭《ちょうびゃくせん》に同じ。調百銭とも書く。丁百・調百・足陌・足百銭などともいう。江戸時代、銭九十六文を百文と扱った習わし（九六銭《くろくぜに》）に対して、銭百文を額面通り百文の価値に用いた銭。

木銭　木賃《きちん》に同じ。薪代《まきだい》、すなわち旅宿に旅人自ら米を携え、炊くべき薪の代価を払って宿泊すること、また、その代金。宿泊の原始的形態で、宿泊者は米を持参し、薪代を支払って自炊した。この薪代のことであるが、そこから転じて、このような宿のことを木賃・木賃宿といい、江戸時代に入ると旅籠が整備されたが、安価な宿泊法として木賃は引続き盛行した。なお、美濃国郡上郡においては、高掛物（村々の石高に応じて賦課される諸役や租税の総称）の七色（木銭、夫銭、京夫、江戸夫、牢の木、猿楽、堤銀）の役銀のうちの一つに木銭があった。高百石に銭百匁ずつを貢納した。

廿七日天氣よし　文化七年四月廿七日条　伊能忠敬『測量日記』には、「同二十七日、朝晴天。先手六ツ前、後手六ツ頃宮ノ浦村字吹井出立。後手我等、青木、永井、箱田、平助、同所字小吹井小谷より初め、枝小浦、風田村、平山村、広戸川幅四十五間。平野村字梅ヶ浜まで測る。二里十町二十六間三尺。梅ヶ浜仮屋中食。先手坂部、下河辺、梁田、上田、長蔵、平野村字梅ヶ浜より初め、同村枝油津海辺まで横切三町五十四間。(油)印を残し、海岸測三町二十七間。(津)印を残し、お肥城下上り口、それより平野本村、戸高村、星倉村字釈か尾野、西川を渡る　橋幅三十九間。星倉村内今町、広木田、家中町鳥居下、同上牟田町、同上本町(午)印まで測る。二里六町八間。(午)印より大手前まで一町三十三間、両手共九ツ後にお肥伊東修理大夫居城、城下へ着。止宿。城主より仕立置く所の客家、仮亭主小村善右衛門。着後お肥侯使者として郡奉行佐土原半五郎来る。国産の贈物あり。我等、坂部、下河辺、青木、永井、ろうそく一箱ずつ。内弟子侍共五人、竿取二人、小者五人、同一箱ずつ被送也。ろうそく各大小あり。即ち受納。地方役、即ち代官湯浅甚左衛門、同役由比伝七と一同に出る。道方大田善兵、金田平治も出る。この夜暦局の状を認め渡す。夜中晴。測量」とある。

廿八日同断　文化七年四月廿八日条「文恭院殿御実紀」には、「廿八日月次の賀例のごとし。上杉彈〔式部ト〕正大弼就封のいとまたまひ。加藤能登守參覲す。美濃衆一人また同じ。松平元吉初見したてまつる。座光寺忠之助又同じ。松平一心齋封地に湯治として到着により。其子上總介ともに使してものたてまつる」とあり、伊能忠敬『測量日記』には、「同二十八日、朝晴天。この日大手分、坂部、永井、箱田、梁田、長蔵、当城下より街道牛峠へ向い薩州領界まで測る。我等、下河辺、青木、上田、平助、六ツ後にお肥城下出立。無測量にて平野村内油津まで帰り、直に平野村持の大島一周を測る。この島人家なし。牧場あり。字小浜(小)印より右、山に添い、左、岬まで七町五十二間。波浪少しあり。船測成りがたしというに付止む。また(小)印より山越横切をなす。二町十七間。それより南向海岸を一縄一町二十四間測る。また(小)印より左山に添い海岸二十六町三十四間測る。前後海岸合三十五町五十間、横切二町十七間。八ツ頃に平野村内油津へ着。本陣大庄屋長嶺八右衛門。脇宿児玉屋伝蔵。この所の船掛、小湊、遠測大島属水島、並に松波石、沖松波石。この夜晴天。測量（中間に廿九日・晦日・五月朔日条あり、略す）四月二十八日、朝六ツ半頃、坂部、永井、梁田、箱田、長蔵、お肥城下出立。同所本町(手)印より楠原村西川を渡り同字走込、酒谷村字栗岸、酒谷本村、同村字長野山中まで測る。二里四十一間。四ツ半頃酒谷村引帰、止宿庄屋儀兵衛」とある。

廿九日同断　文化七年四月廿九日条　伊能忠敬『測量日記』には、「同二十九日、朝晴天。六ツ後平野村油津出立。我等同所(油)印より初め、昨二十七日の残印、梅ヶ浜まで測る。また同所(津)印より初め、字石河、隈谷村、下方村枝大堂津海辺まで測る。(油)印より梅ヶ浜まで三十二町三十一間。(津)印より大堂津海辺まで一里十五町四十五間。外に測所打上げ一町三十九間。九ツ半頃下方村枝大堂津着。止宿本陣徳丸屋郡蔵、児玉屋銀右衛門、この日遠測。保島七ツ波石大瀬、木場島、長さ十町ばかり。この夜中晴。測量。（中間に晦日・五月朔日・四月廿八日条あり、略す）同二十九日、朝六ツ頃、酒谷村出立。字長野より初め、同村秋山、又権現鶴、字陣尾、又深瀬、字白木俣、又地吉、山小屋二三軒、牛峠上り口、字山ノ神まで測る。三里十二町二十三間。八ツ半頃に済み、引帰し七ツ過ぎ白木俣止宿。多治兵衛」とある。

晦日天氣快晴　文化七年四月卅日条「文恭院殿御実紀」には、「晦日増上寺有章院殿靈廟に御詣あり」とあり、伊能忠敬『測量日記』には、「同晦日、朝晴天。六ツ後下方村枝大堂津出立。我等、下河辺、青木、上田、平助、同所より初め、法瀬川、幅四十八間。即ち大堂の舟入掛場　中村枝目井津、是も舟掛場　同字観音崎まで測る。二里四町四十八間。外に中村持児島一周を測る。六町四間。この島に虚空蔵あり。領主寄附十五石ありと。九ツ半頃潟上村の内外ノ浦へ着本陣安藤屋弥市、別宿平野屋茂衛門、遠測、冠波石、瀬盥磯、上秋戸磯、下秋戸磯、腕島、その外無名の磯、波石数多し。この夜曇天。不測。高鍋領福島より筆役鈴木雄助、林直治、用達那須屋岩吉同道にて来る。潟上村小庄屋市左衛門、六郎坊村庄屋川島善兵衛、大庄屋、この度福島用達、山淵団吉郎来る。日向国は五郡八院という。臼杵郡土持院、児湯郡新納院、那珂郡お肥院、福島院、旧は櫛島、諸県郡真幸院、三俣院、求仁院、宮崎郡ムカサ院。（中間に五月朔日・四月二十八日・二十九日条あり、略す）同晦日、朝六ツ頃白木俣出立。牛峠字山ノ神より初め、駒帰より南往来の中央、お肥領薩摩領界、鹿児島寺柱村持ノ峠、お肥領境杭まで、即印を残し置く。一里四町四十五間、合六里十七町四十九間。牛峠領界、休小屋にて中食、鹿児島領にても小休。茶と菓子を出す。右駒帰領界へ鹿児島番頭格有馬良右衛門出迎、それより酒谷村へ引帰し、七ツ頃止宿。同前」とある。

五月朔日雨天　文化七年五月一日条「文恭院殿御実紀」には、「五月朔日月次の賀例のごとし。端午の御祝として日光門主使して二種一荷をまいらせらる。米良主膳參覲す」とあり、伊能忠敬『測量日記』には、「五月朔日、朝より風雨。外ノ浦逗留。午中、坂部、永井、梁田、箱田、長蔵、山の手より帰る。高鍋福島掛、中小姓格河野四郎左衛門、高鍋侯《(使)》指者に来る。我等へ鯛一折。坂部も同。下河辺、青木、永井へ小鯛一折ずつ。内弟子侍五人、竿取二人へ同前。小者五人へ鯵一折ずつ被送下。一同受納。福島上町用達福本喜兵衛来る。お肥城下より大隅街道、牛ノ峠まで手分測。（中間に四月二十八日条・廿九日条・晦日条あり、略す）五月朔日、朝七ツ半頃、酒谷村出立。お肥城下へ夜明に着。同所より雨　一里松にて中食。百姓治助。それより西弁分村、隈谷村、下方村、上方村、津屋野村、中村、脇本村、潟上村を過ぎて同村内、外ノ浦へ九ツ頃に着。本隊」とある。

二日曇天　文化七年五月二日条「文恭院殿御実紀」には、「二日吹上庭園に成らせられ。それより一橋邸に立寄らせらる。端午の御祝として三家のかたぐはじめ。萬石以上のともがら使して時服をたてまつる。大納言殿へもおなじ。寺社奉行松平和泉守。勘定奉行小笠原伊勢守。惇信院殿御法會の事奉はるべく命ぜられ。土井甲斐守おなじ警衛の事命ぜらる」とあり、伊能忠敬『測量日記』には、「同二日、同所逗留。昨夜より雨、見合。郡奉行佐土原半五郎暇乞に出る。午前より雨止み急に測量。青木、梁田、箱田、長蔵、潟上村枝外ノ浦上り場より初め、逆測。山中川、幅三十間。脇本村枝下り松を歴て晦日の測留字観音崎まで測る。一里十一町三十間三尺。坂部、下河辺、永井、平助、外ノ浦上り場より初め、ニエ波村字江川黒島遠測。周五六町。高鍋領福島海北村領界まで測。三十町五十五間五尺。両手共に八ツ後に帰宿。この夜暇乞に出る者、代官由地伝七、湯浅甚左衛門、道方太田善太、肥田伝

蔵、大脇利左衛門、金田平治、戸川鉄弥、本陣詰杉尾丈右衛門、荒木列右衛門、用達小村屋善四郎、河野屋小治郎、黒木屋孫右衛門、和泉屋久兵衛、同円蔵、高橋茂右衛門。右の内明三日領界まで送別」とある。

[第四三丁]

五月三日曇天　文化七年五月三日条「文恭院殿御実紀」には、「三日寄合永井十之助養子鉒次郎。島津式部子又吉郎はじめ。父死して家つぐもの十一人。番醫藤本立泉子立安また同じ。西城小姓青山能登守おなじ小納戸となる」とあり、伊能忠敬『測量日記』には、「同三日、夜前より大雨につき、この日測量相成りがたく、無測とて六ツ半頃潟上村内、外ノ浦出立。直ちに高鍋領福島市木村へ四ツ後に着。終日雨。高鍋領福島代官中元寺庄内、領界へ出迎、又着後止宿へ出る。福島用達並に高鍋那須屋岩吉出る。都井村大納村、御崎村兼帯庄屋日高金左衛門、市木村庄屋山口治郎左衛門、崎田村庄屋国府弁治出る。止宿市木村会所。この夜曇天。不測。深更に晴る」とある。

四日天氣能　文化七年五月四日条「文恭院殿御実紀」には、「四日虎千代のかたきのふはじめて邸宅に赴かる。よて謝して紀伊家より使まいらす」とあり、伊能忠敬『測量日記』には、「同四日、朝晴。同所逗留測。先後手六ツ後出立。後手我等、青木、永井、梁田、平助、同所止宿前より初め、同村字藤を経て海辺先手の初め(市)印に繋ぐ。即ち止宿打上なり。二十町五十五間一尺。また(市)印より初め、海辺逆測。高鍋領海北村、お肥領ニエ波村界字夫婦浜まで測、一里七町三十五間。仮屋にて中食。それより乗船して海北村持芸島、泛測十一町二十二間。凡半周余、合二里三町五十二間一尺。先手坂部、下河辺、上田、箱田、長蔵、都井村字藤ノ浜辺(市)印より初め順測。字石並、大納村の内字名谷海辺まで測、一里三十一町二十五間三尺。先手八ツ半後手七ツ前帰宿。夜曇天」とある。

五日小雨降　文化七年五月五日条「文恭院殿御実紀」には、「五日端午の御祝規のごとし」とあり、伊能忠敬『測量日記』には、「同五日、朝雨。同所逗留。午前より止、大曇また小雨。午中に永井、梁田、箱田、平助、幸島、鳥島測量に出る　市木村持幸島一周、二十二町五十一間四尺測。また鳥島凡半周四町三十間測。七ツ半に帰宿。この夜大曇天。不測。深夜雨」とある。

[第四四丁]

鬼籠仲右衛門　安永《一七七八》七年十一月の鬼籠・天満社石灯爐に、「奉立灯爐一基安永七年十一月日　施主　佐藤仲右衛門」とあり、文化六年四月吉日の厳嶋明神（浦手・赤崎社）の三社建立世話役に、「鬼籠庄屋佐藤仲右衛門」が見える。

五月六日天氣克　文化七年五月六日条　伊能忠敬『測量日記』には、「同六日、朝大曇天。六ツ後先手後手共市木村出立。後手我等、青木、永井、上田、平助、大納村字名谷より初め、字中谷、字恋ヶ浦、字鳥羽尻枝宮ノ浦を歴て御崎村、家四軒にて一村、俗に野々杵と云悪口の由。先手初に合測一里三三町四六間。先手坂部、下河辺、梁田、黒田、長蔵、御崎村の内、俗に野々杵という。人家四軒、即ち本村より初め、御崎権現、小社なり。そてつおおし、を回る。この所を岬という。また都井岬という。都井村字大迫字川尻まで測、二里六町二十八間。後手は七ツ頃先手は七ツ前都井村本郷着。止宿庄屋日高金左衛門、夕方西方村庄屋河野郡治、北方村庄屋山内岩治、本庄屋川崎金吾、南方村庄屋津曲格太出る。この夜大曇天。この夜も雨降り朝日より不天気」とある。

五月七日天氣克　文化七年五月七日条　伊能忠敬『測量日記』には、「同七日、朝大曇天。六ツ後先後手都井村出立。村下より乗船。後手我等、下河辺、青木、上田、平助、同村海辺川尻より初め、同村枝立宇津、赤水日本図に立宇津とあり。同東谷、同目黒井を歴て崎田村字永田崎まで測、二里二十九間五尺五寸。先手坂部、永井、梁田、黒田、長蔵、崎田村字永田崎より初む。字猿田人家四五軒。字永田人家二十四軒。崎田本村を通り、湊川、幅三十間。字湊人家四十軒余。南方村字千野人家十六軒。字弓田人家三十軒余。字金谷人家五十軒余。番屋下まで測、二里十六町十二間。外に南方村持地鬢垂島一周、七町四十三間。沖鬢垂島一周六町十間測。後手九ツ半、先手八ツ頃西方村の内今町へ着。浄土宗心光山常照寺。着後高鍋領福島郡奉行鈴木与兵衛、同所代官中元寺庄内、これまで付添帰る。この日同国お肥用達高橋茂右衛門お肥より暦局書状を持来る」とある。

八日昼より雨天　文化七年五月八日条「文恭院殿御実紀」には、「八日東叡山厳有院殿靈廟に御詣あり。同じき所浚明院殿靈廟には青山下野守代參す」とあり、伊能忠敬『測量日記』には、「同八日、未明恒星現る。先後手朝六ツ頃今町出立。大曇天になる。後手我等、下河辺、梁田、黒田、平助、南方村番所下より初め、西方村今町川を渡り、今町、高松村、四ツ頃より大雨、海岸大難所。同村庄太郎宅へ立寄り濡衣服を干し中食をなす。鹿児島領日向国諸県郡夏井村界字丸山まで測、二里二町九間二尺。いよいよ大雨、高鍋領福島代官後藤斗吉、並に福島用達ども高鍋より福島出役那須屋岩吉領界まで送り帰る。尤も、鹿児島領志布志村まで送り返る所、薩州領出入六ヶ敷につき、いい訳して領界にて帰る。画師安田李仙も同断。先手坂部、青木、永井、上田、長蔵、高鍋領福島高松村、鹿児島領諸県郡夏井村界、字丸山より初め、夏井村人家下まで測、三十九町四十三間。先手は九ツ後に、後手は八ツ頃に日向国諸県郡鹿児島領志布志町へ着。止宿浜田甚兵衛。家作古く小家にて悪し。領界へ野元嘉三治、岩山雲八出迎、即ち界より志布志町へ雨中小舟へ乗船。着後両人、下役村山伝右衛門淵村新蔵、坂口金平、川村伝之丞、久保与兵衛、村山六郎、合六人附廻、船頭大和田孝介、用達、当領にては用聞、塩田三十郎、白男川利三治、藤田太郎右衛門、矢野嘉右衛門出る。野元嘉三治、岩山雲八より我等坂部へ泡盛一壺、国分刻煙草二包ずつ。外下河辺、青木、永井、内弟子三人へ国分刻煙草一包ずつ。侍二人、小者五人同品二包被贈也。受納。侍二人、小者五人、二包は、即ち配分し渡す。外は残らず江戸届を頼む。志布志町年寄、肝付典四郎、同郡見廻肝付七右衛門、同浦役小川千兵衛出る。この日暮まで大雨、夜も雨」とある。

［第四五丁］

有又藤平　一月十四日条（第二丁表）には、有又藤兵衛とある。

木ノ裳　木裳《きのも》。「きのむ」ともいう。豊前国宇佐郡のうち、安心院《あじむ》盆地の北部、津房《つぶさ》川と支流深見《ふかみ》川との合流点付近に位置する村。石棺が、大平《おおひら》から出土している。古代の宇佐郡安覆《あじぶ》駅を当村南部に比定する説もある。応安八年《一三七五》六月一日の大福寺領散在田畠等坪付に「一所壱反廿代安心院内門田」とあり、この門田は、木裳の門田とみられ、兵部殿からの本物返しであった。年月日未詳の大友親治知行預状（大友家文書録）に、「宇佐郡之内、木野牟伍町」が、井大蔵丞に預け置かれている。天正十五年《一五八七》、黒田孝高領。慶長五年《一六〇〇》、細川豊前中津（のち小倉）藩領。元和八年《一六二二》には、中山手永に属していた。寛永九年《一六三二》、松平重直領。正保二年《一六四五》、幕府領。寛文五～六年《一六六五～六六》、肥後熊本藩預地。同九年、松平肥前島原藩領。寛延三年《一七五〇》、戸田肥前島原藩領。安永四年《一七七五》、松平肥前島原藩領。文化六年《一八〇九》、宇佐町の大蔵が、宇佐八幡の霊夢により、深見川近くの湧水で足の病を癒した。この話が、近郷に広まり、病気を癒しに訪れる者があとを絶たず、当村に旅館が増えた（安心院記）という。湧水は、現在、水沼宮として祀られている。氏神は、三女神社。

なんげ　南毛《なんげ》村。豊前国宇佐郡のうち、津房川左岸の山間部に位置する村。建武二年《一三三五》、北光寺を創建という。天正十年《一五八二》、安心院氏滅亡の時、安心院千代松丸を当村薬師堂に隠したという。天正十五年《一五八七》、黒田孝高領。慶長五年《一六〇〇》、細川豊前中津（のち小倉）藩領。寛永九年《一六三二》、松平重直領。正保二年《一六四五》、幕府領。寛文五～六年《一六六五～六六》、熊本藩預地。同九年、松平肥前島原藩領。寛延三年《一七五〇》、戸田肥前島原藩領。安永四年《一七七五》、松平肥前島原藩領。

九日雨天　文化七年五月九日条「文恭院殿御実紀」には、「九日高家宮原彈正大弼京よりかへり謁す。西城裏門番之頭小川七郎左衛門病免して寄合となる」とあり、伊能忠敬『測量日記』には、「同九日、雨。逗留。終日終夜降る。野元嘉三治、岩山雲八見舞に出、此より日々出勤。見回に出る故、以下日々は不記」とある。

十日雨天大水出申候而赤根ニ而川留　文化七年五月十日条「文恭院殿御実紀」には、「十日東叡山常憲院殿靈廟に松平伊豆守代參す。信濃衆。美濃衆。及び米良主膳ともに暇下さる」とあり、伊能忠敬『測量日記』には、「同十日、雨大雨。逗留。午後まで降る。それより曇天、又小雨、夜も同じ」とある。

十一日天氣快晴　文化七年五月十一日条「文恭院殿御実紀」には、「十一日西城小姓押田丹後守おなじ新番頭格奥勤となり。祿五百石を加へらる」とあり、伊能忠敬『測量日記』には、「同十一日、朝曇天。同所逗留測。六ツ半頃出立。手分、坂部、青木、永井、上田、平助、夏井村人家下より初め、人改番所、志布志村、志布子川幅二十四間。安楽村、安楽川幅三十二間、まで測る。一里二十三町三十二間一尺。下河辺、梁田、黒田、長蔵、志布志村持枇榔島一周を測る。二十二町三間。人家なし。枇榔御前の社あり。島測、九ツ後海辺測る。九ツ半後に帰宿。終日大曇度々雨。我等は残て山島方位を写す。※一里二十三町三十二間一尺。内夏井村より志布子泊下まで三十五町三十二間一尺。志布志より安楽川向まで二十四町。※印は欄外のもの」とある。

十二日同断　文化七年五月十二日条「文恭院殿御実紀」には、「十二日増上寺惇信院殿靈廟に牧野備前守代參す」とあり、伊能忠敬『測量日記』には、「同十二日、朝より雨、同所逗留。午後まで降る。夜も同じ。我等時行に当り病気」とある。

十三日曇天　文化七年五月十三日条「文恭院殿御実紀」には、「十三日白木書院に出たまひて。寄合。諸番士。謁見以上諸役人。小普請のともがら武技御覽あり。よて寄合のともがらは御酒。吸ものを下され。その他はおの〳〵布帛二反を下さる。水戸家々司中山備中守めして。鶴千代のかた初見の事をつたへらる」とあり、伊能忠敬『測量日記』には、「同十三日、朝大曇、小雨。朝六ツ半頃先後手志布志出立。後手下河辺、青木、梁田、平助、安楽村より初め、野井倉村字菱田、菱田川幅四十八間。益丸村、横瀬村、上瀬川まで測る。一里二十九町八間五尺。先手坂部、永井、上田、黒田、長蔵、上瀬川より初め、横瀬村枝大崎村あり。大隅国肝属郡柏原村の上使街道海辺追分まで測る。一里二十三町五十四間。此の日両手共海浜白砂測量中大雨、着後も雨。我等は志布志町より乗船。直に波見浦へ着。先後手共九ツ後に着。高山波見浦、止宿重新吉。家作大に宜し。大隅国の第一廻船所持のよし。高山年寄安庭休治郎、同所組頭日高休左衛門、同所郡見廻守屋正兵衛、同所浦役児玉治郎兵衛、麻上下にて出る。右高山は郷名にて辺田村、波見村、波見浦あり。塚崎村、新留村、此の村内字本城、肝属清長の古城跡あり。和泉田村、今は前田村、宮下村、富山村、鶯村、今は後田村、合八ヶ村に成る。野元より来る書付に此の村なし。七ヶ村、柏原村も串良郷にて岩広村、有里村、細山田村、岡崎村、中別府村、上原村、小原村、合八ヶ村組合なるよし」とある。

〔第四六丁〕

村高　太閤検地以後の一村の公定生産高。検地により定められた地目別の石盛に地積を乗じ、それを全部集計したもので、近世村落の大きさを示す一指標となり、年貢・諸役は村高に応じて賦課するのが原則であった。検地により決定されたので、江戸時代後期の生産力発展に適合しなくなった。

五月十四日天氣よし　文化七年五月十四日条「文恭院殿御実紀」には、「十四日増上寺文昭院殿靈廟に青山下野守代參す」とあり、伊能忠敬『測量日記』には、「同十四日、朝より雨。同所逗留。鹿児島より四月三日認暦局用状相届く。四ツ前雨止。四ツ半頃先後手出立。後手我等、下河辺、永井、上田、平助、柏原村街道海辺追分より初め、高隈川幅三十間。中心柏原村波見村界、波見浦字磯崎、辺田村字柳井谷家三軒。字一松にて先手と合測、二十七町五十一間。外に高隈川端より止宿打上一町二十一間。先手坂部、青木、梁田、箱田、長蔵、辺田村字西泊人家なし、より初め、辺田本村を通り字一ツ松にて後手と合測。三十三町三十三間。両手共九ツ頃に帰宿。※二十四里十二町二十六間」とある。

〔第四七丁〕

御検使御役人　五月十五日条（第四八丁裏）に、「七ツ過之頃宮川惶蔵様御着被遊候而八右衛門死骸御見分」とある。

智嘉右衛門弟利惣治と申毛のヲ蹴殺　下文五月十五日条（第四八丁裏）に、「八右衛門死骸御見分」とある。

〔第四八丁〕

五月十五日天氣能　文化七年五月十五日条「文恭院殿御実紀」には、「十五日月次の賀例の如し。水戸の鶴千代のかた馬一〔一據ト補〕匹。巻物。白銀まいらせて。はじめてまみえたてまつる。宰相〔治紀〕にも謝して御對面あり。御手づから熨斗蚫をおくらせらる。また水戸家々司白井忠左衛門めして。鶴千代のかた首服の事つたへらる。朽木土佐守はじめ參観のもの二人。本多下總守はじめ就封のいとまたまはるもの二人」とあり、伊能忠敬『測量日記』には、「同十五日、朝小晴、直に曇、又小雨。先後手六ツ頃波見浦出立。乗船。後手我等、青木、永井、梁田、平助、辺田村字西泊より初め、順測。字飯ヶ谷、小串村字海賊、字高崎まで測る。二十八町二十二間。大雨に成り止て帰る。先手坂部、下河辺、上田、箱田、長蔵、小串村字丸屋崎より初め、逆測。同村の内、字なし、まで測る。大雨に付引取る。十六町三十四間二尺。両手共九ツ頃南浦村の内、内ノ浦浦町着。止宿浦人鉄蔵。着後も大雨、野元嘉三治、岩山雲八出る。日々出勤、前後共略す。小串村、南浦村、本郷なり。岸良村年寄坂本六右衛門、玉置元正院修験なり。同所浦役吉松孫八、郡見回吉井善兵衛出る。名札を記す」とある。

新涯氏　新涯栄蔵。

栄蔵様　新涯栄蔵。

死骸　五月十四日条（第四七丁裏）に、「同村政吉弟八五郎と申毛の智嘉右衛門弟利惣治と申毛のヲ蹴殺候由ニ而」とある。

三代吉　下文（第四九丁挿入紙）に、「八右衛門死骸之躰相書致差出候様被仰付候ニ付三代吉へ尋書上申候」とある。

［第四九丁］

五月十六日雨天　文化七年五月十六日条　伊能忠敬『測量日記』には、「同十六日、朝より雨、見合、四ツ後止む。同所逗留測る。先後手九ツ頃出立。我等、青木、永井、梁田、長蔵病気、代藤吉、清七、小串村高崎より初め、字丸屋崎まで測る。二十二町三間五寸。先手坂部、下河辺、上田、箱田、平助、小串村、昨十五日測留。字なしより初め、小串村、南浦村枝内ノ浦浦町人家下まで測る。一里八町二十九間。後手は七ツ半頃、先手は六ツ前に帰宿。午後小雨、夜は大曇天」とある。

十七日折〳〵雨降　文化七年五月十七日条「文恭院殿御実紀」には、「十七日紅葉山御宮に牧野備前守代參す。小普請より大番に入るもの十一人」とあり、伊能忠敬『測量日記』には、「同十七日、朝より雨、四ツ頃止。同所逗留。四ツ後より測量。後手我等、青木、永井、梁田、藤吉、清七、内ノ浦浦町浜より初め、南浦町、字白木家三軒。先にて先手と会測、三十四町三十五間四尺。後手坂部、下河辺、上田、箱田、平助、南浦村の内字日崎より初め、逆測。字白木前にて後手と会測、二十町一間。両手七ツ頃に帰宿。測量中度々の雨、先手大難所、後手も難所」とある。

参宮祝儀　宮は宇佐神宮。

五月十八日天氣克　文化七年五月十八日条　伊能忠敬『測量日記』には、「同十八日、朝より雨、五ツ頃止。逗留。それより度々雨、午中雨中に太陽を測る。その後も小晴又雨、夜も同じ。雨中に恒星を測る」とある。

［第五〇丁］

羽権九郎　→三月廿六日条（第二八丁表）参照。

五月十九日天氣能雨天晴れ也　文化七年五月十九日条「文恭院殿御実紀」には、「十九日宿老安藤〔信成〕對馬守病によて職とかん事請ひ申す。今〔心ト〕永く保生いたすべしと奏者番朽木土佐守めしてつたへらる。三浦和泉守添て出る。使番荒川常次郎火災巡視の事兼ね命ぜらる」とあり、伊能忠敬『測量日記』には、「同十九日、朝雨、四ツ頃より止。それより曇天。時々小晴、太陽を見、逗留にて太陽午正を測る。午後も時々雨、夜大曇天」とある。

廿日同断　文化七年五月廿日条「文恭院殿御実紀」には、「二十日東叡山大猷院殿。有徳院殿靈廟に松平伊豆守代參す。この日卯の刻ばかりにおらく〔家慶生母〕の方うせられぬ。よて大納言〔家慶〕殿には定めの如く御喪居あり。寺社奉行大久保安藝守。留守居石河若狭守。小普請奉行小笠原大隅守。目付水野中務。榊原隼之助同じ葬埋法會の事奉はるべく命ぜらる。此おらくの方は。押田藤次郎敏勝が女。〔以下数行空白〕」（六月廿三日条（第六二丁）参照）とあり、伊能忠敬『測量日記』には、「同二十日、朝雨。五ツ半頃雨止。内ノ浦浦町出立。乗船し日崎へ着。此の夜晴天測量」とある。

廿一日天氣能　文化七年五月廿一日条「文恭院殿御実紀」には、「廿一日おらくのかたの事によて三家のかた〴〵使し。溜詰。高家。鴈間詰。諸番頭。諸物頭。布衣以上まうのぼり御けしきうかゞふ」とあり、伊能忠敬『測量日記』には、「同二十一日、朝晴天。五ツ頃下河辺、青木、梁田、平助一手測る。同浦測所より初め、同川通十一町七間四尺。測る。波見村持中島一周九町十四間。又柏原村十三日街道海辺印杭より初め、上使街道、即大隅横切測。永見川幅十八間。中別府村字笹塚まで測る。三十町五十七間。九ツ頃に帰宿。此の日九ツ頃過より小雨七ツ頃より大雨、夜も同じ。此夜暦局行用状一封鹿児島へ送遣す」とある。

廿二日同断　文化七年五月廿二日条「文恭院殿御実紀」には、「廿二日群臣西城に總出仕して。大納言殿御けしきうかゞふ」とあり、伊能忠敬『測量日記』には、「同二十二日、朝晴、先後手六ツ半頃波見浦出立。後手我等、下河辺、青木、箱田、平助、中別府村字笹塚より初め、岡崎村枝池ノ原、上使街道へ出、高隈川、渡幅十五間。有里村、小原村、柏原村より是迄串良郷の内、字馬見塚迄測る。一里二十七町四十一間二尺。先手坂部、永井、梁田、上田、長蔵、小原村字馬見塚より初め、上原村、富山村、二ヶ村串良内、鹿屋郷中ノ村字笠野原、先手昼休壺屋金丹、此所は朝鮮人の末にて男女共ことごとく有髪。鹿屋中村野町迄測る。一里三十五町十八間。両手共九ツ後に着。止宿町人木下屋長吉、中ノ村年寄石躍甚右衛門、同郡見廻川田彦右衛門、途中迄串良年寄木脇源太郎、中ノ村五郎右衛門、郡見回竹下休蔵、浦役愛甲八百治出る。此夜曇天。不測。此日も七ツ頃より小雨あり」とある。

廿三日雨天　文化七年五月廿三日条「文恭院殿御実紀」には、「廿三日宿老安藤對馬守〔信成〕が病を問はせられて。土屋伊賀守使して味噌漬鯛魚を贈らせらる。此日おらくの方法謚香琳院たるのむね傳へらる」とあり、伊能忠敬『測量日記』には、「同二十三日、朝晴。先手六ツ前、後手六ツ後中ノ村野町出立。後手我等、青木、梁田、上田、平助、同所より初め、中ノ村字西原、人家二軒。横山村界迄測る。一里十七町五十二間。先手坂部、下河辺、永井、箱田、長蔵、横山村境より初め、字早間崎、字田淵、大姶良村迄測る。それより肝属郡大姶良村、大隅郡大根占村境、字横尾峠迄測る。一里二十町四十六間。後手は四ツ後、先手は四ツ半頃大姶良村着。止宿会所、大姶良村は六ヶ村組合。即横山村、大姶良村、小浜村、浜田村、南村、西股村、小浜浜田は海付、外四ヶ村は岡、大姶良年寄川上直治、小山勘右衛門、池田千蔵、郡見廻竹内仲五左衛門、此夜曇天。不測。※一里二十町四十六間。内横山村早間崎より大姶良迄二十二町二十六間。大姶良より郡界迄三十四町二十間」とある。

廿四日天氣克但曇天　文化七年五月廿四日条「文恭院殿御実紀」には、「廿四日増上寺台徳院殿靈廟に牧野備前守代參す。〔レト〕東叡山孝恭院殿靈廟に少老堀田攝津守代參す。安部攝津守は香琳院のかた葬埋法會警衛の事命ぜらる。日光門主御歸寺により。高家織田主計頭御使して慰勞せらる。此日從四位下侍從安藤對馬守〔信成〕卒す」（六月廿三日条〔第六二丁〕参照）とあり、伊能忠敬『測量日記』には、「同二十四日、朝大曇天。先手六ツ前、後手六ツ頃大姶良村出立。後手我等、青木、永井、梁田、長蔵、神ノ川村横尾峠より初、神ノ川村人家を通り海辺先手の初めに会測。測初め小雨直に止。即波見浦柏原村より上使街道横切の終、一里十一町三十間四尺。又横切終。先手の初めより神ノ川村枝皆ノ倉迄海辺順測、九町二間。この後の測に印を残す。先手坂部、下河辺、上田、箱田、平助、大隅郡神ノ川村人家前より初め、神ノ川幅三十間。字鳥浜、仮屋之村字塩屋、大根占村字山ノ口、同村内字なしにて測留、一里二十二町四十三間。止宿打上、一町三十三間。先手は九ツ前、後手は九ツ後大根占村着。三ヶ村組合、大根占村、仮屋之村、神ノ川村なり。大根占は郷名にもなる。大根占郷三ヶ村也。止宿百姓藤治郎、伊太郎。此日九ツ頃よりも雨、後手は道中大雨に逢う。夜も雨。神ノ川村仮屋ノ村大根占村年寄湯田利右衛門、同百枝源太左衛門、同郡見回川辺彦太郎、同浦役湯田主左衛門、付添並に見舞に出る」とある。

〔第五一丁〕

福鹿筆　未詳。参考に、奈良の名産に「鹿の巻筆」（鹿の毛で作った巻筆）がある。

五月廿五日曇天　文化七年五月廿五日条「文恭院殿御実紀」には、「廿五日安藤對馬守が事によて。鴈菊詰衆。諸番頭。諸物頭。諸職人まうのぼり御けしきうかゞふ。對馬守子長門守のもとに。少老植村駿河守御使して香銀三十枚を贈らせらる」とあり、伊能忠敬『測量日記』には、「同二十五日、朝大曇天。先手六ツ前、後手六ツ頃大根占村出立。後手我等、下河辺、青木、梁田、長蔵、大根占村の内字なしより初め、字慶賀人家七八軒。小根占村、汐入川幅三十間。山本村、小根占村組合、先手初め迄測る。此日海岸大難所、波荒きに付海際山を測る。一里九町五十七間五尺。先手坂部、永井、上田、箱田、平助、大隅郡山本村字小口、人家なし。より初め、字大浜、枝辺田、所々散家、字立神、字小河原迄測る。一里十二町三十三間。後手九ツ頃、先手九ツ後山本村着。測量の中頃より小雨、止宿百姓武右衛門。庄左衛門。夜も曇又小雨。小根占村、山本村年寄中村要右衛門、有富四郎右衛門、同郡見回原口運右衛門、同浦役前谷喜右衛門案内。此上は山越大難所に付、当所へ長持、明荷、その外荷物残し置く」とある。

廿六日天氣能　文化七年五月廿六日　伊能忠敬『測量日記』には、「同二十六日、朝より雨。同所逗留。四ツ前雨止、又八ツ半頃より雨、夜は大雨」とある。

廿七日雨天　文化七年五月廿七日条　伊能忠敬『測量日記』には、「同二十七日、朝小雨、五ツ後に止。先後手五ツ半頃山本村出立。山本村出立。後手我等、青木、永井、上田、長蔵、山本村枝辺田、家数二百二軒。小字小河原より初め、同字大河迄測る。一里三町三十三間三尺。先手坂部、下河辺、梁田、箱田、平助、山本村枝辺田小字大川より初め、汀野迫村、伊座敷村組合、伊座敷村人家下迄測る。一里十三町三十八間。後手八ツ頃、先手八ツ後に伊座敷村へ着。止宿百姓権太郎、幸助。此日測量中度々大雨、着後も曇天微雨。汀野迫村、伊座敷村年寄川部平太左衛門、同郡見回川口半治案内、並止宿へ出る。夜も大曇天。此日鹿児島より暦局用状届く。又暦局行き書状鹿児島へ出す」とある。

廿八日　文化七年五月廿八日条　伊能忠敬『測量日記』には、「同二十八日、朝小雨。同所逗留。五ツ後止、一手測。坂部、青木、永井、梁田、平助、長蔵、同所人家下より初め、同村字入加町人家、同村小字塩屋谷迄測る。一里二十七町五十四間三尺。海岸難所押て測る。八ツ半頃に帰宿。それより次第に晴て、夜は晴天測量」とある。

廿九日　文化七年五月廿九日条「文恭院殿御実紀」には、「廿九日大納言殿制中御けしきうかゞひとして。群臣西城に總出仕す」とあり、伊能忠敬『測量日記』には、「同二十九日、朝曇天。先後手共六ツ後伊座敷村出立。後手我等、青木、永井、箱田、平助、同村字塩屋谷より初め、枝島泊浦、人家十五軒。外に島泊村あり。人家五軒。枝に佐多村あり。人家九軒。海岸にあらず。それより山崎村枝尾波瀬、人家十一軒。人家下先手迄測る。一里七町三十八間。外三子崎片打一町十八間。又同所より辺津加村枝大泊浦、人家三十三軒。へ山道横切二十四町十一間。大泊浦海辺へ出、残印して止宿下測量所迄一町十三間。測る。海辺測一里十町九間。横切測二十四町十一間。先手坂部、下河辺、梁田、上田、長蔵、山崎村枝尾波瀬浦人家下より初め、即大泊浦へ横切印を残す。岬此辺一同に佐多岬という、前迄測る。一里十町三十一間四尺。又岬前、残㊐印、より辺津加村枝大泊浦の内字田尻、人家七軒。迄山越横切六町九間、両手共八ツ後大泊浦へ着。止宿伊八、清太郎。此日午後より白曇。※一里十町三十一間四尺。内尾波瀬より田尻越迄一里二町一間四尺。田尻越より三崎迄八町三十間」とある。

晦日雨天　文化七年五月卅日条「文恭院殿御実紀」には、「晦日増上寺有章院殿靈廟に松平伊豆守代參す。この日午下〔上卜〕刻香琳院殿出棺ありて。東叡山に送らせらる」とあり、伊能忠敬『測量日記』には、「同晦日、朝雨、五ツ半後止。同所逗留。一手測、坂部、永井、梁田、箱田、平助、辺津加村大泊浦字田尻より初め、山崎村佐多岬を回り三崎大権現下迄測る。二十一町二十八間。山崎村持、批榔島大輪島、各周四町ばかり。又権現下よりホノオ崎迄打上る。四町二十二軒一尺。八ツ頃に帰宿。此日五ツ半後より天気にて白曇。夜は中晴にて測量。それより曇る」とある。

六月朔日曇天　文化七年六月一日条「文恭院殿御実紀」には、「六月朔日月次の賀例のごとし。松平阿波守。松平肥前守。松平左兵衞督封地到着を謝して。使してものたてまつる。使番神尾五郎三郎先手頭となり。寄合西尾若狭守西城裏門番之頭となる」とあり、伊能忠敬『測量日記』には、「六月朔日、朝小雨、六ツ後止。同所逗留測る。五ツ頃我等、下河辺、青木、上田、長蔵、一手測る。同所浜より初め、中途迄測る。大雨降る帰宿。九ツ頃迄続て大雨、夜は曇又雨」とある。

日田御元〆様　下文（第五二丁表）に、「（文化七年五月）廿六日御元〆本間様御入陣御座候」とある。

［第五三丁］

中村柳右衛門　二月八日条（第一四丁表付箋）に「中岐部柳右衛門様」とあり、同五月十七日条（第四九丁挿入紙裏）には「手前中村柳右衛門ハ松來藤左衛門方へ雨天ニ付立寄止宿致し候」とある。天保六年三月、中岐部村庄屋は「仲柳右衛門」であった（菅池旧記記念碑）。

二日雨天　文化七年六月二日条「文恭院殿御実紀」には、「二日香琳院殿御法會初日なり。よて三家の方々使して御けしきうかがはる。和泉國伯太領主渡邊大學頭春綱卒す。嗣子なし。請ふまゝに其弟式部則綱を養子とし。遺領一萬三千五百廿石餘を繼がしむ。此春綱は。［以下数行空白］」とあり、伊能忠敬『測量日記』には、「同二日、朝小雨、六ツ後止。同所逗留測る。六ツ半後両手共出立。我等、下河辺、青木、上田、長蔵、昨日大泊浦中途測留より初め、大泊浦字田尻迄測る。朔日、二日測合、一里十町三十二間一尺五寸。九ツ頃帰宿。それより雨、坂部、永井、梁田、箱田、平助、大泊浦測量所より初め、山崎村飛地字外之浦、人家十二軒。それより坂本村字間泊、人家七軒。字竹之浦、人家十八軒。小字古里越迄測る。一里二十九町三十九間。九ツ半後に帰宿。九ツ頃より大雨、八ツ半頃小止て小雨、夜は大雨。※合一里三十町五十一間」とある。

三日天氣克　文化七年六月三日条　伊能忠敬『測量日記』には、「同三日、朝曇。六ツ半頃両手共大泊浦出立。後手我等、青木、梁田、上田、平助、坂本村字古里越より初め、郡村字浜尻、人家二十一軒、歴て小字大瀬崎にて先手と会測。一里十四町二十四間。先手坂部、下河辺、永井、箱田、長蔵、郡村小字大崩灘より逆測。浜尻の大瀬崎にて後手へ合測、三十三町四間五尺。両手共八ツ頃郡村着。止宿正兵衛、新八。暮六ツ後より晴て測量。それより又曇天。※一里十四町二十四間。内古里より郡村測所へ三十二町三十三間。郡村より大瀬崎迄十七町五十一間」とある。

［第五四丁］

八五郎　五月十四日条（第四七丁裏）に、「同（鬼籠）村政吉弟八五郎と申毛の智嘉右衛門弟利惣治と申毛のヲ蹴殺候由」とあり、第四九丁表第二行目「覚」の前に位置すると思われる別紙挿入紙に、「今（五月十五日）夕御調有之八五郎手錠被仰付候始末略之」とある。

政吉　→前項「八五郎」参照。

長之助　鬼籠村長之助。四月六日条（第二九丁裏）の同四月五日鬼籠村・下岐部村庄屋与頭宛四日市御役所差紙に「鬼籠村長之助」とあり、同四月九日条には「キコ長之助」とあり、同四月十七日条には「キコ村長之助」とある。

三代吉　五月十五日条（第四八丁裏）に、「死骸人相書差出候様被仰付三代吉なとへ相尋人相書差出し候處……」とある。なお、第四九丁表第二行目「覚」の前に位置すると思われる別紙挿入紙にも、「八右衛門死骸之躰相書致差出候様被仰付候ニ付三代吉へ尋書上申候」とある。

此右衛門　五月廿四日条（第五一丁表）に、「今日（五月廿五日）新涯拙者（下岐部億太郎）御召出木子ょり此右衛門同人母柳蔵長之助三代吉五人御召出之由ニ御座候」とある。

同人母治　→前項、「此右衛門」参照。

喜右衛門　三月三日条（第二二丁裏）に、「喜右衛門殿」とあるが、この六月三日条に見える喜右衛門と同一人か否かは未詳。

午六月四日七つ時分より雨天　文化七年六月四日条　伊能忠敬『測量日記』には、「同四日、未明より大雨。同所逗留。終日終夜降る。即ち大雨」とある。

五日曇天　文化七年六月五日条　伊能忠敬『測量日記』には、「同五日、朝大曇天、時々雨、波荒高というによって逗留。八ツ半より雨は止、夜は曇天又小雨」とある。

大網理左衛門　下岐部村肝煎。二月十六日条（第一八丁裏）に、「今夜肝煎理左衛門方へ被招参り申候」とある。ちなみに、江戸時代の下岐部の大網について未詳ではあるが、近代の国見地方の大網について、『国見町史』には、

「大網は組合で運営しており、夏期大潮時に沖合遠く網を入れ、人力で砂浜に引き寄せて取る漁法で、取る魚はスズキが主で、一・五キログラムぐらいを一本といって、目方をかけず、待ちかまえている生魚運搬船に積み込んだのである。大漁の時には九五〇本も取れたこともあり、雑魚は網の曳子に分配していた。運搬船はそのまま下関に直行、唐戸《からと》魚市場で『せり』によって販売していた。この大網は昭和二十七年ごろまで、竹田津、古江、岐部、熊毛などの各浦で操業し、年四、五回続けていたが、順次漁獲が少なくなり、採算がとれず中止となった」とある。

下津井長次郎　下津井長次郎については未詳。下津井は備前国児島郡下津井(岡山県倉敷市児島にある地区。現在の下津井中学校区にあたる)。江戸時代末期から下津井と呼ばれるようになった。地名の由来は、「吉備児島の下の津」で、かつての中心であった郷内地区から最も下に位置する港の意という。

六日雨天大水也　文化七年六月六日条「文恭院殿御実紀」には、「六日香琳院殿御法會中日により。少老井伊兵部少輔御使して日光門主に檜重をおくらせられ。奉行。警衛のともがらに御詞をつたへらる」とあり、伊能忠敬『測量日記』には、「同六日、朝曇天、六ツ半頃郡村出立。後手我等、青木、上田、箱田、平助、郡村字大崩灘より初め、此日波浪荒、船測難成、辺塚村字戸崎迄測る。二十五町九間。先手坂部、下河辺、永井、梁田、長蔵、辺塚村字崎山より初め、海辺波浪荒に付、より山へ引上る。二町三間、山へ引上より辺塚村測所迄測る。二十二町三十四間。此日両手順逆会測の所、波荒に付残して引取九ツ頃に着。無程雨、止宿辺津加村、伝兵衛、吉之十、此夜曇る。時々小雨あり。雲間に測量。深夜雨」とある。

七日同断　文化七年六月七日条「文恭院殿御実紀」には、「七日牧野備前守。寺社奉行松平和泉守。勘定奉行小笠原伊勢守は増上寺惇信院殿御法會のうちかしこに赴くによて。おのく御座所にして見えたてまつる。大番與頭小田切主計老免して小普請に入り褒金を賜ふ」とあり、伊能忠敬『測量日記』には、「同七日、未明雨、六ツ後止て曇天。先手坂部、下河辺、永井、箱田、長蔵、六ツ半頃、辺津加村出立。乗船。辺津加村字田辺海岸より初め、海岸波石泊より初める所、波荒、船測難成、山道田辺へ打上る。二町四十九間。大隅郡肝属郡境字中河原、人家なし。岸良村枝大浦、㊅印迄測る。一里二十七町十間。外に㊅印より海岸㊎印迄二町五十六間、測る。大浦止宿。我等、青木、梁田、上田、平助、辺津加村に残て波の静まるを待、度々小雨あり。同所逗留。夜は大曇、又小雨」とある。

〔第五五丁〕

八日天気快晴　文化七年六月八日条「文恭院殿御実紀」には、「八日東叡山浚明院殿靈廟に土井大炊頭代參し。またけふ同じき所香琳院殿百〔ママ〕か日にいたりて法會濟ませられしかば。大炊頭靈牌所墳墓に代參す。大納言殿御使をも兼ねたり。同じき〔ト无〕事によて大炊頭御使して。施物として白銀二百枚を日光門主に贈らせらる。増上寺惇信院殿五十回周〔周據ト補〕忌法會初日により。青山下野守代參す。同じ事によて三家の方々使し。高家。詰衆。奏者番まうのぼり御けしきうかゞふ」とあり、伊能忠敬『測量日記』には、「同八日、朝より晴天。風波。同所逗留測る。五ツ前我等、青木、梁田、上田、平助、辺津加村測所より初め、逆測。同村字戸崎手前迄測る。十五町二十七間。又六日測留戸崎向より順測、二町五十一間。戸崎岬波浪荒に付測量手間取、前後より町間、又遠測術という、術にて測る。戸崎岬より南十一町二十七間、北四十二間。それより辺津加村字崎山より初め、同村字打詰、人家あり。を過ぎ、字田辺先手初めに繋測る。一里二町二十一間三尺。七ツ半後に帰宿。夜晴天測量、先手同前。岸良村大浦㊎印初め、字鯨背迄測る。七町三十間。先手は即ち大浦再宿」とある。

九日晴天　文化七年六月九日条「文恭院殿御実紀」には、「九日東叡山淨圓院殿靈牌所に土井大炊頭代參す。増上寺惇信院殿御法會中日により。少老植村駿河守して。方丈および總督はじめ諸職人に御詞をかけられ。また島彌左衛門して方丈に檜重をおくらせらる。同じ事によて三家のかたぐ使して御けしきうかゞはる。香琳院殿御法會の事つとめし寺社奉行大久保安藝守。留主居石河若狹守。警衛せし安部攝津守見えたてまつる」とあり、伊能忠敬『測量日記』には、「同九日、朝少間晴て直に曇る。六ツ前我等、青木、梁田、平助、大隅郡辺津加村より乗船。六ツ半後肝属郡岸良村枝大浦より初め、松ヶ崎観音崎先手初め迄測る。三十一町三十七間。先手の測多残に付、辺津加下浜より初め、逆測して先手へ会測、十町三十間。後手は八ツ前に辺津加村へ着す。先手同前。岸良村松ヶ崎より初め、同村枝辺塚村前迄測る。後手の助合へ会測、二十五町三十二間、岸良村止宿に成る。後手辺塚村止宿勘左衛門。甚だ小家、漸く泊す。着後大曇天、雷鳴小雨。不測」とある。

四日市仲次御両人　六月朔日条（第五二丁裏）に、「仲次久右衛門殿四日一市郎右衛門殿」とある。なお、『国見町史』所収「国見町戦没者名簿」大字小熊毛の項に、昭和二十年三月二十四日死没の陸軍軍曹・仲次正行が見える。

［第五六丁］

六月十日天氣能　文化七年六月十日条「文恭院殿御実紀」には、「十日増上寺惇信院殿御法會結願により靈廟に青山下野守代参す。同じことによて三家の方々使して。〔下无〕高家。詰衆。奏者番まうのぼり御けしきうかゞふ」とあり、伊能忠敬『測量日記』には、「同十日、朝曇天、小雨。後手我等、青木、梁田、上田、平助、岸良村枝辺塚村海辺より初め、同字船間、人家五軒。小船小掛、此所にて中食。同字舟木、家一軒。先手へ合測、一里二十七町二十四間。先手坂部、下河辺、永井、箱田、長蔵、岸良村止宿より初め、海辺字東迄横切打上十一町五尺七寸。(東)印を残す。順測。窪田川向迄測る。十二町九間。又東印より逆測。砂浜限に(間)印を残し、字テイガ瀬へ海辺五町二十五間測る。海際山測ゆえ此分不用。それより海辺際山測。字船木にて後手と会測、三十町十一間三尺。共に七ツ頃岸良村へ着。止宿伊右衛門、徳右衛門。先手は再宿。此夜晴天測量」とある。

十一日同断　文化七年六月十一日条「文恭院殿御実紀」には、「十一日惇信院殿御法會により。日光門主。歓喜心院宮使して御けしきうかゞはる」とあり、伊能忠敬『測量日記』には、「同十一日、朝晴曇。先後手六ツ後岸良村出立。後手我等、青木、梁田、箱田、長蔵、岸良村窪田川向より初め、字川口、字宮原を歴て、岸良村、南浦村境迄測る。一里十八町十九間。それより字永坪、海辺人家あり。行、乗船して八ツ頃内ノ浦浦町へ着。先手坂部、下河辺、永井、上田、平助、岸良村、南浦村界より字宮原という。南浦村枝永坪迄横切を測る。それより海岸添の山の中腹を測る。南浦村字日崎、先月十七日残印へ繋ぐ。二里十町三十九間、七ツ半頃に内浦浦町へ着。止宿同前。此夜晴天測量」とある。

［第五八丁］

六月十一日天氣克　→文化七年六月十一日条　伊能忠敬『測量日記』参照。

十二日今日少ゝ雨降　文化七年六月十二日条「文恭院殿御実紀」には、「十二日増上寺惇信院殿靈廟に御詣あり」とあり、伊能忠敬『測量日記』には、「同十二日、朝晴曇。六ツ後一同乗船。順風にて五ツ半頃柏原村着。凡四里。それより先達て測量の陸路を直に鹿ノ屋町へ八ツ頃に着。止宿は同前。諸荷物測器迄柏原人足差支、漸八ツ半後に着。此日度々雨、夜は曇晴、雲間に測量。此日内浦より鹿屋迄八里にて止宿」とある。

十三日曇天　文化七年六月十三日条「文恭院殿御実紀」には、「十三日惇信院殿御法會濟ませられしによりて。三家のかた〴〵はじめ群臣總出仕あり。増上寺方丈には同じ事によて。施行かつ御法會のうち御たづね。僧中への施物ありしを謝してまうのぼる。同じ總督牧野備前守御座所にてまみえたてまつり時服を賜ふ」とあり、伊能忠敬『測量日記』には、「同十三日、朝曇晴。六ツ後一同鹿ノ屋町出立。神ノ川村枝皆蔵にて中食。それより乗船して九ツ後に大根占村へ着。止宿二軒同前。此日も着前微雨。此夜曇晴雲間に測量」とあり、同日条『惣町大帳』には、「十三日　一、土三郎殿ヲ以、御書付参ル　大納言様之御実母様於羅具之御方、先月廿日御死去ニ付今日ゟ鳴物十日停止之、諸事穏便ニ可仕候、但普請ハ五日可相止候、此段為申知候、已上　右之通被　仰出候間、早々御支配方へ可被相触候、已上　六月十二日　同役中　同格へも触ル　支配へ触ル　右穏便十三日七ツ時ニ被　仰出候ニ付例之通、車踊足揃致懸候町者御触出次第止ル　一、例之通、今日月番小屋掛ケ候処、御穏便ニ付先達而月番小屋番人夫弐人宛申付置候処、右役夫者罷出候ニ不及、別段ニ今晩ゟ壱人宛御穏便中差出候様、御支配方へ可被　仰付候、已上　同役中ニ触ル　右番夫、十三日夜ゟ新博多町ゟ町々順ニ指出シ候様、前以申付候、夫ハ祇園会中ニ指出ス　一、今日、月番小屋懸、野桟鋪道具等運ひ仕舞候処、七ツ時右御穏便被　仰出候ニ付翌日諸道具ハ無紛堂ニ預ケ候

一、又蔵殿ゟ御伝言被仰渡候、先月願出候同役芝居出役之高栈鋪之義、先右様ニハ不被　仰付候、場所ハ小頭衆之栈鋪隣ニ目立不申様懸させ候様被　仰渡候、懸様之義ハ小頭衆江被　仰渡候段被　仰渡候、当年ハ右祇園延引故、十六日ニ小頭軍八殿・和左衛門殿、同役又蔵殿・九左衛門殿・清兵衛殿・手前同道ニ而芝居場所江罷越、受方宇兵衛・徳右衛門ヲ呼出、小頭衆ゟ指図ニ而高栈鋪隣ニ地形ヲ少々上ケころばし、根太ヲ置、上ニ板ヲ並へ畳ヲ敷、前と横ヲ囲候様差図在之候処、十七日之夜、軍八殿被見へ此間被　仰付候栈鋪之義ニ付目付方ゟ御目附衆へ相達候趣ニ而先当年ハ見合候様被　仰付候、栈鋪並へ立番衆腰懸在之、少々ハ夫ニも指問候由故、当年者是迄之処江致候、尤無用之者共入込セ不申様、小頭衆ゟも被申渡、猶又拙者共ゟも申渡候、囲等当年者丈夫ニ申付、夜分無用之者共入込候事も在之節、受方之者呼付、追除させ候、其後助右衛門江御月番様ゟ被　仰渡候、当年ハ芝居もかけ栈敷等も懸候後ニ被　仰付候得ハ立番之腰懸へ差支候而又々外ニ場所も無之趣故、是迄之所江申付候、前広ニ場所等詮義致申出候ハヽ、根太之処も此方役方ゟ達方も在之候間、いつ迄申出可然様、内々被　仰渡候」とある。

十四日曇天　文化七年六月十四日条「文恭院殿御実紀」には、「十四日日光門主御歸寺により。まうのぼり御對面あり。大坂船手頭能勢伊豫守子帯刀はじめ。父死して家つぐもの十一人」とあり、伊能忠敬『測量日記』には、「同十四日、朝晴曇。先後手六ツ後大根占村出立。後手我等、下河辺、青木、上田、平助、大隅郡神ノ川村枝皆倉より肝属郡大姶良村枝小浜村人家下迄測る。一里八町四十六間。先手坂部、永井、梁田、上田、長蔵、大姶良村枝小浜村人家下より初め、浜田村、高洲村、南高洲という。高洲川、同枝野里村、川向にて北高洲という。人家限迄測る。一里三町八間。外に高洲村測所へ打上二町九間。止宿高洲村百姓、本陣信右衛門。脇、助右衛門。九ツ前に着。午中を測る。此夜白雲不測。此頃大暑。※一里三町八間。内小浜より高洲村泊迄二十八町五十四間。高洲泊より野里村迄十町十四間」とある。

荒手　大雨の時、池の土手が決壊するのを防ぐため、土手の山際を一段低くして、石垣や土嚢で補強して、溢れた水をそこから放水する仕組み。

［第五九丁］

十五日天氣克　文化七年六月十五日条「文恭院殿御実紀」には、「十五日けさ紀伊中納言に松平長門守御使し。尾張中納言に富田甲斐守御使し。水戸宰相に室賀山城守御使して。おのおの巣鷹をおくらせらる。謝してみなくヽまうのぼらる。中納言齊朝卿にはまた使して巣鷂をたてまつらる。松平越後守封地到着。上杉式部大輔は父の封地到着を謝して。使して二種一荷をたてまつる」とあり、伊能忠敬『測量日記』には、「同十五日、朝晴曇。先後手六ツ頃高洲村出立。後手我等、青木、永井、箱田、平助、同村枝野里より初め、字白水、古江村枝舟間迄測る。一里九町四十六間。先手坂部、下河辺、梁田、上田、長蔵、古江村枝舟間より初め、古江村、同村枝小島、新城村、大隅郡柊原村境迄測る。二里九町四十五間二尺。新城止宿打上三町三十三間。後手は四ツ後、先手は九ツ半後に新城村着。止宿、島津安房家来中村三左衛門。両手一宿。午中を測る。此日四ツ頃小雨、無程晴。此村は即ち島津安房給知、当村年寄平山十郎左衛門、組頭中村三左衛門、浦役郡山嘉兵衛、郡見回海江田喜兵衛麻上下にて出る。村々各役人も同断。麻上下にて出。此日大暑。夜は晴天、測量。※二里九町四十五間二尺。内船間より新城村泊迄一里九町五十一間二尺。新城泊より郡界三十五町五十四間」とある。

芝原　国見町大字野田に、小字「芝原《しばはら》」がある。

藤兵衛　有又藤兵衛。

［第六〇丁］

深江国助　深江村庄屋国助。国介とも書く。文化七年二月一日条　伊能忠敬『測量日記』に、「二月朔日《ついたち》　同所（竹田津村大庄屋格小串千介宅）逗留測、朝より晴天、七ツ半頃、下河辺・永井・梁田・上田・平介・長蔵、乗船、姫島に渡海、昨昼御料所羽倉元支配、上岐部村庄屋俊右衛門・鬼籠村庄屋仲右衛門・深江村庄屋国介・堅来村庄屋善助来る」とあり、同三日条には、「先手は九ツ前、後手は八ツ頃に富来浦着、止宿本陣久保屋七郎右衛門、別宿若喜

三《ツ》七、御料所羽倉堅来村庄屋善助、同深江村庄屋国助出る」とあり、同年二月十四日条本書（第一八丁裏）には、「一　二月十四日天氣克今日會所打寄致申候尤測量方へ書上丸写シニ致今日鬼籠仲右衛門殿へ相渡申候尤届書幷定式御廻状定書者堅来深江印判不参ニ付深江国助殿持帰り宗門帳一同堅来へ相達同村ょり岩戸寺上岐阝村通り五人組帳共ニ継送り留り中岐部村ョリ明十五日中鬼籠へ相達し同村組頭持参差上候筈ニ候」とある。五月二日条（第四二丁表裏）には、「一二日曇天　被仰渡候御用之儀御座候間此状着次第早〻御出勤可被成候右之段御意ニ付如此御座候其節此書付御返可被成候以上　五月二日　四日市年番所　下岐部村御庄屋　億太郎殿　深江村庄や国助殿　五月二日夜鬼籠村ょり到来致候處拙ハ足痛ニ付出勤致得不申ニ付深江へ申遣飛脚即刻遣ス　別紙之通申來候處拙ハ両三日足痛ニ而折ふし私なやミ居申出勤仕得不申候間乍御苦労貴様御壱人御出勤可被成候印判差送候間御受取可被下候以上　五月二日夜五ツ時　下岐阝億太郎　ふ可へ　国助様」とあるように、五月二日には四日市年番所が、下岐部村御庄屋億太郎・深江村国助に宛てて差紙を発しているが、億太郎は「ふかへ国助」に、足痛に付き出勤できないので、国助一人で出勤なされる様依頼し（第四二丁裏）、同五日条にも、「一五日小雨降　此度惣代相済今日引取申候然處此度被仰渡候　御用江戸表ョリ六月上旬比俵納方為御用御役人様御通行被遊候由堅來御泊ニ而竹田津御昼拙者方御泊之段御意御座候猶又貴様御浦年〻稼何程有之候哉　重〻之處御取調麦作何分通之處組會一同御届書差出候様被仰渡候　別紙年番所差紙印判代袋壱つ差進候間御受取可被成候弥今日迄御出勤可被成候以上　五月五日　深江国助　下岐部億太郎様」とあって、五日には、深江国助が下岐部村億太郎に宛てて、六月上旬頃、俵納方御用のため、江戸表の御役人様が通行遊ばされる旨を伝え、出勤を促している。六月十五日には、深江国助は惣代として今日出立する旨を村々御庄屋中に宛てて認め、六月廿日には、惣代御用相済ませ、今日、引取る旨を納村之御庄屋中に認めている（第四三丁裏）。

六月十六日天氣克　文化七年六月十六日条「文恭院殿御実紀」には、「十六日嘉祥の御祝規のごとし。藤堂和泉守着座を命ぜらる」とあり、伊能忠敬『測量日記』には、「同十六日、晴曇。大暑。朝六ツ後新城村出立。手分坂部、永井、梁田、箱田、平助、此所より乗船、直に福山へ行く。福山より牛峠へ向測量、前に延岡より牛峠測と繋ぐ。我等、下河辺、青木、上田、長蔵、肝属郡新城村、大隅郡柊原村、界より初め、柊原村字軽佐、田上村字浜平、人家あり。本城川幅三十六間。字下ノ宮、垂水村中俣、海潟村字飛岡、字天神山迄仕越に測る。それより乗船引帰し田上村止宿。新城村柊原村、界より、仕越天神山下迄二里二十四町九間。外に海辺より止宿へ打上二町四十二間、九ツ後に着。田上村は島津長門給知、止宿は会所、又客家、此日も大暑、当村年寄、即ち島津長門、浜田金左衛門出る。此夜晴天測量。（中間に十七日・十八日・同十九日、二十日、二十一日条あり、中略）大隅国囎唹郡廻村、又いう福山、より牛峠へ手分測。六月十六日、坂部、永井、梁田、箱田、平助、新城村出立。乗船、九ツ頃廻村へ着」とある。

十七日同断　文化七年六月十七日条「文恭院殿御実紀」には、「十七日紅葉山御宮に代參使を立られず。うちく\御産穢によてなり。こは仰せ出されはなしといへども。此月十三日に男子君〔君據卜補〕生れさせたまふ。御腹はおてふのかたなり。のちに要之丞君と稱しまいらす。香琳院殿御葬埋御法會の事奉はりし寺社奉行大久保安藝守。留主居石河土佐〔若狭〕守。目付水野中務。榊原隼之助おのく\時服を賜ひ。その他所属のともがら賜物差あり。小普請より西城書院番に入るもの十一人」とあり、伊能忠敬『測量日記』には、「同十七日、朝曇晴、七ツ半後田上村出立。測量人同前、海潟村字天神下迄乗船、六ツ後着。同所より初め字小浜、字大谷、牛根村字辺田、字中浜、二川村字上野原、同村人家下浜迄測る。三里十六町三十七間三尺。止宿へ打上一町五十八間。二川村止宿本領郷士中浜藤十郎、当村郷士年寄入来十郎右衛門、同断広田後藤兵衛、郡見回村山正之進、浦役山口主右衛門出る。此夜晴天測量。※二里二十四町九間。内郡界より田上村田印迄一里二十一町二十一間。田上村田印迄仕越一里二町四十八間。（中間十八日条・十九日条・二十日条・同二十一日条有、略）大隅国囎唹郡廻村、又いう福山、より牛峠へ手分測。（中間十六日条有、略）同十七日、朝六ツ後廻村より初め、字馬立坂、人家四軒。佳例川村、同字外戸本野、人家三軒。同渡り、人家五軒。牧あり、福山野牧という。同字柴立、人家七八軒。上野村、蔵町村、同字荒神山、人家七軒。右側蔵町村、左側上野村、又右側鶴木村、左側上野村、枝通り山村迄測る。三里十八町五十間。九ツ時頃着。止宿百姓市郎兵衛」とある。

十八日同断　文化七年六月十八日条「文恭院殿御実紀」には、「十八日井上河内守はじめ參覲のもの十四人。尾張中納言使して巣雀鶺をたてまつらる〔ら據卜補〕」とあり、伊能忠敬『測量日記』には、「同十八日、朝曇晴。六ツ後二川村出立。測人同前。字大坪、字深湊、字浮津、それより囎唹郡、赤水日本図に曾於郡、境村廻村、先手牛峠横切印迄測る。二里三十三町四十九間一尺。又止宿打上三十間、四ツ半後に廻村へ着。此村の枝に福山あり。家数少、近隣迄も廻を福山という。止宿金右衛門。此村より小頭坂口甚助、篠崎林右衛門、両人共日々差添役、外に有馬治左衛門、藤崎三左衛門、篠崎熊治郎、田尻与三兵衛、坂元庄左衛門、荷物その外に新増人差添、境村廻村年寄平原林右衛門、同山本周右衛門、浦役地下治郎兵衛、郡見回武石直之進出る。此夜晴天測量。此日大暑。（中間に十九日条・二十日条・二十一日条あり、略す）大隅国囎唹郡廻村、又いう福山、より牛峠へ手分測。（中間に十六日・十七日条あり、略す）同十八日朝、通山村より初め、鶴木村字小倉、同万蔵堂、人家三軒。同見帰、人家三軒。それより日向国諸県郡五十町分村、同字見帰、同元服人家三軒。同高野、即ち本村、同竹ノ下、竹ノ下川、板橋三十七間。宮丸村、字都ノ城、遠近宮丸村を一同都城という。後町、三重町字宇井蔵田、家中町なり。(本)印を残、井蔵田村　中町迄測る。三里十七町五十八間。又(本)印より本町、唐人町、在前田迄測る。五町五十七間。薩州内分地、島津筑後在所、四ツ半過本町着。止宿西川万右衛門。※三里十七町五十八間。内通山止宿より都城制札本印迄、三里十四町四十三間。制札本印より井蔵田村家中町迄三町十五間」とある。

十九日同断少〻小雨降　文化七年六月十九日条「文恭院殿御実紀」には、「十九日土用に入りしかば。三家のかたぐ〵使して御けしきうかゞはる。溜詰。高家。詰衆。奏者番まうのぼる。寺社奉行松平和泉守。勘定奉行小笠原伊勢守は〔は據卜補〕惇信院殿御法會の事つとめしをもて時服を下さる。その他右筆のともがらまた賜物あり。代官三河口太忠西國郡代となり。布衣の士に加へらる」とあり、伊能忠敬『測量日記』には、「同十九日、朝晴曇。五ツ後より晴天。六ツ後廻村出立。同所測所より初め、枝福山村、前に記す通り。当国にても廻村を福山という。往古は本郷にて廻村の方が枝にもありしならん。敷根村字脇平、下井村、湊村を歴て国分郷小村止宿前迄測る。二里十一町五十七間。四ツ半後に着、止宿彦七。此夜晴天測量、国分郷十七ヶ村にて下井村、小村、住吉村、浜ノ市村、畑中村、野久美田村、小浜村、内山田村、内村、当国一ノ宮正八幡宮あり。見次村、曾小川村、上小川村、当国国分寺あり。煙草の名産、福島村、野々口村、松ノ木村、持留村、上井村、薩州煙草の名産国分は上小川村より出、五品あり。字伊勢ヶ屋敷、字竜王、字砂走り、字武本、字車田五ヶ所より出る。即ち献上になるという。右上小川村より極上葉煙草二千斤。上中共に八千斤程出るよし。煙草の高五六尺なりといい(ママ)り、小村辺より一里ばかりのよし。下井村、小村年寄平田理右衛門、同安楽伊右衛門、浦役野村直助、郡見回徳持嘉左衛門出る。（中間に二十日・二十一日条あり、略す）○大隅国囎唹郡廻村、又いう福山、より牛峠へ手分測。（中間に十六日・十七日・十八日条あり、略す）同十九日、宮丸村本町出立。井蔵田村家中町より初め、原口村、鷺ノ巣村、寺柱村、薩州の番所あり。同中峠、中食、牛峠迄測る。四月晦日お肥領より測量の牛峠領界の残印に繫ぐ。三里五町二十一間。横切測終る。九ツ時頃、それより寺柱村にて小休。宮丸村、遠近一同いわく都ノ城本町へ帰宿。※三里五町二十一間。内井蔵田村家中町より寺柱村一里二十三町四十二間。寺柱村より牛ノ峠迄一里十七町三十九間。合十里六町九間」とある。

廿日同断　文化七年六月廿日条「文恭院殿御実紀」には、「二十日東叡山有徳院殿靈廟に牧野備前守代參し。香琳院殿靈牌所に少老植村駿河守代參す。増上寺方丈使して生花一桶。熟瓜一籠をたてまつり。暑中の御けしきうかがふ」とあり、伊能忠敬『測量日記』には、「同二十日、朝晴天。白雲おおし。同所逗留測る。六ツ後同所止宿下より初め、住吉村枝飛地川尻、人家あり。広瀬川幅百八十九間四尺。中心郡界、囎唹郡桑原郡、それより桑原郡住吉村、浜ノ市村、小島渡口迄測る。一里二十三間三寸。外に浜ノ市村持辺田小島一周十七町九間三尺。弁天島、半周六町三十三間四尺。汐干は辺田島へ続く、沖小島一周十町五間一尺。測る。午後に帰宿。此夜晴天測量。（中間に二十一日条あり、略す）大隅国囎唹郡廻村、又いう福山、より牛峠へ手分測。（中間に十六日・十七日・十八日・十九日条あり、略す）同二十日、七ツ半頃宮丸村本町出立。佳例川村字外戸本野にて午食。九ツ頃廻村へ着。遠近惣而福山という」とある。

深江国助 →六月十五日条（第六〇丁表）参照。

小川内器文 有永（下岐部）億太郎の別名（雅号か）。億太郎の法名は、「敬徳院秀空器文居士」。ちなみに、岐部の小字に「小川内《おごうち》」がある（平成五年三月、「資料編国見町の小字名」『国見町史』）。

雙非大雄君 未詳。あるいは揖斐《いび》十大夫（政俊）かとも思うが確証はない。

〔第六一丁〕

東三ヶ村 深江・岩戸寺・堅来。

六月廿一日天氣能 文化七年六月廿一日条「文恭院殿御実紀」には、「廿一日日光門主。歡喜心院宮使して暑中の御けしきうかゞはれ。門主は懸香を進らせらる。阿部主計頭。本多中務大輔就封の暇たまひ御馬を下さる。其他同じく暇賜はるものすべて廿三人。寄合一人。青山大藏少輔。永井飛驒守ははじめてなり。松平越前守封地到着を謝して。使して物たてまつる。大坂船手頭松平勘介赴任の暇下され布衣の士に加へらる」とあり、伊能忠敬『測量日記』には、「同二十一日、晴天、白雲おおし。朝六ツ後国分郷小村出立。浜ノ市村小島渡口より初め、畑中村字西浜、野久美田村、小浜村字長浜、それより始（ママ）羅郡日木山村、段土村、枝に加治木村あり。当国並薩州も此村を加治木という。往古は本村か。西川前迄測る。二里九町十三間。測所の打上一町三間。それより竜門滝一覧。村方より十七八町、九ツ半頃に段土村着。止宿新茶屋有馬、七左衛門、此村は島津兵庫給地、年寄曾木貢、番頭安山作太夫、浦役森山挙之進、郡見回美坂周左衛門出る。此夜曇晴、雲間に測る。※二里九町十三間。内二里六町五十四間。浜ノ市より段土㊍印迄二町十九間。段土本印より。大隅国嚕唹郡廻村、又いう福山、より牛峠へ手分測。（中間に十六日・十七日・十八日・十九日・二十日条あり、略す）同二十一日朝六ツ時廻村出立。乗船、海上七里、脇本村止宿。遠近惣而脇本村を繁富という。繁富村は脇本村の上五六町にあり。四ツ半頃着という」とある。

廿二日同断 文化七年六月廿二日条「文恭院殿御実紀」には、「廿二日作事奉行肥田豊後守は増上寺有章院殿。惇信院殿靈廟修復の事奉はりしによて時ふく下さる。所属のともがら賜物差あり」とあり、伊能忠敬『測量日記』には、「本隊 同二十二日、朝より晴天。六ツ後跡手我等、下河辺、青木、上田、長蔵、始羅郡段土村より初め、西河、又網掛川を渡る。川幅六十間。木田村字洲先、別府川、幅二百三十二間。持田村、此辺帖佐郷という。字松原、脇本村、綿瀬川幅三十六間、を渡て先手初め迄測る。一里二十町四十三間一尺。本陣打上百十一間。先手坂部、永井、梁田、箱田、長蔵、隅州始羅郡脇本村人家下の砂浜より初め、字白浜、家七軒。同椿山家四五軒。それより薩州鹿児島郡東別府村界迄測る。一里十三町五十間。即ち隅州薩州界、後手は四ツ時少し前、先手は四ツ時後に脇本村着。止宿村方会所、番人七左衛門、別宿太兵衛親与市隠宅。島津若狭給地、年寄中摩定右衛門出る。此夜初めは曇。後は晴て測量」とある。

〔第六二丁〕

廿三日天氣能 文化七年六月廿三日条「文恭院殿實紀」には、「廿三日紅葉山御宮。霊廟に御詣あり」とあり、同日条 伊能忠敬『測量日記』には、「同二十三日朝より晴天。先手七ツ半後、後手六ツ頃脇本村出立。後手我等、下河辺、青木、永井、平助、昨日先手終、隅州始羅郡脇本村、薩州鹿児島本別府村境より初め、字明神岬迄測る。三十三町十二間。先手坂部、上田、箱田、梁田、長蔵、東別府村枝字明神岬より初め、字木倉の内大磯、家十五軒。小磯、家七八軒。それより鹿児島市中字潮音院前迄測る。此所真言宗潮音院あり。一里二町四十一間。両手共四ツ後に鹿児島城下、松平豊後守居城、車町着。止宿上町会所、午正を測る。着後使者千田竜右衛門出る。一同贈物あり。野元嘉三治へ帰府迄預ける。目録は別紙。水間喜藤太尋向、此夜晴天測量。上町年寄下川市介、同断相良嘉平治、同池田市郎左衛門出る」とある。

巳年 文化六年、己巳。西暦一八〇九年。光格天皇朝。徳川将軍家斉の治世。

村入用帳 江戸時代、村落の支配・運営に当たっていた村役人が、一年間に支出した公用経費の村費を逐次記入し、最後に総計した帳簿。→正月廿一日条（第一〇丁表）参照。

威鉄炮 農耕に害をなす鳥獣を威して追い払うために打つ空砲。兵農分離の確立した江戸時代は、江戸十里四方は何人も禁猟であったが、それ以外のところでは、猟師鉄砲や作物を荒らす鹿・猪をおどす威鉄砲に対しては、運上金を課して使用を許した。威鉄砲には猟師鉄砲よりは少額の運上金が課されていた。ちなみに、将軍の膝元である江戸では、叛乱の予防、治安維持のため、参勤交代時などの大名の江戸への鉄砲の持込みにも制限が加えられていた。

おらく御方　押田氏お楽《らく》の方《かた》（安永初頃《一七七二》?～文化七年《一八一〇》）。安永初年頃、誕生。母は某女。父は押田敏勝。江戸出身。天明七年《一七八七》、江戸城本丸大奥に入り、徳川家治の養女種姫付中臈となった。お楽の方。お羅久の方とも書く。別名お里《り》衛《え》の方。寛政五年《一七九三》五月十四日、徳川敏次郎（のち将軍家慶）を出産。御年寄上座となった。法号は香琳院。文化七年五月二十日、死去。

安藤對馬守　安藤《あんどう》対馬守信成《のぶなり》（寛保三年《一七四三》～文化七年《一八一〇》）。寛保三年二月二十三日、誕生。母は某女。父は安藤美濃加納藩主信尹《のぶただ》。次男。宝暦五年《一七五五》、父信尹は奢侈を好み、飲酒遊蕩に耽ったことから隠居を命じられ、一万五千石没収の上で、信成が安藤家の家督を継承することとなった。宝暦六年、安藤信成は陸奥磐城平藩五万石に転封。城付二万三千石、伊達郡のうち二万七千石を領した。彼は就封と同時に藩校施政堂を開設し、藩士の子弟を教育させた。安永七年《一七七八》、伊達郡の領地は、常陸笠間城主牧野貞長の上知した陸奥磐城・磐前《いわさき》・田村三郡のうち二万七千石と交換された。天明元年《一七八一》五月十一日、安藤信成、寺社奉行に就任。天明四年四月十五日、安藤信成、若年寄に就任。寛政二年《一七九〇》、先の引替分を再度交換（伊達郡のうち二万七千石）された。信成は寛政の改革に、松平定信を助けた。寛政五年八月二十四日、老中に就任。在任中の功績に免じ、没収されていた美濃領のうち一万七千石を加増され、都合六万七千石となった。文化七年五月十四日、死去。

矢口ノ渡　「神霊矢口渡《しんれいやぐちのわたし》」。矢口渡は多摩川の下流、六郷川の渡場。今の東京都大田区矢口か、稲城市矢野口に当たる所という。正平十三年《一三五八》、新田義興自刃の地。「神霊矢口渡」は福内鬼外（平賀源内）作の時代物の人形浄瑠璃で、「太平記」第卅三巻にある新田義興の最期とその後日譚で、武蔵国矢口の渡守の娘お舟と義興の弟義岑との悲恋を描いた四段目が名高い。

［第六三丁］

国助　深江村庄屋国助。➡六月十五日条（第六〇丁表）「深江国助」の項参照。

光り　➡二月六日条（第一三丁表）参照。

キコニ茂御存之大變差起り候　文化七年五月十三日、鬼籠村政吉弟八五郎が、智嘉右衛門弟利惣治を蹴殺した一件。

［第六四丁］

六月廿四日晴天　文化七年六月廿四日条「文恭院殿御実紀」には、「廿四日東叡山孝恭院殿靈廟に少老井伊兵部少輔代參す。惇信院殿御法會濟ませられしによて。白木書院に出たまひ。増上寺方丈。および壇林。其他僧中見えたてまつる。はてて席々にして饗せらる。西城御側菅沼左京亮は本城にうつり。大番頭佐野肥前守〔義行〕は西城御側となり。目付服部久右衛門〔貞勝〕は駿府町奉行となる」とあり、伊能忠敬『測量日記』には、「同二十四日、朝より晴天。逗留。大暑、城下逗留中用聞藤田助右衛門、田辺半助、児玉伊右衛門出る。此夜晴曇。測量」とある。

［第六五丁］

六月廿五日晴天　文化七年六月廿五日条「文恭院殿御実紀」には、「廿五日大納言殿御喪居の事京より仰せまいらせらるゝむねもあるによて。今日より御精進を解かせられ。御表へも出たまふべしとなり。端午に時服たてまつりし三家の方々はじめ。萬石以上のともがら御内書を賜ひ。大納言殿より奉書をわたさる。けさ紀伊中納言。尾張中納言に青山下野守御使し。水戸宰相に土井大炊頭御使して。大坂城代松平能登守〔乗保〕加判の列に加へられ侍従に任ぜられ。大納言殿に附属せらる。奏者番兼寺社奉行大久保安藝守〔忠眞〕は大坂城代となり従四位下にすゝむ。かくて能登守が事。上直布衣以上のともがらに。芙蓉間にして宿老これを傳ふ」とあり、伊能忠敬『測量日記』には、「同二十五日、朝より晴天。大暑、同所逗留測る。六ツ後出立。我等、坂部、下河辺、青木、永井、箱田、平助、長蔵、一手市中測る。止宿上町車町より初め、地蔵町、浜町、孝行橋、築地、孝行橋通内川端迄測る。但四町九間。それより一昨二十三日測留。市中より逆測に潮音寺前迄測量なれ共順測に直出、潮音寺前より抱真橋字神明、残印をなし相中橋、築地、行屋橋、和泉屋町、侍町、右の方二三町に薩州の屋形門見える。それより下町の内築町残印をなし、和泉町、堀江町、新町、大門口通り字洲先迄測る。即ち甲付川手前、一里十二町十二間四尺五寸。沿海測る。又下町の内築地残印より初め、六日町、中町、納屋町、天神馬場通り、千石馬場通り、柵門の外西田橋迄測る。筑印より界印迄三町四十五間。界印より西田橋十一町四十間三尺。神明前残印より初め、弁天社前を過ぎ、雁木岬迄測る。七町二間、市中の測、惣合二里四十八間四尺五寸。九ツ頃に帰宿。此日江戸暦局へ書状を出す。此夜晴曇測。※沿海一里十二町十二間四尺五寸。内五町二十一間測所道」とある。

浄念寺　岐部郷不毛《ふけ》の青雲山常念寺であろう。常念寺は、浄土真宗本願寺派・本尊阿弥陀如来。元亀元年《一五七〇》、岐部甲斐守誕生。三男。慶長元年《一六〇〇》、石垣原合戦。甲斐守の兄二人が討死した。寛永年間、岐部甲斐守は兄二人の討死に世の無常を感じ、兄たちの追善供養のために出家を志し、岐部木薗園に小庵を結び、天台宗として創建したと伝えられている。甲斐守は法名を浄迦という。第四世浄念は浄念坊と称して浄土真宗に改宗した。第六世浄西は木薗園から川窪に移転、第八世遵賢の時に常念寺と改称した。第九世の時、川窪に本堂を建立したが、第十世映照は本堂および楼門などを現在の地に移した。

〔第八六八丁〕

六月廿六日曇天　文化七年六月廿六日条　伊能忠敬『測量日記』には、「同二十六日、朝晴天。正六ツ頃前、下河辺、青木、永井、梁田、上田、箱田、平助、長蔵、城下より乗船、桜島へ渡る。我等、坂部両人城下車町に残居る。木星四小星凌犯の用意を成す。午中太陽、毎夜恒星を測る。桜島測量人は六ツ半頃、桜島の内嶽村字ハセへ着船。それより手分、下河辺、梁田、箱田、平助、嶽村字ハセ　幟印より初め、順測。但左山回る。赤尾原村、横山村字小池、赤水村、野尻村字燃添、人家十四五軒、迄測る。別手に会測、二里六町五十五間二尺。横山村持烏島、凡周三町。弁天を安置、遠測。青木、永井、上田、長蔵、同湯ノ村より初め、逆測。野尻村字燃添にて、但右山回る。別手合測、二十一町三十二間。外横山村持おこ島一周、十一町二間三尺、測る。舟中午食、四ツ半後横山村着。止宿村方会所、我等、坂部、城下にて午中を測る。夜は恒星を測る」とある。

朝鮮人來朝入用　文化七年《一八一〇》十二月六日条「文恭院殿御実紀」に、「小笠原大膳大夫（忠徳）は朝鮮人來聘の事によて。金子一萬両の恩貸あり」とあり、同廿五日条に「脇坂中務大輔（安董）朝鮮人來聘の事によて。遠境まで赴くをもて。殊に馬鐙二足を下さる」とある。天明六年《一七八六》、徳川第十代将軍家治が病没し、翌天明七年四月、養子の家斉が襲位したが、新しい将軍の襲位を祝賀する朝鮮通信使は、家斉就任から二十三年を経過したこの日記の日付の文化七年六月においても、まだ訪れていなかった。天明八年三月、将軍補佐役となった松平定信は、この年の五月、宗対馬藩主義功《よしかつ》に、通信使派遣の延期を交渉するように命じた。これは、「通聘之儀、只今迄格別延引等いたし候儀者無之候得共、卯年《天明三年》以来凶事打続、下々困窮宿駅致衰微、諸大名迚も不如意之輩多き事に候間……暫来聘延引之儀、懸合候様に可致旨被仰出候」（『通航一覧』朝鮮国部九）というように、天明三年以来の大飢饉で下々が困窮し、宿駅も衰微し、その接待を担当する諸大名も不如意であるから、しばらく通信使の派遣を延期するように交渉してほしいというのである。だが、実は松平定信の真意は、別のところにあったらしい。「これによて猶おもき御人々へも言上せしに、もとこの聘使此国へ来るは、かつて美観とするにはたらず。あるは日本之腐儒どもみな出て、鶏林人と唱和して本意なる事にもおもひ、又は道すがらの盛衰見られても益ある事にもあらず。いつも盛に、いつも窮せざらんやうにはありがたければ、時とし飢饉うちつゞくまじともいひがたし。さればこの聘使てふは美観とするにはたらず。況や巡視清道の旗をたて、上々官などいふは通辞のいやしきものなり、三使などいふも貴きものにはあらざるを、御三家がたのご相伴あるなんどは礼のとゝのひしとはいひがたし。さればいまその礼を制せられんには、させる事にあらずして力をも労し、又々正徳御新礼（新井白石の聘礼改革）の如くにか成なん。しかればこの聘使は対州にて迎接してすむべけれ」（『宇下人言・修行録』）というように、朝鮮通信使によって江戸までの道すがらの盛衰を見られ、日本の腐儒どもみな出て、鶏林人と唱和して恥をさらすこと、しかも通信使の行列が巡視や清道などの旗をかかげて江戸までパレードすることなどを大変苦々しく思っていた、だから日本本土とは隔離された対馬での聘礼を行うべきだというのである。寛政三年、松平定信は、通信使派遣の延期にとどまらず、対馬での易地聘礼を交渉するように命じた。朝鮮が慶長十二年以来、煩雑な交渉と財政的負担にもかかわらず通信使を派遣しつづけてきた目的は、朝鮮国王が新しい将軍とじきじきに国書を交換し、通信使の三使が幕閣の要人とも接触して交隣の意思を再確認するためであった。対馬を往来し、間接的に国書や礼物を交換しただけでは、その本来の意味が失われてしまう。さすがに聘礼の延期からさらに易地聘礼へと変える日本側の真意に不信が募り、朝鮮側は容易に応じなかった。それから二十年間にわたる対馬藩の粘り強い交渉の末、文化八年に対馬での易地聘礼にこぎつけた。

［第六七丁］

朝鮮人來朝出銀納入用御受取書……此度返上致候分　七月五日条（下巻）に、「一朝鮮人納入用小手形ニて八御入用無之御返し被成候ニ付持帰り申候夫ゝ御受取可被成候」とある。

六月廿七日炎天　文化七年六月廿七日条「文恭院殿御実紀」には、「廿七日暑中を問はせられて。東叡三縁兩山に使して檜重を贈らせらる」とあり、伊能忠敬『測量日記』には、「同二十七日、朝より晴天。七ツ半頃横山村出立。下河辺、梁田、箱田、平助、湯ノ村昨日残印より初め、順測。字古里、有村、脇村字瀬戸にて順逆合測、一里三十一町五十六間、青木、永井、上田、長蔵、七ツ時頃横山村出立。黒上村より逆測。脇村字瀬戸にて順逆合測、一里十七町二十三間五尺。両手共四ツ半頃脇村字瀬戸止宿百姓蔵之丞。此日も我等、坂部、城下車町にて恒星を測る」とある。

六月廿八日炎天　文化七年六月廿八日条「文恭院殿御実紀」には、「廿八日奏者番有馬左兵衛佐〔譽純〕寺社奉行加役の事命ぜらる。大番頭高木主水正〔正剛〕奏者番となる」とあり、伊能忠敬『測量日記』には、「同二十八日、朝より晴天、正六ツ頃脇村字瀬戸出立。青木、永井、上田、長蔵、黒上村より初め、向面村字新燃添迄測る。一里三十五町九間。九ツ時測量済。八ツ頃藤野村止宿着。下河辺、梁田、箱田、平助、同島向面村属安永八亥年十月朔日桜島大焼の節、海中より湧出の新島五島を測る。第一島、周回十九町四十四間。人家八軒住居。砂利島、木生。第二島、周回七町八間。同。第三島、同四町。ヘナ土の島、木生。第四島、凡三町ばかり。遠測。すべて岩石、足掛なし。殊に小々島。第五島、遠測。当時は波石ばかりなり。右新島、元来六島湧出。その内大島は程なく引込み失ないたりという。外島とも大風波に少し宛々減せしならん。第五の島も年々小になりて今は立岩ばかり残る。右島測量、四ツ半頃に済、九ツ半頃止宿藤野庄左衛門。我等、坂部、車町にて午中を測る。夜恒星を測る」とある。

不動　不動岩屋か。俗に「不動さん」と呼ばれている東不動（「五辻の岩屋」、また「五智ノ石屋」ともいう）と、西不動の「大不動石屋」、「小不動石屋」がある。戦後の一時期までお詣りが行われていた。ちなみに西方寺中の谷に不動明王があり、西方寺鷲ノ巣岳石造物石殿役行者の台座銘に「不動明王」があり、また不動明王二基があり、竹田津井上の弁財天の寄神に不動明王があり、鬼籠荒谷に不動尊がある。

住吉龍神祭　当時、小岐部に住吉宮があり、明治の初めに岐部社に移された。なお向田浜の金毘羅宮の石祠に住吉宮があり、島田の歳神社の石祠の銘に「住吉四社明神奉寄進三社于時天保六年乙未卯月吉辰」とあり、櫛海浜の稲荷社の祭神に「八大龍王」が見える。

六月廿九日炎天　文化七年六月廿九日条「文恭院殿御実紀」には、「廿九日水戸家家司中山備中守めして。徳川鶴千代のかた元服の事仰せ出さる」とあり、伊能忠敬『測量日記』には、「同二十九日、朝より晴天。七ツ半頃藤野村出立。青木、永井、上田、長蔵、向面村字新燃添より順測。白浜村字洞にて別手と合測。二十四町五十三間。下河辺、梁田、平助、正六ツ頃藤野村出立。逆測。嶽村字ハセ　幟印より逆測。藤野村、西道村、松浦村同枝二俣、白浜村字洞にて別手と合測。桜島一周終る。一里八町四十八間。四ツ頃に終る。それより乗船、順風にて四ツ後鹿児島城下車町止宿へ着。此日坂部、我等、木星四小星凌犯測量の用意を成す。午中太陽を測る。恒星を測る。凌犯を測る。九ツ前より東の方大曇天。木星凌犯不測。※桜島、周十里二町三十七間」とある。

［第六八丁］

七月朔日炎天　文化七年七月一日条「文恭院殿御実紀」には、「七月朔日月次の賀例のごとし。稲葉丹後守はじめ參覲のもの四人。朽木土佐守。加藤越中守。米倉丹後守。米津伊勢守は坂城加番にさゝれいとま賜ふ。關但馬守はじめ。就封のいとまたまはるもの二人。松平因幡守。松平大膳大夫歸國を謝して。おの〳〵使してものたてまつる。惇信院殿御法會によて納經代拜に下りし。閑院。伏見。近衛。青蓮院。知恩院家の使人ら見えたてまつる。大久保出雲守。書院番頭森川下總守ともに大番頭となる」とあり、伊能忠敬『測量日記』には、「七月朔日、朝より晴天。木星四小星凌犯測量に逗留。午中太陽を測る。夜晴天恒星を測る」とある。

二日同断　文化七年七月二日条「文恭院殿御実紀」には、「二日徳川鶴千代のかた元服の事仰せ出されしにより。水戸宰相。鶴千代のかたまうのぼらる。御座所にして御對面あり。〔左衛門督カ〕に叙任せられ御一字を進らせらる。よて左衛門督齊脩とあらためられ。備前國義景の刀。馬一疋。綿。黄金をたてまつられて謝したてまつらる。御盃に大和國包貞の御さしぞへを進らせらる。宰相にも巻物。金馬資をたてまつり謝しまいらせらる。同じく御盃をいたゞかせらる。鶴千代の方傅役大場彌左〔右ト〕衛門に御一字の折紙をわたさる。おなじ事によて紀尾の方々使まいらせらる」とあり、伊能忠敬『測量日記』には、「同二日、朝曇晴。木星測量に逗留。当領志布志村より日々差添の用聞城下より替る。上町、塩田三十郎、白男川利三治、代同町、鮫島善太郎、藤田喜右衛門、矢野嘉右衛門、代、山口利右衛門、深江伝左衛門、に成る。此夜恒星より木星測量。子正後大曇天。不測」とある。

◆参考文献

文政十二年自序、亀由仙（是永六雅）『追遠拾遺』（天保四年稿成就、昭和四十七・四十八年、久米忠臣解読）杵築郷土研究会
大正十四年十二月、加藤初夫ほか編『淡窓全集（増補）』上巻（昭和四十六年複刻）、思文閣
昭和六年、小野精一編『大宇佐郡史論』宇佐郡史談會
昭和十年、河野清實『國東半嶋史』大分県東國東郡教育會
昭和十四年四月、森平太郎編『大分縣紀行文集』別府温泉化學研究所
昭和三十四年五月、広瀬恒太『日田御役所から日田縣へ』帆足コウ
昭和四十八年七月、林英夫ほか編『近世古文書解読字典（増訂）』、柏書房
昭和四十八年八月、花畑初男ほか編『国東町史』国東町史刊行会
昭和四十八年十一月、西東書房法書會編纂『五體字類』西東書房
昭和四十九年九月、新村出編『広辞苑』岩波書店
昭和五十一年三月、杉本勲編『九州天領の研究』吉川弘文館
昭和五十一年七月、藩史研究会編『藩史事典』秋田書店
昭和五十一年八月、甲斐勝『天領と日向』ぎょうせい
昭和五十一年十一月、原田種純・今永正樹『伊能忠敬測量日記』九州ふるさと文献刊行会
昭和五十二年三月、中山重記校訂『豊前国宇佐郡四日市村年代記』渡辺文太
昭和五十二年十二月、栄田猛猪ほか『大字典』講談社
昭和五十四年十月、池永二郎ほか編『日本史用語辞典』柏書房
昭和五十五年十一月、高柳光寿ほか編『日本史辞典』角川書店
昭和五十五年十一月、渡辺澄夫ほか編『角川日本地名大辞典 44 大分県』角川書店
昭和六十年九月、渡辺澄夫編『豊後国来縄郷・小野荘・草地荘・都甲荘・真玉荘・臼野荘・香々地荘史料』別府大学付属図書館
昭和六十年十二月、東條操編『全国方言辞典』東京堂出版
昭和六十一年九月、渡辺澄夫編『豊後国国東郷・竹田津荘・伊美荘・岐部荘・姫島・武蔵郷史料』別府大学付属図書館
昭和六十三年三月、半田隆夫ほか『大分県史』近世篇Ⅲ、大分県
昭和六十三年十月、佐久間達夫編『伊能忠敬測量日記』第三巻、大空社
平成一年三月、国見町史編集委員会編『万年記』国見町役場
平成二年十二月、末広利人ほか編『日田市史』ぎょうせい
平成四年二月、福川一徳ほか編『岐部文書』（西国武士団関係史料集）、文献出版
平成五年三月、国見町史編集委員会編『国見町史』国見町
平成五年十月、竹本弘文校訂『惣町大帳』後編（9）、中津惣町大帳刊行会
平成六年十月、大野晋ほか編『古語辞典（増訂版）』岩波書店
平成七年二月、小玉洋美ほか『大分県の地名』（日本歴史地名大系45）、平凡社
平成七年八月、阿部猛ほか編『戦国人名事典』新人物往来社
平成十一年七月、黒板勝美編『續徳川實紀』第一編（國史大系48）、吉川弘文館
平成十三年六月、『古文書用語辞典』柏書房
平成十四年三月、平井義人「有永家文書（第二部）解題」『収蔵史料目録1』大分県立先哲史料館
平成十五年六月、平井義人「遺産相続をめぐる村の事件を追う―有永家文書より―」『史料館研究紀要』第八号、大分県立先哲史料館
平成十九年六月、大津祐司「幕府領農民の江戸・大坂出張―年貢米と農民の旅―」『國見物語』第二十六集、広末九州男
平成二十四年十二月、森猛編『豊後国国東郡新涯村下岐部村小原手永庄屋文書』海鳥社

前田義隆（まえだ・よしたか）

昭和19年、国東市国見町岐部に生まれる。福岡教育大学卒業後、福岡市で中学校教師を務める。平成16年に退職し帰郷。平成17年、国見郷土史研究会会員となる。平成20年、公民大学古文書教室に参加。有機農業に取り組みながら、郷土の歴史を学んでいる。

森　　猛（もり・たけし）

昭和20年、宮崎県南那珂郡（現串間市）に生まれる。日本史専攻。平成３年から、古文書古記録研究会講師。大分県別府市在住。

【主な編著書】

昭和58年『竹田市』上巻（共著）竹田市史刊行会
昭和62年『本耶馬渓町史』（共著）本耶馬渓町
平成３年『荻町史』古代・中世編（共著）荻町
平成４年『日本地名ルーツ辞典』（共著）創拓社
平成６年『萱嶋氏史料集』（共編）古文書古記録研究会
平成６年『萱嶋家文書（原寸大影印）』（共編）私家版
平成７年『大分県の地名』（共著）平凡社
平成12年『萬弘寺所蔵冨來文書（原寸大影印）』（共編）古文書古記録研究会
平成14年『九州西瀬戸古代史論攷』海鳥社
平成16年『九州西瀬戸中世史論攷』海鳥社
平成19年『文久二年小原手永三井寺村切支丹宗門改旦那寺證據判帳』古文書古記録研究会
平成24年『九州西瀬戸郷村史料集１　豊後国国東郡 新涯村・下岐部村・小原手永 庄屋文書』海鳥社

豊後国下岐部村《ぶんごのくにしもきべむら》　庄屋億太郎日記《しようやおくたろうにつき》　上　（全２巻）

❖

2015年３月10日　第１刷発行

❖

監　修　前田義隆

解　読　森　　猛

発行者　別府大悟

発行所　合同会社花乱社

〒810-0073 福岡市中央区舞鶴 1-6-13-405
電話 092(781)7550　FAX 092(781)7555
http://www.karansha.com

印刷・製本　有限会社九州コンピュータ印刷

ISBN978-4-905327-45-5